W0189273

Donna Cunningham
Handbuch der astrologischen Beratung

Mora

Donna Cunningham

Handbuch der
astrologischen Beratung

Edition Astrodata

Übersetzung von:
THE CONSULTING ASTROLOGER'S GUIDEBOOK
Copyright © 1994 by Donna Cunningham
Published 1994 by Samuel Weiser, Inc., York Beach, ME, USA

Copyright © 1996
Edition Astrodata, CH-8907 Wettswil
Alle Rechte vorbehalten

Deutsche Erstausgabe

Übersetzung: Jürgen Langowski
Lektorat: Carmen Scheifele
Horoskope: Astrodata AG, Zürich
Druck: Freiburger Graphische Betriebe, D-Freiburg i. Br.
Umschlagbild: Image Bank, CH-Zürich (Kee Hwa Jeun)

ISBN 3-907029-51-8

Dieses Buch ist meinen Kollegen gewidmet.
Die nachfolgende Liste enthält all die
astrologischen Vorgänger und Kollegen, die ich
wegen ihrer Beiträge für unseren Beruf sehr
schätze; bitte vergeben Sie mir, dass es
überwiegend Amerikaner sind – als Astrologin
wuchs ich mit diesen Menschen auf.

*Evangeline Adams, Edith Custer, Doris Chase
Doane, Zipporah Dobyns, Charles Emerson,
Françoise Gauquelin, Michel Gauquelin,
Jeff Green, Liz Greene, Rob Hand, Doris Hebel,
Isabel Hickey, Richard Idemon, Jeff Jawer,
Jim Lewis, Betty Lundsted, Michael Lutin,
Marion March, Tracy Marks, Joan McEvers,
Neil Michelsen, Buz Myers, Ingrid Naiman,
Eileen Nauman, Joan Negus, Ken Negus,
Alan Oken, Maritha Pottenger, Lois Rodden,
Dane Rudhyar, John Ruskell, Howard Sasportas,
Erin Sullivan, Noel Tyl, Donna Van Toen.*

Danksagung

Betty Lundsted danke ich dafür, dass sie bereit war, dieses Projekt redaktionell zu begleiten und mir mit ihrem langjährigen astrologischen Wissen zur Seite zu stehen.

Ferner danke ich *Samuel Weiser, Inc.,* dafür, dass dieses Buch veröffentlicht werden konnte.

The Mountain Astrologer für die Erlaubnis, mehrere Artikel aus meiner Reihe für Berufsastrologen nachzudrucken. Den anderen astrologischen Zeitschriften auf der ganzen Welt, zu zahlreich, um sie aufzuführen, weil sie Auszüge aus diesem Material abdruckten und damit die Grundlage für die Idee schufen, einen Lehrplan für Berufsastrologen zu entwickeln.

Llewellyn Publications für die Erlaubnis, meine Beiträge in zwei Büchern der «New World Astrology Series» nachzudrucken: «Updating the Tradition» aus *How to Use Vocational Astrology for Success in the Workplace,* herausgegeben von Noel Tyl, sowie «Codependency, the Adult Child Syndrome and How They Affect Astrological Practice» aus *Astrological Counseling,* herausgegeben von Joan McEvers.

Dell Horoscope Magazine für die Erlaubnis, meinen Artikel «What in Heaven's Name is a *normal* Crisis?» aus der Ausgabe 10/92 nachzudrucken.

Gail Fairfield für die Erlaubnis, einen Auszug aus meinem Vorwort für ihr herausragendes Buch *Choice-Centered Astrology* nachzudrucken.

Bill Baeckler, einem exzellenten Berufsberater und astrologischen Kollegen, für seine Anregungen zum Kapitel über die Astrologie der Berufe sowie für seine scharfsinnigen Kommentare zu anderen Kapiteln.

Inhalt

Warum viele Menschen jahrelang die Astrologie studieren und sich dennoch nicht fähig fühlen, Deutungen zu machen. Die mangelnde Unterstützung, die man bekommt, wenn man den Schritt vom Lernenden zum Profi tun will. Wie dieses Buch Ihnen helfen kann, einen Fahrplan für diesen Übergang zu entwerfen. Jedem Beruf geht eine Lehrzeit voraus. Ein Ausblick auf die Zukunft unseres Berufs.

Es ist sinnvoll, einen Vertrag zu schliessen. Der erste Kontakt – der Umgang mit der Anfrage des Klienten. Anrufer aussortieren, die keine Klienten werden sollten. Das Telefongespräch mit der Verabredung eines Termins beenden. Der Tag der Beratung – bevor der Klient kommt. Der erste Eindruck. Wenn der Klient mehr ist als ein Klient. Die Sitzung aufzeichnen. Der Beginn der Sitzung. Während der Deutung das Wesentliche im Auge behalten. Der Abschluss der Sitzung – Ende gut, alles gut. Den Weg für künftige Deutungen ebnen. Eine Frage noch – die Türklinkenfrage. Wenn der Tanz vorbei ist.

Warum wir astrologisches Geschwafel vermeiden sollten. Eine Horoskopdeutung in neo-astrologischer Sprache – erleben Sie, wie sich der Klient dabei fühlt. Astro*Psycho*Geschwafel: ebenfalls ein Fehler in der Kommunikation. Glauben Sie nicht, die Klienten verstünden Sie, nur weil sie nicken. Wie sage ich's mit klaren Worten? Aspekte in Emotionen und Verhaltensweisen übersetzen. Fragen, die Sie sich und dem Klienten zum Horoskop stellen sollten. Horoskopteile zur Übung. Ihre Ausdrucksweise dem Stil des Klienten anpassen. Gespräche unter Uranus und Pluto – mit Menschen, die von äusseren Planeten geprägt sind, in deren Sprache reden.

skop finden. Die beruflichen Ziele auf den ganzen Menschen abstimmen. Persönliche Neigungen, die gegen einen Beruf sprechen. Warum eine berufliche Beratung keine Psychotherapie ist. Wie die persönliche Geschichte die Berufswahl beeinflusst. «Erwachsene Kinder von Alkoholikern» als Astrologen in der beruflichen Beratung. Von äusseren Planeten beeinflusste Menschen und ihre Berufe. Ein von äusseren Planeten beeinflusster Mensch in der Mitte seines Lebens. Horoskopbeispiele für berufliche Beratungen. Wie Veränderungen in der Welt die berufliche Beratung beeinflussen.

Warum tun Sie's nicht?

Fühlen Sie sich immer noch nicht gerüstet, eine Horoskopdeutung vorzunehmen, obwohl Sie die Astrologie schon seit einer Reihe von Jahren studieren? Oder nehmen Sie schon seit einer ganzen Weile Deutungen vor, fühlen sich aber überfordert, wenn Sie mit den Problemen Ihrer Klienten konfrontiert werden? Wenn es Ihnen so geht, dann sind Sie nicht allein. An meinen Workshops für verschiedene astrologische Organisationen auf der ganzen Welt stelle ich immer wieder mit Erstaunen und Entsetzen fest, dass kluge, umsichtige Studenten, die anscheinend viel zu bieten haben, kurz vor dem Schritt zum praktizierenden Astrologen innehalten. Oft bleiben sie fünf, sechs oder gar zehn Jahre stecken, ohne den letzten Schritt zu tun. Viele andere machen gelegentlich Deutungen, sind aber mit ihren Leistungen selbst nicht zufrieden oder haben nicht genug Selbstvertrauen, um eine Praxis aufzubauen.

Nachdem ich dieses Phänomen eine Weile beobachtet hatte, kam ich auf die Idee, dass eine Diskussion in einer grösseren Gruppe helfen könnte, und so begann ich, an Workshops und Konferenzen Diskussionsrunden unter dem Motto «Warum tun Sie's nicht?» anzubieten. Die Räume waren überfüllt mit fortgeschrittenen Studenten und Berufsanfängern, die ein Forum suchten, um über ihre Sorgen und Unsicherheiten zu reden. In diesem Buch werden wir uns mit den Themen beschäftigen, die in den Diskussionsrunden immer wieder zur Sprache kamen, weil diese Probleme sicherlich auch anderen Astrologen Kopfschmerzen bereiten.

Als ich zuhörte, wurde eines sehr schnell klar: Der wichtigste Grund dafür, *dass sie es nicht tun, ist der, dass wir es sie nicht lehren.* Selbstzweifel können mitunter quälend sein, aber der Fehler liegt nicht so sehr bei den Studenten, sondern viel eher im Lehrplan. Es gibt zahlreiche Kurse, Workshops und Konferenzen über die verschiedenen Zweige und Techniken der Astrologie. Selbst in entlegenen Gebieten, wo nicht viele Gruppen existieren, kann man grosse Mengen von Büchern zu jedem Interessensgebiet beziehen. Nach fünf oder sieben oder sogar zehn Jahren des Studiums mangelt es diesen Studenten sicherlich nicht mehr an astrologischem Wissen. Fortgeschrittenen Studenten fehlt es dagegen oft an Wissen, wie man anderen Menschen das eigene Wissen vermittelt – ich meine damit die Beratungsarbeit in der astrologischen Praxis. Glücklicherweise gibt es seit vielen Jahren zahlreiche astrologische Bücher und Kurse, die die psychologische Ebene einbeziehen und die uns ein umfassendes Verständnis für die menschlichen Motivationen schenken können.

Zwei besonders nützliche Bände stammen aus der Llewellyn New World Astrology Series – *Astrological Counseling: The Path of Self-Actualization,* herausgegeben von Joan McEvers, und *How to Use Vocational Astrology for Success in the Workplace,* herausgegeben von Noel Tyl. Llewellyn war so freundlich, mir zu erlauben, meine eigenen Kapitel aus diesen beiden Büchern als fünftes und sechstes Kapitel in diesem Buch nachzudrucken, so dass dieses Werk vervollständigt werden konnte.

Als ich die verfügbare Literatur durchsah, wurde klar, dass es an Anleitung fehlt, wie man eine astrologische Deutung so durchführt, dass die Selbstbewusstheit des Klienten gefördert wird – es fehlt uns Astrologen ein Leitfaden, wie man Deutungen vornimmt. Ohne professionell gestalteten Lehrplan können wir keine selbständig arbeitenden Profis werden, die das Ansehen ihrer Mitmenschen geniessen. Als mir diese Lücke im Lehrplan deutlich wurde, beschloss ich, dass es an der Zeit sei, mein Wissen weiterzugeben. Ich habe den entsprechenden Hintergrund – einen Master's Degree in Sozialarbeit und eine mehr als 25jährige Erfahrung in der Beratungsarbeit. Ich dachte, statt über das Fehlen eines professionellen Lehrplans zu jammern und zu klagen, sollte ich mich lieber selbst ans Werk machen. So begann meine Arbeit auf diesem Gebiet. Es fiel mir nicht leicht zu formulieren, wie man bei der Deutung eines Horoskops vorgehen muss; es war so schwer, als hätte ich beschreiben wollen, wie man gehen lernt. Diese Arbeit zwang mich, die Prinzipien zu überdenken, die ich in der Sozialarbeit gelernt hatte. Ich musste das, was ich wusste, so anpassen, dass es für astrologische Deutungen brauchbar wurde, und ich habe dabei selbst eine Menge gelernt!

Das Ergebnis war eine Reihe von Vorträgen über die astrologische Beratungsarbeit. Ausserdem ging ich in ein Tonstudio und zeichnete eine Reihe von Lehrbändern auf. Während sich das Projekt entwickelte, reichte ich Artikel bei *The Mountain Astrologer* und anderen Zeitschriften ein. Einige dieser Artikel sind in diesem Buch in erweiterter Form nachgedruckt, denn in einem Buch steht mehr Raum zur Verfügung als in Zeitschriften oder bei zeitlich begrenzten Vorträgen und Workshops.

Was sagen nun die lernenden Astrologen, die keine Horoskopdeutungen machen? Ihre wichtigsten Gründe, davor zurückzuschrecken, sind in etwa die folgenden:

«Ich weiss nicht genug.»

«Die Verantwortung ist mir zu gross.»

«Die Probleme meiner Klienten erdrücken mich.»

«Ich weiss nicht, wie ich ihnen helfen soll.»

«Im Horoskop steckt so viel drin, dass ich nicht weiss, wo ich anfangen soll.»

«Ich weiss nicht, wie ich den Klienten das Horoskop erklären soll.»

«Ich glaube, dafür könnte ich kein Geld nehmen.»

«Ich könnte sowieso nicht davon leben.»

Die Kapitel in diesem Buch sollen einige dieser Probleme ausführlich angehen. Ich biete dem Leser Informationen und Übungen an, die helfen können, eine Lösung zu finden. Im ersten Kapitel wird beispielsweise erklärt, wie man bei einer Deutung die wesentlichen Punkte findet. Das zweite Kapitel ist eine Anleitung, wie man die astrologische Fachsprache in die Umgangssprache übersetzt, damit Astrologen sich mit ihren Klienten verständigen können. Im dritten Kapitel werden Sie lernen, Krisensituationen zu bewältigen, und im vierten Kapitel geht es um Hilfsangebote für die Klienten, die oft mit erdrückenden Problemen in die Sitzungen kommen. Das achte Kapitel behandelt die häufig zu beobachtenden Hemmungen, für die Deutungen Geld zu nehmen und als Astrologe sein Auskommen zu finden.

Im Laufe dieses Buches werden viele Fragen aufgeworfen, für die ich die Antworten nicht unbedingt aus dem Ärmel schütteln kann. Wenn Sie bereits Deutungen anbieten, dann sollten Sie in der Lage sein, einige dieser Fragen selbst zu klären. Es ist an diesem Punkt der Entwicklung der Astrologie hin zu einem normalen Beruf noch zu früh, um strenge und allgemeingültige Regeln aufzustellen. Ausserdem kenne ich nicht die Antworten auf alle Fragen. Wirklich nicht. Sie kennen sie auch nicht. Nicht einmal die besten Therapeuten und Heiler der Welt kennen alle Antworten. Sie geben sich einfach Mühe, und sie quälen sich dabei am Anfang fast genauso wie Sie. Aber dieses Buch wird Ihnen hoffentlich einige Werkzeuge in die Hand geben, damit Sie ebenfalls weiterkommen.

Ich werde ausserdem einige Richtlinien aufstellen, die auf den ersten Blick einschüchternd wirken können. Viele von ihnen sind Ideale, nach denen man streben sollte, und ich kann sicherlich nicht von mir selbst behaupten, dass ich ihnen jederzeit gerecht werde. Jeder macht Fehler, wenn er sein Handwerk lernt, und ich lernte viele dieser Prinzipien aus den Fehlern, die ich in der Arbeit mit Klienten machte. Wir alle lernen, indem wir etwas tun, und ich hoffe, dass dieses Buch Ihnen hilft, einige unnötige Fehler zu vermeiden.

Während wir uns mit verschiedenen Fragen in Zusammenhang mit astrologischen Beratungen beschäftigen, werden wir auf viele Parallelen zu bereits etablierten Tätigkeiten wie der Psychotherapie stossen. Wir tun nicht das gleiche wie die Angehörigen dieser Berufe, aber wie sie haben wir es mit den Emotionen und Schwierigkeiten von Menschen zu tun. Deshalb kann es nützlich sein zu betrachten, was sie in ihren Berufen und Disziplinen anhand ihrer älteren Lehrpläne gelernt haben. Der Blick auf ihre Arbeit kann uns bei der Klärung unserer eigenen Position helfen.

Ein nützlicher Aspekt, den gut etablierte Berufe den Lehrlingen anbieten, ist eine feste Struktur für die Ausbildung. Medizinstudenten und Assistenzärzte arbeiten teilweise unter Aufsicht, angehende Krankenschwestern werden während der Ausbildung auf verschiedenen Stationen eingesetzt, Sozialarbeiter hospitieren in der Ausbildung bei Projekten, und ein Referendar kann während des Studiums an einer Schule Erfahrungen sammeln. Diese praktischen Tätigkeiten sind Teil der Ausbildungsgänge, und der erfolgreiche Abschluss der praktischen Phasen ist Voraussetzung für den Abschluss des Studiums.

Eine Lehrzeit ist immer eine Zeit, in der der Lernende beobachten kann und unter Aufsicht eines Lehrers oder Ausbilders praktisch arbeitet, ohne jedoch die volle Verantwortung tragen zu müssen. Unter der Anleitung eines erfahrenen Berufskollegen kann der Lernende die Techniken, die er sich theoretisch angeeignet hat, an einer kleinen, sorgfältig ausgewählten Gruppe von Patienten oder Klienten erproben. Wenn der Auszubildende geschickter und erfahrener wird, darf er allmählich immer mehr Aufgaben und eine grössere Verantwortung übernehmen, bis der junge Kollege völlig selbständig arbeiten kann.

Heute, während ich dies schreibe, sind Lehrzeiten in der Astrologie so gut wie unbekannt. Es gibt nur einige wenige erfreuliche Ausnahmen. Dies und das Fehlen von Minimalanforderungen, die Astrologen erfüllen müssen, um mit der Praxis zu beginnen, sind die wichtigsten Kriterien, die erfüllt sein müssen, bevor die Astrologie als Lehrberuf anerkannt werden kann. Ohne diese Merkmale hat jede Disziplin Schwierigkeiten, anerkannt und akzeptiert zu werden – und das mit gutem Grund. Das System der Lehrlingsausbildung ist das Kennzeichen jedes echten Berufs, denn es schützt nicht nur den Lernenden, sondern auch die Menschen, denen der Beruf dienen soll.

Warum gibt es nun so wenig Ausbildungsprogramme, die den Lernenden helfen, den Sprung zur professionellen Praxis zu tun? Teilweise liegt das daran, dass wir Astrologen häufig uranische Typen sind. Wir besitzen reichlich positive Uranus-Qualitäten wie Gerechtigkeitssinn, Erfindungsgabe, einen einzigartigen Blick für die Zusammenhänge des Lebens und eine humanitäre Haltung. Leider kommen uns aber auch oft die anderen uranischen Qualitäten in die Quere und hindern uns daran, Supervision und das System einer Lehrlingsausbildung zu akzeptieren. Wir sind mitunter grimmig auf unsere Unabhängigkeit bedacht, wir sind arrogant und eigensinnig, und wir lehnen jede Autorität ab – oder verachten sie sogar –, denn wir sind überzeugt, dass wir mehr wissen als jeder andere und dass die Regeln sicher nicht für uns gelten, weil wir etwas Besonderes sind.

Dieses Buch entsteht, während Uranus durch den Steinbock zieht, und ich habe mich besonders darüber gefreut, dass die Aufnahmebereitschaft für professionelles Ausbildungsmaterial und für den Wunsch, Standards einzuführen, immer grösser wurde. Wir haben zwar noch einen langen Weg vor uns, aber der Durchgang des Uranus (des Herrschers der Astrologie) durch den Steinbock (das Zeichen der Berufe, der Verantwortung, der Selbstdisziplin und der Reife) ist eine Phase, in der wir hoffen dürfen. Wir alle beginnen jetzt, die Samen für eine neue Ära in der Astrologie auszubringen, in der unser Metier zu einem echten Beruf heranwachsen wird. Dieses Buch entstand aus meinem Bedürfnis, meinen Beitrag zu der Weiterentwicklung unseres Berufs zu leisten.

Ich habe einen Traum. Ich hoffe, dass dieses Buch rasch überholt sein oder in einer grossen Zahl ähnlicher Bücher untergehen wird – dass es meine vielen astrologisch tätigen Kollegen, die beraten, anregen wird, eigenes Ausbildungsmaterial zu entwickeln. Ich wünsche mir, dass dieses Buch in zwanzig Jahren, von heute an gerechnet, oder noch optimistischer, in zehn Jahren, altmodisch und schrullig wirken möge. Es mag das erste Buch mit einer solchen Anleitung sein, aber es soll durch wahre Quantensprünge in der Ausbildung professioneller Astrologen so schnell überholt werden, dass es später kaum mehr verdient als eine Fussnote. Ich träume davon, dass die Studenten in ferner Zukunft in einem Kurs in historischer Astrologie, der zur Grundausbildung gehören wird, diese Worte lesen und sagen: «Kein Ausbildungssystem? Wie komisch! Wie sind die damals nur zurechtgekommen?»

Erstes Kapitel

Wie man nutzbringende Deutungen vornimmt, indem man den richtigen Anfang und das richtige Ende findet

Was sollen Sie aus einem Buch wie diesem für sich herausziehen? Was würde Ihnen helfen, sich wohler und kompetenter zu fühlen, wenn Sie Horoskope deuten? Wo stehen Sie in Ihrer beruflichen Entwicklung – beginnen Sie gerade erst mit den Beratungen, oder sind Sie schon eine Weile dabei? Welche Situationen im Umgang mit Klienten sind für Sie die schwierigsten? Welche Themen sollen wir hier besprechen, um Ihren Bedürfnissen als Astrologe entgegenzukommen? Während ich hier sitze und dies schreibe, wünschte ich, ich könnte Ihre Antworten hören. Es würde mir helfen, wenn ich wüsste, was Sie brauchen. Vielleicht könnten Sie mir, wenn das Buch abgeschlossen ist, und es sind wichtige Themen nicht angesprochen worden, schreiben und mir mitteilen, was Sie in einem zukünftigen Buch behandelt sehen möchten.

Ein Buch kann nicht interaktiv sein – Sie können mir nicht sagen, was Sie brauchen, so dass ich das Buch darauf abstimmen könnte –, aber eine Horoskopberatung *kann und soll* interaktiv sein. Die Worte, mit denen dieses Kapitel begann – die Frage, was Sie von diesem Buch erwarten –, sind ein guter Anfang für eine Sitzung mit einem Klienten. Fragen Sie etwa folgendermassen: «Was erwarten Sie in diesem Augenblick von der Beratung?» oder «Warum wollen Sie in diesem Augenblick eine Beratung haben?» Fragen wie diese dienen zwei Zwecken zugleich. Zunächst einmal zeigen Sie damit den Klienten, dass Sie erfahren wollen, was die Klienten brauchen, damit Sie ihnen besser dienen können. Zweitens helfen Ihnen solche Fragen, die Sitzung auf den Punkt zu konzentrieren, der dem Klienten am wichtigsten ist.

Der alte Spruch «Der erste Eindruck ist immer der wichtigste» gilt auch für astrologische Deutungen. Die Art und Weise, auf die Sie den ersten Kontakt mit einem Klienten gestalten, bestimmt die Atmosphäre der ganzen Sitzung. Wenn Sie bei diesen ersten Begegnungen konzentriert und konkret sind, werden auch die Sitzungen selbst konzentriert und konkret verlaufen. Je konkreter Sie sind, desto wahrscheinlicher wird es, dass die Deutung dem Klienten nützt, und desto eher wird er zufrieden sein.

Statt stundenlang hierhin und dorthin zu springen, sollten Sie in vernünftig begrenzter Zeit die vom Klienten definierten Bedürfnisse befriedigen. Das setzt voraus, dass Sie und der Klient sich auf die Sitzung vorbereiten. Dieses Kapitel behandelt den Anruf oder das Gespräch, in dem Sie den Termin vereinbaren, und die entscheidenden ersten zehn bis fünfzehn Minuten der Sitzung selbst. Wir werden auch darüber sprechen, wie es Ihnen gelingt, konzentriert zu bleiben, wie man die Sitzung zu einem gelungenen Abschluss bringt und wie man sie auch für den Klienten abschliesst und den Weg für zukünftige Deutungen ebnet.

Es ist sinnvoll, einen Vertrag zu schliessen

In der Sozialarbeit, die mein ursprüngliches Tätigkeitsgebiet ist, ist es üblich, einen Vertrag zu schliessen, bevor man mit der Arbeit beginnt. Was ist ein Vertrag in diesem Zusammenhang? Es ist eine Übereinkunft zwischen dem Klienten und dem, der ihm hilft, über die Natur der Arbeit, die beide gemeinsam tun wollen. Im Vertrag werden der Sinn der Begegnung und die Probleme oder Themen definiert, die angesprochen werden sollen. Ziele werden festgelegt, man einigt sich auf eine Vorgehensweise und bringt zum Ausdruck, was der Helfer zu tun hat und wie die Rolle des Klienten aussehen wird. Unter gewissen Bedingungen könnte sogar ein schriftlicher Vertrag geschlossen werden, in dem die Ziele festgehalten werden. Diese Ziele geben vor, wohin die Entwicklung gehen soll – konkret genug, um später zu ermessen, ob die Arbeit erfolgreich war oder nicht.

Bei einer einmaligen astrologischen Beratung brauchen wir nicht so formal vorzugehen, aber einige dieser Prinzipien können dennoch hilfreich sein. Ein Vertrag ist eine Absprache über die Dinge, die in der Sitzung behandelt werden sollen, und über die Ausgestaltung der Beziehung. Sie können den Berdürfnissen und Erwartungen Ihres Klienten kaum gerecht werden, wenn Sie nicht wissen, wie sie aussehen! Nachlässig aufgesetzte Verträge führen zu nutzlosen Sitzungen, nach denen der Klient das Gefühl hat, nicht das bekommen zu haben, was er gebraucht hätte. Es könnte auch sein, dass der Klient Sie noch ein paarmal anruft, um Informationen zu bekommen, die Sie ihm nicht gegeben haben, weil der Zweck der Sitzung nicht klar definiert war.

Als uranische Typen bringen wir alle einen einzigartigen Hintergrund in unsere astrologische Praxis ein, und dazu einige persönliche und oft ungewöhnliche Gaben. Jeder hat seine persönlichen Ansichten, seine Lebensphilosophie, seine Helden, seine Erfahrungen. Jeder Astrologe kann ganz spezielle Beiträge zur Entwicklung und Heilung der Klienten leisten. Ein Lehrer im Ruhestand ist möglicherweise hervorragend geeignet, wenn es um die Deutung der Horoskope von Kindern mit schulischen Problemen geht. Jemand, der Geschäftsmann war, ist wahrscheinlich der richtige Astrologe, um Klienten in geschäftlichen Fragen zu beraten. Wir werden im achten Kapitel noch darüber sprechen, wie Sie Ihre Marktlücke finden können.

Die Folge dieser Unterschiede ist jedoch, dass die Formen und Inhalte der astrologischen Beratungen sich stark voneinander unterscheiden können. Nichts, was hier gesagt wird, soll Sie davon abhalten, Ihren eigenen, einzigartigen Stil zu finden. Ich will nur eine Methode vorstellen, die ich aus den Prinzipien der Sozialarbeit abgeleitet habe und die sich bei den Problemen, mit denen meine Klienten zu mir kommen, bewährt hat.

Dies ist ein guter Augenblick, um darauf hinzuweisen, dass dieses Buch durch meine persönlichen Erfahrungen gefärbt ist. Ich bin beratende Astrologin, und ich interessiere mich besonders für das Verständnis der Psychologie von Individuen und für das Lösen emotionaler Probleme. Eine Beratung bei einem Stundenastrologen oder einem medizinisch orientierten Astrologen oder bei einem Kollegen, der sich auf finanzielle Investitionen konzentriert, würde zweifellos einige Ähnlichkeiten zu dem Prozess aufweisen, den ich hier bespreche – aber es gäbe auch einige wichtige Unterschiede. Wenn Sie beispielsweise vor allem an Voraussagen interessiert sind, dann dürften einige Abschnitte dieses Buchs für Ihre Arbeit nicht interessant sein. Andere Abschnitte dagegen, in denen es etwa um eine gute Verständigung mit dem Klienten oder darum geht, in der Sitzung beim Thema zu bleiben, können Ihnen unabhängig von Ihrem Spezialgebiet helfen, effizienter zu arbeiten. Wenn der Ablauf der Beratungen in Ihrem Spezialgebiet stark von meiner hier dargestellten Methode abweicht, dann könnten Sie uns allen einen Dienst tun, wenn Sie entsprechendes Lehrmaterial entwickeln oder Ihre Lehrer darum bitten, es zu tun.

Der erste Kontakt – Der Umgang mit der Anfrage des Klienten

Das erste Telefonat oder das erste Treffen mit dem Klienten, das der Klärung der Frage dient, ob eine Beratung vereinbart werden soll, ist sehr wichtig. Es ist der Beginn Ihrer Beziehung und legt die Atmosphäre Ihrer Zusammenarbeit fest. Wenn die erste Kontaktaufnahme im Rahmen eines gesellschaftlichen Anlasses stattfindet, ist es professioneller, den betreffenden Menschen zu bitten, Sie später anzurufen, damit Sie ungestört und ausführlich über die anstehende Konsultation beraten können. Wir wollen einige Szenarien für diesen ersten Kontakt und Ihre Möglichkeiten des Umgangs mit dieser Situation betrachten.

Wir wollen in diesem Kapitel annehmen, dass der Anrufer schon entschlossen ist, Ihre Dienste in Anspruch zu nehmen, und dass es nur noch darum geht, eine Verabredung zu treffen. In der Realität kann man davon allerdings nicht immer ausgehen. Teilweise ist der erste Kontakt oft auch eine Art Verkaufsgespräch, in dem sich interessierte Kunden über Ihre Arbeit informieren wollen. Wie fühlen Sie sich, wenn Sie Ihre Arbeit anpreisen sollen? (Wir werden uns im achten Kapitel mit dem Marketing beschäftigen.)

Wir wollen annehmen, dass Sie als erstes die Frage gestellt haben, was der Betreffende von der Sitzung erwartet. Im Laufe des folgenden Gesprächs werden Sie dann erfahren, wie seine Erwartungen aussehen und ob Sie ihnen gerecht werden können. Sie erfahren, was den Klienten bewegt und welche Themen ihm am Herzen liegen. Wenn Sie sich auf die Sorgen des Klienten einlassen, vermitteln Sie ihm dabei zugleich den Eindruck, dass sie seine Bedürfnisse an die erste Stelle setzen. Ihre Fragen helfen Ihnen selbst und Ihrem Klienten, sich auf den Termin vorzubereiten. So entsteht eine professionelle Atmosphäre, in der Sie auf den Klienten konzentriert sind, und zugleich beginnt der Klient, über Ihre Verabredung

17

nachzudenken. Wenn Sie wissen, was nötig ist, können Sie sich vorbereiten und das behandeln, was der Klient behandelt sehen will.

Manchmal sagen die Anrufer, dass sie nur neugierig sind oder dass sie keine klare Vorstellung haben, was sie wollen. Das kommt bei astrologisch unerfahrenen Menschen, die noch kein Horoskop gestellt bekommen haben, besonders häufig vor. Erkundigen Sie sich, ob Ihr Klient schon einmal eine Horoskopdeutung machen liess oder ob er astrologische Vorkenntnisse hat. Wenn das nicht der Fall ist, müssen Sie ihn darüber informieren, in welcher Hinsicht eine Horoskopdeutung Ihrer Ansicht nach nützlich sein kann. Viele Neulinge haben keine Vorstellung, was sie wollen, weil sie keinen Schimmer davon haben, was eine Deutung leisten kann. Vielleicht haben sie bisher nichts weiter gesehen als die Zeitschriftenastrologie. Sie wissen nichts über Transite, Progressionen, Composite, Elektionshoroskope oder Solare – und nichts über irgendeine andere Technik, die in der Astrologie benutzt wird.

Es liegt an Ihnen, den Klienten, die zum ersten Mal kommen, diese Möglichkeiten vor Augen zu führen. Normalerweise reicht es, die Gebiete zu erwähnen, die von den Häusern abgedeckt werden, und kurz über verschiedene Techniken zu sprechen. Erwähnen Sie beispielsweise Horoskopvergleiche oder Transite. Erklären Sie mit einfachen Worten, ohne Ihre Fachsprache zu benutzen, was die Astrologie leisten kann. Achten Sie darauf, die Klienten nicht zuzuschütten, sondern beschränken Sie das Gespräch auf die Möglichkeiten, die den augenblicklichen Bedürfnissen der Klienten entgegenkommen.

Es kommt in der astrologischen Praxis häufig vor, dass Sie die Menschen, die Sie anrufen, aus einem anderen Zusammenhang kennen. Besonders wenn Sie zu praktizieren beginnen, kommen viele Klienten zu Ihnen, die Sie bereits aus persönlichen Begegnungen kennen. Vielleicht handelt es sich um Arbeitskollegen, um die Mitglieder eines Vereins, um Freunde oder um die Angehörigen verschiedener Organisationen. Wenn Sie überlegen, ob Sie für diese Menschen eine Deutung machen wollen, sollten Sie sich genau überlegen, welche Auswirkungen Ihre gemeinsame Geschichte mit diesen Menschen auf Ihre Arbeit haben könnte. Wenn Sie sich entschliessen, sich mit ihnen zu verabreden, sollten Sie nicht vergessen, dass die Sitzung nicht in der unberührten Isolation einer Freudschen Therapie stattfindet. Es ist wichtig, Ihre gemeinsame Geschichte anzuerkennen und sogar zu fragen, wie diese Menschen sich fühlen, wenn sie Ihnen nun in einem anderen Kontext begegnen.

Viele, die in «helfenden» Berufen arbeiten, stellen fest, dass es schwierig wird, die Freundschaft fortzusetzen, sobald Freunde zu Klienten werden, weil sich die Beziehung verändert. Das ist eine ganz andere Überlegung, die es dennoch zu beachten gilt. Es gibt hier keine endgültigen Antworten. Es soll für den Augenblick reichen, wenn wir festhalten, dass diese mögliche Veränderung der Beziehung berücksichtigt werden muss.[1]

Manche angehenden Klienten haben übertriebene Erwartungen. Manche Menschen wollen beispielsweise in einer einzigen Sitzung alles wissen. Sie wollen über Transite und Progressionen sprechen, die Horoskope mehrerer Angehöriger betrachten und erfahren, was Sie über diese Menschen und die Beziehung sagen können. Das ist zweifellos viel zuviel, um es auch nur halbwegs gründlich in einer einzigen Sitzung zu erledigen. Erklären Sie den Klienten, warum Gründlichkeit wichtiger ist als das Springen von einem Thema zum anderen oder ein einfaches Ja oder Nein. Bei allen Klienten ersparen Sie sich selbst eine Menge Kopfschmerzen, wenn Sie schon im ersten Gespräch damit beginnen, Grenzen abzustecken und Einschränkungen aufzuzeigen. Erklären Sie den Klienten beizeiten, wie lange die Sitzung dauern wird, was sie umfassen wird, was sie kosten wird und in welcher Form Sie bezahlt werden möchten.

Manche Menschen, die besonders dringend Hilfe brauchen, versuchen, Sie lange am Telefon festzuhalten. Aus verschiedenen Gründen ist es sinnvoll, wenn Sie sich nicht ihre ganze Lebensgeschichte anhören. Beispielsweise könnten Klienten, die Ihnen am Telefon zuviel erzählen, Ihre Genauigkeit bei der Deutung auf die Tatsache zurückführen, dass Sie alles schon vorher von ihnen selbst erfahren haben. Manche Menschen, die in einer Krise anrufen, sprudeln in ihrem Schmerz ihre Probleme heraus, und darauf wollen Sie natürlich nicht grob reagieren. Aber es kann anstrengend sein, potentielle Klienten zu lange reden zu lassen, und dadurch kann auch eine Beziehung entstehen, in der die Klienten Sie immer wieder anrufen und sich eine kostenlose Therapie abholen. Zeigen Sie Mitgefühl und Wärme, treffen Sie die Klienten so bald wie möglich, aber stellen Sie klar, dass Sie sich erst in der Sitzung mit den Problemen beschäftigen werden.

Sowohl beim ersten Kontakt als auch während der Sitzung selbst sollten Sie eine entsprechende Erklärung abgeben, sobald Sie sich auf ein Gebiet wagen, das ausserhalb Ihrer beruflichen Erfahrungen liegt, etwa wenn Sie Ratschläge zu Entscheidungen geben, die Ihre Klienten treffen wollen. Dies ist besonders wichtig, wenn es beispielsweise um Gerichtsverhandlungen geht, um Börsenspekulationen oder um irgendein anderes Gebiet, das die Domäne einer juristisch anerkannten und lizenzierten Berufsgruppe ist. Wenn es in erster Linie um gesundheitliche Belange geht, müssen Sie besonders vorsichtig sein, damit man Ihnen nicht vorwirft, ohne entsprechende Zeugnisse ärztlich zu praktizieren. Selbst wenn die medizinische Astrologie zu Ihren Spezialgebieten zählt, sollten Sie Ihren Klienten deutlich zu verstehen geben, dass Sie kein Arzt und kein Heilpraktiker sind. Betonen Sie, dass alles, was Sie über die Gesundheit Ihrer Klienten sagen, ausschliesslich auf dem Horoskop beruht. Machen Sie in aller Deutlichkeit klar, dass Ihre Aussagen nicht als medizinische Diagnose verstanden werden dürfen. Schlagen Sie den Klienten vor, über medizinische Fragen mit ihren Ärzten zu sprechen.

Anrufer aussortieren, die keine Klienten werden sollten

Da wir Astrologen allein arbeiten, sind wir gegenüber öffentlichen Angriffen sehr empfindlich. Wir müssen die Anrufer sorgfältig prüfen, weil manche Anrufer nicht die richtigen Klienten für uns sind. Manche Menschen sind schwierig oder sogar gestört; manche bitten um Dienstleistungen, die Sie nicht erbringen können; manche wollen Antworten, die die Astrologie nicht geben kann. Indem Sie herausfinden, welche Anrufer keine geeigneten Klienten sind, tun Sie nicht nur den Anrufern, sondern auch sich selbst einen Gefallen. Wenn Sie die Anrufer aussortieren, die etwas wollen, das Sie nicht geben können, schützen Sie sich davor, unzufriedene Klienten zu produzieren. Im schlimmsten Fall sind unzufriedene Klienten schlecht für Ihren Ruf; mindestens aber werden unzufriedene Klienten Sie nicht weiterempfehlen.

Wenn Sie einige Fragen stellen, bevor Sie den Termin vereinbaren, identifizieren Sie die Menschen, die etwas wollen, das die Astrologie nicht leisten kann. Es könnte sich beispielsweise herausstellen, dass ein Anrufer in Wirklichkeit eine mediale Deutung und keine Horoskopdeutung erwartet. Vielleicht fragt er nach spezifischen Details, die Sie dem Horoskop nicht entnehmen können. Sagen Sie das dem Klienten, erklären Sie ihm den Unterschied zwischen dem, was ein Medium tut, und den Informationen, die man mit Hilfe der Astrologie gewinnen kann. Vielleicht will ein Klient wissen, wie die Beziehung zum augenblicklichen Geliebten in früheren Leben aussah. Erklären Sie den Unterschied zwischen Deutungen früherer Leben und einem Beziehungshoroskop.

Sie geben Ihren Klienten Informationen an die Hand, damit diese in Zukunft wissen, was die Astrologie für sie tun kann. Sie müssen möglicherweise genau erklären, was Sie tun und wozu die Astrologie fähig ist. Nachdem Sie erklärt haben, warum eine astrologische Deutung nicht leisten kann, was die Klienten erwarten, und was die Astrologie statt dessen tut, zeigt sich in vielen Fällen, dass die Klienten trotzdem die Deutung wollen!

Es kommt immer wieder vor, dass Anrufer etwas brauchen, das Sie noch nicht geben können. Es ist nötig, hin und wieder eine Bestandsaufnahme der Dinge zu machen, die Sie liefern beziehungsweise nicht liefern können. Jeder hat Bereiche, in denen er glänzen kann, und jeder hat seine Grenzen. Es ist eine Erleichterung, wenn Sie sich klarmachen, dass Sie nicht so tun müssen, als wären Sie auf allen Gebieten ein Meister. Sie sollten Ihre Arbeit am Anfang auf die Bereiche beschränken, in denen Sie sich sicher fühlen. Später, wenn Sie etwas Erfahrung gesammelt haben, können Sie immer noch neue Fachgebiete dazunehmen.

Wenn die Klienten um etwas bitten, das Sie ihnen nicht geben können, dann ist es besser, sie an jemand zu verweisen, der sich auf dieses Gebiet spezialisiert hat. Beratungen in finanziellen Angelegenheiten sind beispielsweise ein Gebiet, auf dem ich keine grossen Erfahrungen habe, und manchmal steht eine grosse Geldsumme auf dem Spiel. Ich sage dann einfach: «Das ist nicht mein Fach. Darf ich Ihnen einen Experten für dieses Gebiet empfehlen?» Die Anrufer schätzen diese Art von Aufrichtigkeit. Sie werden sich gerade deshalb an Sie erinnern und auf Sie zurückkommen.

Manche Klienten hegen übertriebene Hoffnungen hinsichtlich der Dinge, die eine Beratung bewirken kann – ob sie diese zum Ausdruck bringen oder nicht. Dieses Problem haben selbst so alltägliche Berufszweige wie Ärzte und Psychotherapeuten, und das gilt ganz besonders für uns, weil unsere Arbeit eine göttliche Dimension hat. Beispielsweise könnten Sie eine Deutung für eine Frau vornehmen, die mit der Beratung und besonders mit Ihren Aussagen zu ihrer Ehe sehr zufrieden ist. Daraufhin drängt sie ihren Mann, sich ebenfalls von Ihnen beraten zu lassen, und hofft, Sie würden ihm den Kopf zurechtrücken. Oder ein Anrufer bittet Sie, mit einem Freund oder Angehörigen zu sprechen, der selbstmordgefährdet oder drogenabhängig ist.

Es ist wichtig, unrealistische Erwartungen offen anzusprechen und zu klären, was die Menschen von Ihnen erwarten beziehungsweise nicht erwarten können. Selbst scheinbar gebildete Leute könnten insgeheim glauben, dass Sie Wunder wirken können. So gewissenhaft Sie auch vorgehen, diese Klienten werden dennoch von den Resultaten enttäuscht sein. Wenn Erwartungen wie die genannten ins Spiel kommen, sind Sie möglicherweise besser dran, wenn Sie auf die Beratung verzichten.

Die einleitenden Gespräche dienen auch dazu, die Menschen herauszufiltern, die sehr krank sind. Selbst wenn Sie in der Beratungsarbeit nicht sehr erfahren sind, werden Sie es instinktiv spüren, wenn jemand verhaltensgestört ist. Ein ganz normaler Mensch auf der Strasse spürt das, und Kinder spüren es auch. Wenn ein Mensch mit schweren Störungen vor Ihnen steht, spüren Sie möglicherweise körperliche Reaktionen – Jucken, eine Gänsehaut, oder Ihnen wird flau im Magen. Sie fühlen sich irgendwie unbehaglich und haben den Wunsch, dem Betreffenden aus dem Weg zu gehen. Hören Sie auf diese Instinkte und fördern Sie sie, statt sie im verständlichen Wunsch zu unterdrücken, jemandem zu helfen oder Ihre Praxis aufzubauen. Beispielsweise könnten Sie, wenn der Betreffende über sein Problem spricht, hören, wie er eine unangebracht grosse Wut aufbaut. Wenn Sie mit einem solchen Menschen zu tun haben, dürften bei Ihnen Alarmglocken losgehen, die Sie besser nicht überhören.

Natürlich brauchen auch diese Menschen Hilfe, aber selbst frei praktizierende Therapeuten überlegen sich genau, wen sie aufnehmen. Sie erkennen die Notwendigkeit einer psychiatrischen Betreuung, wenn sie mit geistig kranken oder schwer depressiven Menschen zu tun haben. Therapeuten wissen ausserdem, dass in schwierigen Situationen ausser der Psychotherapie noch weitere Hilfsleistungen nötig werden könnten, beispielsweise eine stationäre Behandlung, juristische Beratung oder finanzielle Hilfen. Sie sind körperlich und auch juristisch angreifbar, wenn Sie solche Menschen in einer privaten Praxis oder sogar daheim behandeln.

Wir Astrologen sind sogar noch angreifbarer, weil unser Status juristisch nicht abgesichert ist und weil unsere Wahrnehmungen nicht immer von anderen Berufen ernst genommen werden. Wenn Sie also spüren, dass etwas Sie aus dem Gleichgewicht bringt, dann treffen Sie besser keine Verabredung. Sagen Sie einfach, Sie hätten den Eindruck, dass das betreffende Anliegen astrologisch nicht zu bearbeiten sei. Es würde eine Reihe von Sitzungen erfordern, alles durchzuarbeiten, die fast wie eine Therapie wären, und Sie seien kein Therapeut. Und geben Sie diesen Menschen bloss nicht meine Telefonnummer! Wenn Ihnen gute Beziehungen zu Ihren Berufskollegen wichtig sind, dann sollten Sie schwierige oder anscheinend gestörte Menschen nicht an andere Astrologen verweisen, nur weil diese mehr Erfahrung haben.

Da wir gerade von Angreifbarkeit sprechen – angenommen, Sie sind eine Astrologin. Ein Mann, der um einen Termin bittet, beginnt mit Ihnen zu flirten oder legt grossen Wert darauf, Sie zu sehen, am besten sogar sofort. Sie leben allein, oder Sie sind während Ihrer Praxisstunden allein. Sie fühlen sich meistens mit Männern nicht unsicher, aber die Vorstellung, sich mit diesem Mann zu treffen, macht Ihnen angst. Es ist natürlich gut möglich, dass Sie sich irren, aber Menschen, die Ihre inneren Warnsignale überhören, bereuen es oft sehr. Wenn Sie es nicht so arrangieren können, dass während der Sitzung jemand in der Nähe ist, sollten Sie besser sagen, dass Sie keine Termine frei haben. Wenn Sie in gewöhnlichen Medien wie Zeitungen oder im Telefonbuch, statt in New-Age-Verzeichnissen oder esoterischen Zeitschriften Anzeigen schalten, müssen Sie damit rechnen, öfter Anrufe dieser Art zu bekommen. Viele Leute verwechseln uns auch heute noch mit Etablissements, in denen die Wahrsagerei als Tarnung vorgeschützt wird, während zugleich auch sexuelle Dienstleistungen angeboten werden. Astrologen, Kaffeesatzleser und Kartenleger verdienen es nicht, in diese Schublade gesteckt zu werden, aber das ändert nichts daran, dass manche Menschen uns immer noch so sehen.

In manchen Ländern gelten wir vor dem Gesetz als Wahrsager. In manchen Städten und Staaten der USA fällt unsere Arbeit unter die alten Vorschriften über Wahrsagerei. Auch wenn solche Gesetze nur selten angewendet werden, sie werden immer noch oft genug zitiert, um eine Gefahr für unseren Beruf darzustellen. Deshalb sollten Sie, wenn Sie Ihre Klienten aussortieren, auch darauf achten, dass Sie keine juristischen Probleme bekommen. Ein einziger hinreichend verstörter, mürrischer und streitsüchtiger Klient reicht, und der Astrologe landet vor Gericht. Ich musste einmal bei einem solchen Prozess in San Jose in Kalifornien aussagen. Es war entsetzlich zu sehen, dass eine Ephemeridentabelle und ein Geburtshoroskop als Beweisstücke vorgelegt wurden, gleich, wie eine Waffe oder eine Crackpfeife vorgelegt wird. Das Legal Information Committee von AFAN hat sich unter der Leitung von Jayj Jacobs in den USA in den Gemeinden, wo diese Gesetze gegen Astrologen oder Medien angewendet wurden, schon mehrmals erfolgreich eingeschaltet.

Das Telefongespräch mit der Verabredung eines Termins beenden

Angenommen, Sie haben dies alles hinter sich gebracht und wissen, dass Sie dem Anrufer helfen und dass Sie ihn empfangen können. Sie haben geklärt, um welche Themen es gehen soll, und dem Klienten vermittelt, wie Sie in der Sitzung vorgehen wollen. Astrologisch vorgebildeten Klienten haben Sie erklärt, welche Techniken Sie einsetzen wollen – beispielsweise ein Composit zur Klärung einer Partnerschaft. Sie haben den Termin bestätigt und die Geburtsdaten überprüft, was besonders wichtig ist, wenn Merkur rückläufig ist. Diese Prozedur gibt dem Klienten auch die Gewissheit, dass Sie sorgfältig arbeiten. Sie haben dem Klienten den Weg beschrieben und ihm gesagt, was er mitbringen soll – beispielsweise eine Kassette, damit die Sitzung aufgezeichnet werden kann.

Schliesslich könnten Sie dem Klienten noch vorschlagen, er möge sich auch selbst vorbereiten, indem er ein wenig darüber nachdenkt, was er eigentlich will. Der Klient könnte eine Liste mit Fragen mitbringen. Wenn der Klient über eine gewisse astrologische Erfahrung verfügt, könnten Sie ihn auch ermuntern, Fragen zu bestimmten astrologischen Indikatoren oder Aspekten und so weiter zu stellen.

Nehmen wir an, es geht um eine Beziehung. Bitten Sie den Klienten, etwas vorzuarbeiten, indem er die konfliktbeladenen Bereiche, die geklärt werden müssen, vorab definiert. Wenn Sie beide durchdacht haben, was mit der Sitzung erreicht werden soll, dann werden Sie in der Sitzung besser auf den Punkt kommen und erfolgreicher vorgehen können.

Praktische Übungen

Betrachten Sie die folgenden Situationen, die bei Telefonaten entstehen können. Wenn Sie wollen, machen Sie ein Rollenspiel mit einem Freund oder Kollegen.

1) *Nehmen wir an, der Klient will etwas über eine Beziehung erfahren, weiss aber überhaupt nichts über die Astrologie. Erklären Sie, was Sie mit Beziehungshoroskopen erreichen können, und besorgen Sie sich die notwendigen Geburtsdaten.*

2) *Es ist August, der Therapeut des Anrufers ist nicht da, und der potentielle Klient weiss nur, dass er irgendeine Lösung für die emotionalen Probleme finden muss, die während der Abwesenheit seines Therapeuten aufgebrochen sind. Wie würden Sie dem Anrufer erklären, was eine Horoskopdeutung für ihn leisten kann? Wie würden Sie herausfinden, ob es möglicherweise nicht ratsam ist, mit diesem Menschen einen Termin zu vereinbaren?*

3) *Der potentielle Klient steckt in einer beruflichen Krise, aber das Geburtsdatum ist nur auf eine halbe Stunde genau. Erklären Sie, inwieweit dem Klienten eine Rektifizierung nützen könnte und welche zusätzlichen Informationen Sie brauchen würden.*

Der Tag der Beratung – Bevor der Klient kommt

Der Tag der Beratung ist nun gekommen. Sie haben sich anhand der Probleme, die der Klient nannte, vorbereitet. Natürlich enthebt Sie dies nicht der Notwendigkeit, das ganze Horoskop zu untersuchen. Denn Sie sollten umfassend informiert sein. Einmal könnte die Liste der Fragen, die der Klient mitbringt, Bereiche einschliessen, auf die Sie nicht vorbereitet sind. Zum zweiten müssen Sie, wenn Sie sich den Problemen ganzheitlich nähern wollen, auch den ganzen Menschen betrachten. Eine Frage nach einer beruflichen Entscheidung kann zur Folge haben, dass Sie aufgrund dieser Fragestellung noch einmal das ganze Horoskop betrachten müssen. Ein Horoskopvergleich setzt eine gründliche Kenntnis der Charakterzüge und Bedürfnisse beider Partner voraus.

Achten Sie darauf, wie Sie sich fühlen. Sind Sie vor der Beratung nervös? Eine gute Vorbereitung dämpft Ihre Ängste, aber es gibt viele Menschen, die sich nie bereit fühlen und die vor jeder Sitzung eine Art Lampenfieber haben. Meditationsübungen, die der Zentrierung dienen, können Ihnen helfen, über Ihre persönlichen Ängste hinauszuwachsen und sich mit dem Göttlichen zu verbinden. Andere lernen, dass ein paar Tropfen von Bachs Rescue Remedy (Notfalltropfen), einem Blütenextrakt, augenblicklich beruhigen und zentrieren. Nervosität ist bei den ersten Deutungen nichts Ungewöhnliches, weil es jedem Berufsanfänger zunächst an Selbstvertrauen mangelt. Sitzungen bei einem erfahrenen Astrologen, der als Lehrer hilft, können die Übergangsphase erleichtern. Wenn sich das Lampenfieber hält und sehr stört, könnten Sie sich an einen Heiler oder Therapeuten wenden. Ein gesunder Selbstzweifel kann allerdings auch ein Versuch des höheren Selbst sein, uns demütig und lernbereit zu halten.

Lassen Sie uns davon ausgehen, dass Sie normalerweise vor den Beratungen nicht besonders aufgeregt sind und sich darauf freuen. Plötzlich stellen Sie fest, dass Sie, eine Stunde bevor der Klient kommt, voller Furcht sind. Vergessen Sie nicht, dass einige Gefühle, die unmittelbar vor der Beratung auftreten, die Sorgen des Klienten hinsichtlich der Sitzung widerspiegeln können, die Sie telepathisch aufgeschnappt haben. In diesem Fall ist es möglich, dass der Klient Angst vor dem hat, was ihm das Horoskop über die Zukunft enthüllen könnte. Wenn Sie sich klarmachen, dass solche Reaktionen in Wirklichkeit die des Klienten sein können, dann wird es Ihnen gelingen, die Emotionen zu vertreiben, die nicht Ihre eigenen sind. Zu Beginn der Sitzung können Sie dann fragen: «Wie fühlen Sie sich jetzt, während wir mit der Deutung beginnen? Sind Sie nervös?» Wenn Sie mit dem Klienten über die Ängste und Phantasien hinsichtlich der Sitzung sprechen, werden sie sich oft auflösen.

Viele Astrologen haben eine gewisse Routine oder ein Ritual, um sich auf die Ankunft eines Klienten vorzubereiten. Solche Rituale helfen ihnen, sich mental und emotional vorzubereiten und sich zu zentrieren. Ein Teil dieses Prozesses kann es sein, den Raum für die Sitzung herzurichten. Manche Astrologen meditieren und rufen ihre spirituellen Führer. Andere zünden Kerzen an oder reinigen die Energien des Beratungszimmers, indem sie Salbei verbrennen. Ein solcher Vorgang ist ein starkes Signal an das Überbewusste, dass etwas Aussergewöhnliches geschehen soll, das die höchsten Ebenen des eigenen Seins statt des individuellen Selbst anspricht.

Der Klient trifft ein – Der erste Eindruck

Der erste Eindruck, den der Klient von Ihnen gewinnt, ist sehr wichtig. In Anbetracht des Rufs, in dem die okkulten Wissenschaften stehen, wird er sich vor allem vergewissern wollen, dass Sie kein Spinner sind. Eine angenehme Umgebung und professionelles Auftreten helfen, die richtige Atmosphäre für die Arbeit zu schaffen. Die Klienten vergewissern sich auch, ob Sie aufmerksam sind und sich auf sie konzentrieren oder ob Sie sich selbst und Ihre eigene Wichtigkeit in den Mittelpunkt stellen.

Widmen Sie die ersten Momente dem Herstellen einer Beziehung zwischen Ihnen. Warten Sie, bis der Klient sich behaglich fühlt. Die meisten Menschen bitten nicht gern um Hilfe, nicht einmal einen Astrologen. Manche Klienten sind nervös, weil sie Ihnen sehr persönliche Dinge erzählen werden, obwohl Sie sich noch nie zuvor gesehen haben. Sie könnten Ihre Anteilnahme zeigen, indem Sie nach der Fahrt fragen, oder ob der Klient noch einen Augenblick braucht, um Luft zu holen, und Sie könnten ihm zeigen, wo die Toilette ist. Erzählen Sie nicht viel über sich selbst. Auch wenn die Klienten fragen, ist das nur eine höfliche Geste, denn die Klienten sind gekommen, weil es um sie selbst geht.

Sie wollen Ihrerseits natürlich auch den Klienten einschätzen und sehen, mit wem Sie es zu tun haben. Sie wollen sich einen Eindruck von der Intelligenz und dem Bildungsstand des Klienten verschaffen, weil Sie wissen müssen, wie Sie sich auszudrücken haben. Das Alter und der Lebensabschnitt geben Ihnen einen gewissen Aufschluss über die Reife des Klienten und über wichtige Lebensaufgaben, denen er sich gegenübersieht. Sie sollten auch in Erfahrung bringen, was der Klient über emotionale und spirituelle Themen weiss. Inwieweit ist er bereit, die Verantwortung für seine Schwierigkeiten zu übernehmen, und inwieweit sieht er die Sterne als die Schuldigen? Einschätzungen wie diese können Ihnen wichtige Hinweise darauf geben, wie Sie die Deutung angehen sollten.

Ein Freund, ein guter Freund …

Gelegentlich wollen Klienten jemanden zur Beratung mitbringen. Manchmal bitten sie schon beim ersten Anruf um die Erlaubnis dazu. Öfter bringen sie einfach ihren besten Freund oder ihre Freundin mit und glauben, er oder sie könnte bei der Beratung dabei sein. Sie sollten herausfinden, warum der Freund mitkommt. Wenn der Grund nur die Fahrerei war, kann der Freund draussen warten, falls Sie einen geeigneten zweiten Raum haben. Sonst kann er Ihren Klienten am Ende der Sitzung wieder abholen.

Wenn der Freund oder der Verwandte aber während der Sitzung dabei sein soll, dann tun Sie gut daran, es nicht zu erlauben. Es ist unangemessen und unprofessionell. Sie würden ja auch keinen Freund zur Therapiestunde mitnehmen oder einen Kumpel zum Bestechungsversuch mitbringen. Wenn eine dritte Person dabei ist und wenn die Beziehung nicht der Gegenstand der Deutung ist, wird Ihre

Arbeit sehr gestört werden. Normalerweise bekommen Sie Kichern, Spielchen und Insider-Scherze zu sehen und zu hören. Der Klient konzentriert sich eher auf die Freundschaft als auf die Deutung. Verteidigungswälle und Fassaden sind hochgezogen, und der Klient wird wahrscheinlich nicht in sich hineinsehen und ehrlich antworten. Gelegentlich habe ich Ausnahmen bei sehr schüchternen Latino-Frauen gemacht, die unter Aufsicht ihrer Mütter kamen. Vielleicht war sogar das schon falsch, aber man muss andererseits Rücksicht auf kulturelle Unterschiede nehmen.

Manchmal machen sich zwei Freunde einen Spass daraus, ihre Horoskope deuten zu lassen. Sie treten auf, als würden sie zum Wahrsager auf einem Jahrmarkt gehen. Diese falschen Vorstellungen von der Astrologie als einer Art Kirmesattraktion haftet uns leider immer noch an. Wir werden von den Medien als Unterhaltungskünstler betrachtet, und in manchen Berufsverzeichnissen werden wir sogar unter dieser Rubrik geführt. Im Directory of Occupational Titles führt uns die amerikanische Regierung etwa unter «Freizeit und Erholung» auf, wo auch Unterhaltungskünstler und Zirkuskünstler versammelt sind. Dieses falsche Bild ist so sehr unsere eigene Schuld wie die der Öffentlichkeit – ich sagte ja bereits, dass wir öffentliche Anerkennung erst dann finden werden, wenn wir sie verdienen.

Aber wenn Sie an vorderster Front stehen, ist dies nicht der richtige Augenblick, unser schlechtes Image zu reparieren. Sie können allerdings etwas ausrichten, wenn Sie die Klienten bereits beim ersten Anruf über die Astrologie informieren. Sie tun etwas, wenn Sie während der Beratung professionell auftreten. Am Ende einer gelungenen Deutung wird der Klient den Unterschied zwischen einem professionellen Astrologen und einem Wahrsager begriffen haben. Aber wenn zwei eineiige Zwillinge vor Ihrer Tür stehen, sollten Sie einfach nein sagen.

Manchmal kommt ein Freund mit, weil Ihr Klient in den okkulten Künsten unerfahren ist und weil dies die erste Begegnung mit einem Orakel werden soll. Der Freund – vielleicht ein früherer Klient von Ihnen – hat grössere Erfahrungen und soll Ihrem neuen Klienten den Rücken stärken. In diesem Fall müssen Sie sich etwas Mühe geben, damit sich der Klient wohl fühlt. Manchmal können Sie die Spannung durch einen Scherz auflösen. Manchmal reicht es, einfach anzusprechen, dass er oder sie natürlich nervös sein muss, weil es das erste Mal ist. Erklären Sie, dass der Freund Ihren Klienten begleiten kann und ihn nach der Sitzung wieder abholen soll, dass er aber nicht während der Deutung dabei sein kann.

Wenn die oben genannten Situationen alle nicht den Punkt treffen, dann lässt die Gegenwart eines Freundes, Cousins oder wessen auch immer auf eine möglicherweise ungesunde symbiotische Beziehung zwischen den beiden denken. Vielleicht ist Ihr Klient vom anderen abhängig oder neigt in Beziehungen zur Co-Abhängigkeit – ein Faktor, den Sie berücksichtigen müssen, wenn Sie über Lösungen für die Probleme nachdenken, die im Horoskop angezeigt sind.

Oft erheben Klienten Einwände gegen diese Ausgrenzung. («Oh, Betty ist meine allerbeste Freundin. Wir haben keine Geheimnisse voreinander.») Ich bleibe jedoch fest und sage, dass es eine private Veranstaltung sei und dass wir auf diese Weise tiefer in die Materie eindringen können. Ich weise darauf hin, dass die Freundin sich später das während der Sitzung aufgenommene Band anhören kann, wenn sie unbedingt das Gespräch hören soll. Am Ende der Sitzung sind die meisten Klienten insgeheim erleichtert, dass der Freund oder die Freundin nicht dabei war, denn die Beratung ist tatsächlich ein viel intimeres Ereignis, als sie sich vorher vorstellen konnten.

Partnerberatungen

Etwas ganz anderes ist es, wenn es um Beziehungen geht und ein weiterer Mensch dazukommt. Fast wie in einer Eheberatung erfordert eine astrologische Partnerberatung grosses Geschick – oder viele Planeten im Waage-Zeichen. Es ist nicht leicht, unparteiisch zu bleiben und einen Ausgleich zwischen den Bedürfnissen und Interessen der Partner zu finden, besonders wenn einer der beiden schon vorher Ihr Klient war. Aus diesem Grund machen kluge Therapeuten keine Paarberatungen, wenn einer der beiden schon vorher ihr Klient war.

Ein Astrologe ist kein Eheberater, aber die Astrologie kann viel dazu beitragen, eine Beziehung rasch zu durchschauen. Wenn man über beide Horoskope spricht, erkennt man, was für eine Art von Mensch jeder ist und was die Partner von der Beziehung erwarten. Der Umgang mit dem Horoskop bringt eine gewisse Distanz mit sich, so dass die Beteiligten ihr Wesen offenlegen können, ohne Schuldzuweisungen auszusprechen oder Bemerkungen über strittige Punkte zu persönlich zu nehmen. Eine geschickte Interpretation der Horoskope, die für jeden Partner Raum lässt, nachzudenken und zu reden, kann die Kommunikation über Themen erleichtern, die auf andere Weise nicht geklärt werden konnten. Ausserdem beleuchtet die Synastrie und/oder das Composit die Stärken und Schwächen der Verbindung.

Partnerberatungen können sehr anstrengend sein, aber sie können auch eine der beglückendsten Erfahrungen unseres Gewerbes sein. Man reckt sich und wächst über sich hinaus und sieht einen unmittelbaren Erfolg in der Beziehung. Dennoch könnten unsere eigenen astrologischen Vorurteile und die eigenen Schwierigkeiten in Beziehungen in die Horoskopdeutung einfliessen und unser Verhalten während der Sitzung beeinflussen, und dies möglicherweise sogar noch stärker als in einer Sitzung mit nur einem Klienten. Aufmerksamkeit für diese Möglichkeiten ist eine wichtige Verantwortung, der sich jeder Profi in unserem Beruf stellen sollte.

Wenn Sie und ein Klient über das Horoskop eines dritten, nicht anwesenden Menschen sprechen, hören Sie zwangsläufig nur eine Seite der Geschichte. Das Bild ist gefärbt und geschönt, damit Ihr Klient in einem günstigen Licht erscheint. Vergessen Sie nicht, dass Ihre Klienten sich wahrscheinlich makellos verhalten – wenigstens so gut sie es können –, um bei Ihnen Eindruck zu machen. Im wirklichen Leben könnte ihr Verhalten im selben Mass zu den Problemen in der Beziehung beitragen, wie sie sich darüber beklagen.

Als naive junge Sozialarbeiterin war ich oft überrascht, wenn der schreckliche Ehepartner, der das Leben meines Klienten ruinierte, endlich zum Gespräch erschien. Oft war es überhaupt kein unmenschliches Monster, und mein armer Klient, der als Opfer aufgetreten war, erwies sich als lange nicht so heilig, wie es ursprünglich den Anschein hatte. Die Erfahrung lehrte mich, solche einseitigen Bilder mit besonders scharfen Augen zu betrachten. Wenn Sie bei einer Deutung beide Partner sehen, dann ist es weniger wahrscheinlich, dass einer der beiden zum Schurken wird. Ausserdem sind Partnerberatungen eine gute Lösung für das alte ethische Problem, wieviel ein Klient über das Horoskop eines anderen Menschen wissen darf.

Was ist, wenn Sie den Klienten nicht leiden können?

Es wird zweifellos sehr schnell deutlich werden, ob Sie und Ihr Klient sich leiden können oder nicht. Sie werden einige Klienten lieber haben als andere, und es ist angenehm, Klienten zu haben, die Sie mögen. Dennoch ist es Teil des Professionalismus, die eigenen Vorlieben und Vorurteile im Zaum zu halten – *auf persönlicher wie astrologischer Ebene* – und sie nicht auf die Klienten zu übertragen. Sie werden viele für Sie ungeeignete Klienten gar nicht erst sehen, wenn Sie eine gute Vorauswahl treffen, wie es bereits erörtert wurde. Einige werden aber trotzdem durch die Maschen schlüpfen.

Einige mühsame Leute, die zu mir kommen, sind dennoch äusserst angenehme Klienten, weil sie die Astrologie sinnvoll einsetzen wollen. Auf einer geheimnisvollen metaphysischen Ebene ziehen wir die Klienten an, die exakt das brauchen, was wir sie zu lehren haben – und umgekehrt sind es Klienten, die uns exakt das lehren, was wir selbst lernen müssen. Oft spiegeln Klienten den Prozess, den wir gerade selbst durchmachen, wenn auch in stark übertriebener Weise, so dass der Sinn der Lektion offensichtlich wird. In den letzten Jahren habe ich mich anscheinend – man möge es mir verzeihen – so sehr auf harte Bräute und wilde Frauen spezialisiert, dass ich mir allmählich Gedanken über mich selbst mache.

Was tue ich, wenn Klienten kommen, die ich nicht besonders gut leiden kann? *Ich bete.* – Wirklich! Dann schicke ich den Teil in mir, der sie nicht leiden kann, bewusst weg, damit er etwas tun kann, das ihm Freude macht. Später frage ich ihn, was da los war, damit ich aus den negativen Reaktionen etwas lernen kann. (Nein, geneigter Leser, wenn Sie einer meiner Klienten waren, dann gilt das natürlich nicht für Sie. Ganz bestimmt nicht!)

Wenn der Klient mehr ist als ein Klient

Wir sprachen schon über die Probleme, die auftreten können, wenn Sie den Klienten aus anderen Zusammenhängen bereits kennen. Bedenken Sie, dass Ihre Beziehung Ihnen während der Deutung um so grössere Schwierigkeiten beschert, je besser Sie den Klienten kennen. Die Deutung kann umgekehrt auch Ihre Beziehung belasten. Sprechen Sie vor und nach der Sitzung mit Ihrem Klienten oder Freund über diese Sorgen. Sie sollten beispielsweise mit jedem Klienten am Anfang der Sitzung über die Vertraulichkeit reden. Wenn Sie den Betreffenden aus einem anderen Zusammenhang kennen, ist es sogar noch wichtiger, Vertraulichkeit zuzusichern und zu beachten.

Sie sollten eine Grenze um die Sitzung ziehen, so dass sie sich von anderen Umgebungen unterscheidet, in denen Sie sich sonst begegnen. Manchmal tue ich dies auf humorvolle Weise, indem ich den Betreffenden etwa empfange, als wäre er ein völlig fremder Mensch. Einmal baten Studenten am Ende eines langen Seminars um eine Lehrberatung. Sie zogen Strohhalme, um festzustellen, wer seine Deutung vor versammelter Gruppe bekommen sollte. Ich liess die Siegerin nach draussen gehen und anklopfen. Wir begannen mit dem Geplauder, das gewöhnlich jeder Sitzung vorausgeht, und dann setzte sie sich mit dem Rücken zur Gruppe. Bald waren wir so vertieft, dass wir erschraken, als die Gruppe über etwas lachte, das wir gesagt hatten. Ich kann Ihnen nicht sagen, wie Sie diese Grenze in jedem Einzelfall ziehen sollen. Aber es ist ein Anfang, wenn Sie wissen, dass Sie es tun müssen, und wenn Sie mit dem Betreffenden darüber reden.

Die Umgebung für die Beratung vorbereiten

Als nächstes richten Sie sich für die Sitzung selbst ein. Führen Sie den Klienten ins Beratungszimmer, setzen Sie sich bequem hin, erklären Sie, wie Sie vorgehen werden, und schalten Sie das Bandgerät ein. Astrologen haben unterschiedliche Angewohnheiten – manche bereiten ihren Klienten zum Beispiel einen Tee, andere fühlen sich in einer formelleren Atmosphäre wohler. Solche Routinen helfen, die Angst zu reduzieren, und leiten über zu dem besonderen Bewusstseinszustand, in den Sie kommen müssen, um Ihre Arbeit zu tun. Wenn Sie eine Vorstellung haben, wie Sie in den ersten paar Minuten am besten vorgehen, fühlen Sie sich wohler als in einer völlig unbekannten Situation. Zugleich wird der Klient durch die Gewissheit beruhigt, dass Sie wissen, was Sie tun.

Die meisten Klienten akzeptieren ohne weiteres die Prozedur, mit der Sie sich wohl fühlen, solange es nicht zu ausgefallen wird. In der Ausbildung zum Sozialarbeiter mussten wir nach jedem Gespräch eine wörtliche Wiedergabe schreiben. Ich konnte mich aber später kaum noch an das erinnern, was gesprochen worden war, und deshalb machte ich mir bereits während der Sitzungen ausführliche Notizen. Ich fürchtete aber zugleich, dass die Klienten sich damit nicht wohl fühlten. Dann arbeitete ich mit einem jungen Mädchen, und die Arbeit bestand vor allem darin, sie an eine renommierte Organisation zu verweisen, die auf die Behandlung von Jugendlichen spezialisiert war. Als sie nach den ersten Sitzungen dort noch einmal zu mir in die Klinik zurückkam, fragte ich sie, wie es ihr ergangen sei. Sie beklagte sich, dass ihr neuer Therapeut sich überhaupt keine Notizen machte!

Es ist eine gute Idee, vorher festzustellen, was die Klienten über die Astrologie wissen. Fragen Sie, was sie gelesen oder studiert haben und ob und bei wem sie schon andere Deutungen machen liessen und wie lange das her ist. Geben Sie astrologischen Neulingen eine kurze Einführung in die Astrologie, und erklären Sie kurz die Häuser und Symbole im Horoskop. Menschen, die nicht vorgebildet sind, halten Ihre Deutungen für ein Wunder, wenn Sie nicht deutlich machen, dass Sie sich auf das Horoskop beziehen und keineswegs auf göttliche Eingebungen zurückgreifen. Im zweiten Kapitel werden wir darüber sprechen, dass Sie Ihre Deutungen in einfacher Sprache formulieren sollten. Verzichten Sie auf die Fachausdrücke, auf Aspekte und Halbsummen und Sonnenbogendirektionen, denn sonst bringen Sie den Leuten nichts weiter bei ausser der Erkenntnis, dass Sie sich nicht verständlich auszudrücken wissen. Achten Sie während der ganzen Sitzung darauf, dass die Klienten verstehen, was Sie sagen, und dass Ihre Interpretationen nicht mit zuviel Fachjargon durchwirkt sind. Fragen Sie gegen Ende der Sitzung ausdrücklich noch einmal nach, ob alles verstanden wurde.

Die Sitzung aufzeichnen

Fragen Sie den Klienten, bevor Sie beginnen, ob er eine Aufnahme haben will. Viele Astrologen, besonders die Berufsanfänger unter uns, haben Hemmungen, ihre Sitzungen aufzuzeichnen. Sie fürchten, sie könnten einen Fehler machen, und jemand anders könnte es hören und sie verurteilen. Es ist wichtig, dieses Unbehagen zu überwinden, weil das Band eine Aufzeichnung der Sitzung ist, die sich viele Klienten immer wieder anhören. Wenn Sie beginnen, selbst wenn Sie mit Freunden arbeiten, sollten Sie stets mit einem Rekorder arbeiten, um diese Hemmungen zu überwinden. Die meisten Menschen mögen ihre Mikrophonstimme nicht, weil sie anders klingt als in der akustischen Umgebung des Schädels selbst. Hören Sie sich Aufnahmen von Ihnen selbst oft an, bis Sie darüber hinweg sind – irgendwann werden Sie überhaupt nicht mehr darauf achten. (Zu hören, was Sie während der Sitzung gesagt haben, ist im übrigen ein ausgezeichnetes Mittel zum Weiterlernen.)

Das Band kann auch für die Klienten ein kostbares Hilfsmittel sein, eine unerschöpfliche Quelle von Rat. Normalerweise kommt in einer Sitzung mehr zur Sprache, als auf einen Schlag verarbeitet werden kann. Ausserdem sind Klienten, die zum ersten Mal kommen, oft so befangen, dass sie sich nicht richtig konzentrieren können. Oft vergessen sie vieles, was in der Sitzung gesagt wurde. Wenn Sie die Sitzung mitschneiden, können sich die Klienten alles noch einmal anhören, so oft sie es wollen. Manche Menschen müssen die Dinge auch mehrmals hören, ehe sie sie aufnehmen können. Wenn Sie beispielsweise etwas Positives über einen Menschen mit schwachem Selbstwertgefühl sagen, muss er es möglicherweise immer und immer wieder hören, bis er es glaubt. Viele Klienten hören nur das, was ihr augenblicklicher Bewusstseinszustand zulässt. Für diese Menschen ist es eine wertvolle Hilfe, wenn sie zurückspulen und entdecken, was Sie in der Sitzung wirklich gesagt haben. Schliesslich könnten auch Ihre Interpretationen der heraufziehenden Transite oder Progressionen den Klienten im Augenblick nicht viel bedeuten. Wenn der Aspekt dann kommt, kann es für den Klienten hilfreich sein, sich Ihre Worte noch einmal anzuhören.

Stellen Sie den Rekorder auf, und regeln Sie die Lautstärke, bevor der Klient kommt, damit es während der Sitzung möglichst wenig Störungen gibt. Sie könnten Ihre Visitenkarte innen in die Kassette kleben, damit der Klient Ihre Telefonnummer zur Hand hat, falls er eine weitere Sitzung wünscht. Sprechen Sie das Datum aufs Band, damit Sie einen Bezugspunkt für Voraussagen haben und damit der Klient erkennt, wann eine Aktualisierung nötig werden könnte. Nennen Sie auch das Geburtsdatum, damit Sie noch einmal prüfen können, ob die Daten stimmen, bevor Sie beginnen, und damit die benutzten Daten irgendwo dokumentiert sind, falls es später zu Diskrepanzen kommt.

Der Beginn der Sitzung

Gehen Sie zu Beginn der Sitzung noch einmal die gleichen Punkte durch wie beim Telefonat. Sie sind wichtig genug, um noch einmal erwähnt zu werden und um die Deutung auszurichten. Die Erwähnung des Zwecks Ihrer Begegnung hilft Ihnen und dem Klienten, sich zu konzentrieren. Es nützt sicher auch, diese Aussagen auf Band zu dokumentieren. Wenn die Klienten es sich später anhören, können sie feststellen, wo sie zum Zeitpunkt der Deutung waren und welche Fortschritte sie in der Zwischenzeit gemacht haben.

Wie beim allerersten Kontakt sollten Sie noch einmal definieren, was mit der Sitzung erreicht werden soll. Fragen Sie noch einmal: «Was erwarten Sie von der Beratung?» (Oder auch: «Welches sind die wichtigsten Themen, an denen Sie gerade arbeiten?») Dies ist der Zeitpunkt, an dem der Klient weitere wichtige Fragen zur Sprache bringen sollte. Prüfen Sie, ob Sie die zusätzlichen Fragen ohne weiteres in der gerade beginnenden Sitzung behandeln können. Es ist denkbar, dass Sie zusammen mit dem Klienten Prioritäten setzen müssen. Viele Klienten bringen die Horoskope anderer Menschen mit und fragen, ob Sie «mal reinschauen» könnten. Sie müssen dann entscheiden, ob Sie sich bei dem Gedanken, spontan darauf einzugehen, wohl fühlen.

Es gibt noch einen zweiten Grund, warum diese Prozedur dem Klienten hilft. Deutungen, die sich auf die Sorgen des Klienten konzentrieren, veranlassen ihn eher, unzuträgliche Verhaltensmuster zu verändern. Sie wollen ja, dass die Sitzung Veränderungen auslöst und ein Ansatzpunkt für neues Wachstum wird. Eine Beratung kann viel eher Klienten zu Veränderungen motivieren, wenn Sie sie auf die Punkte lenken, in denen sich der Klient unbehaglich fühlt.

Bedeutet das, dass Sie über Probleme sprechen müssen, die Sie im Horoskop sehen, auch wenn der Klient nicht nach ihnen gefragt hat? Bei Transiten und Progressionen sind Sie dafür verantwortlich, diese Dinge zur Sprache zu bringen. Sich bildende Aspekte können zukünftige Probleme anzeigen, die dem Klienten noch nicht bewusst sind. Es gehört zu unserer Arbeit, diese Bereiche zu berühren, genau wie ein Arzt einen Patienten vor einer sich entwickelnden Krankheit warnt, die durch eine Untersuchung zum Vorschein kam. Wenn es ums Radix geht, sollten Sie sich allerdings hüten, die Klienten zu überfahren und vor den Kopf zu stossen, indem Sie ihnen alles sagen, was Sie an Problemen erkennen. Beschränken Sie sich auf das, was den Klienten im Augenblick Sorgen macht. Auf diese Weise werden Sie wahrscheinlich viel eher aufnahmebereite, aktiv beteiligte Klienten haben statt widerstrebende und letztlich unzufriedene. Gegen den Willen der Klienten vorzustossen bedeutet, in ihr Leben einzudringen, sich zum Richter aufzuspielen und den Lebensstil der Klienten zu bewerten.

Angenommen, Sie sehen ein wichtiges Problem in Zusammenhang mit der Mutter – Astrologen scheinen dieses Problem immer zu sehen –, und der Klient will nicht daran arbeiten. Sie sollten den Mutterkomplex sicher nicht hervorzerren und eine komplette Psychoanalyse liefern, solange Sie nicht beweisen können, dass er mit den anstehenden Problemen zu tun hat. Wenn ein Mann sich über seine Beziehung zu einer Frau beklagt, spielt seine Beziehung zu seiner Mutter natürlich eine Rolle.

Oder nehmen wir an, Sie erkennen Autoritätsprobleme, die mit der Beziehung zum Vater zu tun haben. Diese Vorgeschichte spielt eine Rolle, wenn der Klient Probleme mit männlichen Vorgesetzten hat. Wenn Sie darauf hinweisen, auf welche Weise sich die Geschichte auf aktuelle Probleme auswirkt, sind die Klienten eher bereit, Ihnen zuzuhören.

Nicht jeder, der um eine Beratung bittet, hat tiefe Probleme, mit denen er mit Ihrer Hilfe zurechtkommen will. Nicht selten bitten Astrologiestudenten, besonders Ihre eigenen, um Deutungen, die ihnen helfen, die Grundzüge ihrer eigenen Horoskope zu verstehen. Eine detaillierte Deutung ist ein Teil ihres Lernprozesses. Fortgeschrittene Studenten, die überlegen, ob sie selbst eine Praxis eröffnen sollen, könnten bei verschiedenen Astrologen um Beratungen nachsuchen, um zu erfahren, wie Beratungen durchgeführt werden. Bei Ihren eigenen Schülern könnte es übrigens unangemessen sein, neben Ihrer Rolle als Lehrer auch als Psychotherapeut Ihrer Schüler aufzutreten. Sie könnten damit die Grenzen Ihrer Schüler verletzen.

Übrigens ist es auch strategisch nicht günstig, sofort auf die schwierigsten und schmerzlichsten Themen zu sprechen zu kommen. Die Klienten wollen Sie kennenlernen und Vertrauen zu Ihnen fassen, ehe sie sich öffnen. Vielleicht sollten Sie zunächst über einige weniger schwierige und nicht so bedrohliche Fragen sprechen, etwa in dieser Art: «Werde ich in diesem Jahr noch eine weite Reise machen?» oder «Wird meine Gehaltserhöhung genehmigt?».

Die Beratung von Austern

Ein Problem, das möglicherweise gleich am Anfang der Sitzung offensichtlich wird, ist ein Klient, der kaum etwas sagt. Sie kennen diesen Typ – verschränkte Arme, vorgerecktes Kinn. Diese Menschen wollen sicher sein, dass Sie wirklich begabt sind, und prüfen Sie deshalb. Oder sie haben Geheimnisse und wollen nicht

mehr von sich zeigen, als unbedingt nötig ist. Man sieht dieses Verhalten besonders oft bei Skorpion- oder Steinbock-Aszendenten.

Es hilft, diese Typen ein wenig zu blenden. Das ist nicht einmal besonders
schwer. Normalerweise sind es zugleich auch Menschen, die noch nie eine Horoskopdeutung haben machen lassen. Sie haben deshalb keine Ahnung, wieviel das
Horoskop über sie verraten kann. Sie könnten einige wichtige Strömungen des
vergangenen Jahres benennen oder anhand der Stellungen der äusseren Planeten
die problematischsten Lebensbereiche definieren.

Sagen Sie diesen Klienten dann, dass sie mehr davon haben werden, wenn die
Sitzung als Dialog abläuft. Sie könnten ihnen auch erklären, dass Sie kein Medium
sind – manchmal sage ich zum Scherz, dass meine Kristallkugel gerade in Repara-
tur ist. Oder fragen Sie, ob die Klienten auch von einem Arzt erwarten, dass dieser
durch Raten und ohne Fragen zu stellen herausfindet, was mit ihnen los ist. Erklären Sie, dass das Horoskop nur die allgemeine Färbung der Situationen beschreibt, in die diese Menschen geraten. Sie können zu zweit die Wirkungen viel
genauer besprechen, wenn Sie einige Details erfahren. Diese Klienten werden sich
nie ganz in die Karten schauen lassen, aber normalerweise öffnen sie sich an diesem Punkt ein Stück weit.

Das Wesentliche während der Deutung im Auge behalten

Sobald Sie sich auf die wichtigsten Themen eingestimmt haben, sollten Sie nicht zu
weit vom Thema abschweifen, weil die Sitzung sonst ihren Nutzeffekt verliert.
Bringen Sie die Klienten immer wieder sanft auf die anstehenden Fragen zurück.
(«Lassen Sie uns doch erst mal bei Ihrer Frage nach … bleiben. Wenn wir später
noch Zeit haben, können wir auf dieses Thema zurückkommen.») Sie haben nicht
nur das Recht, sondern sogar die Pflicht, dafür zu sorgen, dass Sie in der Sitzung
beim Thema bleiben.

Die Klienten sind enttäuscht, wenn die Sitzung vorbei ist, ohne dass Sie auf
die vorher abgesprochenen Dinge eingegangen sind.

Klienten mit einem starken Merkur, die über dieses und jenes schwatzen wollen, müssen Sie sicher öfter zum Thema zurückführen. Versuchen Sie, diese Leute
bei ihrer Neugierde zu packen: «Das ist ein interessantes Thema, aber es gibt noch
so viel, was ich Ihnen über die Themen erzählen möchte, die Sie vorher angesprochen haben.» Viele Klienten beginnen loszuplappern, wenn sie ängstlich sind. Es
ist Ihre Aufgabe, sie zu beruhigen. Es gibt zwanghafte Typen, die zum Reden getrieben werden und die nicht zuhören können. Das ist fast wie eine Krankheit. Sie
bombardieren andere Menschen mit Worten, um sie auf Distanz zu halten oder um
nicht mit ihren Gefühlen in Berührung zu kommen. Das scheint besonders häufig
bei Menschen aufzutreten, bei denen Merkur nicht weiter als 10 Grad vom Aszendenten entfernt ist, und das gilt auch, wenn Merkur im 12. Haus steht. Wirklich
zwanghafte Sprecher sind möglicherweise überhaupt nicht einzufangen – in diesem Fall bleibt Ihnen nichts, ausser sie reden zu lassen.

Wenn Klienten sich zu sehr auf Dinge versteifen, die Sie für Nebenaspekte halten, dann könnten Sie einen zweiten Termin vorschlagen. Erst wenn Sie etwas Erfahrung gesammelt haben, werden Sie mit Sicherheit sagen können, was ein Ablenkungsmanöver und was von Bedeutung ist. Was ist mit Klienten, die abirren und auf Nebenschauplätze ausweichen – ist es ein Widerstand oder einfach ihre Art? Die Horoskope können es uns verraten. Veränderliche Zeichen wandern, fixe Zeichen leisten Widerstand. Mit etwas Erfahrung lernen Sie, Prioritäten zu setzen und zu erkennen, welche Arten von Fragen am meisten Zeit erfordern. (Das ist bei verschiedenen Astrologen unterschiedlich. Jeder hat Themen, zu denen er sehr viel beisteuern kann, und andere, zu denen er nur wenig zu sagen hat.)

Wie lange soll die Sitzung dauern?

Wie lange darf eine Beratung dauern? Auch diese Frage ist nur individuell zu beantworten. Es hängt von der Form ab, für die Sie sich entscheiden, und von den Themen, die zu bearbeiten sind. Manche Astrologen machen sehr lange Sitzungen und verbinden eine Art von Heilung mit ihnen. Andere halten sich an die psychoanalytische Stunde, die 50 Minuten dauert. Sie können die Länge der Sitzung teilweise auch an den besonderen Bedürfnissen des Klienten festmachen – ob der Betreffende zum Beispiel von ausserhalb kommt oder ob mehrere Horoskopvergleiche auf einmal nötig sind. Selbst wenn Sie normalerweise keine Dauer festlegen, werden Sie irgendwann müde und müssen aufhören.

Wenn wir die Themen definiert haben, um die es gehen soll, und wenn wir und die Klienten gut vorbereitet und auf diese Themen konzentriert sind, dann kann ich normalerweise alle Fragen des Klienten zu dessen Zufriedenheit in einer Stunde und fünfzehn Minuten beantworten. Begrüssung und Verabschiedung nehmen noch einmal fünfzehn Minuten in Anspruch. Wenn ich Bach-Blüten mische, die mit der Beratung zu tun haben, nehme ich mir noch einmal fünfzehn oder zwanzig Minuten Zeit. Ich lasse zwischen meinen Terminen eine Pause von einer halben Stunde, falls ich überziehen muss oder falls die U-Bahn steckenbleibt und ein Klient zu spät kommt.

Es ist nicht ungewöhnlich, dass die ersten Beratungen drei Stunden oder länger dauern. Manchmal ist der Berufsanfänger glücklich, einen lebenden Menschen vor sich zu haben, den er nach allen Bedeutungsebenen im Horoskop fragen kann, so dass sich die Sitzung fast in einen Kurs verwandelt. Ausgedehnte Sitzungen können eine wichtige Lernerfahrung sein, aber letzten Endes sind sie für Klienten und Astrologen gleichermassen anstrengend. Viele frischgebackene Astrologen, denen es an Selbstvertrauen mangelt, glauben, sie müssten alles ansprechen, was im Horoskop angedeutet ist, weil sie sonst ihr Honorar nicht verdient hätten. Ausserdem braucht ein Anfänger mehr Zeit, um zu erkennen und zu formulieren, was eine bestimmte Stellung im Horoskop zu sagen hat. Wenn Sie Erfahrungen sammeln, werden Sie immer schneller auf die entscheidenden Punkte kommen, so dass die Sitzungen kürzer, aber zugleich effizienter werden.

Der Abschluss der Sitzung – Ende gut, alles gut

Ein gelungener Abschluss ist so wichtig wie ein gelungener Einstieg. Fragen Sie kurz vor Abschluss der Beratung, ob Sie alle Punkte auf der Liste des Klienten behandelt haben. Wurden im Gespräch die Fragen beantwortet, die anfangs gestellt wurden, und sind die zum Ausdruck gebrachten Bedürfnisse befriedigt? Anders gesagt, haben Sie beide den Vertrag erfüllt? Stellen Sie diese Frage ungefähr fünfzehn Minuten vor dem geplanten Ende, so dass Sie noch genug Zeit haben, auf alles einzugehen, was nicht angesprochen wurde. Diese Art des Abschlusses kann dazu führen, dass ein Klient zufrieden geht, der sonst gesagt hätte: «Wir sind überhaupt nicht auf das gekommen, was ich wollte.»

Wenn Sie wollen, können Sie zum Abschluss für den Klienten noch einmal zusammenfassen, wie das kommende Jahr für ihn aussehen wird und welche wichtigen Themen Sie besprochen haben. Bagatellisieren Sie nicht die Schmerzen, die durch Transite oder Progressionen entstehen können. Sie sollten auch ein paar Worte darüber verlieren, was die Klienten erreichen können, wenn sie die astrologischen Rahmenbedingungen für sich nutzen und sich wichtigen Themen zuwenden, statt ihnen auszuweichen. Vielleicht wiederholen Sie an diesem Punkt auch einige der zuvor erörterten konstruktiven Ideen, mit deren Hilfe der Klient sich den kommenden Herausforderungen stellen kann. Es ist gut, in einer zuversichtlichen Atmosphäre zu schliessen – besonders bei niedergeschlagenen, entmutigten Menschen –, aber achten Sie darauf, nicht zuckersüss und falsch zu werden.

Wenn die vorgesehene Zeit zu Ende ist, liegt es bei Ihnen, einen eleganten Abschluss zu finden. Hoffentlich haben Sie dem Klienten vorher mitgeteilt, wie lange die Sitzung in etwa dauern soll, damit diese wussten, was sie erwartet. Vergessen Sie nicht, dass die Klienten nicht auf die Uhr sehen. Die Klienten konzentrieren sich auf Sie. Wahrscheinlich vergessen sie völlig, wie spät es ist, und sie würden Ihnen ewig zuhören, solange Sie nur über ihr Lieblingsthema sprechen – über sie selbst!

Geben Sie dem Klienten durch Signale zu verstehen, dass die Sitzung bald vorbei sein wird. Fragen Sie fünf oder zehn Minuten vor dem Ende, ob es noch letzte Fragen gibt. Für mich ist auch das Band ein Zeitmesser und eine Begrenzung – meine Basslautsprecher knacken laut, wenn sich das Band am Ende abschaltet. Wenn das nicht funktioniert, klappe ich den Ordner mit den Unterlagen zu, lege ihn zur Seite, und dann kommt meine Katze und lässt sich darauf nieder. Wenn Sie kein Haustier besitzen, mit dem Sie einen solchen Rapport haben, könnten Sie offen, aber freundlich sagen, dass die Zeit abgelaufen ist.

Drängen Sie Klienten nicht hinaus, wenn es wichtige Dinge gibt, über die Sie noch nicht gesprochen haben, oder wenn die Klienten sehr aufgewühlt sind. Aber wenn Sie gemeinsam vorher geklärt haben, was man in einer Sitzung vernünftigerweise erreichen kann, und wenn Sie nicht über Gott und die Welt geplaudert haben, dann sollten nicht allzu viele dringende Themen übrig sein. Organisation und Konzentration sind die Schlüsselworte. Wenn diese Voraussetzungen gegeben sind, dürften die Sitzungen für die Klienten befriedigend statt überwältigend verlaufen.

Den Weg für künftige Deutungen ebnen

So wichtig es ist, den potentiellen Klienten zur Einführung gut zu informieren, es ist am Ende einer Deutung noch wichtiger und fruchtbarer. Wenn Sie den Klienten keine Dreistundensitzungen schenken, in denen Sie den Rest ihres Lebens und alle wichtigen Menschen abhandeln, gibt es immer noch etwas Neues, das die Astrologie für sie tun kann. In diesem Augenblick sind sie hoffentlich dankbare und zufriedene Kunden, weil Sie ihnen gerade gezeigt haben, wie wertvoll unser Werkzeug, die Astrologie, sein kann. Solange dieser Eindruck bei ihnen noch frisch ist und solange Sie noch einen Eindruck vom Leben und den Bedürfnissen der Klienten haben, sollten Sie ihnen erklären, welche weiteren Dienste die Astrologie ihnen bieten kann. Der Grund ist nicht, ihnen auf der Stelle gleich noch etwas zu verkaufen, sondern sie über zukünftige Anwendungsmöglichkeiten zu informieren.

Wenn Ihnen Eltern etwas über ein Kind erzählt haben, das ihnen Sorgen macht, dann könnten Sie vorschlagen, zu einem späteren Zeitpunkt eine Deutung zum Horoskop des Kindes und einen Vergleich mit den Horoskopen der Eltern zu machen, damit die Betreffenden erkennen, wie sie besser miteinander auskommen können. Gibt es einen Geliebten, der dem Klienten Kummer macht? Ein Horoskopvergleich könnte helfen, die Beziehung zu klären. Hat der Klient die Möglichkeit eines Umzuges angedeutet? Schlagen Sie eine Astro∗Carto∗Graphy vor. Und so weiter.

Aber vor allem vergessen Sie nicht, Aktualisierungen zu erwähnen. Viele Klienten, die zum ersten Mal gekommen sind, gehen im Glauben, eine Horoskopdeutung sei eine einmalige Sache im Leben – «Jetzt habe ich es hinter mir! Ich habe mein Horoskop erstellen lassen.» Wenn die Leute nicht wissen, dass Sie noch viel mehr für sie tun können, und wenn sie nicht begreifen, dass astrologische Bedingungen sich verändern können, dann kommen sie wahrscheinlich nicht zurück. Die paar zusätzlichen Minuten, die Sie investieren, um die Klienten zu informieren, können viel zum Aufbau Ihrer Praxis beitragen.

Eine Frage noch – die Türklinkenfrage

Ein letzter Punkt noch – Sie sollten um die «Türklinkenfragen» wissen. Das ist ein provokativer Kommentar oder die schwerwiegende Frage, die den Klienten manchmal noch auf dem Weg zur Tür in den Sinn kommt. Die Türklinkenfrage könnte durchaus der entscheidende Punkt der ganzen Sitzung sein, der Grund dafür, dass der Klient überhaupt zu Ihnen gekommen ist. Während des ganzen Gesprächs lag dem Klienten diese äusserst bedrohliche Frage auf der Zunge, die er dem Orakel eigentlich stellen wollte, aber er bekam sie einfach nicht heraus. Jetzt ist die letzte Gelegenheit – und wenn dem Klienten Ihre Antwort nicht gefällt, dann kann er gehen, ohne seine Gefühle zu offenbaren.

Ich habe einmal eine scheinbar ganz normale Aktualisierung für den früheren Geliebten einer Freundin gemacht. Alles ging gut, wir lachten ab und zu, und die Sitzung schien sehr produktiv zu sein. Als er zur Tür ging, schluckte er, starrte zu Boden und fragte, wie das Horoskop meiner Freundin aussähe. Sie war nicht schwer erkrankt, aber sie hatte Aids. Er wollte in Wirklichkeit wissen, ob ich glaubte, dass unsere Freundin sterben müsse – und natürlich ebenso, ob auch er sterben müsse.

Wenn in letzter Minute noch ein Hammer wie dieser kommt, bitten Sie den Klienten, sich noch einmal zu setzen, und lassen Sie sich Zeit, ehe Sie antworten. Die Türklinkenfrage ist meist eine, die so tief geht und so schwer zu stellen ist, dass Ihre Antwort sicherlich eine grosse Wirkung haben wird.

Wenn der Tanz vorbei ist

Der Klient ist gegangen. Wie fühlen Sie sich? Am Anfang fühlen sich viele Astrologen nach einer Deutung ausgelaugt – sogar so erschöpft, dass sie sich ins Bett legen müssen. Dieses Gefühl ist normalerweise ein Signal dafür, dass Sie dem Klienten heilende Energien gegeben haben, ohne es selbst zu bemerken. Aber Ihre persönliche Energie kann dem Klienten nicht helfen – nur die göttliche Energie kann ihm helfen.

Viele Berater und Heiler führen nach einer Sitzung ein Abschlussritual durch, um ihre Energien zurückzugewinnen und die Energien des Klienten, die sie aufgenommen haben, wieder abzugeben. (Manche tun dies verbal, solange der Klient noch anwesend ist. Sie müssen selbst entscheiden, ob Sie das für richtig halten oder nicht.) Um sich vom Klienten zu lösen, können Sie sich vorstellen, dass Sie und der Klient in getrennten Kugeln aus weissem Licht sitzen. Jede Kugel hat einen grossen Magneten an der Aussenwand. Stellen Sie sich zuerst vor, dass Ihr Magnet Ihre eigene Energie zurückzieht, und dann stellen Sie sich vor, dass der Magnet des Klienten dessen Energie zurückzieht, die Sie absorbiert haben. Wenn Sie nicht wollen, dass der Klient dabei negative Energien wiederaufnimmt, stellen Sie sich vor, dass die Kugel sich dreht, so dass die Energie einfach unter seinen Füssen fortgeweht wird.

Wie viele Berater reinige ich nach einer Sitzung die Energie des Raumes, indem ich Salbei verbrenne oder eine Mischung aus Blütenessenzen und Wasser versprühe. Sie können Salbei in vielen Naturkostläden oder Apotheken kaufen. Zünden Sie den Salbei an, und lassen Sie den Qualm wallen, dann wedeln Sie ihn durchs Zimmer. Wenn Sie Blütenessenzen benutzen wollen, füllen Sie einen Zerstäuber mit Wasser. Geben Sie vier Tropfen Yarrow für den psychischen Schutz, Poleiminze gegen Negativität und vielleicht Lotus für die spirituelle Bewusstheit hinein. Ich sprühe auch zwischen den Sitzungen, damit nicht der nächste Klient in den psychischen Rückständen seines Vorgängers sitzen muss. Gemessen an Jungfrau-Massstäben bin ich keine sehr gute Haushälterin, aber ich achte peinlich darauf, die Energien meines Arbeitsplatzes zu reinigen.

Nachdem der Klient gegangen ist, können Sie bei sich selbst eine ganze Reihe verschiedener Reaktionen bemerken. Wenn Sie sich psychisch noch nicht gelöst haben, dann denken Sie daran, dass einige Gefühle, die Sie aufschnappen, die des Klienten sein können. Wenn Sie den Verdacht haben, dass dies der Fall ist, führen Sie ein Abschlussritual durch wie etwa die Übung mit den Kugeln. Manchmal reicht es auch, das Haus zu verlassen und eine Kleinigkeit zu erledigen oder sich auf eine völlig andere Aufgabe zu konzentrieren.

Eine gelungene Horoskopdeutung ist ein unglaublich intensiver und intimer Austausch, der sich stark von den meisten anderen zwischenmenschlichen Begegnungen unterscheidet. Manchmal könnten Sie das Gefühl eines Verlustes verspüren, wenn Sie eine besonders tiefe Vertrautheit erreicht haben. Ein Anruf bei einem Freund oder geliebten Menschen kann dieses plötzliche Gefühl der Isolation erleichtern.

Nach Ihren ersten Beratungen brauchen Sie möglicherweise eine Nachbesprechung. Vielelicht müssen Sie das, was passiert ist, mit einem Lehrer oder einem astrologischen Kollegen erörtern, der ebenfalls Beratungen macht. Natürlich respektieren Sie die Vertraulichkeit Ihres Klienten, aber es kann eine wertvolle Hilfe sein, mit einem anderen Astrologen über den Verlauf der Deutung zu sprechen. Wenn Sie Fehler gemacht haben, sind sie an diesem Punkt viel leichter zu korrigieren als später, wenn sie sich eingeschliffen haben. Ausserdem ist es nützlich herauszufinden, wo Sie gute Arbeit geleistet haben, damit Sie in späteren Beratungen Ihre Fähigkeiten sinnvoll einsetzen können.

Der Abschluss

Wie kommen wir voran? Hat dieses Kapitel einige Ihrer Fragen über Horoskopberatungen beantwortet? War es leicht zu verstehen? Konnten Sie einige Einsichten darüber gewinnen, wie Sie in der Beratung beim Thema bleiben? Fühlen Sie sich jetzt eher bereit, wirkungsvolle Beratungen durchzuführen? Gab es noch andere Dinge und Fragen, die Sie gern behandelt gesehen hätten? Sagen Sie mir, welche Fragen Sie haben, und vielleicht können wir uns für eine Aktualisierung verabreden!

ZWEITES KAPITEL

Die astrologische Sprache – kein Fachchinesisch, bitte

K ürzlich fragte ich eine Klientin, ob sie schon einmal eine Deutung habe machen lassen. Sie sagte: «Also, ich war bei einem Mann, aber der hat überhaupt nicht mit *mir* gesprochen! Ich habe kein Wort von dem verstanden, was er gesagt hat. Ich habe gesehen, dass es ihm Spass gemacht hat und dass er dachte, es sei eine gute Deutung, aber er hat überhaupt nicht mit mir geredet.»

Zweifellos glaubte der Astrologe sogar, er habe sich an diesem Tag besonders treffend ausgedrückt. Aber lange Ergüsse voller astrologischer Fachbegriffe wie Quinkunx, Trigon, Sonnenbogen, Rückläufigkeit und T-Kreuz sind *keine* Kommunikation, sondern Vernebelung. Astrogeschwafel erzeugt neben unnötiger Mystifizierung auch Ängste. Wenn sie mit unverständlichen Begriffen zugeschüttet werden, können sich die Klienten nur noch auf unseren Tonfall und Gesichtsausdruck verlassen, was sie dazu bringen könnte, Unheil zu wittern. Wenn wir konzentriert die Stirn runzeln, ziehen sie möglicherweise den Schluss, die Dinge stünden schlecht für sie. Unsere wichtigste Verantwortung bei einer Deutung besteht darin, dafür zu sorgen, dass die Klienten uns verstehen. Erst durch einen gehaltvollen Dialog können wir ihnen helfen, eine neue Perspektive für ihr Leben zu gewinnen.

Wir vergessen viel zu leicht, wie die astrologischen Begriffe uns am Anfang verwirrt haben. Es fällt uns schwer, uns vorzustellen, wie verwirrend es für die Klienten ist, wenn wir Astrogeschwafel von uns geben. Ich überlegte mir, dass es ein Spass sein könnte, unvertraute und irrelevante Begriffe aus unserem Jargon durch andere zu ersetzen und die Horoskope der Astrologen mit diesen Begriffen zu deuten. Auf diese Weise bekommen Sie einen neuen Eindruck davon, wie es sich anfühlt, wenn Sie Ihre Klienten mit Fachausdrücken bombardieren.[2]

Ich habe einige herrliche Worte in einem Wörterbuch gefunden und sie in die astrologische Deutung eingeführt. Es sind Worte, die es wirklich gibt, aber die ihnen zugeteilten Bedeutungen sind willkürlich gewählt und dienen nur der Demonstration. Wir wollen diese Sprache «neo-horrorskopisch» nennen. Stellen Sie sich vor, Sie gehen zu einer Beratung und hören den Astrologen folgendes sagen:

Sie machen sich Sorgen um Ihren Job? Ich würde sagen, Sie haben auch allen Grund, sich Sorgen zu machen. Saturn erwischt im Zapateado über Ihre Biskotte – er solmisiert sie vom sechsten aus. Er ist gerade noch in der Karniese, und ab Dezember ist die Glefe dann rhopalisch. Im Januar wird Saturn dann hemipelagisch,

Das neo-horrorskopische Glossar*

Arsis	IC
Bigarade	Konjunktion
Bikompositum	Horoskopvergleich
Biskotte	Himmelsmitte
doppelter Polysyllogismus	Grosses Kreuz
Dreifach-Staphylinide	Grosses Trigon
Enchondrom	Mondknoten, der oder die
Glefe	Aspekt
harangieren	direktläufig (werden)
hemipelagisch	stationär
Karniese	Orbis
Karyopse	Opposition
keratophyrisch	belastet, stark aspektiert
Korrobori	Rückläufigkeit
Kurtine	Deszendent
Metamerie	Stellium
Oktachord	Aszendent
Okulation	Achsenstellung
Onomantie	Rektifizierung
Onomatopöie	Progression
Rekreditiv	Relokationshoroskop
rhopalisch	exakt
Rubrikator	T-Kreuz
Solmisation	Quadrat
Statolith	Harmonics
Triticum	Trigon
Zapateado	Transit, Transitaspekt

* Alle Worte stammen aus einem Fremdwörterbuch, aber sie haben andere Bedeutungen als die hier genannten. Die Bedeutungen, die sie im horrorskopischen Jargon bekommen, sind willkürlich gewählt und dienen nur der Demonstration (vom Übersetzer dem amerikanischen Original angenähert).

immer noch im Zapateado im sechsten, und dann geht er bis August in Korrobori. Sie sind erst aus dem Gröbsten heraus, wenn er harangiert und im November nächsten Jahres zum letzten Mal eine Solmisation bildet.

Das war nicht leicht zu verstehen, nicht wahr? Aber noch nicht schwer genug. Worte wie Saturn, Mars und Pluto haben für uns unzählige Bedeutungsebenen, die der Laie nicht annähernd erfassen kann. Wenn ein Laie das Wort Saturn hört, dann bedeutet es ihm überhaupt nichts. Astrologen dagegen haben dicke Bücher über Saturn geschrieben. Deshalb wollen wir das Ersetzen der Begriffe noch weiter treiben, bis Ihr Verstand überhaupt keine Assoziationen mehr findet, an denen

er sich festhalten kann. Wir wollen die Sonne bei ihrem anderen Namen nennen –
SOL – und die Planeten nach ihren astronomischen Positionen benennen. Merkur
ist SOL1, Venus ist SOL2. Der Mond ist genaugenommen der Satellit von SOL3.
Saturn ist SOL6. Neptun wäre demgemäss SOL8, Pluto ist SOL9. Aber Pluto war
länger als ein Jahrzehnt innerhalb der Umlaufbahn Neptuns. Es wäre deshalb genauer, wenn man Pluto als SOL8 und Neptun als SOL9 bezeichnet.

Nun wollen wir es noch einmal versuchen. Um die Qualen unserer Klienten
noch besser nachzuvollziehen, malen Sie sich zunächst aus, dass es um Ihre Zukunft nicht sehr gut bestellt ist. Dann lassen Sie jemand anders den folgenden Abschnitt laut vorlesen, wobei er den Kopf schütteln und die Stirn runzeln soll,
während Sie mit schweissnassen Handflächen vor ihm sitzen und sich winden. Im
Kopf spüren Sie einen dumpfen Schmerz, und in der Magengrube breitet sich ein
flaues Gefühl aus:

*Nun, die Probleme in Ihren Beziehungen entstehen durch die Bigarade zwischen
SOL2 und SOL7 in Ihrem 7. Haus. Natürlich ist auch die Karyopse von SOL6 nicht
besonders günstig. SOL9 erfasst im Zapateado ausserdem gerade Ihre Kurtine. Er
ist noch nicht rhopalisch, das kommt erst im Sommer. Vorher geht er aber noch
zweimal in Korrobori und bildet ein weiteres Triticum mit SOL5, was Ihnen etwas
helfen dürfte.*

Klingt das nicht ehrfurchtgebietend und schrecklich? Alle diese unbegreiflichen
und anscheinend nicht besonders freundlich gesonnenen fremden Kräfte pfuschen
in Ihrem Leben herum, und es gibt nichts, was Sie tun könnten. Sie wünschen sich
schon, Sie wären nicht gekommen. Wenigstens wussten Sie vorher nichts von all
dem Sequestrieren und Morphemisieren. Als ob Sie nicht schon genug Sorgen hätten! (Wenn Sie Ihre astrologischen Kollegen in Erstaunen versetzen und amüsie-
ren wollen, dann können Sie das neo-horrorskopische Glossar auf den folgenden
Seiten benutzen. Dann können sie auch selbst Ihr Horoskop auf diese Weise deuten lassen.)

Astro*Psycho*Geschwafel: Der nächste Fehler

Vom Astrogeschwafel zum Psychogeschwafel zu wechseln, ist ebenfalls keine
Kommunikation. Viele Astrologen, ich gehöre selbst auch zu ihnen, nutzen Erkenntnisse der Psychologie, um ihr Verständnis für die Klienten zu vertiefen. Ein
psychologischer Ansatz bei der Horoskopdeutung ist sicherlich wichtig, aber Psychotherapeuten haben ein entscheidendes Problem: Sie reden so komisch. Sie
sprechen beispielsweise immer über Objektbeziehungen. Was meinen sie mit der
Beziehung zu einem *Objekt*? Es ist *nicht* die Symbiose mit Ihrem Computer. –
Nein, sie meinen Ihre Beziehungen zu Menschen! Ich sollte wohl anmerken, dass
jede Gruppe, die Beziehungen zu Objekten mit den Beziehungen zu Menschen
verwechselt, vermutlich ein Problem mit Objektbeziehungen hat.

41

Wenn sich Psychogeschwafel auf Astrogeschwafel ablagert, werden die Schriften psychologischer Astrologen besonders unverständlich. Dane Rudhyar setzte vor Jahren Massstäbe für astropsychologisch-linguistische Undurchdringlichkeit, und wir anderen bemühten uns nach Kräften, seinem Vorbild nachzueifern. So gelehrt das Astro∗Psycho∗Geschwafel auch klingt, die Klienten verstehen es nicht, wenn sie nicht mindestens ein Jahrzehnt in Jungscher Analyse hinter sich haben.

Wir wollen bei unserem Bemühen, den Menschen zu dienen, nicht die Psychologen imitieren. Wir wollen die Sprache der Leute sprechen, denen wir zu helfen versuchen. Als Ermahnung, in klaren Worten zu sprechen, sollten wir vielleicht einen Preis stiften wie den Regulus Award der UAC. Wir sollten ihn den Dane-Rudhyar-Preis für herausragende Leistungen in Astro-Vernebelung nennen. (Mir fallen sofort mehrere Astrologen ein, die als Anwärter für eine Auszeichnung für ihr Lebenswerk in dieser Kategorie in Frage kommen!)

Sind Sie sicher, dass Ihre Klienten Sie verstehen?

Sie können nicht davon ausgehen, dass Ihre Klienten keine Schwierigkeiten mit Ihrer Terminologie haben. Glauben Sie nicht, dass die Klienten Sie verstehen, nur weil sie nicht fragen, was Sie meinen. Die meisten sind viel zu eingeschüchtert, um Fragen zu stellen. Ihr Selbstbewusstsein ist vielleicht, besonders in Hinblick auf ihre Intelligenz oder ihre Bildung, etwas angeschlagen. Möglicherweise sind sie davon überzeugt, sie seien dumm, und dieser Eindruck verstärkt sich, wenn sie mit einer unvertrauten Terminologie zugeschüttet werden, die aus dem Munde eines Menschen schwappt, den sie für einen Experten halten. Wenn sie besonders unsicher sind, nicken sie vielleicht sogar weise, während Sie sprechen, so dass Ihnen völlig entgeht, wie wenig sie im Grunde wissen.

Es sind die gleichen Leute, die sich nicht trauen, ihren Arzt zu bitten, die medizinischen Fachausdrücke zu erklären. Als ich im Krankenhaus arbeitete, wurde ein Patient mit der Diagnose Borborygmus aufgenommen. Was würden Sie denken, wenn der Arzt Ihnen sagt, dass Sie Borborygmus haben? «Wie lange werde ich noch leben, Doc?» Stimmt's? Als wir das Wort im medizinischen Wörterbuch nachschlugen, stellte sich heraus, dass es nichts weiter bedeutet, als dass einem der Magen knurrt. Ich frage mich, wie so etwas überhaupt ins medizinische Vokabular kommen kann, aber es ist drin. Die unverständlichen Dinge, die Astrologen ihren Klienten über deren Horoskope erzählen, sind so erschreckend wie ein diagnostizierter Borborygmus.

Um dafür zu sorgen, dass die Klienten Sie verstehen, sollten Sie ihnen deutlich machen, dass Sie zugänglich sind. Ermuntern Sie Ihre Klienten, sofort nachzufragen, wenn etwas nicht klar ist. Ein Satz, den ich meinen Klienten und ganz besonders den astrologisch Unerfahrenen immer wieder sage, lautet: «Bitte unterbrechen Sie mich, wenn ich zu technisch werde. Ich kann es auch anders ausdrücken.» Fragen Sie während der Sitzung von sich aus nach, wenn Sie das Gefühl haben, dass Sie zu viele Fachausdrücke benutzt haben.

Manche Klienten haben etwas dagegen, dass Sie auch nur einen Fachausdruck benutzen, andere fühlen sich betrogen, wenn Sie nicht ab und zu mit geheimnisvollen Begriffen um sich werfen. Auf diese Weise überzeugen sie sich davon, dass Sie ein bewanderter Experte sind, und dass sie für ihr Geld etwas bekommen. Es ist ohne weiteres möglich, eine ganze Sitzung durchzuführen und kein einziges Mal in den Fachjargon zu verfallen. Sie sollten dennoch hin und wieder ein paar astrologische Begriffe einfliessen lassen. Wenn Sie sich überhaupt nicht auf das Horoskop beziehen, könnten die Klienten glauben, dass Sie all die persönlichen Informationen über sie aus einer Kristallkugel gelesen oder von Geistern eingehaucht bekommen haben. Sie könnten beispielsweise auf die Stelle im Horoskop deuten, aus der Sie die Informationen gewonnen haben.

Seltsamerweise müssen Sie sich bei astrologisch vorgebildeten Klienten mitunter noch mehr Mühe geben. Die Versuchung ist gross, einfach in den vertrauten Jargon zu verfallen. Die Klienten können Ihnen durch alle Trigone, Quinkunxe und Sonnenbögen mühelos folgen, und so entsteht die behagliche Illusion, sie beide bewegten sich in die gleiche Richtung. Wenn Sie dann nachfragen, stellen Sie aber fest, dass die verschiedenen Planeten, Zeichen und Aspekte bei den Klienten ganz andere emotionale und intellektuelle Assoziationen wecken als bei Ihnen. Je nach unseren Lehrern, nach den Büchern, die wir lesen, nach den Konferenzen, an denen wir teilnehmen, und nach persönlichen Erfahrungen nimmt jeder astrologisch interessierte Mensch verschiedene Faktoren im Horoskop unterschiedlich wahr.

Nehmen wir an, Sie erzählen einer astrologisch vorgebildeten Klientin, dass der Transit-Pluto bald ein Quadrat zu ihrer Radix-Sonne bilden wird. Sie wollen damit vielleicht nur andeuten, dass ihr eine Transformation ihres Selbstbildes bevorsteht. Was sie hört, ist aber möglicherweise etwas ähnliches wie der Klient, der an Borborygmus litt: «Wie lange habe ich noch zu leben?» Vielleicht wollten Sie der Klientin nur nahelegen, dass ihr eine Psychotherapie guttun könnte, während sie annimmt, dass ihr in nächster Zukunft eine Chemotherapie bevorsteht. Vielleicht ist genau das mit ihrer Grossmutter passiert, die den gleichen Aspekt hatte.

Wenn Sie mit Klienten zu tun haben, die über eine gewisse astrologische Erfahrung verfügen, sollten Sie sich besonders genau überlegen, was Sie sagen. Machen Sie deutlich, was Sie mit jedem Aspekt meinen, den Sie ansprechen. Wenn der Klient mit Fachausdrücken reagiert, sagen Sie etwas wie: «Ich möchte sicher sein, dass wir uns auch verstehen. Ich habe einige Vorstellungen, was der Transit bedeuten könnte, aber ich möchte von Ihnen hören, wie Sie ihn selbst interpretieren.»

Wie sage ich's mit klaren Worten?

Zweifellos sind Sie mittlerweile davon überzeugt, dass es sehr wichtig ist, jede Vernebelung zu vermeiden, wenn Sie mit Ihren Klienten sprechen. Einige, die okkulte Künste praktizieren, benutzen absichtlich geheimnisvolle Begriffe, um ihre

Macht und ihren Einfluss zu demonstrieren. Ich glaube nicht, dass viele Astrologen ihre Fachsprache absichtlich als Machtmittel einsetzen – oder wenn, dann höchstens auf einer unbewussten Ebene. Viele Studenten und Berufsanfänger wissen aber anscheinend einfach nicht, wie sie diese symbolische Sprache, die sie fliessend sprechen gelernt haben, in die Alltagssprache übersetzen sollen.

Wie verwandeln Sie Astrogeschwafel in Umgangssprache? Der Weg ist der gleiche wie der in die Carnegie Hall: üben, üben, üben! Wenn Sie gerade erst beginnen, hilft es Ihnen, Ihre Übersetzungsübungen bei leidgeprüften Angehörigen oder Freunden zu machen. Suchen Sie Menschen aus, die Sie nicht anbeten, sondern die Ihre neo-horrorskopischen Ergüsse mit Kommentaren wie «Du hast gut reden» oder «Was auch immer das heisst» unterbrechen.

Manche Schüler sagen, sie müssten erst die astrologischen Faktoren laut aussprechen, um zu erkennen, wo die wesentlichen Punkte sind. Es ähnelt ein wenig dem Erlernen einer Fremdsprache. Bevor man sich an Redewendungen und ganze Sätze wagt, muss man sich eine Zeitlang Wort für Wort innerlich übersetzen. Es ist kein Problem, das Übersetzen auf diese Weise zu üben. Vergessen Sie aber nicht, danach immer zu sagen: «Und das bedeutet folgendes ...»

Berücksichtigen Sie in Ihrer Anfangszeit diese Phase, wenn Sie sich auf ein Horoskop vorbereiten. Tun Sie es nicht, wenn der Klient schon da ist, sondern tun Sie es, bevor er kommt. Die Erarbeitung der Übersetzung ist ein Teil der Vorbereitung. Notieren Sie sich die wichtigsten Faktoren des Horoskops, und schreiben Sie danach kurz auf, was sie bedeuten könnten. Wir wollen beispielsweise annehmen, dass der Klient sich einsam fühlt und dass wir im Horoskop Venus Quadrat Saturn finden. Sie könnten niederschreiben: «Venus Quadrat Saturn: Hemmungen, Bindungen und Beziehungen einzugehen? Klienten fragen.»

Wenn Sie Schwierigkeiten damit haben, einen Aspekt wie Venus Quadrat Saturn in die Umgangssprache zu übersetzen, dann könnte der Grund der sein, dass es keine unmittelbare, wörtliche Umschreibung gibt. Die Interpretation eines Aspekts ist keine Übertragung von einer Sprache in eine andere, sondern die Übertragung einer Symbolik in Verhaltensweisen, Emotionen und Erfahrungen. Wenn Sie sich den Gefühlen und Handlungen zuwenden, die aus dieser Kombination hervorgehen können, dann werden Sie ihre Bedeutung entdecken und auch vermitteln können. Anders ausgedrückt, sollten Sie die Aspekte in Erfahrungen des Lebens übertragen, die für den Klienten eine Bedeutung haben.

Die Übertragung eines traditionellen, ereignisorientierten Astrologen zielt möglicherweise hauptsächlich auf äussere Ereignisse. Venus Quadrat Saturn könnte sich beispielsweise als die Erfahrung niederschlagen, geliebt und immer wieder verlassen zu werden. Der Klient könnte heftig darauf reagieren: «Ja, sicher, sie verlassen mich wirklich immer. Das macht also Saturn, was?»

Aber wir wollen den Aspekt nicht nur in äussere Ereignisse übertragen und den Klienten im Glauben lassen, Saturn sei für seine Probleme verantwortlich. Dieser Ansatz würde die inneren Zustände ignorieren, die das Muster erzeugen – die Geschichte des Klienten und die Entscheidungen und Wahlmöglichkeiten, die sich aus dieser Geschichte ergeben. Um die wahre Bedeutung auf eine Weise zu erfassen, die dem Klienten hilft, das Muster zu verstehen und zu verändern, müssen wir auch auf innere Ursachen blicken und sie formulieren.

Es ist sinnvoll, wenn Sie sich selbst Fragen über die Geschichte des Klienten, über sein Verhalten und seine Entscheidungen zurechtlegen, während Sie das Horoskop vorbereiten und die wichtigsten Aspekte herausfiltern. Natürlich können Sie die Antworten nicht wissen, solange Sie den Klienten nicht gefragt haben, aber Sie können immerhin spekulieren. Die Fragen hängen selbstverständlich vom jeweiligen Aspekt ab. Hier einige Fragen, die für Venus Quadrat Saturn nützlich sein könnten:

1. *Welche Erfahrungen könnte ein Mensch mit Venus Quadrat Saturn in Liebesbeziehungen mehrmals gemacht haben?*

2. *Welche Entscheidungen, die letztlich zu seinen Erfahrungen führten, könnte ein solcher Mensch in Beziehungen getroffen haben?*

3. *Welche Geschichte könnte diese Entscheidungen beeinflusst haben?*

4. *Welche Verhaltensweisen dieses Menschen könnten dazu führen, dass er immer wieder geliebt und verlassen wird?*

5. *Welche Gefühle stecken hinter diesem Verhalten?*

Jeder Aspekt im Horoskop kann sich auf vielfältige Weise zeigen, aber ein mögliches Szenario für Venus Quadrat Saturn ist, dass einer der Partner oder beide Bedenken haben oder Angst bekommen und die Beziehung sogar abbrechen, wenn aus einer Begegnung eine echte Bindung wird. Der Grund kann sein, dass sich die Betreffenden Partner aussuchen, die sich vor Bindungen fürchten und die hohe Mauern errichten, um jede Intimität zu verhindern. Die Ursachen für dieses Verhalten sind oft in der Vergangenheit zu suchen und rühren etwa von der Beziehung zum Elternteil des entgegengesetzten Geschlechts her, der möglicherweise abwechselnd anwesend und abwesend war. In einem Augenblick ist die Tochter Daddys bestes Mädchen, und im nächsten zeigt Daddy sich zurückhaltend und schweigsam. Die Eltern haben möglicherweise auch harte Forderungen erhoben, die das Kind erfüllen musste, um sich die Liebe der Eltern zu verdienen. Als Erwachsene fühlt sich eine Frau mit diesen Erfahrungen dann zu Männern hingezogen, die sich ähnlich verhalten und die sich abwechselnd zurückziehen und wieder anwesend sind.

Warum weckt eine bevorstehende Bindung derart zwiespältige Gefühle in einer Beziehung? Einmal hat der betreffende Mensch insgeheim genauso grosse Angst vor jeder Bindung wie der potentielle Partner, denn sonst hätte er sich von vornherein nicht für einen so ambivalenten Menschen entschieden. Zweitens verändert der Saturn/Venus-Typ, sobald eine formelle Bindung droht, mitunter plötzlich die Spielregeln innerhalb der Beziehung und neigt zu formalisierten, traditionellen und sogar rigiden Erwartungen und Verhaltensweisen. Da dies nicht das war, was der Partner sich wünschte, könnte er sich plötzlich eingesperrt fühlen und sich trennen. Ausserdem weckt jede in Aussicht genommene Bindung die Angst, einen Verlust zu erleiden oder verlassen zu werden, und erinnert an frühere schmerzliche Verluste. So bekommt es ein solcher Mensch plötzlich mit der Angst zu tun, er beginnt zu klammern und wird sogar deprimiert. Der Partner ist oft ein emotional nicht zugänglicher Mensch, der auf Forderungen nicht reagiert und der sich sogar noch weiter distanziert und verschliesst.

Dies sind einige mögliche Antworten auf die oben aufgeworfenen Fragen. Während Sie sich vorbereiten, können Sie über mögliche Ursachen und Auswirkungen eines Problems spekulieren, aber Sie können den Klienten nicht wirklich einschätzen, solange Sie nicht in der Sitzung seine Rückmeldungen bekommen haben. Sie brauchen den Kontext und seine Geschichte, um die individualisierte Bedeutung des Aspekts zu erfassen. Wenn Sie hundert Menschen mit Venus Quadrat Saturn sehen, werden Sie hundert verschiedene Ausdrucksformen von Venus Quadrat Saturn sehen. Sie werden allein aufgrund der Horoskopanalyse nie genau wissen, wie die konkreten Erfahrungen des Klienten aussehen. Sie müssen sie schon selbst fragen. Sie können Ihrem Klienten einen Überblick geben, aber nur der Klient kann den Kontext beisteuern. («Ich sehe, dass Sie Venus Quadrat Saturn haben. Viele Menschen mit diesem Aspekt machen schmerzhafte Erfahrungen in der Liebe. Sie suchen sich oft Partner, die sie irgendwie einschränken oder die umgekehrt von ihnen eingeschränkt werden. Ist das auch Ihnen passiert, und wie sah das aus?»)

Der Einfachheit halber haben wir uns auf einen Teil der Ausdeutung von Venus Quadrat Saturn beschränkt. In einer richtigen Horoskopanalyse müssen Sie den Aspekt natürlich vollständig besprechen. In welchem Zeichen und Haus steht Venus, und welche weiteren Aufschlüsse gibt dies über Strukturen, Gefühle und Geschichte, die hinter dem Verhalten des betreffenden Menschen in Liebesbeziehungen stecken? In welchem Zeichen und welchem Haus steht Saturn, und wie wird das Bild dadurch modifiziert? Venus in Widder im Quadrat zu Saturn in Krebs verhält sich anders und hat andere Beweggründe als Venus in Skorpion im Quadrat zu Saturn in Wassermann. Venus im 12. Haus im Quadrat zu Saturn im 3. Haus hat eine andere Geschichte und andere Sorgen als Venus im 8. Haus im Quadrat zu Saturn im 11. Haus. Das Gesamtbild ist viel komplexer, wenn Sie diese Faktoren einbeziehen, und Sie bekommen viel präzisere Informationen, wenn Sie sie allesamt analysieren und schliesslich auch den Klienten selbst fragen.

Horoskopteile zur Übung

Sie können sich Teile von Horoskopen herausgreifen, wenn Sie lernen wollen, astrologische Aspekte und Stellungen zu formulieren. Übersetzen Sie zunächst Satzbausteine, dann ganze Sätze und dann komplette Horoskope. Bei einer Deutung müssen Sie natürlich immer das ganze Horoskop heranziehen, wenn Sie eine

Frage beantworten wollen. An dieser Stelle wollen wir jedoch erst einmal lernen, das zu verbalisieren, was wir sehen.

Weiter unten sind zwei Teile von Horoskopen abgedruckt, mit denen Sie üben können, dazu Beispiele für die Sorgen, mit denen die Klienten sich an Sie wenden könnten. Es sind keine Teile aus realen Horoskopen. Es ist nicht fair, die Horoskope von Klienten unnötigerweise zu verwenden, und ich weiss nicht, wie es bei Ihnen ist, aber ich bin es müde, lange Abhandlungen über die Horoskope des Sohnes oder des Ex-Geliebten von Astrologinnen zu lesen. Die Beispiele, die wir hier benutzen, sind nicht einmal astrologisch korrekt. Die Planeten stehen im Willkürlichen Häusersystem im Spekulativen Tierkreis, aber sie sind dem, was Sie in der Praxis sehen könnten, nicht unähnlich.

Abb. 1 gehört einem Mann, der knurrt: «Ich bin schon *wieder* rausgeworfen worden! Warum habe ich dauernd meine Chefs im Nacken?»

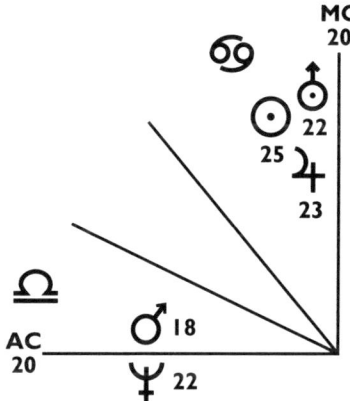

Abb. 1: «Warum werde ich dauernd hinausgeworfen?»

Wichtige Details sind die Sonne/Jupiter/Uranus-Konjunktion am MC im Quadrat zu Neptun am Aszendenten und Mars in Waage im 12. Haus. Zu diesen Aspekten könnten Sie sich selbst folgende Fragen stellen:

1. *Warum hat er immer so niederträchtige Vorgesetzte?*

2. *Warum wird er immer rausgeworfen?*

3. *Wie sieht sich dieser Mann im Verhältnis zur Welt und besonders zur Welt der Arbeit?*

4. *Welche Rollenmodelle hat er in bezug auf Autorität und Beruf?*

5. *Welche Geschichte spiegelt sich in seinem Verhalten?*

6. *Welche Arten von beruflichen Situationen könnten für ihn günstiger sein?*

47

Wir wollen annehmen, dass die Beratung am 5. Mai 1992 stattfand. Saturn war gerade auf 18 Grad Wassermann, Uranus auf 17 Grad Skorpion, Neptun auf 18 Grad Steinbock und Pluto auf 21 Grad Skorpion. Die Konjunktion von Transit-Uranus und -Neptun in Steinbock hat gerade begonnen, nacheinander die Radix-Aspekte auszulösen. Fragen Sie sich:

1. *Werden ihn seine Vorgesetzten auch dieses Mal rauswerfen?*
2. *Können Sie Krisen voraussehen, die ihn zu einer Veränderung zwingen?*
3. *Was kann er selbst tun, um die Struktur zu verändern?*
4. *Welche langfristigen Ratschläge würden Sie ihm für seine Karriere geben?*

Obwohl das Horoskop erfunden ist, kommt mir dieser Mann so real vor, als wäre er gerade zur Beratung gekommen. Er existiert – oder es existieren viele, die sind wie er. Er kennt sich mit Computern aus, er ist so brillant, dass er eine Kuh darauf programmieren könnte, Kakao zu geben, wenn er wollte. Er lebt zusammen mit seiner attraktiven, aber dominierenden Frau und ihren 2,5 Kindern im Silicon Valley. Er ist charmant, sieht gut aus und hat Affären mit mehreren ihm hoffnungslos verfallenen Freundinnen, die er bei verschiedenen Jobs kennenlernte.

Wo kommt all dies im Horoskop zum Ausdruck? Die Konjunktion von Sonne, Jupiter und Uranus an der Himmelsmitte (MC) symbolisiert den Computerfachmann – selbst das Neptun-Quadrat fördert sein schöpferisches Genie. Der Waage-Aszendent mit Neptun und Mars im 12. Haus in Waage in Konjunktion mit dem Aszendenten zeigt sein gutes Aussehen und seinen Charme und sein zwanghaftes Eingehen auf jede Romanze. Aber Waage heiratet gern, und Krebs will Kinder haben. Deshalb die dominierende Frau: Die Spitze des 7. Hauses liegt in Widder, Mars ist im 12. Haus versteckt, Neptun ist in Waage am Aszendenten. All dies deutet an, dass er der passive Partner ist, der sich eine Frau sucht, die ihn führt und sogar herumstösst.

All dies ist reine Spekulation, und wenn der Klient kommt, könnten wir feststellen, dass wir uns völlig geirrt haben. Mit genau demselben Horoskop könnte er ein radikaler Juraprofessor sein, der eine attraktive, aber dominierende Frau und 2,5 von der Kritik gelobte, aber vergriffene Bücher hat, dessen Herz in Schwulenbars bricht, während er angeblich auf politischen Sitzungen ist. Im richtigen Leben würden wir nicht spekulieren. Wir würden ihn beim ersten Anruf fragen, was er tut, weil er selbst erklärt, dass er berufliche Sorgen hat.

Aber der Computerfachmann ist noch nicht bei uns angekommen, und so können wir noch ein wenig über die Probleme spekulieren, die er mit seinen Vorgesetzten haben könnte. (Sie ahnten bereits, dass er zu spät kommen würde, oder? Er hat schon einmal in letzter Minute abgesagt.) Eine Quelle möglicher Schwierigkeiten mit Vorgesetzten ist die Tatsache, dass der Bursche, der zum Vorstellungsgespräch kommt, nicht der ist, der später zur Arbeit kommt. Dank seines Waage-Aszendenten macht er einen sehr angenehmen, verbindlichen und entgegenkommenden Eindruck. Im Silicon Valley haben die Geschäftsführer mit so vielen überheblichen Einzelkämpfern zu tun, dass sie erleichtert sind, einem Menschen zu begegnen, der zugleich brillant und umgänglich ist.

Aber man höre und staune, er bekommt den Job und erweist sich dann doch als überheblicher Einzelkämpfer. Sonne/Jupiter/Uranus an der Himmelsmitte zeigt nicht nur seine Brillanz, sondern auch seine Rebellion gegen jede Autorität. Wenn er sofort mit seinem Trotz herausrücken würde, könnte der Geschäftsführer vielleicht noch damit umgehen. Aber er ist ein passiv-aggressiver Typ: Mars in Waage im 12. Haus in Konjunktion mit Neptun und im Quadrat zur Himmelsmitte und eine Menge Planeten in Krebs. Er sagt, er wird ohne zu Murren tun, was der Chef will, aber er muss erst noch … spätestens morgen wird er den Bericht abgeben. Keine Ahnung, wo die Statistiken geblieben sind. Die brillante Idee, die er beim Einstellungsgespräch hatte? Bald. Der Mann könnte ein Buch voller Entschuldigungen schreiben, aber man kann ihm nicht böse sein, weil er so nett ist.

Der Geschäftsführer kann es nicht genau benennen, aber irgendwie hat er das Gefühl, dass der Typ auch öfter Haschisch raucht. Wo ist der Hinweis? Der starke Neptun mit seinen Spannungsaspekten deutet in der Tat die Möglichkeit von Drogenmissbrauch an. Es gibt keine Statistiken oder Signaturen, die die Schlussfolgerung nahelegen, dass er eher Drogen nimmt als trinkt. Aber ich habe viele Horoskope gesehen, und aus diesem Horoskop weht mir der Duft von Marihuana entgegen. Vielleicht ist es die Kombination des passiven Mars/Neptun im Quadrat zum grandiosen Selbstbild von Sonne/Jupiter/Uranus an der Himmelsmitte. In meiner Praxis stellte ich allerdings fest, dass häufig Uranus und nicht Neptun mit Kokain zu tun hat, und das Silicon Valley läuft über von dem Zeug. Uranus Quadrat Neptun heisst vielleicht, dass er im Beruf kokst, um in Form zu sein, und daheim raucht, um sich abzuregen.

So langsam kann man sich vorstellen, warum er immer wieder hinausgeworfen wird. Welche Geschichte könnte hinter dieser Struktur stecken? Aus der Vorherrschaft der «männlichen» Planeten und ihrer Beziehung zur Himmelsmitte können wir schliessen, dass sein Vater sein Vorbild war. Dad war auch ein Einzelkämpfer, und sein Wort war Gesetz. Vielleicht war er sogar ein bisschen gesetzlos. Brillant, aber fies, wurde er nie seinen Potentialen gerecht, sah aber jedenfalls blendend aus. Natürlich, der Alte war nicht oft da, aber mein Gott, man konnte seine Gegenwart überall spüren. Für den Klienten war er ein Held, er war ein Mann, dem man nacheifern musste.

Wie mit ihm umgehen? Sie haben Mühe, sich nicht in seine Spiele hineinziehen zu lassen. Wenn Sie im 7. Haus als Berater auftauchen, erscheinen Sie gegenüber von Mars/Neptun in Waage am Widder-Deszendenten. Sie drängen ihn, sich zu verändern, und er sagt «ja, aber», bis Sie frustriert aufgeben. Sie könnten auch die Autoritätsfigur des 10. Hauses sein und mit seiner Arroganz und seiner Grossartigkeit spielen. Es wird schwer für Sie, dabei nicht aus der Rolle zu fallen. Egal wie sehr Sie versuchen, distanziert und objektiv zu bleiben, das Horoskop ist viel zu stark auf diese Facetten ausgerichtet.

Als Berater besteht Ihre erste Aufgabe darin herauszufinden, ob der Drogenmissbrauch tatsächlich ein Faktor ist. Es wäre nicht das erste, was Sie zur Sprache bringen – zuerst müssen Sie einen gewissen Rapport herstellen. Aber wenn er oft Gras raucht oder Kokain nimmt, besteht kaum Hoffnung, dass sich seine beruflichen Aussichten verbessern. Missbrauch von Marihuana führt zu (oder entsteht aus) dem, was die Leute, die mit Süchtigen zu tun haben, als «Motivationsblockade» beschreiben. Nach jahrelangem Gebrauch ist es für den Betroffenen viel einfacher, grosse Träume zu träumen, statt wirklich etwas zu tun. Kokain bläst das Ego auf und erzeugt ein Gefühl der Unfehlbarkeit, aber es macht schnell abhängig, und die körperlichen Konsequenzen sind katastrophal.

Wenn der Klient sich zum Drogenmissbrauch bekennt, wird es schwer sein, bei ihm etwas zu erreichen. Sie müssen so distanziert wie möglich bleiben und den Eindruck vermeiden, Sie wollten ihn bekehren oder retten. Sie können wenig tun, ausser ihm zu erklären, dass die Drogen möglicherweise zu seinen beruflichen Problemen beitragen. Er wird sich aber wahrscheinlich nicht ändern, bevor nicht eine durch Drogen ausgelöste berufliche Krise ausbricht, die sein ganzes Leben zerstören könnte. Vergessen Sie nicht, dass er sich an Sie gewandt hat, weil er gerade seinen Job verloren hat. Er könnte also in genau dieser Krise sein. Wenn er aber noch nicht ganz unten angekommen ist, können Sie immerhin ein paar nützliche Samen pflanzen. Da ihm Uranus- und Neptun-Transite bevorstehen, könnte er irgendwann in den folgenden Jahren tatsächlich ganz tief fallen.

Wenn es nicht um Drogen geht (allerdings sagen Ihnen Süchtige nur selten die Wahrheit), dann müssen Sie sich vor allem auf die beruflichen Ziele des Klienten konzentrieren. Er hat nicht um Empfehlung eines Psychotherapeuten gebeten, und er wird sich eine solche Empfehlung kaum ruhig anhören. Er ist schliesslich ein unabhängiger Uranus-Typ, der selbstverständlich keine Hilfe braucht. Es ist alles die Schuld der anderen. Die anderen wissen sein Genie einfach nicht zu schätzen. Zweifellos würde er sich als Selbständiger oder als Teilhaber einer Beratungsfirma am wohlsten fühlen. Dennoch könnten Passivität und Trotz auch im Umgang mit Beratungskunden und Geschäftspartnern zum Problem werden. Auch hier könnten Sie Samen pflanzen und darüber reden, wie sich das väterliche Vorbild im Umgang mit Autoritätsfiguren bemerkbar macht.

Die Zeit, Transite und ein paar weitere harte Schläge werden ihm hoffentlich eine gewisse Klarheit und vielleicht sogar einen Anflug von Demut schenken. Ob ich mit dem Goldschopf zu hart ins Gericht gehe? Natürlich, und wenn er wirklich vor mir sässe, würde es mir vermutlich leichter fallen, Mitgefühl zu zeigen. (Warten Sie, bis Sie ein paar Dutzend von dieser Sorte hatten, dann werden Sie sehen, ob Sie nicht auch frustriert sind!)

Wenn ich Ihnen noch mehr Hinweise zu diesem Prozess geben wollte, dann würden wir das Schwergewicht des Kapitels in Richtung Horoskopdeutung verlagern, was nicht meine Absicht ist. Aber ich habe noch ein weiteres Beispiel für die Arten von Fragen, die produktiv sein können, wenn die Astrologie in Verhaltensweisen und Emotionen übersetzt wird. Beispiel 2 stammt aus dem Horoskop einer

Mutter, die unter Tränen sagt: «Nun, da meine Kinder erwachsen sind, lehnen sie meine Hilfe und meine Ratschläge ab. Wie können wir nur besser miteinander auskommen?»

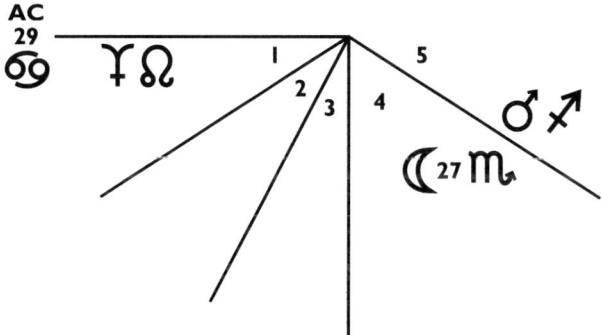

Abb. 2: «Wie kann ich besser mit meinen Kindern auskommen?»

Die wichtigsten Indikatoren sind der Krebs-Aszendent und Pluto in Löwe nur ein paar Grad vom Aszendenten entfernt, sowie Mond in Skorpion im 4. Haus, dazu Mars in Schütze, der vom 5. Haus aus über die Zeichengrenze hinweg eine Konjunktion mit dem Mond bildet. Stellen Sie sich hinsichtlich all dieser Stellungen die folgenden Fragen:

1. *Wie ist diese Mutter früher mit ihren Kindern umgegangen?*

2. *Gegen welche Verhaltensweisen könnten ihre Kinder Einwände haben?*

3. *Welche Gefühle könnten durch dieses Verhalten entstehen oder mit ihm einhergehen?*

4. *Was denken Sie, auf welcher persönlichen Geschichte diese Art von Mutterrolle beruht?*

Wir wollen annehmen, dass die Beratung am 1. November 1992 stattfand. Saturn war auf 12 Grad Wassermann, Uranus auf 14 Grad Steinbock, Neptun auf 16 Grad Steinbock und Pluto auf 22 Grad Skorpion. Der wichtigste heraufziehende Transit wird die Konjunktion Plutos mit dem Skorpion-Mond werden.

1. *Was glauben Sie, was geschehen wird, wenn diese Frau an ihren alten mütterlichen Verhaltensweisen festhält, während der Transit sich bildet?*

2. *Welche Art heilender Arbeit muss sie leisten, um ihre Beziehungen zu ihren Kindern zu verändern?*

Um nicht zu weit auf das Gebiet der Horoskopdeutung abzuirren, überlasse ich es jetzt Ihnen, Antworten auf diese Fragen zu finden und Ihre Erkenntnisse in die

Umgangssprache zu übertragen. Aber diese Methode – sich selbst Fragen stellen, um die emotionalen, verhaltensmässigen und entwicklungsbezogenen Entsprechungen der wichtigsten Horoskopelemente zu identifizieren – ist eine sinnvolle Art, mit der Übersetzung zu beginnen. Üben Sie, indem Sie für die nächsten paar Horoskope, die Sie betrachten, solche Fragen finden, bis Ihnen diese Art zu denken zur zweiten Natur geworden ist.

Auf die Ausdrucksweise des Klienten eingehen

Kehren wir zum Thema zurück, zur Frage der wirkungsvollen Kommunikation. Eine Möglichkeit besteht darin, sprachliche Eigenheiten des Klienten aufzugreifen und dessen eigene Worte zu benutzen oder seine Art der Gesprächsführung zu übernehmen. Wenn Sie es mit einem sachlichen Akademiker zu tun haben, klingt es nicht besonders überzeugend, wenn Sie in breitem Dialekt sagen: «Klar, Mann, da hat dich Pluto am Wickel.» Wenn die Gegensätze zwischen Ihnen und Ihrem Klienten nicht allzu gross sind, dürfte es Ihnen gelingen, Ihre Sprechweise der Ausdrucksweise oder dem Vokabular des Klienten anzupassen. Wenn der Klient seine Freundin als Lebensgefährtin oder Geliebte bezeichnet, können Sie dieses Wort übernehmen. Ich weigere mich allerdings, abwertende Ausdrücke zu übernehmen, aber irgendwo hat ja jeder seine Grenzen.

Wenn Sie auf die Worte hören, die der Klient wählt, erfahren Sie eine Menge über seine innere Verfassung. Welche Begriffe benutzt er für Liebe, Sex, Geld oder andere wichtige Dinge im Leben? Es gibt viele umgangssprachliche Ausdrücke für Sex oder Geld, die das Verhältnis des Betreffenden zum Thema widerspiegeln, und es ist aufschlussreich, welche Begriffe fallen. Mit der Zeit werden Sie Erfahrung darin gewinnen, die exakte Bedeutung der Worte Ihrer Klienten zu erfassen. Keine Redewendung wird zufällig gewählt. Jede hat ihre Bedeutung.

Welche tieferen Unterschiede klingen beispielsweise an, wenn jemand nicht sagt, dass er ein Problem mit dem Cash-flow hat, sondern dass er sich in finanzieller Verlegenheit befindet? Wer in finanzielle Verlegenheit kommt, macht sich vor allem Sorgen um sein Erscheinungsbild und um das, was die anderen denken – ein Zustand, der allgemein gut zu Löwe oder Waage passen würde. Wer Probleme mit dem Cash-flow hat, gibt mit dieser Ausdrucksweise zu erkennen, dass er sich an der Geschäftswelt und deren Werten orientiert – möglicherweise ein Indiz für Steinbock oder Saturn.

Es kann eine sehr effiziente Technik sein, eine vielsagende Redewendung aufzugreifen, die der Klient benutzt hat, und zu zeigen, welches Licht sie auf das Problem wirft. Um auf das Beispiel von Venus Quadrat Saturn zurückzukommen: Eine Klientin mit diesem Aspekt fragte, ob sie jemals eine erfolgreiche Liebesbeziehung haben würde. Sie erschrak, als ich andeutete, dass es gerade ein Teil ihrer Schwierigkeiten sein könnte, wenn sie bei Liebesbeziehungen in Kategorien wie Erfolg oder Misserfolg dächte. Zu untersuchen, was sie in bezug auf Liebe mit «Erfolg» meinte, war einer der produktivsten Abschnitte der Sitzung. Unter dem

52

Druck einer ganzen Reihe unerfüllbarer, vorbestimmter und unverrückbarer Kriterien, denen sie glaubte genügen zu müssen, denen auch ihr Traummann genügen sollte und denen die Beziehung insgesamt genügen musste, lagen ihre Aussichten auf einen «Erfolg» in der Liebe bei Null. Als wir redeten, sah sie ein, dass ihre Chancen, eine glückliche und spontane Beziehung aufzubauen, deutlich steigen würden, wenn sie ihre Haltung veränderte und ihren Perfektionismus losliess.

Sie werden oft amüsiert feststellen, dass Menschen ihre Horoskope in Worte kleiden. Eine Klientin hatte den Transit-Neptun auf ihrer Sonne im Quadrat zum Radix-Neptun. Sie sagte: «Ich bilde mir gern ein, ich könnte mit der Energie gehen, aber in Wirklichkeit werde ich einfach bewusstlos.» Wir hatten ein sehr anregendes Gespräch über die Frage, wie es ihr gelingen könnte herauszufinden, wann sie mit der Energie ging und wann sie bewusstlos wurde. Alles in allem, schloss sie, sei die Bewusstlosigkeit für sie der näherliegende Zustand. Trotzdem hatte sie Momente, in denen sie mit der Energie fliessen konnte, und es schien sinnvoll, diese Qualität zu stärken.

Mit verschiedenen Planetentypen reden

Wenn Sie sich auf den Dialog mit Ihren Klienten einlassen, werden Sie im Laufe der Zeit auch lernen, wie verschiedene astrologische Typen denken und reagieren. Indem Sie verstehen, wie Ihre Klienten denken, können Sie das Problem auf eine Art und Weise erklären, die es Ihnen erleichtert, mit Hilfe der Beratung Veränderungen einzuleiten. Sie reden mit einem Saturnier anders als mit einem Neptunier, und die Sprache des Uranus klingt ganz anders als eine Bemerkung Plutos.[3]

Sie sind überzeugender und erreichen Ihre Klienten auf einer tieferen Ebene, wenn Sie deren Sprache sprechen. Das heisst, Sie sollten Worte und Argumente benutzen, die im Leben Ihrer Klienten eine Bedeutung haben. Auf diese Weise haben Sie eher Erfolg, wenn Sie die Klienten zu einer Veränderung der Dinge bewegen wollen, die in ihrem Leben nicht funktionieren. (Sie haben keinen Erfolg damit, sie zu Veränderungen anzuregen, die in *Ihrem* Leben nicht funktionieren, aber es ist nicht Ihre Aufgabe, den Lebensstil Ihrer Klienten zu bewerten.)

Sie sollten das, was Sie sagen wollen, in Worte kleiden, die eher ansprechend als abwehrend sind. Wenn Sie mit einem Uranus- oder Wassermann-Menschen reden, sollten Sie beispielsweise keine Stier-Lockmittel wie Geld, Stabilität und Sicherheit ansprechen. Umgekehrt können Sie die Wendungen, auf die ein Wassermann anspringt – neu, im Trend, Veränderung, revolutionär –, nicht einem Stier anbieten. (Selbst die Anzahl der Silben in den Worten, die Sie benutzen, dürfte schwanken. Uranische Menschen können viersilbige Worte ertragen und Ihnen sogar ein paar zurückspielen, während Stiere nach ein paar dreisilbigen Worten wahrscheinlich abschalten.)

Schlüpfen Sie in die Schuhe des Klienten, und überlegen Sie, welche Worte für dieses Zeichen oder jenen Planeten einen positiven Klang haben. Venusier wollen etwas über Liebe und Gegenseitigkeit hören und machen sich Sorgen, dass jede Veränderung, die Sie ansprechen, ihre Beziehungen nachteilig beeinflussen könnte. Menschen, die unter dem Einfluss von Widder oder Mars stehen, reagieren besser, wenn Ihre Ausdrucksweise ihnen nahelegt, aktiv zu werden, etwas gegen ihre Schwierigkeiten zu tun oder zu siegen, selbst wenn sie nur mit dem wetteifern, was sie bisher für ihre grössten Leistungen hielten.

Von Merkur beeinflusste Menschen hören gern etwas über vielfältige Aspekte, über neue und anregende Erfahrungen, über gute Gespräche und über Lernerfahrungen. Das Problem bei merkurischen Menschen besteht nicht so sehr darin, mit ihnen zu reden, sondern eher darin, ab und zu mal ein Wort einwerfen zu dürfen. Merkurisch geprägte Vielredner müssen Sie möglicherweise öfter einmal an die Zügel nehmen und zum Horoskop zurückführen. Wenn nicht, sind die Klienten immer noch dabei, während Sie schon Ihr Auto aus der Garage holen, um nach Hause zu fahren.

Ausserdem sollten Sie nicht den Fehler begehen, *Information* mit *Kommunikation* zu verwechseln. Diese Menschen könnten Sie mit Informationen, Anekdoten, geistreichen Bemerkungen und Fragen geradezu bombardieren. Beide glauben Sie nach der Sitzung, es sei eine höchst befriedigende Begegnung gewesen, während es in Wirklichkeit nicht mehr war als belangloses Geplauder. Das ist an sich nichts Schlechtes, und vielleicht wollen solche Klienten oft auch nicht mehr erreichen, als das Repertoire ihrer Geschichten um eine interessante Erfahrung zu erweitern. Wenn der Klient Sie aber gebeten hat, bestimmte schwerwiegende Probleme oder Störungen zu untersuchen, dann kann das verbale Sperrfeuer eine Abwehr sein, um sich nicht mit den belastenden Gefühlen und den echten Problemen befassen zu müssen.

Steinbock- und saturnbetonte Menschen hören gern etwas über Erfolg und Leistung, selbst wenn Sie mit ihnen über ihren spirituellen Weg sprechen. Reden Sie mit ihnen über Erkenntnis, Selbstdisziplin, Geduld, Qualitätsarbeit und darüber, dass die Dinge ihre Zeit brauchen. Charakterisieren Sie die Vergangenheit als schwere Zeit, oder erwähnen Sie, dass diese Menschen oft schon als Kinder grosse Verantwortung tragen mussten. Als Erwachsene sind sie Spätzünder, die erst allmählich reif werden.

Die Kommunikation mit Neptuniern ist im günstigsten Fall etwas sprunghaft. Es gibt so vieles, was sie fühlen, wünschen, glauben und erleben, dass sie nie die richtigen Worte finden. Wie Alice im Wunderland können Worte für sie bedeuten, was immer sie im Augenblick für diese Menschen bedeuten sollen. Mitunter mangelt es ihnen an Klarheit, und sie leiden unter Lebenslügen – vor allem was ihre Gefühle angeht. Die Phantasie dürfte in ihrem Leben eine wichtige Rolle spielen. Sie hören gern etwas über Spiritualität, Kreativität, Dienst am Nächsten, ihr eigenes Leiden und darüber, dass alles so schrecklich karmisch ist.

Um noch einen letzten Typ zu schildern – wie würden Sie mit einem Plutonier sprechen? Diese Menschen hören gern etwas über Tiefe, Analyse, Überwinden, versteckte Motive, Heilen. Spekulieren Sie ruhig, mit was für einem Menschen Sie es zu tun haben. Was glauben Sie, wie dieser Mensch denkt? Einmal sind typische

Plutonier vorsichtig und vertrauen Ihnen nicht oder glauben nicht ohne weiteres, was Sie erzählen. Sie sind zynisch. Sie suchen in dem, was Sie sagen, nach Unstimmigkeiten und Unaufrichtigkeiten. Sie müssen also in bezug auf das, was Sie im Horoskop dieser Menschen sehen, ehrlich sein.

Ausserdem neigt ihre Interpretation der Dinge, die Sie über ihr Horoskop sagen, zur negativen Seite. Sie sehen alles im denkbar ungünstigsten Licht und ahnen die schrecklichsten Katastrophen voraus. In diesem Fall müssen Sie sich bemühen, ausgeglichen und positiv zu bleiben, auch wenn Sie natürlich kein Schönfärber sein sollten. Eine der Stärken dieser Menschen besteht darin, dass sie unter die Oberfläche sehen und sich selbst und andere analysieren können. Man kann darauf vertrauen, dass sie nicht kneifen, wenn unangenehme Dinge zur Sprache kommen. Sie werden sogar glauben, Sie hätten Ihre Arbeit nicht ordentlich gemacht, wenn Sie nicht auch zu den schlimmen Dingen vordringen, die ihnen zugestossen sind. (In meinem Buch *Erkennen und Heilen von Pluto-Problemen*[4] finden Sie weitere Hinweise für die Arbeit mit Plutoniern.)

Es ist nicht meine Aufgabe, Ihnen an dieser Stelle ein vollständiges Glossar der plutonischen oder uranischen Sprache zu geben. Ich möchte Sie nur darauf aufmerksam machen, dass Unterschiede existieren und dass Sie mit verschiedenen Planetentypen auch unterschiedlich umgehen sollten. Sie schnappen das Vokabular auf, wenn Sie mit den betreffenden Menschen sprechen und, noch wichtiger, indem Sie aufmerksam zuhören und zu verstehen versuchen, was in ihren Köpfen vorgeht.

Wenn Sie lernen wollen, wie die verschiedenen Typen denken, sind praktische Erfahrungen mit astrologischen Techniken viel wichtiger als alles, was Sie lesen können. Wenn Sie keinen Kurs in Astrodrama finden, können Sie auch mit einem Freund üben, der sich in der Astrologie auskennt. Legen Sie sich eine typische Lebenssituation zurecht, beispielsweise eine berufliche Veränderung oder einen Wechsel, einen Konflikt in Zusammenhang mit einer neuen Beziehung oder ein familiäres Problem. Versuchen Sie dann, die Situation zu erörtern, während Sie die Rolle des Uranus spielen, wobei der Partner die Rolle Plutos übernimmt – oder spielen Sie Neptun, während ihr Freund Saturn darstellt.

Wenn Sie in astrologischer Hinsicht ein einsamer Wolf sind, der in einer entlegenen Gegend wohnt, wo es keine astrologische Gruppe gibt, dann versuchen Sie, den Dialog zwischen zwei Planeten, die einen Aspekt bilden, aufzuschreiben. Seien Sie nicht überrascht, wenn die beiden plötzlich zu reden beginnen und ihren Standpunkt darlegen.

Kommunikation kontra Manipulation

Ist diese unterschiedliche Vorgehensweise bei verschiedenen Planetentypen als Manipulation zu bewerten? Ich denke eher, dass es eine Art Überzeugungsarbeit ist, aber in gewissem Sinne sind *alle,* die Veränderungen bewirken wollen, manipulierend. Insbesondere sind dies Therapeuten, Heiler, Astrologen und Verkäufer. Sie alle versuchen, den Klienten in eine bestimmte Richtung zu lenken. Ob dies auf negative Weise manipulierend ist, hängt von Ihrer Motivation ab. Wenn Sie schon vorher anhand Ihrer eigenen Wertvorstellungen festgelegt haben, wie der Klient sich verhalten, wie er denken, fühlen oder sein sollte, dann manipulieren Sie den Klienten, sobald Sie ihn mit Ihren Mitteln überzeugen und damit auch in Ihrem Sinne kontrollieren wollen.

Es ist etwas anderes, wenn die Sitzung klientenbezogen verläuft – soll heissen, wenn Sie auf die Probleme eingehen, die der Klient zum Thema der Sitzung gemacht hat. Wenn Sie daran arbeiten, dem Klienten bei einer Veränderung in die Richtung zu helfen, die er selbst wünscht, dann ist es wahrscheinlich keine Manipulation, sondern geschickte Intervention. Aber jederzeit, wenn beim Astrologen selbst empfindliche Bereiche angesprochen werden, kann das Bedürfnis zu kontrollieren und damit das Bedürfnis zu manipulieren die Oberhand gewinnen. Dies ist einer der Gründe dafür, dass wir uns selbst gegenüber in allen Sitzungen besonders wachsam sein müssen.

Was ist mit dem Merkur des Klienten?

Vielleicht haben Sie sich gewundert, dass ich überhaupt nichts über Merkur gesagt habe. Das ist mir selbst erst aufgefallen, als ich diesen Abschnitt schon zu zwei Dritteln geschrieben hatte. Es könnte Ihnen doch sicher leichter fallen, sich an die Redeweise des Klienten anzupassen, wenn Sie das Zeichen, das Haus und die Aspekte Merkurs analysieren, oder? Das könnte es, aber nur auf oberflächlicher Ebene. Angenommen, ein tatendurstiger Mensch hat Sonne, Mars und Venus in Widder, aber Merkur in Fische. Wird es etwas nützen, wenn wir neptunisch mit ihm sprechen? Oder nehmen wir an, ein unglücklicher Mensch hat Merkur in Schütze, aber Sonne und Mond in Steinbock. Werden wir zum Kern der Depression vordringen können, wenn wir aufmunternd, mitreissend und schnoddrig mit ihm reden?

Merkurische Anpassungen sind Imitationen – Komödianten tun das ständig. Sie *klingen* wie der, den sie imitieren, und deshalb finden wir sie witzig, aber sie sagen normalerweise nicht viel Tiefgründiges über die betreffende Person aus. Zweifellos fühlt sich der Betroffene ausserdem eher verspottet als verstanden.

Wir wollen nicht komisch sein, sondern karmisch oder dharmisch. Wir wollen nicht nur imitieren, sondern wir wollen zum Herz des Betreffenden vordringen und einen tiefen Austausch mit ihm pflegen. Wenn aber ein tiefer Austausch stattfinden soll, dann müssen wir das ganze Horoskop und den ganzen Menschen annehmen, verstehen und akzeptieren. Ohne dieses Akzeptieren sind kein wirkliches Verstehen und keine Kommunikation von Herz zu Herz möglich. Vielleicht könnten wir predigen oder die Klienten retten, aber ein tiefer Austausch wird nicht stattfinden. Deshalb sollten wir versuchen, die Psychologie des planetarischen Typs zu erfassen und zu erkennen, wie dieser Typ das Leben sieht, statt den Merkur des Betreffenden zu analysieren.

Unser Ziel: Vernebelung vermeiden

Hoffentlich hat Ihnen dieses Kapitel geholfen, die astrologische Sprache in Ihre Alltagssprache zu übertragen – oder noch besser, in Erfahrungen und Emotionen, die dem Klienten etwas sagen. Die Kommunikation mit dem Klienten ist eine wichtige Verantwortung des Astrologen. Das ganze astrologische Wissen der Welt ist sinnlos, wenn es den Menschen nicht hilft, etwas aus ihrem Leben zu machen. Ich glaube dies natürlich wegen meiner vielfachen Bigarade in Zwillinge, an der auch SOL1 beteiligt ist.

Viele Klienten haben schon ihren Unmut über Astrologen zum Ausdruck gebracht, die ständig ihren geheimnisvollen Jargon benutzten. Wir wollen von jetzt an unser Bestes tun, um jede Art von Vernebelung zu vermeiden – zumindest bei astrologischen Deutungen. Untereinander können wir uns nach Lust und Laune Enchodrome und Karyopsen um die Ohren schlagen – aber *bitte nicht in Hörweite der Klienten!*

DRITTES KAPITEL

Klienten in Krisen beraten

Die Tatsache, dass der Wortteil *aster* im Wort *Desaster* im Lateinischen «Stern» bedeutet, können wir als Hinweis darauf verstehen, dass Notfälle oft von Transiten äusserer Planeten ausgelöst werden. Berufsastrologen, die sich überwiegend mit den Transiten äusserer Planeten beschäftigen, haben oft mit Klienten zu tun, die sich in Krisen befinden. Ein Ereignis oder eine Bedingung, die diesen Klienten oder einen geliebten Menschen unmittelbar bedroht, löst eine Krise aus. Oft fürchtet man einen Verlust, oder der Verlust ist schon geschehen. Manchmal werden Umstände, die schwierig, aber noch hinnehmbar waren, auf einmal unerträglich, weil neue Belastungen dazukommen. Eine unglückliche Ehe kann sich beispielsweise über Jahre dahinschleppen. Beide Partner sind unglücklich, aber zu träge, wirklich etwas zu verändern. Dann wird einer der beiden krank oder verliert seinen Job, und die daraus entstehende Belastung lässt die Beziehung kippen.

Klienten, die in Krisen stecken, sind oft ängstlich, verwirrt und unsicher, was zu tun ist. Sie fühlen sich ohnmächtig, sie sind nicht gut organisiert, und sie sind unfähig, den Anforderungen des Alltags gerecht zu werden. Ihr Urteilsvermögen ist getrübt, und viele haben schon mit den einfachsten alltäglichen Entscheidungen Probleme, ganz zu schweigen von wichtigen Lebensentscheidungen, die gerade jetzt anstehen könnten. Sie werden wahrscheinlich um einen Rat bitten und neigen dazu, Ihren Vorschlägen blind zu vertrauen. Viele fühlen sich abhängig, andere weigern sich rundweg, irgendeine Art von Rat oder Hilfe anzunehmen.

Krisen haben auch ihre positiven Seiten. In einer asiatischen Sprache besteht das Symbol für eine Krise aus zwei Zeichen. Eins der beiden steht für Gefahr, das andere für eine Chance. Es besteht die Gefahr, etwas zu verlieren, aber zugleich ergibt sich die Chance, unerwünschte Strukturen zu verändern. In Notfällen stellen die Menschen alte Verteidigungsmechanismen in Frage und sind bereit, etwas Neues zu versuchen. In den Anfangsstadien tun sie zunächst noch das, was bisher immer funktioniert hat. Wenn das nicht klappt, geben sie sich mehr Mühe. Erst wenn alte und bekannte Bewältigungsmechanismen scheitern, sind sie bereit, sich nach neuen Lösungen umzusehen. In diesem Zustand sind sie auch offen, Hilfe von aussen anzunehmen, so dass eine Krise ein hervorragender Augenblick für eine Intervention ist.

Da viele Menschen, die vor der Idee, zum Therapeuten zu gehen, zurückschrecken, zuerst einen Astrologen aufsuchen, sind wir in einer Schlüsselposition, um die Saat für Veränderungen zu legen. In diesem Kapitel werden wir untersuchen, wie Astrologen auf Klienten reagieren können, die in einer Notlage zu ihnen kommen. Wir werden über bestimmte Situationen wie die des Selbstmordkandidaten, die Midlife-crisis und spirituelle Notfälle wie Nahtoderfahrungen sprechen. Da wir nicht hoffen können, alle Arten von Notlagen abzudecken, die Ihnen in der beruflichen Praxis begegnen können, wollen wir einige allgemeine Prinzipien für die Beratung in Krisensituationen erarbeiten.

Warum gehen Menschen zum Astrologen?

Überlegen Sie sich selbst, ob es sinnvoll erscheint, in einem Notfall zum Astrologen zu laufen. Warum suchen die Leute nicht einen Arzt, einen Anwalt, einen Psychiater, einen Anlageberater oder die Polizei auf? Viele tun natürlich genau das, aber derjenige, der als erstes daran denkt, einen Astrologen anzurufen, ist ein ganz eigentümlicher Mensch. Wahrscheinlich ist er nicht so gut geerdet wie die, die zum Anlageberater oder zum Anwalt gehen. Ein Mensch wie er denkt auf eine ganz besondere und sicherlich eigenartige Weise über das Leben nach. Kurz gesagt, er denkt ähnlich wie wir.

Es gibt zwei Arten von Menschen, die in solchen Situationen kommen. Zuerst einmal sind es die spirituell bewussten Menschen, die die karmischen und persönlichen Wachstumsimpulse begreifen wollen, die in der augenblicklichen Situation wirksam sind. Die zweite Gruppe rekrutiert sich aus abhängigen und ungebildeten Menschen, die ihre Probleme auf die Sterne abwälzen und von uns hören wollen, was sie tun sollen. Der erste Typ kann besser formulieren und ist für uns befriedigender, aber oftmals ist er nur ein Angehöriger der zweiten Gruppe, der sich verkleidet hat.

In diesem Augenblick sind Sie eine archetypische Gestalt – ein Orakel, das die Zukunft voraussagen und die Götter besänftigen kann, die der Klient womöglich beleidigt hat. Die Klienten hoffen, dass Sie ihnen helfen, ihr Schicksal wieder unter Kontrolle zu bekommen. Bei Klienten, die sich in einer solchen Verfassung an Sie wenden, ist es besonders wichtig, keine spezifischen Ratschläge zu geben. In ihrem beeinflussbaren Zustand betrachten sie Sie als gottgesandt und nehmen wahrscheinlich kritiklos alles an, was Sie sagen. Auf einer gewissen Ebene wollen sie Ihnen die Verantwortung für ihr Leben aufbürden. Wenn sie Ihren Rat befolgen und dabei katastrophal scheitern, tragen Sie nach ihrer Meinung zu Recht einen Teil der Schuld. (Es gibt auch eine karmische Schule, die sagt, dass man mit jedem Rat, den man gibt, eine karmische Verantwortung auf sich nimmt. Um Himmels willen, ich hoffe nur, dass diese Schule irrt!)

Menschen in Ausnahmesituationen sind besonders anfällig für Andeutungen, wonach die Planeten diesen Tumult ausgelöst haben. «Es steht in den Sternen», das klingt seltsam verführerisch. «Ah, ich war es gar nicht selbst, es war Saturn!» Es ist deshalb wichtig, eine solche Ausdrucksweise zu vermeiden, wenn wir mit unseren Klienten sprechen, und sie lieber dazu zu bringen, sich konkret anzusehen, was zum jeweiligen Ereignis geführt hat und welche Rolle sie selbst dabei gespielt haben. Denn sonst verbündet sich das Gefühl der Ohnmacht, das oft in Notsituationen entsteht, mit dem Glauben, die Sterne kontrollierten das Schicksal des Klienten – und seien ihm im Augenblick nicht besonders gnädig gesonnen.

Ihre eigenen Reaktionen verstehen und beobachten

Das Gefühl der Ohnmacht, das beim Klienten vorherrscht, kann durch die Reaktionen des Astrologen verstärkt werden. Selbst wenn etwas von der Panik und Aufregung des Klienten auf Sie übergreift, ist es wichtig, ruhig, aber mitfühlend zu bleiben. In Panik zu geraten oder in Pessimismus zu verfallen nützt überhaupt nichts. Die meisten Astrologen sind in gewissem Masse auch medial begabt, und das gilt auch für die, die es leugnen. Sie könnten die Gefühle des Klienten aufschnappen und auf sie reagieren, als wären es Ihre eigenen. Es könnte Ihnen schon helfen, sich zu lösen, wenn Sie anerkennen, dass diese Möglichkeit besteht; andere müssen vielleicht bewusst mit psychischen Abschirmungstechniken wie den im ersten Kapitel genannten Methoden arbeiten.

Wenn Sie sich mit aufgewühlten Klienten nicht wohl fühlen, dann achten Sie darauf, dass Sie die Tränen oder die Wut der Klienten nicht aufgrund Ihrer eigenen Bedürfnisse abwürgen. Wenn Sie Mühe haben, den emotionalen Sturm auszuhalten, dann atmen Sie tief durch und zentrieren Sie sich. Die Gefühle, die wir bei Klienten am ehesten ertragen können, können an Zeichen und Aspekten unseres Mondes abgelesen werden. Zur Arbeit eines professionellen Astrologen gehört es auch, ein Bewusstsein für diese emotionalen Spielräume zu entwickeln und im Umgang mit unbehaglichen Emotionen Selbstdisziplin zu üben. Gefühle verstärken sich in einer Krise, und deshalb wird Selbstbewusstheit noch wichtiger als sonst.

Im fünften Kapitel werden wir ausführlich darüber sprechen, dass viele Astrologen aus gestörten Familienverhältnissen kommen. Viele wuchsen als Kinder von Alkoholikern heran, wo Weihnachten eine Katastrophe und der Zahltag nicht unbedingt ein Freudentag war. Vielmehr waren diese Tage immer ein Anlass, zu trinken und sich zu streiten. Menschen, die aus solchen Familien kommen, lernen, dass sie am besten überleben können, wenn sie ihre Gefühle wegstecken und andere Menschen ruhighalten. Der ungehemmte Ausdruck von Gefühlen kann zu einer Krise eskalieren, und deshalb lernen diese Menschen, Gefühle für gefährlich zu halten.

Diese Verteidigungsmechanismen helfen EKA («Erwachsenen Kindern von Alkoholikern») und anderen, die aus gestörten Familienverhältnissen kommen, zu überleben. EKA, die in helfenden Berufen arbeiten, müssen dieser Programmierung entgegenwirken und sie auflösen, wenn sie Klienten in bewegten Zeiten helfen wollen. Manche sind noch viel zu sehr in sich gekehrt, um Klienten in Krisen beizustehen. Andere Züge von EKA, die in der Krisenberatung eine Rolle spielen, sind eine Vorliebe für aufregende Erlebnisse, der Wunsch zu retten und zu schützen und das Bedürfnis, die Kontrolle zu übernehmen. Das fällt natürlich besonders leicht, wenn der Klient die Kontrolle über sein Leben verloren hat.

Dem Opfer die Schuld geben – im Stil des New Age

Klienten sind besonders empfänglich für versteckte Schuldzuweisungen. Es ist menschlich, dem Opfer die Schuld an dem zu geben, was geschehen ist, und Astrologen sind keine Ausnahme von dieser Regel. Opfer von Vergewaltigungen müssen sich immer wieder anhören, sie hätten die Tat herausgefordert. Verprügelte Frauen hören, dass sie die Misshandlungen provoziert hätten und aufgrund masochistischer Neigungen beim Täter blieben. Die Opfer von Verbrechen, so denken viele, haben sich zur betreffenden Zeit zu sorglos an den betreffenden Ort begeben. Inzestopfern sagt man, sie hätten sich wohl sehr verführerisch gegeben.

Eine Weisheit des New Age, die Metaphysiker ihren Klienten viel zu oft um die Ohren schlagen, ist die, dass Menschen, die auf irgendeine Weise krank sind, ihre Krankheit selbst verursacht haben. Wenn sie das hören, werden die Klienten oder die spirituellen Sucher, die schwer erkrankt sind, wütend – aber sie können sich auch schämen, Schuldgefühle entwickeln und sich metaphysisch inkompetent fühlen. Das 12. Haus zeigt viele Wege zu spirituellem Wachstum, und Krankheit ist einer dieser Wege. Die Zeit, die ein Patient im Bett verbringt, kann er nutzen, um über seinen Lebensweg und seine Fehler nachzudenken. Da das Blaue Kreuz im modernen Leben keine Aschrams, sondern nur Hospitäler einrichtet, bearbeiten wir Belange des 12. Hauses eher durch Krankheit als durch spirituellen Rückzug.

Es ist menschlich zu glauben, das Opfer sei auf irgendeine Weise verantwortlich. Wir tun das, um uns vor der Angst zu schützen, wir könnten selbst zum Opfer werden. Wenn wir dem Opfer die Schuld geben, fühlen wir uns mächtiger und haben den Eindruck, wir könnten unser Leben kontrollieren. Wir sind, denken wir, natürlich klüger, stärker, gesünder, glücklicher und haben unser Leben besser im Griff, und deshalb kann uns so etwas nicht passieren.

Dem Opfer die Schuld zu geben ist ein Trick, mit dem die Profis in helfenden Berufen das Gefühl der eigenen Ohnmacht überspielen, wenn Klienten in einer Krise stecken. Es ist ein Weg, mit der Frustration umzugehen, wenn man nicht sicher ist, ob man den Menschen helfen kann. Aber wenn Klienten herumlaufen wie aufgescheuchte Hühner und Angst haben, ihnen könnte der Himmel auf den Kopf fallen, dann nützt es nichts, wenn Sie sagen, es sei ihre eigene Schuld.

Ein Opfer kann wütend auf die Leute werden, die ihm selbst die Schuld geben, aber er oder sie kann auch die Schuld auf sich nehmen, Schuldgefühle entwickeln und sich schämen. Das Opfer wurde vielleicht am hellichten Tag auf einer belebten Strasse ausgeraubt, beschliesst aber, der Überfall sei seine eigene Schuld gewesen. Oder der kleine Junge war drei Jahre alt, als sein älterer Bruder ihn zu quälen begann, beschliesst aber, dass er die Misshandlungen verdiente, weil er böse war.

Warum übernimmt ein Opfer die Verantwortung für die Dinge, die ihm angetan wurden? Dies zu tun ist weniger bedrohlich, als sich der eigenen Ohnmacht zu stellen. Es ist weniger schlimm, sich vorzustellen, dass man die Missetaten selbst herausforderte, weil das die Möglichkeit einschliesst, dass man sie irgendwie hätte verhindern können. So entsteht beim Opfer ein seltsames Gefühl der Kontrolle. Aber wenn das Opfer die Schuld auf sich nimmt, fühlt es sich noch schuldbewusster und schämt sich, und es fühlt sich von den Menschen entfremdet, die ihm sonst Trost und Unterstützung gespendet hätten.

Die Schuldzuweisungen an die Opfer nehmen eine besonders üble Qualität an, wenn sie von neunmalklugen New-Age-Gemeinplätzen begleitet werden. Die Überlegung ist, dass einem selbst so etwas nie zustossen wird, weil man weiser, erleuchteter und reiner ist als das Opfer und weil man natürlich nur in positiven Begriffen denkt.

Es ist noch schlimmer, wenn man hört, dass alles nur Karma sei. Diese Denkweise setzt voraus, dass das Opfer früher ein schrecklicher Mensch war, denn sonst könnte ihm so etwas ja nicht passieren. Brutale New-Age-Protagonisten haben Opfern manchmal gesagt, dass sie in einem früheren Leben Vergewaltiger waren, wenn sie in diesem Leben vergewaltigt wurden. Ein Inzestopfer, das für spirituelle Lehren offen ist, könnte eine solche Denkweise ohne weiteres übernehmen. Auch das ist nur eine andere Art und Weise zu sagen, dass das Opfer selbst herausgefordert und verdient hat, was geschehen ist; nur, dass die Schuldzuweisung hinter pseudospirituellen Verkündigungen verborgen ist.

Sie können ja ruhig glauben, dass solche Ereignisse karmisch bedingt sind. Sie können sogar glauben, Sie könnten das Karma im Horoskop erkennen. Sie können glauben, was Sie wollen. Aber als praktizierender Astrologe sollten Sie Ihren Glauben nicht auf Ihre benommenen, schockierten und bekümmerten Klienten übertragen. Wer es tut, fällt auf sein Jupiter-Bedürfnis herein, alle Antworten zu kennen und sich überlegen zu fühlen – und natürlich auf sein alles andere als erleuchtetes Bedürfnis, dem Opfer die Schuld in die Schuhe zu schieben.

Krisenberatung in der Horoskopdeutung

Wenn Sie neben Ihrem astrologischen Wissen keine Erfahrungen als Berater haben, sind Sie in Notfällen besonders unsicher. Wenn etwas schiefgeht, wollen die Leute irgend jemand die Schuld geben – man denke nur an die hohen Schadenersatzforderungen bei ärztlichen Kunstfehlern. Es ist deshalb sinnvoll, entsprechende Abgrenzungen aufs Band zu sprechen: «Ich bin kein Arzt oder Anwalt oder was auch immer, und deshalb kann ich Ihnen nur sagen, was ich im Horoskop sehe.» Schlagen Sie den Klienten vor, einen entsprechenden Fachmann aufzusuchen, ehe sie eine Entscheidung treffen.

Wie im ersten Kapitel bereits angedeutet, ist es keine schlechte Idee, vorher auszusortieren. Fragen Sie die Anrufer, warum sie eine Deutung wollen. Wenn die Notlage ein Gebiet betrifft, von dem Sie nicht viel verstehen, dann empfehlen Sie dem Anrufer einen Fachmann. Wenn Sie beispielsweise mit einem schwer gestörten Klienten überfordert wären, sollten Sie ihn zu jemand anders schicken – etwa in eine Nervenklinik. Diese Vorgehensweise schützt nicht nur Sie, sondern auch die Klienten. Verweisen Sie den Klienten freundlich an Fachleute und erklären Sie, dass Sie sich auf dem betreffenden Gebiet nicht auskennen und dass der Anrufer doch die bestmögliche Hilfe bekommen soll. Bleiben Sie freundlich, damit der Anrufer sich mit seiner Bitte um Hilfe nicht zurückgewiesen fühlt und glaubt, Sie als Gesandter der Götter hielten ihn für unwürdig und sein Anliegen für hoffnungslos.

Wenn jemand, der in einer Krise steckt, zur Beratung kommt, müssen Sie unter Umständen zunächst emotionale Erste Hilfe leisten. Rescue Remedy von Dr. Edward Bach ist ein gutes Mittel, das jeder praktizierende Astrologe zur Hand haben sollte. Es ist eine Blütenessenz, die in konzentrierter Form erhältlich ist. Ein paar Tropfen des Konzentrats in einem Glas oder einer Tasse Wasser helfen dem Klienten, sich zu beruhigen. (Sie können Rescue Remedy auch selbst nehmen, wenn Sie sich überfordert fühlen.) Sie könnten für den Klienten vier Tropfen des Konzentrats in einer kleinen Flasche Quellwasser auflösen, die dieser mit nach Hause und in kleinen Schlucken weiter nehmen kann, bis die Krise überwunden ist.

Es ist auch beruhigend, die Finger einer Hand um den Zeigefinger der anderen Hand zu schliessen. Der erste Finger korrespondiert im Shiatsu, einer alten asiatischen Heilmethode, die mit der Akupressur verwandt ist, mit der Angst. Halten Sie den Finger einige Minuten, bis der Puls kräftiger wird, dann wiederholen Sie die Übung mit dem gleichen Finger der anderen Hand. Wiederholen Sie den Vorgang mit dem Daumen, der in diesem System mit Kummer zu tun hat. Kleinkinder finden rasch heraus, wie beruhigend das sein kann, und lutschen deshalb am Daumen.

Es könnte sein, dass die Klienten schnell und beinahe unzusammenhängend sprechen, dass sie weinen oder schluchzen. Bitten Sie sie, aufzuhören und eine Weile tief durchzuatmen, bevor sie weitersprechen. Allerdings löst das Weinen den Stress und regt die Heilung an, weshalb Sie darauf achten sollten, die Klienten nicht abzuwürgen, nur weil Sie selbst sich nicht wohl fühlen. Die Chance, lange unterdrückte Gefühle herauszulassen zusammen mit jemand, der nicht beteiligt, aber trotzdem mitfühlend ist, hilft den Klienten sehr. Es hilft ihnen auch, wenn sie etwas Bestätigung bekommen – wenn sie hören, dass sie wirklich eine schwere und traurige Zeit durchmachen und dass sie nicht verrückt sind, wenn sie sich fühlen, wie sie sich gerade fühlen.

Als nächstes sollten Sie ermitteln, wie schwerwiegend das Problem ist und was auf dem Spiel steht. Das Ereignis, das der Krise vorausging, könnte in Ihren Augen gar nicht so weltbewegend sein, aber der Klient nimmt es so wahr. Informieren Sie sich, indem Sie etwa folgende Fragen stellen:

1. *Ist der Betreffende selbst oder sonst jemand in akuter Gefahr?*

2. *Welche Konsequenzen könnten möglicherweise drohen? Was wäre der bestmögliche Ausgang? Welches der schlimmste?*

3. *Wie sehen die möglichen Optionen aus? (Wenn der Klient das Gefühl hat, es gebe keine Möglichkeiten und keinen Ausweg mehr, dann ist es wirklich ziemlich schlimm.)*

4. *Welche Hilfsangebote gibt es? Wen kann der Klient um Hilfe bitten? Welche Mittel stehen zur Verfügung?*

5. *Wer ist sonst beteiligt, und wie wird er wahrscheinlich reagieren? Wie könnten die anderen Beteiligten helfen? Wie könnten sie schaden?*

6. *Worüber denkt der Klient nach, oder was plant er?*

7. *Was hat der Klient bisher schon versucht? Was hat funktioniert und was nicht?*

8. *Wie hat der Klient in ähnlichen Situationen in der Vergangenheit reagiert? Wenn er beispielsweise dazu neigte, impulsiv zu handeln, ohne über die Konsequenzen nachzudenken, dann besteht die Möglichkeit, dass er es wieder tut.*

Wenn ein Klient mit jemand, der an der Situation nicht beteiligt ist, diese Fragen besprechen kann, vermag er zu klären, was passiert ist und wie er damit umgehen will. Die Verwirrung und die namenlose Furcht sind weniger bedrohlich, wenn die Klienten anstelle eines formlosen Schreckens die Realität sehen. (Kurz gesagt, verlagern diese Fragen die Klienten von Neptun zu Saturn.) Manchmal bringt dies den Klienten auch in die Lage, eine Entscheidung zu treffen, wenn er die möglichen Konsequenzen, Optionen und Unterstützungsmöglichkeiten durchdacht hat.

Überprüfen Sie, während Sie hören, was der Klient antwortet, das Horoskop auf mögliche Reaktionsmuster und auf die Erfolgsaussichten der verschiedenen Möglichkeiten. Der Mond symbolisiert instinktive Reaktionen und zeigt, wie die Menschen mit Emotionen umgehen. Es ist wichtig, die Diskussion auf das Wesentliche zu beschränken und konzentriert zu bleiben. Helfen Sie den Klienten, beim Thema zu bleiben. Sie sollten nicht das ganze Horoskop besprechen, weil die Klienten es in dieser Situation doch nicht aufnehmen könnten. Beschränken Sie Ihre Kommentare auf die relevanten Teile des Horoskops und auf die augenblicklichen Transite. Natürlich haben Sie wie bei jeder Deutung das ganze Horoskop im Auge, weil Sie rasch denken und antworten müssen. Machen Sie für andere, die beteiligt sind, mindestens ein Solar, um zu sehen, wie sie ins Bild passen. Besonders wichtig ist es, jeden Fatalismus zu meiden. Suchen Sie im Horoskop nach den Stärken und Fähigkeiten Ihres Klienten. Selbst die Menschen, die normalerweise ein starkes Selbstbewusstsein haben, vergessen in Krisen manchmal ihre Stärken. Ihre Überzeugung, dass er es schaffen wird, kann den Klienten, wenn Sie ehrlich sind, ermuntern.

Wie wir im vierten Kapitel noch besprechen werden, sollten Sie dem Klienten schliesslich noch erklären, wo er Hilfe finden kann. Jeder Astrologe, der seine Praxis aufbaut, sollte die Hilfsangebote und Heiler in der Umgebung kennen. In Krisen sind Menschen eher als sonst bereit, sich um Hilfe von aussen zu bemühen, da die normalen Bewältigungsmechanismen nicht mehr ausreichen, um die Belastungen zu verarbeiten. Es beruhigt die Klienten, und besonders jene, die keinen Ausweg mehr sehen, wenn Sie diese Möglichkeiten kennen. Wenn die Klienten konkrete Vorschläge hören, können sie sich besinnen und sich überlegen, was sie als nächstes tun wollen.

Wessen Krise ist es?

Die Menschen haben sehr unterschiedliche Ansichten darüber, was wirklich wichtig ist und was sie als katastrophalen Verlust empfinden. Was für einen eine Krise ist, kann für den anderen seinen Lebensstil ausmachen. Die Menschen können unterschiedlich gut mit Stress umgehen. Und was ein Mensch an einem Punkt seines Lebens mühelos bewältigt, führt an einem anderen Punkt, nachdem er schon mehrere Schläge einstecken musste, zum Zusammenbruch. Es ist wichtig, dass Sie nicht Ihre Vorstellungen von dem, was eine Krise ist oder nicht, oder Ihre Ansichten über die Schwere der Bedrohung auf den Klienten übertragen. Urteilen Sie lieber anhand der Reaktionen des Klienten und seiner eigenen Einschätzungen. Die Reaktionen auf Krisen und die Nachwirkungen sind ebenfalls von Klient zu Klient unterschiedlich. Als erstes müssen Sie also wissen, wer Ihre Klienten sind. Was bedeutet der Verlust oder die Drohung für sie? Wie werden sie höchstwahrscheinlich reagieren? Welche Stärken haben sie, und wo sind sie verletzlich?

Das Horoskop ist ein wertvolles Hilfsmittel, um die Antworten auf diese Fragen zu finden. Es liefert eine Fülle von Informationen, die einem Krisenberater normalerweise nicht zur Verfügung stehen. Einem Menschen mit einer starken Uranus- oder Wassermann-Betonung mag es nicht besonders wichtig erscheinen, wenn er hinausgeworfen wird, oder es gehört für ihn zum Spiel und bestätigt nur, wie dumm und machthungrig Vorgesetzte sind. Ein Mensch mit einer starken Saturn- oder Steinbock-Betonung empfindet eine Kündigung dagegen als Tiefschlag, als Beweis für sein Scheitern und als Demütigung. Daraus kann eine tiefe Depression entstehen. Saturnbetonte Menschen können in eine Krise stürzen – und sie sind auch anfällig für die Leere, die sich manchmal einstellt, nachdem sie etwas Wichtiges vollbracht haben. Helfen Sie ihnen, ihre Leistung zu würdigen und zu schätzen, aber zeigen Sie ihnen auch den nächsten Berg, auf den sie steigen können.

Krebs-Menschen leiden sehr unter dem Tod eines Elternteils, ob die Beziehung gut war oder nicht. Für Schütze-Menschen ist dies ein Teil des Lebenszyklus, um den sie bereits wissen. Sie können philosophisch darüber hinauswachsen. Aber ein Schütze-Mensch könnte sehr bekümmert sein, wenn er einen spirituellen Lehrer verliert oder wenn er erfährt, dass sein Lehrer auf tönernen Füssen steht. Die schlimmste Krise für einen Schütze- oder Jupiter-Menschen ist die Glaubenskrise. Für einen Menschen mit Waage-Sonne oder einem Waage-Mond, der seit zwanzig Jahren verheiratet ist und in seiner Bindung aufgeht, fühlt sich das Ende der Beziehung an wie ein Weltuntergang. Für einen Widder-Menschen ist dies dagegen die Chance seines Lebens! Welche Arten von Krisen können Sie sich für die anderen astrologischen Kategorien vorstellen? Für den Merkur-Typ? Für Löwe-Geborene? Für Neptunier? Für Plutonier?

Wie schlimm wird es kommen?

Ein Grund dafür, dass ein Mensch in Notlage zum Astrologen geht, ist der Wunsch nach Schadensbegrenzung. Der Klient will herausfinden, wie schlimm es noch werden könnte; er will erfahren, wie er das Schlimmste verhindern kann. Um abzuschätzen, wie sich die augenblickliche Notlage entwickeln wird, sollten Sie den Menschen nach früheren Ereignissen fragen, um festzustellen, ob das Schlimmste schon passiert ist. Das soll heissen, dass Sie die Teile des Geburtshoroskops betrachten sollen, die durch die Transite ausgelöst werden und die mit der augenblicklichen Bedrohung zu tun haben. Stellen Sie sich vor, was man im schlimmsten Fall aufgrund der betreffenden astrologischen Struktur erwarten könnte, und fragen Sie den Klienten taktvoll, ob er sich schon einmal in einer ähnlichen Klemme befunden hat und wie es ausgegangen ist. Schlagen Sie die Transite zur damaligen Zeit nach, und untersuchen Sie, ob sie den jetzigen Transiten ähnlich sind.

Kurz gesagt, müssen Sie genau wie ein Arzt, ein Psychotherapeut oder jeder andere Helfer eine Fallgeschichte aufnehmen. Wir glauben manchmal, wir wüssten alles und könnten alles sehen und sagen, nur weil wir das Horoskop vor uns haben – und oft erwarten unsere Klienten genau dies von uns. Diese überzogenen Erwartungen müssen wir loslassen, wenn wir anderen wirklich helfen wollen. Für jeden Aspekt gibt es eine Vielzahl verschiedener Interpretationen, und die Menschen lernen – oder verlernen – den Umgang mit verschiedenen Aspekte im Laufe ihres Lebens. Man kann nicht von uns erwarten, dass wir aufgrund irgendwelcher mystischer Kräfte sofort die richtige Interpretation eines Aspekts erkennen – so wenig, wie man von einem Arzt erwarten kann, dass er eine Diagnose liefert, ohne vorher Fragen zu stellen.

Wenn Sie die Fallgeschichte nicht aufnehmen, verwehren Sie sich die besten Hinweise darauf, wie der betreffende Aspekt sich in Zukunft äussern wird. Sie brauchen diese Überprüfung anhand der Realität vor allem in Notfällen. Die Geschichte neigt dazu, sich zu wiederholen, solange keine grösseren persönlichen Transformationen wirksam geworden sind. Wenn das Schlimmste schon einmal oder mehrmals passiert ist, dann kann es durchaus noch einmal passieren. Wenn es noch nie passiert ist und der Klient 30 Jahre alt oder älter ist, dann wird es wahrscheinlich nicht mehr passieren.

Eine Klientin hatte ein genaues Quadrat zwischen ihrem Radix-Mond und dem Radix-Pluto im 5. Haus. Der Transit-Pluto löste diesen Aspekt aus, als er in Opposition zum Radix-Mond und im Quadrat zum Radix-Pluto kam. Sie steckte mitten in einem erbitterten Scheidungskrieg mit ihrem zweiten Mann. Aus dieser Ehe war ein Sohn hervorgegangen. Ich bin nicht sicher, was in mich fuhr, als ich es sagte, zumal es eindeutig nicht mein Stil ist, aber plötzlich entfuhren mir die Worte: «Passen Sie auf, dass er nicht Ihren Sohn entführt.» Ich erschrak selbst über diese Voraussage, aber sie blieb ruhig. Sie enthüllte mir, dass genau das schon einmal passiert war. Ihr erster Sohn war von ihrem ersten Mann entführt worden. Sie hatte ihn nie wieder gesehen. Durch meinen untypischen Ausbruch gewarnt, konnte sie nun gewisse Vorsichtsmassnahmen ergreifen.

Aus diesem Grund müssen Sie, wenn eine gefährliche Wendung in der gegebenen Situation, im Radixhoroskop und in den auslösenden Transiten mindestens denkbar ist, nach der Vergangenheit fragen. Nehmen wir an, eine junge Frau fragt sich besorgt, was geschehen wird, wenn sie sich von ihrem augenblicklichen Partner trennt. Uranus steht in Opposition zu ihrer Mars/Uranus-Konjunktion im 7. Haus. In der Beratung könnten Sie sich erkundigen, ob der Mann, mit dem sie zusammen ist, zu Wutausbrüchen neigt. Wenn sie dies bejaht, sollten Sie ermitteln, ob er sie oder andere Frauen, mit denen er früher zu tun hatte, verletzt hat. Sie sollten ausserdem fragen, ob Ihre Klientin schon einmal von einem Geliebten geschlagen wurde. Wenn die Antwort auf beide Fragen ja lautet, dann haben Sie allen Grund zur Sorge, und Sie sollten der Klientin erklären, dass realistischerweise eine Gefahr besteht. Hoffentlich haben Sie einiges über Gewalttätigkeiten in Beziehungen gelesen und können der Klientin entsprechend helfen.

Wenn sie noch nie von einem Geliebten oder Partner bedroht wurde und wenn der Mann nicht gewalttätig ist, sondern eher zu Unfällen neigt, ergibt sich ein ganz anderes Bild. Sie könnten sie immer noch warnen, dass die Konflikte in der Beziehung zu einer Explosion führen könnten, aber Sie könnten nun ein weit weniger gefährliches Bild zeichnen. Seien Sie sich aber bewusst, dass Ihre Klientin möglicherweise nicht die Wahrheit sagt. Misshandelte Frauen schämen sich oft und üben sich zwischen den Episoden im Verleugnen. Möglicherweise wurde Ihrer Klientin auch gedroht, falls sie mit jemandem darüber sprechen sollte.

Machen Sie sich Sorgen, dass solche Gedanken zu negativ klingen könnten? Jagen Sie Ihrer Klientin Angst ein, wenn Sie solche Fragen stellen? Vorauszusagen, dass ein Kind entführt oder eine Frau verprügelt wird, wäre bei einer normalen Beratung sicherlich schrecklich. Ein Notfall ist aber der Definition nach schon eine bedrohliche Situation, in der der Betroffene sein Leben ändern wird. Menschen, die in solch unruhigen Zeiten kommen, wollen und müssen im allgemeinen wissen, was geschehen kann. Menschen, die in schwierigen Umständen leben, erklären oft, dass sie die Wahrheit hören wollen. Sie hassen es, wenn ein Astrologe sie in falscher Sicherheit wiegt, so dass sie unvorbereitet sind. Ein Schönfärber zu sein, damit Sie und der Klient sich momentan besser fühlen, hilft diesem nicht, realistisch mit seiner Krise umzugehen.

Es ist beunruhigend, über schwierige Situationen zu sprechen und die schmerzlichen Emotionen auszuhalten, die sie auslösen. Aber von Zeit zu Zeit werden wir in der astrologischen Praxis mit ihnen konfrontiert, und wir müssen uns auf sie einstellen. Das Leben hat immer wieder mal eine Überraschung zu bieten. Wir müssen auch auf die Tatsache vorbereitet sein, dass die aktuelle Anordnung der äusseren Planeten sich auf nicht eben optimale Weise niederschlägt. Äussere Planeten prägen die Realität aller Menschen.

Andererseits ist es wichtig, eine positive Grundeinstellung zu bewahren. Wir alle wissen, dass positives Denken den Gang der Dinge beeinflussen kann. Wo also das Gleichgewicht finden? Zuerst einmal müssen Sie anerkennen, dass die Astrologie nicht mit hundertprozentiger Sicherheit etwas voraussehen kann. Sie kann nur mögliche Wendungen vorausahnen. Eine vernünftige, geerdete Vorgehensweise ist besonders hilfreich – weder übertrieben positiv noch übermässig negativ. Einfach nur realistisch und informativ. Anerkennen Sie die Schmerzen und die Schwierigkeiten der Klienten, aber lassen Sie sie auch wissen, dass Sie glauben, dass sie es schaffen werden. Es hilft den Klienten, wenn sie in Hinblick auf ihre Schmerzen eine neue Perspektive gewinnen – wenn sie deren Sinn, Ursache und Zweck erkennen. Auch hier ist wieder das Wissen um örtliche Hilfsangebote für die Bewältigung der betreffenden Probleme nützlich.

Wann wird es vorbei sein?

Ein weiterer Grund, in Notlagen zum Astrologen zu gehen, ist der Wunsch, ein Gefühl für die Länge und für den zeitlichen Verlauf der augenblicklichen Ereignisse zu bekommen. Untersuchen Sie, wie oft der jetzige Transit schon zugeschlagen hat. Die meisten Transite wiederholen sich, wenn die Planeten rückläufig werden, dreimal oder sogar öfter. Berücksichtigen Sie die erste stationäre Phase bis zu 2 oder 3 Grad vor dem exakten Aspekt und die letzte stationäre Phase bis zu 2 Grad danach.

Wenn der Transit gerade erst beginnt, stehen die Menschen an einem Wendepunkt. Die Beratung kann ihnen helfen, sich vorzubereiten und auf nutzbringende Art mit den Veränderungen umzugehen. Sie können das Wissen nutzen, das Sie ihnen geben, um ihr Leben zu verändern. Aber der erste Schlag eines Transits ist oft niederschmetternd und kommt wie eine Flutwelle. Im Laufe der Durchgänge arbeiten sich die Menschen durch das jeweilige Thema. Wenn der Transitplanet rückläufig einen Aspekt zu einem Radixplaneten bildet, könnten sich die Dinge wieder etwas beruhigen, und man bekommt den Eindruck, es sei vorbei. Dann, beim zweiten Mal, erkennt man, dass es *nicht* vorbei ist und dass man etwas tun muss. Die dritte Begegnung ist die letzte Gelegenheit, die Situation aufzulösen. Wenn der Transitaspekt die Wiederholung eines Radixaspekts ist, geht es normalerweise um eine alte Struktur, die dem Klienten schon lange Probleme macht.

Ein weiterer Punkt, den Sie berücksichtigen könnten, sind die Transite äusserer Planeten im Laufe der vorangegangenen Jahre. Wiederholte Transite können bestimmte Punkte im Horoskop sensibilisieren. Wenn die Klienten einen Schlag nach dem anderen einstecken mussten – besonders unter Beteiligung von Planeten in einem T-Kreuz oder einem Stellium –, dann könnte die aktuelle Notlage der Tropfen sein, der das Fass zum Überlaufen bringt. Andererseits hat die Serie der Transite möglicherweise auch einen Wachstumsschub ausgelöst. Sie können dies allein anhand des Horoskops nicht sehen; Sie werden es erst erfahren, wenn Sie die Fallgeschichte aufnehmen. Verschiedene Menschen reagieren ganz unterschiedlich auf die gleichen Transite – und ein und derselbe Mensch reagiert in verschiedenen Lebensphasen unterschiedlich auf ähnliche Transite.

Die Auswirkungen von Krisen auf Beziehungen

Es ist wichtig, an dieser Stelle festzuhalten, dass jede persönliche Krise auch eine Krise in der Partnerschaft auslösen kann. Wenn ein Mensch wichtige Neuanpassungen vornimmt, beeinflusst dies auch den Partner, und die Beziehung muss sich verändern, um den neuen Bedingungen gerecht zu werden. Diese Verbindung zwischen persönlichen und gemeinsamen Veränderungen entsteht, weil Transite oder Progressionen über den Aszendenten gleichzeitig auch den Deszendenten berühren. Gleichermassen beeinflussen Transite oder Progressionen über die Himmelsmitte (MC) auch die Himmelstiefe (IC). Uranus-Transite sind berüchtigt dafür. Wenn ein Klient zur Beratung kommt und sagt, dass er gerade seine Stelle verloren hat, dass er von einer Leiter fiel und sich ein Bein brach, dass sich das Dach seines Hauses gesenkt habe und dass sein Partner ihn verlassen habe – alles innerhalb einer Woche –, dann hat er mit Sicherheit einen Uranus-Transit über eine Achse.

Selbst wenn die Veränderungen positiv sind, etwa eine Beförderung, kann der neue Status belastend sein. Schwierigere Anpassungen – Elternschaft oder die Aufnahme eines älteren Angehörigen ins Haus – können zu einer grösseren Krise in der Partnerschaft führen. Wenn beide Partner fähig sind zu wachsen und dem anderen mit Aufmerksamkeit zu begegnen, kann eine solche Zeit die Bindung sogar vertiefen. Wenn die Beziehung aber schon auf unsicherem Boden stand, kann dies der Anfang vom Ende sein. Wenn man sich ansieht, wie häufig und wie leicht sich heute Menschen scheiden lassen, kann man schliessen, dass die Menschen heute weniger als früher bereit sind, in Krisenzeiten zusammenzuhalten.

Wenn Transite oder Progressionen die Achsen treffen, tut der Astrologe gut daran, nach dem Zustand des Liebeslebens zu fragen. Heben Sie nicht zu sehr auf die Möglichkeit ab, dass die Beziehung beendet werden könnte, denn das muss nicht sein, und das wäre nur eine zusätzliche Sorge, die der Klient nicht gebrauchen kann. Sie werden zweifellos eine Fülle von Informationen bekommen, wenn Sie harmlose, nicht bedrohliche Fragen stellen wie: «Wie geht Ihr Partner damit um?» Bedeuten Sie dem Klienten, dass möglicherweise etwas Aufmerksamkeit erforderlich ist, um in seiner Beziehung die Kommunikation in Gang zu halten und die notwendigen Anpassungen vorzunehmen.

Oft kommen Klienten zur Beratung, weil ein Geliebter in Gefahr ist – vielleicht durch harte Drogen, Selbstmordabsichten oder Gewalttätigkeit. Es ist nicht das Problem des Klienten, aber die Verfassung des Geliebten löst bei ihm dennoch eine persönliche Krise aus. Der Klient hat keine Kontrolle über die Ereignisse und glaubt, dass sein Gefühl, völlig ohnmächtig zu sein, weichen könnte, wenn er erfährt, was in den Sternen steht. Er verlangt, dass Sie sich das Horoskop des Geliebten ansehen – oder eine Deutung für den Partner machen – und das Problem mit Ihren Zauberkräften lösen.

Vergessen Sie in solchen Fällen nicht, wer in Wirklichkeit Ihr Klient ist – auch der, der zu Ihnen gekommen ist, braucht Hilfe. Der Astrologe sollte in solchen Fällen etwas über Co-Abhängigkeit und die familiäre Dynamik von Suchtverhalten wissen. Diese Themen sollen im fünften Kapitel ausführlich zur Sprache kommen. Wenn Sie informiert sind, können Sie auf dem Hintergrund Ihres Wissens die Dynamik erörtern, etwas Licht auf die Notlage des Klienten werfen und ihm helfen. Es ist auch hilfreich, solche Klienten an Al-Anon, an Telefondienste, an Therapeuten, die sich mit Co-Abhängigkeit beschäftigen, oder an andere Selbsthilfegruppen zu verweisen. Die Bach-Blütenessenz Red Chestnut hilft den Menschen, die sich oft grosse Sorgen um ihre Nächsten machen. Red Clover von der Flower Essence Society hilft den Klienten, zentriert und ruhig zu bleiben, während andere, um die sie sich kümmern, turbulente Zeiten durchmachen.

Was, um Himmels willen, ist eine natürliche Krise?

«Astrologen haben mit vielen verschiedenen Krisen zu tun. Aber Sie sind vielleicht überrascht zu hören, dass die Soziologen eine bestimmte Kategorie von Krisen als ‹natürliche Krisen› bezeichnen. Das soll heissen, dass viele Krisen nicht pathologischer Natur, sondern vorhersehbare Teile des Lebens sind. Wir erkennen sie vielleicht nicht einmal als Krisen, weil wir sie erwarten und sogar begrüssen. Dennoch können sie mitunter sehr beunruhigend sein, weil sie grössere Neuanpassungen erfordern.»[5] Anstrengende Phasen des Lebens sind zum Beispiel die Pubertät, die ersten verantwortlichen Schritte junger Erwachsener, eine Heirat, die Geburt des ersten Kindes, wenn Kinder das Elternhaus verlassen, die Menopause, der Tod oder die Abhängigkeit alternder Angehöriger, der Ruhestand. Bei den meisten Menschen lösen diese Ereignisse Ängste aus, die ähnliche Anpassungen erfordern. Walnut aus den Bach-Blütenessenzen und Transitions Formula der Firma Desert Alchemy helfen sehr, die Verwirrung und die Ängste, die in solchen Phasen häufig auftreten, zu mindern.[6]

Es ist hilfreich, wenn der Astrologe bei Klienten, die in solchen Krisen stecken, an sein eigenes Leben denkt und etwas über die Phasen nachliest, die er selbst noch nicht erlebt hat. Jeder hat eine einzigartige Vergangenheit und ist deshalb auf seine ganz eigene Weise auf solche Veränderungen vorbereitet oder für sie sensibilisiert. Wir haben charakteristische Reaktionsmuster, wir sind als alte Menschen im Grunde noch immer die, die wir schon als Kinder und Jugendliche waren. Das Radix und die aktuellen Transite geben wertvolle Hinweise auf frühere Belastungen und die Reaktionen des Betreffenden auf die Veränderungen.

Ein Beispiel für eine «natürliche Krise» soll das folgende sein. Frauen werden nicht automatisch und instinktiv mütterlich, nur weil sie ein Kind zur Welt gebracht haben. Die Geburt des ersten Kindes erfordert eine grössere Umstellung, die ungefähr ein Jahr erfordert, bis sie abgeschlossen ist. Es ist eine weitreichende Veränderung in Status und Rolle, es ist eine Identitätskrise. Alle Bedeutungsebenen des Mondes kommen ins Spiel – die Rolle als Frau, Verletzlichkeit, Abhängigkeit, Fürsorge, Sicherheit, Emotionen. Die frischgebackene Mutter ist in einem verletzlichen Zustand, sie fühlt sich abhängig. Dennoch muss sie ihre eigene Abhängigkeit ein wenig zurückstellen, weil sie ein hilfloses Kind hat, das wiederum völlig von ihr abhängig ist.

Vor allem wenn wir den Mond und seine Radixaspekte betrachten, können wir erfahren, wie für die betreffende Frau die Anpassung an die Mutterschaft verlaufen wird. Eine Frau mit einer Mond/Uranus-Konjunktion wird auf die Tatsache, dass sie Mutter geworden ist, ganz anders reagieren als eine Frau mit einem Mond/Saturn-Trigon. Für eine uranische Frau kann die Mutterschaft – selbst wenn sie sich bewusst für das Kind entschieden hat – bedeuten, dass sie ihre Freiheit und Individualität verliert. Sie muss sich in die traditionelle Frauenrolle einfügen, gegen die sie rebelliert hat. Eine saturnische Frau hat vielleicht das Gefühl, dass die Mutterschaft sie endlich zur vollwertigen Erwachsenen macht. Sie begrüsst möglicherweise die Veränderung ihres Status und ihre gewachsene Verantwortung. Aber selbst unter einem Mond/Saturn-Trigon kann es nach der Geburt zu Depressionen kommen, wenn der Frau der Ernst ihrer neuen Rolle voll bewusst wird.

Die Menopause ist eine andere natürliche Krise. Die Schwierigkeiten, die in dieser Lebensphase entstehen, entziehen sich dem Verständnis der Menschen, die sie nicht erlebt haben, selbst wenn es nur um fünf Jahre jüngere Frauen sind. Diese Zeit kann sehr unruhig sein und Gefühle wie Sorgen, Ängste oder Wut ans Licht bringen, die unkontrollierbar scheinen und von denen die Frau sich überschwemmt fühlt. Eigenartige physiologische Prozesse können den Eindruck wecken, der eigene Körper hätte die Frau betrogen. Frauen in der Menopause, die in grosser Entfernung von älteren weiblichen Angehörigen leben, haben keine Erfahrungen mit diesen «Wechseljahren» und wissen mit diesem geheimnisvollen Prozess nicht umzugehen. Diese Phase kann bereits im Alter von 40 Jahren beginnen, ist aber möglicherweise erst um die 50 abgeschlossen. Die moderne, befreite Frau will vielleicht nicht zugeben, dass ihr eine so altmodische Veränderung widerfährt oder dass die Veränderung so weitreichende Konsequenzen hat. Die Jugend ist so sehr unser Fetisch, dass wir dieses Zeichen für das Vergehen der Zeit nicht wahrhaben wollen.

Transite äusserer Planeten oder Progressionen, die den Mond berühren, leiten oft die Menopause ein oder kennzeichnen die kritischen Phasen. Der Mond ist das Symbol für die Physiologie der Fortpflanzungsorgane, und er steht auch für die anderen Aspekte der Weiblichkeit. Eine Frau, die sich in der Menopause befindet, erlebt oft Veränderungen ihrer Rolle und ihres Status. Wenn Sie bei einer Frau, die älter als 40 ist, einen wichtigen Transit über den Mond sehen, dann schlagen Sie ihr vor, einen Gynäkologen aufzusuchen, weil möglicherweise ihre Menopause beginnen wird. Es kann nicht schaden, ihr zu empfehlen, sich Bücher über dieses Thema zu besorgen. Viele meiner Klientinnen, auf die diese Beschreibung zutraf, waren erleichtert, als sie erkannten, dass die emotionalen Tumulte, die sie erlebten, physiologische Ursachen hatten, denn sie fühlten sich schon einem Nervenzusammenbruch nahe.

Der Ruhestand ist ein weiterer Wendepunkt. Manche überleben diesen Punkt nicht. Viele Menschen sterben kurz nach dem Übergang ins Rentnerdasein. (Dieses Phänomen ist nicht überraschend, wenn wir berücksichtigen, dass der Ruhestand oft mit dem Transit eines äusseren Planeten über MC/IC zusammenfällt.) Wer sich rechtzeitig auf diese einschneidende Veränderung seines Lebensstils vorbereitet, ist besser dran. Ich meine damit die Menschen, die neben ihrem Beruf wichtige andere Interessen haben, so dass sie nach wie vor das Gefühl haben, etwas Sinnvolles zu tun.

Menschen, die Schwierigkeiten haben, sich auf den Ruhestand umzustellen, haben oft eine starke Betonung des 6. Hauses oder des Jungfrauzeichens; oder Saturn, Steinbock oder das 10. Haus sind besonders hervorgehoben. Wenn Jungfrau oder das 6. Haus betont sind, könnten die Gesundheit und das Wohlbefinden der Betreffenden davon abhängen, ob sie ehrenamtlich arbeiten, einer Halbtagsbeschäftigung nachgehen oder ihren Beruf durch ein interessantes Hobby ersetzen. Wenn sie das nicht tun, fühlen sie sich nutzlos, und die Ausdrucksebene des 6. Hauses kann sich auf Krankheiten verlagern. Wenn das 10. Haus hervorgehoben ist, sollte der ehrenamtliche Mitarbeiter ein gewisses Ansehen geniessen – beispielsweise im Vorstand eines Vereins oder als Verantwortlicher einer Hilfsorganisation.

Wenn die Midlife-crisis kommt

Die meisten Menschen kennen inzwischen die Zusammenhänge zwischen der Midlife-crisis und den Zyklen der äusseren Planeten. Kurz gesagt, handelt es sich hier um eine Reihe von Aspekten äusserer Planeten zu ihren Radixpositionen, die zwischen dem 38. und dem 45. Lebensjahr exakt werden. Darunter sind die Opposition des laufenden Uranus zum Radix-Uranus, die zweite Opposition des Transit-Saturn zu seiner Radix-Stellung (die erste kommt im Alter von 14 Jahren) und Quadrate vom Transit-Neptun zum Radix-Neptun und vom Transit-Pluto zum Radix-Pluto. Wenn Sie sich noch nicht über diese Zusammenhänge informiert haben, empfehle ich als Lektüre die Werke von Doris Hebel oder John Townley, die dieses Gebiet intensiv bearbeitet haben. Wir haben hier nicht den Raum, ausführlich darauf einzugehen.

Die Zyklen der Planeten fügen sich in das ein, was Gail Sheehy in ihrem wichtigen Buch *In der Mitte des Lebens* über die Gruppe der 40jährigen gesagt hat. Das ganze Buch ist für jeden Astrologen eine lohnende Lektüre, weil dort Menschen beschrieben werden, die in unterschiedlichen mit dem Alter zusammenhängenden Krisen stecken. Wir wollen uns nun auf das Stadium konzentrieren, das etwa mit dem 40. Lebensjahr beginnt. Auf dem Umschlag des Buches steht: «Die verlorenen Vierziger – gefährliche Jahre, in denen die Träume der Jugend neu eingeschätzt werden müssen, in denen Männer und Frauen ihre Charakteristika vertauschen, in denen sexuelle Panik häufig zu beobachten ist und in denen Sie die grössten Chancen haben, sich selbst zu entdecken.»[7]

Da die Midlife-crisis mit den Zyklen äusserer Planeten zu tun hat, wird ein Mensch, in dessen Horoskop die äusseren Planeten sowieso schon eine wichtige Rolle spielen, besonders stark getroffen. Diese Menschen haben ihr Leben lang zu kämpfen, die Themen, die mit diesen Planeten verbunden sind, in den Rahmen ihres Alltagslebens zu integrieren. Die Wiederholung der Radixaspekte äusserer Planeten durch die Transite äusserer Planeten wirft diese Menschen in eine Phase, in der es um alles oder nichts zu gehen scheint. Dies ist eine wichtige Gelegenheit, um zu klären, was in Zusammenhang mit bestimmten Planeten als unbefriedigend empfunden wird. Danach können sich diese Menschen dann für den Rest dieser Inkarnation den höheren Bedeutungsebenen des betreffenden Planeten zuwenden. Wenn jemand schon von Geburt an unter dem starken Einfluss eines bestimmten Planeten steht, dann bedeutet dies, dass er für die Schwingungen dieses Planeten besonders empfänglich ist und sein Leben lang an den entsprechenden Themen arbeiten muss.

Nehmen wir zum Beispiel an, dass der Radix-Neptun einen Aspekt zu Sonne, Mond, Aszendent oder Himmelsmitte bildet, oder gar zu mehreren dieser wichtigen Punkte. Das Quadrat des Transit-Neptun zum Radix-Neptun aktiviert also auch diese Punkte. So entsteht das Gefühl, «es muss mehr dahinterstecken», und Enttäuschungen über wichtige Menschen oder in wichtigen Lebensbereichen stellen sich ein. Zugleich könnte dieser Klient den weniger positiven Wirkungsweisen Neptuns, die sich zuvor gezeigt hatten, entkommen. Selbsttäuschungen sind nicht mehr möglich, lebenslange Illusionen, die den Betreffenden in einer Traumwelt hielten, gehen in Stücke. Das kann für diese Visionäre äusserst schmerzhaft sein, aber wenn sie ihre Tränen getrocknet und den Kater auskuriert haben, können sie viel wirkungsvoller in der Realität auftreten. Paradoxerweise können sie gerade dadurch, dass sie den Traum aufgeben, ein Stück von ihm gewinnen.

Für Menschen, die stark von äusseren Planeten beeinflusst sind *(Outer Planet People, OPP. Anmerkung des Übersetzers)* – gemeint sind Menschen, in deren Horoskop mehr als ein äusserer Planet eine wichtige Rolle spielt –, ist die Midlife-crisis eine besonders wichtige Phase. Sie werden von einer Serie heftiger Kontakte zu äusseren Planeten heimgesucht und erleben innerlich wie äusserlich Dinge, die ein gewöhnlicher Mensch kaum ergründen kann. Aber wir sprechen hier ja über Menschen, die alles andere als durchschnittlich sind und die kein gewöhnliches Leben führen. Ein ziemlich extremes Beispiel dafür, wie wild und verrückt diese Phase werden kann, werden wir später anhand des Horoskops von Whitley Strieber untersuchen, der von UFOs entführt wurde. Die konventionelle Weisheit ist für Menschen, die von äusseren Planeten beeinflusst sind, keine Hilfe. Sie können aber grosse Erleichterung finden, wenn sie in einer astrologischen Deutung erfahren, dass sie unter dem Einfluss äusserer Planeten stehen und dass man nicht von ihnen erwarten darf, sie sollten wie ihre gewöhnlicheren Brüder und Schwestern reagieren. Die spirituellen Notfälle, die später noch besprochen werden, sind bei dieser Gruppe auf jeder Altersstufe keine Seltenheit, und in diesem Zyklus sind sie besonders häufig.

Der Selbstmordklient

Wir wollen uns nun Krisen zuwenden, die sich eher individuell als kollektiv auswirken. Gelegentlich äussern Klienten im Laufe einer Sitzung Selbstmordabsichten. Manchmal tun sie dies indirekt, indem sie sagen: «Ich weiss einfach nicht, wie lange ich das noch aushalten kann.» Sie müssen in solchen Fällen konkret nachfragen: «Haben Sie schon einmal an Selbstmord gedacht?» Berufsanfänger sind unsicher, ob eine solche Frage die Klienten nicht erst auf eine Idee bringt, die sie vorher noch nicht hatten. Erfahrene Therapeuten sagen aber, dass dies nicht zutrifft. Menschen, die nicht im Traum daran denken, sich umzubringen, antworten wahrscheinlich: «Guter Gott, nein, ich brauche einfach mal Urlaub!» Selbstmordkandidaten sind dagegen eher erleichtert, dass ihre inneren Qualen offen besprochen werden können. Wenn der Klient mit Ja antwortet, sind Sie in einer schwierigen Situation, die Sie bewältigen müssen.

Zuerst müssen Sie einschätzen, wie ernst es dem Klienten ist. Können Sie das im Horoskop sehen? Ich glaube nicht. Der National Council for Geocosmic Research, eine der grossen astrologischen Vereinigungen in den USA, führte ein akribisch gründliches Forschungsprojekt über Selbstmorde durch. Die Untersuchung erstreckte sich von 1974 bis 1980, also über sechs Jahre, und wurde von Nona Press koordiniert. Die Forscher besorgten sich Totenscheine von Selbstmördern aus dem New York City Bureau of Vital Statistics. Sie konnten auf 310 Totenscheine mit exakten Angaben zurückgreifen. Datum, Zeit und Methode des Selbstmordes waren bekannt. Sie fügten zu jedem Horoskop das Horoskop eines willkürlich gewählten Menschen, der kein Selbstmörder war.

Dann bekamen 29 praktizierende Astrologen, darunter einige der besten in den Vereinigten Staaten, jeweils zehn solcher Paare. Sie versuchten zu bestimmen, welcher der beiden der Selbstmörder war. Die Chance, richtig zu antworten, lag bei fünfzig Prozent. Nur einer der 29 Astrologen lag signifikant über diesem Durchschnittswert. Es war Charles Emerson, der das uranische System benutzte. Ich selbst zählte zu den Ausfällen. Rory Mercato entwickelte später eine ziemlich komplizierte Formel, die einiges zu versprechen scheint und die er im Augenblick noch testet.[8]

Dieses Ergebnis könnte man als Angriff auf unsere Glaubwürdigkeit auffassen. Dennoch ist es beruhigend, dass wir nicht wissen, wer sich umbringen wird und wer nicht – dass also das Horoskop nicht das unveränderliche Schicksal der Menschen anzeigt. Diese Untersuchung konnte die traditionellen astrologischen Symbole für den Selbstmord nicht bestätigen. Pluto im 8. Haus kann Tod und Selbstzerstörung symbolisieren, aber auch Transformation und eine tiefe Heilung. In dieser Hinsicht erinnert er an die Karte «Tod» im Tarot.

Was können Sie tun, wenn Sie sich nicht darauf verlassen können, dass das Horoskop es Ihnen sagt? Fragen Sie den Klienten! Es gibt eine ganze Reihe von Fragen, die Sie dem Klienten stellen können, um herauszufinden, wie ernst es ihm ist und ob er womöglich schon entsprechende Pläne gemacht hat. Hat er sich schon für eine Methode entschieden? Stehen die Mittel für die geplante Methode ohne weiteres zur Verfügung? Hat der Klient bereits einen bestimmten Zeitpunkt ins Auge gefasst? Gab es früher schon Selbstmordversuche? Gab es andere Angehörige oder Geliebte, die Selbstmord begingen? Je öfter der Klient mit Ja antwortet und je klarer und detaillierter seine Antworten sind, desto mehr Grund haben Sie zur Sorge.

Eine Untersuchung erfolgreicher Selbstmorde zeigt, dass drei Viertel aller Selbstmörder vorher mit ihrer Tat gedroht hatten. Fast die Hälfte tötete sich *ungefähr drei Monate nachdem sie sich von einer emotionalen Krise erholt zu haben schienen.*[9] Astrologisch gesprochen würde dieser Zeitrahmen zu einem direktläufigen und rückläufigen Transit über den gleichen Punkt im Horoskop passen. Zwei andere Untersuchungen ergaben, dass Selbstmordabsichten mit Hoffnungslosigkeit in Hinblick auf die Zukunft sogar noch mehr zu tun haben als mit Depressionen. Menschen, die mit Selbstmord drohten oder Selbstmordversuche begingen, waren nicht in der Lage, hoffnungsvoll oder begeistert in die Zukunft zu blicken. Sie hatten das Gefühl, dass die Zukunft vage und unsicher sei und dass es dumm sei, etwas zu erwarten.[10]

Diese Untersuchungen haben für uns Astrologen eine gewisse Bedeutung, denn diejenigen, die in so verzweifelter Verfassung zu uns kommen, brauchen Hoffnung für die Zukunft. In solchen Fällen mache ich meist keine langfristigen Voraussagen. Es hilft den Betreffenden nicht, dass die astrologischen Bedingungen, die gerade eben das schwarze Loch aufgerissen haben, sich in den nächsten zwei oder drei Jahren noch ein paarmal wiederholen werden. Prüfen Sie lieber, woher Hilfe kommen kann. Es könnten Aspekte wie Trigone und Sextile im Radix und im Transit sein. Überlegen Sie auch, bei welchen Organisationen oder Gruppen der Betreffende Hilfe finden könnte.

Unterstützung ist nötig, weil der Astrologe, der allein arbeitet, nicht die Mittel hat, um Selbstmordkandidaten auffangen zu können. Selbst ein Therapeut in einer privaten Praxis wird sich um psychiatrische Unterstützung bemühen und dem Klienten Notrufnummern für Selbstmordgefährdete an die Hand geben. Zwei Bach-Blütenessenzen, die hier in Frage kommen könnten, sind Sweet Chestnut, das die dunkle Nacht der Seele aufhellt, und Cherry Plum für jene, die fürchten, sie könnten die Kontrolle verlieren und sich und andere gefährden. Sie können diesen Klienten auch empfehlen, Rescue Remedy von Bach zu nehmen, bis sie professionelle Hilfe gefunden haben.

Die Krise beim Erinnern oder Bearbeiten von Missbrauch

Ich habe in meinem Buch *Erkennen und Heilen von Pluto-Problemen* ausführlich über die Horoskopsignaturen und die psychologischen Implikationen von häuslicher Gewalt und Inzest geschrieben. Ich will diese Informationen hier nicht wiederholen. Vielmehr möchte ich hier über die grosse Unruhe sprechen, die ausbricht, wenn Menschen sich zum erstenmal der Tatsache stellen, dass sie als Kinder missbraucht worden sind. Vielleicht wussten sie schon immer, dass sie missbraucht worden waren, haben den Gedanken daran aber weggeschoben und müssen sich ihm jetzt stellen. Andere erinnern sich an Ereignisse, die jedoch eine irreale, fremde Qualität haben, als beträfen sie jemand anders.

In Beratungen tauchen immer mehr Menschen auf, die die Ereignisse seit Jahren unterdrückten und die sich jetzt erst wieder erinnern. Oder sie versuchen sich zu erinnern und hoffen, im Horoskop einige Antworten zu finden. Manche haben auch Gedächtnislücken. Für sie sind grosse Teile der Kindheit weisse Flecken. Ausser in den Fällen, in denen ein Mensch eine Gehirnverletzung erlitt, sind Erinnerungslücken in bezug auf die Kindheit fast immer ein Anzeichen dafür, dass in dieser Zeit äusserst traumatische Dinge, wahrscheinlich sogar mehrmals, geschehen sind. Vielleicht waren es schwere und fortgesetzte Misshandlungen, vielleicht waren die Kinder von ihren Anlagen her besonders empfindsam.

Für alle drei Gruppen ist das Aufstossen der Tür zu diesen Missbrauchserfahrungen wie eine Explosion, die dem Öffnen der Büchse der Pandora gleichkommt. Selbst wenn der Missbrauch bereits dreissig oder vierzig Jahre zurückliegt, sind die Reaktionen, die entstehen, so machtvoll, als wäre es gerade erst passiert. Der Grund ist, dass das Kind sich verschlossen hat, um der Vernichtung zu entgehen.

Leider bleiben aber die machtvollen Gefühle, denen wir uns nicht stellen wollen, in uns stecken, und früher oder später müssen wir uns mit ihnen auseinandersetzen. In der Auseinandersetzung mit Missbrauch werden die Menschen von Emotionen überflutet. Diese Stürme dauern jeweils eine Woche oder länger. Schrecken, Wut, Schuld, Scham und schliesslich Kummer brechen auf. Die akute Phase dauert oft etwa sechs Wochen, das Heilen und Durcharbeiten des Missbrauchs kann mehrere Jahre in Anspruch nehmen.

Die Menschen, die die Vorfälle völlig ausgeblendet haben, werden durch die Auseinandersetzung anscheinend härter getroffen als jene, die sich immer daran erinnerten. Das Geheimnis, das zu schlimm war, als dass man sich ihm hätte stellen können, wird offenbart und zerstört die Illusionen über die Täter. Die Opfer werden mit ihrer eigenen Ohnmacht konfrontiert. Sie fühlen sich möglicherweise auch von ihrem eigenen Unbewussten betrogen und haben Angst vor ihm. Eine Autorin entwickelte zum Beispiel danach eine Schreibhemmung, weil sie Angst vor dem hatte, was noch auftauchen mochte, wenn sie weiterschrieb.

Meiner Erfahrung nach geht diese Auseinandersetzung, das Aufdecken, das Erinnern, das Ausdrücken und die Heilung, oft mit Pluto-Transiten einher. Der Transit könnte die MC/IC-Achse treffen, aber auch Planeten, die an der ursprünglichen Signatur des Missbrauchs beteiligt sind. Manchmal decken die Betroffenen bei jeder Pluto-Auslösung auch eine Reihe von Teilerinnerungen auf, die sie zunächst bearbeiten müssen, während der zwei bis zweieinhalb Jahre währende Pluto-Transit wirksam bleibt. Viele Inzestopfer setzten sich mit ihren Missbrauchserfahrungen auseinander und anerkannten ihre Existenz, als Pluto 1984 ins Skorpionzeichen eintrat. Als Pluto etwa zur Hälfte oder zu zwei Dritteln durch dieses Zeichen gelaufen war, begann eine neue Phase der Bewusstheit. Die Menschen entdeckten verdrängten Missbrauch. Auch Männer sprachen öfter und offener darüber, dass sie sexuell missbraucht worden waren.

Erinnerungen an Missbrauchserfahrungen

Als Beispiel für Amnesie in der Kindheit wollen wir das Horoskop der Komödiantin Roseanne Arnold (siehe *Horoskop 1* auf S. 78) betrachten. Im Herbst 1991 offenbarte sie in der Presse und in der Talk-Show von Oprah Winfrey, sie habe sich erinnert, dass ihre Mutter sie in der Kindheit sexuell missbraucht habe. Später habe ihr Vater sie in ihrer frühen Kindheit jahrelang sexuell missbraucht. Diese unterdrückten Erinnerungen begannen im Januar 1990 aufzutauchen, als ihr Verlobter Tom Arnold kurz vor ihrer Heirat wegen seiner Kokainabhängigkeit eine Entziehungskur machen musste. Die Erinnerungen wurden geweckt, als Tom sich plötzlich an seine eigenen Missbrauchserfahrungen erinnerte, die zweifellos eine der tieferen Ursachen für seine äusserst destruktive Suchtstruktur waren. (Es ist nicht ungewöhnlich, dass die Opfer von sexuellem Missbrauch Beziehungen mit Menschen mit ähnlichen Erfahrungen eingehen. Wenn bei einem Partner die Erinnerungen auftauchen, werden die Erinnerungen des anderen geweckt, und dieser stürzt nun in die Krise der Konfrontation mit den Erlebnissen.)

Die ursprünglichen Signaturen des Missbrauchs sind das Quadrat Plutos im 7. Haus zur Himmelsmitte in Skorpion und das T-Kreuz, als dessen Brennpunkte Neptun und Saturn im 8. Haus in Waage stehen. Das T-Kreuz umfasst ausserdem Mars in Steinbock im 12. Haus und Uranus in Krebs. Mond im 4. Haus bildet Halbquadrate beziehungsweise Anderthalbquadrate zu Neptun, Saturn und Uranus und zeigt die Beteiligung der Mutter an. Roseannes Skorpion-Sonne bildet ein Quadrat zum Wassermann-Aszendenten und betont zusätzlich die Ebene Plutos oder des 8. Hauses in ihrer Persönlichkeit. Dieser letzte Aspekt muss nicht unbedingt etwas mit Missbrauch zu tun gehabt haben, sondern eher mit ihrer rachsüchtigen und rebellischen Reaktion darauf, die in ihrer kämpferischen Art zum Vorschein kam.

Da Saturn, Uranus und Neptun in ihrem Radix in die Missbrauchsstruktur eingebunden sind, löste die Versammlung der Transitplaneten Saturn, Uranus und Neptun in Steinbock die Radixaspekte aus. Der Missbrauch wurde aufgedeckt, und die Phase der Genesung begann. Die Erinnerungen tauchten auf, als der Transit-Saturn über Mars im 12. Haus lief. Aber sie behielt ihre Erinnerungen für sich, während Saturn das T-Kreuz vollendete und bis Saturn im Jahre 1991 das 12. Haus verliess und ein Trigon zum Mond (Öffentlichkeit) bildete. Der Transit-Uranus bildete einen Quinkunx zu ihrem Radix-Mond. Als erstes erinnerte sie sich daran, dass ihre Mutter sie missbraucht hatte.

Der Transit-Pluto im 9. Haus (Veröffentlichungen, juristische Angelegenheiten) bildete ausserdem ein Sextil zu Mars im 12. Haus und ein Trigon zu Uranus, als die Erlebnisse auftauchten und ihre Heilung begann. Über den Missbrauch zu schreiben und zu sprechen war ein Schritt zur Heilung. Das Glück und der Friede, die entstehen konnten, als sie sich ihrer Geschichte stellte, sie aufdeckte und bewältigte, kamen deutlich in ihrem veränderten Verhalten und in ihrem neuen Äusseren zum Ausdruck. Ihre öffentlichen Enthüllungen befreiten viele andere, die ähnliche Erlebnisse gemacht hatten, und regten sie an, sich an die Dinge zu erinnern, die sie unterdrückt hatten. Auf eine Art und Weise, die ihrer mutigen Sonne in Skorpion entsprach, wirkte Roseanne als starker Katalysator und als Heilerin für ihre Mitmenschen.

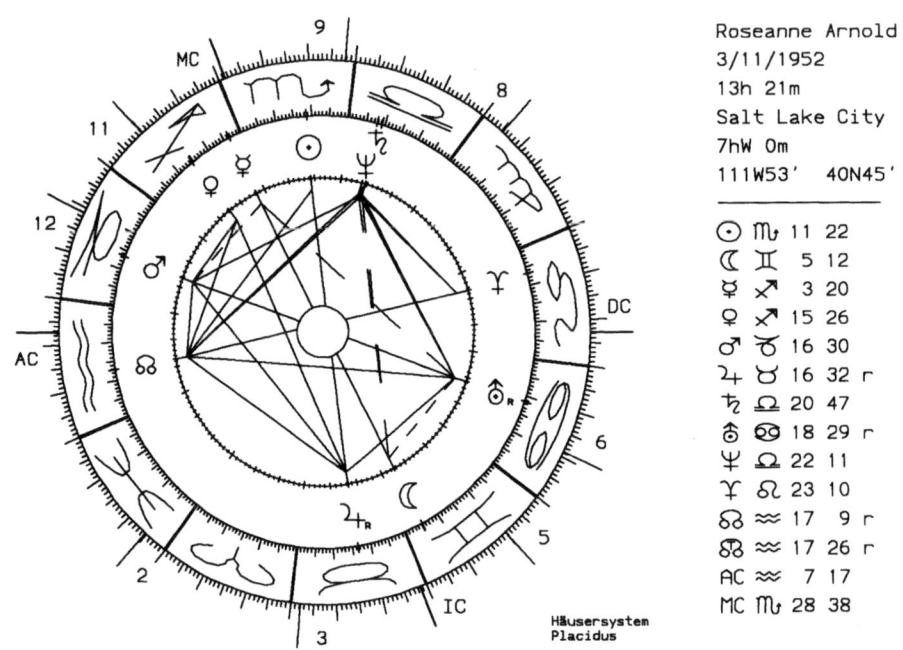

Roseanne Arnold
3/11/1952
13h 21m
Salt Lake City
7hW 0m
111W53' 40N45'

☉	♏	11	22
☽	♊	5	12
☿	♐	3	20
♀	♐	15	26
♂	♑	16	30
♃	♉	16	32 r
♄	♎	20	47
⚷	♋	18	29 r
♆	♎	22	11
♅	♌	23	10
☊	♒	17	9 r
☊	♒	17	26 r
AC	♒	7	17
MC	♏	28	38

Horoskop 1: ROSEANNE ARNOLD

Dies ist das Radix von Roseanne Arnold, die am 3. November 1952 um 13.21 Uhr MST in Salt Lake City, UT, USA, geboren wurde. Die Daten stammen aus Lois Roddens «Datanews», #29, und beruhen auf der Geburtsurkunde. Häuser nach Placidus.

Aspekte für Roseanne Arnold

SO *Opp* JU 5 A 09*	ME *Hsq* MA 1 S 51	MA *Opp* UR 2 A 00	UR *Qcx* MK 1 A 04
SO *Qua* AC 4 A 05	ME *Ahq* UR 0 A 09	MA *Hsx* MK 0 A 56	NE *Sxt* PL 0 A 59
SO *Sxt* CHI 2 S 51	ME *Sxt* AC 3 S 56	JU *Sxt* UR 1 S 58	NE *Tri* MK 4 S 46
MO *Opp* ME 1 S 52	ME *Kon* MC 4 S 43	JU *Qua* MK 0 S 55	PL *Qua* MC 5 S 28
MO *Ahq* SA 0 A 35	VE *Hsx* MA 1 A 03	SA *Qua* UR 2 S 18	PL *Ahq* CHI 0 S 21
MO *Hsq* UR 1 S 43	VE *Qcx* JU 1 A 05	SA *Kon* NE 1 A 24	AC *Hsx* CHI 1 A 15
MO *Ahq* NE 1 A 59	VE *Sxt* MK 2 A 00	SA *Sxt* PL 2 A 22	
MO *Tri* AC 2 S 04	MA *Tri* JU 0 A 02	SA *Tri* MK 3 S 22	*A = Applikation
MO *Opp* MC 6 A 34	MA *Qua* SA 4 A 18	UR *Qua* NE 3 S 42	S = Separation

Die Auswirkungen auf die astrologische Praxis

Für Astrologen, die mit der Krise beim Bearbeiten von Missbrauch zu tun haben, gilt es zwei wichtige Dinge zu bedenken. Wenn die Klienten inmitten eines solchen Aufruhrs kommen, müssen Sie einige grundlegende Dinge über Heilungsprozesse wissen, damit Sie ihnen helfen können. Beispielsweise müssen Sie in der Lage sein, gelassen ihre Geschichten anzuhören und zuzulassen, dass die Klienten ihre Gefühle ausdrücken. Manche Klienten sorgen sich, dass sie ihre emotionalen Ausbrüche, die die Anfangsphase kennzeichnen, nicht ertragen oder bewältigen können. Es hilft, wenn sie erfahren, dass solche Ausbrüche etwas ganz Normales sind, dass sie zum Heilungsprozess gehören und dass sie irgendwann vorüber sein werden. Es hilft, wenn sie wissen, dass Sie mitfühlend zuhören.

Sie sollten auch neue Bücher und Hilfsangebote kennen und empfehlen können. Es hilft Ihren Klienten, wenn Sie sie auf die Vielfalt von Büchern verweisen können, die es inzwischen zum Thema gibt. Eins der besten ist das sehr mitfühlende Selbsthilfehandbuch von Ellen Bass und Laura Davis mit dem Titel *Trotz allem*[11]. Ihnen selbst hilft es, diese Bücher zu lesen, weil Sie dadurch etwas über die Hintergründe erfahren und angemessener reagieren können. Ausserdem fühlen Sie sich danach etwas sicherer, wenn Sie die Geschichten der Opfer hören.

Sie leisten einen wichtigen Beitrag, wenn Sie örtliche Hilfsangebote für die Opfer von Inzest und Missbrauch kennen. Sie sollten Ihren Klienten Therapiegruppen und Selbsthilfegruppen für Missbrauchsopfer empfehlen können, damit sie diese schwierige Zeit nicht ganz allein durchstehen müssen. Es ist unglaublich heilsam, diesen Prozess gemeinsam mit anderen durchzumachen, die unter den gleichen Verletzungen leiden. Von Angehörigen oder Heilern, die diese Erfahrungen nicht gemacht haben, kann man diese Art der Unterstützung nicht bekommen. Und es ist auch nicht die Aufgabe des Astrologen, sich als Ein-Mann-Hilfstruppe anzubieten.

Der zweite wichtige Punkt ist der, dass es wichtig ist, diese Krise bei Klienten, die noch nicht bereit sind, nicht künstlich zu beschleunigen. Möglicherweise erkennen Sie die astrologischen Signaturen für Missbrauch im Horoskop – sie sind beispielsweise in meinem Buch *Erkennen und Heilen von Pluto-Problemen* und an anderer Stelle beschrieben. Wenn Sie diese Zeichen sehen, verspüren Sie vielleicht den Drang, die Klienten dazu zu bringen, den Missbrauch und seine Nachwirkungen anzuerkennen, aber das kann ein schlimmer Fehler sein.

Vor kurzem erfuhr ich von einem Fall unverantwortlichen Umgangs mit dem Wissen um Missbrauchssignaturen. Ich bekam einen Brief von einer offenbar sehr erregten Frau, die während einer Astrologiekonferenz von einem ihr völlig fremden Teilnehmer beim Mittagessen erfahren hatte, dass ihr Horoskop auf sexuellen Missbrauch hinweise. Als sie sagte, dass das nicht zuträfe, erklärte der Mann, dass sie missbraucht worden sei, dass sie es aber unterdrückt habe. Es ist bis heute nicht sicher, ob sie nun missbraucht wurde oder nicht, denn wie kann jemand beweisen, dass er nichts in dieser Art unterdrückt hat? Aber das Verhalten dieses Mannes war in sich auch wieder ein Missbrauch – ein Missbrauch astrologischen Wissens und astrologischer Macht! Ich würde dies als «Feuern und Vergessen»-Interpretation bezeichnen. Dem Mann war anscheinend völlig egal, wie seine Worte auf die Zuhörerin wirkten.

Nur wenige Berufsastrologen würden sich beim Essen so danebenbenehmen, aber wenn so eine Struktur bei einer Beratung auftaucht, sieht die Sache etwas anders aus. Sie könnten das deutliche Gefühl haben, dass die Schwierigkeiten eines Klienten in verschiedenen Lebensbereichen die Folgen einer Missbrauchserfahrung sind. Die Opfer zeigen eine grosse Bandbreite ernster Symptome wie die Neigung zu gewalttätigen Beziehungen, Phobien, Unterleibserkrankungen, extreme Isolation, sexuelle Zwanghaftigkeit oder Frigidität, Suchtverhalten, multiple Persönlichkeitsstörungen. Wenn Sie auf solche Probleme aufmerksam werden, könnten Sie in Versuchung geraten, den Klienten auf den Missbrauch aufmerksam zu machen, der im Horoskop und in seinem Leben so deutlich zum Ausdruck kommt.

Aber wir haben nicht das Recht, Schutzwälle einfach einzureissen und den Notfall erst zu schaffen, von dem wir hier reden. Die Menschen bauen ihre psychologischen Schutzmechanismen aus guten Gründen auf. Die weise Psyche errichtet sie, um ihre Integrität zu wahren und das zu tun, was der Name sagt – das Individuum vor Schaden zu behüten. In den Fällen von Amnesie in der Kindheit ist es besonders wichtig, die Weisheit der Psyche zu respektieren, die so vernichtende Ereignisse ausgeblendet hat. Ich kenne Menschen, die sich jahrelang sehr gut erholt haben und die dennoch schreckliche und gefährliche Rückfälle in altes Suchtverhalten erlebten, als unterdrückte Erinnerungen an sexuellen Missbrauch ans Licht kamen.

Wenn Sie in diese Bereiche vorstossen, müssen Sie deshalb unglaublich vorsichtig sein. Sie könnten beispielsweise fragen, ob der Klient als Kind unter Grausamkeiten zu leiden hatte. Sie haben anhand des Horoskops vielleicht schon eine Ahnung, wer der Täter gewesen sein kann. Wenn dies der Fall ist, dann könnten Sie auf Schwierigkeiten in der Beziehung zu jenem Menschen als Ursache für aktuelle Schwierigkeiten verweisen. Wenn der Klient vehement den Gedanken von sich weist, es habe Schwierigkeiten gegeben, und sogar behauptet, es sei eine wundervolle Beziehung gewesen, dann ist es klüger, einen Rückzieher zu machen.

Selbst wenn die Klienten in gewisser Weise eingestehen, dass der Vater ein Problem war, dann gibt uns das noch nicht das Recht, alle Details ans Licht zu zerren. Solange der Klient nicht von sich aus das dringende Bedürfnis hat, über diese Dinge zu reden, ist eine Horoskopdeutung nicht der richtige Anlass, Einzelheiten zu behandeln. Achten Sie genau darauf, ob der Klient bei manchen Ihrer Fragen Widerstände entwickelt, und prüfen Sie, ob er wirklich bereit ist, sich mit dem Missbrauchserlebnis auseinanderzusetzen. Der Impuls, sich diesem Thema zu stellen, muss aus ihm selbst kommen, nicht vom Astrologen. Die Mutter einer Freundin war bereits 70 Jahre alt und lag wegen einer Krebserkrankung im Sterben, als sie schliesslich enthüllte, dass sie als Mädchen mehrere Jahre lang von einem älteren Bruder missbraucht worden war. Erst der nahende Tod hatte die sehr charakterfeste Frau dazu gebracht, sich dem Missbrauch zu stellen und auch darüber zu reden.

Wenn Sie kein Berater sind, der die Klienten regelmässig sieht und eine Therapie mit ihnen durchführt, werden Sie nicht in der Nähe sein, um die Trümmer einzusammeln, nachdem Sie die Verleugnung durchbrochen haben. Selbst in einer kontinuierlichen Beratung zögern Therapeuten, die Verteidigungsmechanismen ihrer Klienten zu zerstören und die Konfrontation mit dem Missbrauch zu erzwingen. Durch eine einmalige «Beratung mit Fahrerflucht» kann grosser Schaden entstehen, besonders wenn man berücksichtigt, dass die Klienten dem Astrologen quasi übernatürliche Kräfte zuschreiben. Bei Missbrauchssignaturen kann ein Mangel an Wissen wirklich sehr gefährlich sein.

Wenn Klienten fragen, ob sie missbraucht wurden

Wenn Klienten, die an einer Kindheitsamnesie leiden, offen fragen, ob Sie nach Betrachtung des Horoskops glauben, dass sie missbraucht wurden, dann sollten Sie Ihre Worte vorsichtig wählen. Es ist eine Sache, wenn der rationale Teil in ihnen sagt, dass er es wissen will, aber eine ganz andere, wenn sich das verletzte innere Kind den Erlebnissen stellen muss. Wenn die Hinweise im Horoskop eindeutig sind, dann könnten Sie sagen, dass die Möglichkeit eines Missbrauchs nicht auszuschliessen ist, dass man aber nicht hundertprozentig sicher sein kann.

Das ist keine Ausrede. Ich habe Stellungen gesehen, die nach Missbrauchssignaturen aussahen und durch die Diskussion herausgefunden, dass sie in Wirklichkeit auf andere schwierige Erlebnisse hinwiesen. Mehrere Klienten mit wichtigen Mars/Pluto- oder Mars/Saturn-Konfigurationen hatten aufgrund körperlicher Missbildungen in ihrer Kindheit mehrere schmerzhafte Operationen. Sie hatten positive Beziehungen zu ihren Eltern, aber da ihnen von Ärzten so grosse Schmerzen zugefügt wurden, hatten sie viele Gemeinsamkeiten mit missbrauchten Kindern, auch wenn die Schmerzen notwendig waren. Ich habe auch Horoskope mit einem ungünstig aspektierten Pluto im 3. Haus gesehen, wo das Trauma nicht der Missbrauch durch Geschwister, sondern der Tod eines Bruders oder einer Schwester war. Man kann nie sicher sein, was diese Strukturen in Horoskopen zu bedeuten haben, solange man nicht mit den Klienten selbst spricht.

Es gibt auch Menschen, in deren Horoskop die Signaturen unscharf sind – vielleicht ist es so, vielleicht auch nicht. Manche wurden nicht tatsächlich missbraucht, sondern haben die sexuelle Energie ihrer Eltern psychisch aufgesogen, die einen starken Sexualtrieb hatten, aber nicht so unkontrolliert waren, ihre Kinder zu missbrauchen. Die Kinder haben beispielsweise eine Zeitlang im Bett der Eltern geschlafen und erlebt, wie die Eltern sich leidenschaftlich liebten. (In diesen Fällen ist öfter Neptun als Pluto beteiligt.) Ich hatte auch Klienten, die dadurch, dass sie sahen, wie ihre Eltern ihre Geschwister misshandelten, so traumatisiert wurden, als wäre es ihnen selbst zugestossen. Die Drohung der Gewalt war noch gegenwärtig, auch wenn sie selbst «brav» waren, so dass ihnen nichts geschah.

Viele, die solche Fragen stellen, ziehen eine hypnotische Rückführung in Betracht. Raten Sie ihnen, nicht die Erinnerungen an die Oberfläche zu zwingen. Empfehlen Sie diesen Klienten, ihre Schutzmechanismen zu respektieren und zu erlauben, dass die Erinnerungen mit einem Tempo auftauchen, das sie emotional bewältigen können. Schlagen Sie ihnen vor, Heiler aufzusuchen, die einen sicheren Raum bieten können, in dem diese Arbeit möglich ist. Sicherheit lässt oft Erinnerungen aufsteigen. *Sanfte* Körperarbeit – wie Massage – ist besonders hilfreich, um Erinnerungen zu wecken. Der Körper erinnert sich an alles, was ihm jemals zugestossen ist, auch wenn das Bewusstsein es vergessen hat. (Körperarbeit, die *weh tut*, wie Rolfing oder Shiatsu, ist für Missbrauchsopfer sehr belastend.)

Der spirituelle Notfall

Es gibt eine weitere Gruppe von Krisen, die das psychiatrische Establishment mit einiger Wahrscheinlichkeit als ernste geistige Störung oder sogar als Psychose bezeichnet. Diese Kategorie umfasst auch paranormale Erfahrungen wie plötzliche mediale Eingebungen, das Erwachen der Kundalini-Energie, UFO-Kontakte, Nahtoderfahrungen *(Near-Death Experience, NDE – Anmerkung des Übersetzers)* und Besessenheit durch körperlose Geister. Die Alltagswelt etikettiert diese Erlebnisse oft als Zusammenbruch, aber in Wirklichkeit handelt es sich um Durchbrüche auf andere Ebenen der Realität.

Im Grunde sind diese Ereignisse spirituelle Notfälle. Viele transpersonale Therapeuten und Heiler erkennen sie inzwischen als Formen des sprituellen Übergangs oder der Initiation und wissen, dass der Betreffende möglicherweise auf äussere Hilfe angewiesen ist. Das ist nicht leicht, denn unsere ungebildete, materialistische Kultur macht es uns schwer, diese Ereignisse zu akzeptieren und mit ihnen umzugehen. Ein Astrologe kann hier helfen, wenn er sich mit solchen Erfahrungen auskennt und sie akzeptiert. Wir stehen hier an vorderster Front, wir befinden uns buchstäblich in einer «Notaufnahme» für spirituelle Notfälle. Die Menschen wollen beruhigt werden, dass sie nicht verrückt sind, wenn ihnen absonderliche und übernatürliche Dinge zustossen. Es könnte sein, dass sie auch Hilfe brauchen, um mit ihren Erfahrungen umzugehen, und deshalb sollte der Astrologe entsprechende Hilfsangebote kennen. In diesem Falle sind gute Beziehungen zu erfahrenen und ausgeglichenen spirituell arbeitenden Menschen besonders wichtig. Wir müssen auch unser Wissen auf dem neuesten Stand halten. Die neptunische Natur dieser Arbeit beinhaltet die Gefahr, dass ein Mensch, der heute ein ausgezeichnetes Medium, ein «Channel» ist oder der medial in frühere Leben blicken kann, morgen schon am Burnout-Syndrom leiden könnte.

Es ist eine grosse Hilfe, wenn wir unseren Klienten die richtigen Bücher empfehlen können, denn oft kommen diese Krisen mitten in der Nacht, wenn niemand in der Nähe ist, an den sie sich wenden können. Es ist beruhigend, wenn man nachlesen und entdecken kann, dass die scheinbar so bizarren Erlebnisse schon seit langem bekannt und dokumentiert sind. Ein sehr wichtiges Buch ist *Spirituelle Krisen,* herausgegeben von Stanislav und Christina Grof. Es ist eine Sammlung von Aufsätzen über viele dieser Phänomene, geschrieben von transpersonalen Psychologen und vielen anderen erfahrenen Beratern.[12] Da wir an dieser Stelle nicht alle denkbaren Typen behandeln können, möchte ich Ihnen diese Sammlung ans Herz legen.

Die Transite der äusseren Planeten durch die Tierkreiszeichen lösen mitunter bei vielen Menschen derartige Erfahrungen aus, und viele Menschen werden von entsprechenden Phänomenen heimgesucht. Wer wichtige Horoskopelemente – etwa Sonne, Mond, Merkur oder Aszendent – in dem Bereich hat, der von Uranus, Neptun und Pluto im Transit berührt wird, kommt als Kandidat in Frage. Die Kombinationen der letzten Jahre sind so aussergewöhnlich, dass ich mich nicht wundern würde, wenn irgendwann während eines Fussballspiels ein UFO landet.

Die Nahtoderfahrung und ihre Nachwirkungen

Raymond Moody machte die Nahtoderfahrungen durch sein Buch *Leben nach dem Tod*[13] populär. Normalerweise verlaufen die Erfahrungen so, dass der Betreffende den Körper verlässt, vielleicht über ihm schwebt und beobachtet, was geschieht. Dann gleiten die Menschen, die diese Erfahrung machen, oft durch einen dunklen Tunnel und tauchen in strahlend weissem Licht auf. Sie werden von Angehörigen oder von Lichtwesen empfangen. Ein ehrfurchtgebietendes spirituelles Wesen zeigt ihnen noch einmal das Leben, das gerade zu Ende ging. An irgendeinem Punkt erfahren sie dann, dass sie ihre Arbeit auf der Erde noch nicht vollendet haben und zurückkehren müssen. Normalerweise lassen sie sich nur widerstrebend auf die Rückkehr zur Erde ein. Sie kehren enttäuscht über die Wiederbelebung in ihren Körper zurück. Bei manchen Nahtoderfahrungen können einige dieser Zutaten fehlen, weil dieses von mir gezeichnete Szenario aus verschiedenen Erfahrungen zusammengestellt wurde.

In den letzten Jahren gab es viel Publicity um Nahtoderfahrungen. Die moderne Medizin konnte Leben retten, die sonst verloren gewesen wären, so dass diese Erfahrung nicht mehr so selten ist wie früher. Bereits 1981 konnte eine Gallup-Umfrage nachweisen, dass mehr als acht Millionen Amerikaner bereits Nahtoderfahrungen gemacht haben. Seitdem sind es noch viele mehr geworden. Die Sammlung von Grof enthält ein ausgezeichnetes Kapitel über die Beratung von Menschen, die Nahtoderfahrungen gemacht haben. Bruce Greyson und Barbara Harris folgern dort: «Dank der modernen Technik könnte die Nahtoderfahrung unser einfachster Zugang zur spirituellen Entwicklung werden.»[14]

P. M. H. Atwater, eine wichtige Autorin auf dem Gebiet der Nahtoderfahrungen, kommentierte in einem Brief an mich: «Die Nachwirkungen einer Nahtoderfahrung sind die *gleichen* wie die einer spirituellen Transformation. Dies erweitert die Anzahl der betroffenen Menschen erheblich und gibt uns ein neutrales Modell, mit dessen Hilfe der Transformationsprozess objektiver untersucht werden kann.»[15]

Atwater hat ein ausgezeichnetes, gut lesbares Taschenbuch über die transformierenden, langfristigen Auswirkungen dieses Phänomens veröffentlicht. Es trägt den Titel *Coming Back to Life: The After-Effects of the Near-Death Experience*.[16] Nachdem sie im Jahre 1977 dreimal gestorben und wiederbelebt worden war, begann sie mit Tausenden Menschen, die Nahtoderfahrungen gemacht haben, zu reden, zu arbeiten und zu korrespondieren. Sie hielt Vorträge über dieses Thema und stellte schliesslich gemeinsame Züge fest. Es erfordert etwa sieben Jahre intensiver Arbeit, um die Nahtoderfahrung zu bewältigen, und die ersten vier Jahre sind die schwersten. Es ist, als müsste man noch einmal ganz von Anfang an lernen, sich in der physischen Welt zurechtzufinden. Familie und Freunde haben oft grosse Schwierigkeiten zu verstehen, was geschehen ist und wie sehr sich diese Menschen verändert haben. Ein von dieser Erfahrung Betroffener kann anderen, besonders Mitmenschen, die keinen spirituellen Hintergrund haben, sogar als geistig gestört erscheinen. Viele werden zu Psychiatern geschickt und eingewiesen oder ruhiggestellt, um ihre Reaktionen und ihre Kämpfe während der Neuanpassung zu unterdrücken.

Atwater stellte in bezug auf die Struktur der Nachwirkungen und Persönlichkeitsveränderungen nach Nahtoderfahrungen die folgenden Charakteristika fest:

1. *Die Unfähigkeit, Emotionen auf eine persönliche Ebene zu bringen, besonders Liebe und das Gefühl, zu jemand zu gehören. Die Betroffenen empfinden eine überwältigende und bedingungslose Liebe und Hingabe für die ganze Welt, die aber nicht auf Personen bezogen ist. Nahestehende Menschen können diese unpersönliche Liebe als Zurückweisung und Verlassenwerden erleben.*

2. *Die Unfähigkeit, Grenzen, Regeln und Einschränkungen anzuerkennen und zu verstehen.*

3. *Die Schwierigkeit, die Zeit oder Bezüge zur Vergangenheit, zur Gegenwart und zur Zukunft zu verstehen – ein Gefühl der Zeitlosigkeit. Oft sahen diese Menschen in die Zukunft, aber sie sehen die Vergangenheit, die Gegenwart und die Zukunft als eins.*

4. *Eine erweiterte oder verstärkte Empfindsamkeit. Diese Menschen werden intuitiver und entwickeln mediale Fähigkeiten. Viele wehren sich gegen dieses überwältigende psychische Bombardement oder versuchen es zu unterdrücken.*

5. *Eine verlagerte oder veränderte Sicht der physischen Realität. Die Betroffenen sind distanzierter, objektiver und erkennen die Hintergründe von Ereignissen und Problemen, wobei Ängste und Sorgen merklich reduziert sind. Sie weigern sich, sich Sorgen über die Dinge zu machen, die die meisten Menschen beschäftigen, und sie kümmern sich nicht mehr um materielle Dinge.*

6. *Ein neues Gefühl für das körperliche Selbst, eine gewisse Distanziertheit zum Körper und zu der Vorstellung, er mache das Selbst aus.*

7. *Schwierigkeiten in der Kommunikation und in Beziehungen. Es fällt den Betrof-*
   fenen schwer, zu sagen, was sie meinen, oder die Worte anderer Menschen zu be-
   greifen.[17]

Als ich versuchte, Beispielhoroskope zu finden, fiel mir auf, dass ich meines Wissens noch nie einen Klienten mit einer Nahtoderfahrung gehabt hatte. Die Klienten hatten mir alle möglichen geheimen und traumatischen Erlebnisse offenbart, besonders, nachdem mein Pluto-Buch erschienen war. Als ich 1991 nach Daten forschte, waren auch in der umfangreichen ISAR-Rodden-Datenbank nur fünf Fälle zu finden, von denen einige Astrologen waren. Ich vermutete, dass nur wenige dieser Menschen zu Astrologen gehen, weil sie uns nicht mehr brauchen. Atwaters Charakteristika besagen ja, dass diese Menschen mitunter paranormale Fähigkeiten entwickeln, darunter auch die Fähigkeit, über die Zeit hinauszusehen und die Zukunft zu erkennen. Wahrscheinlich bekommen wir es eher mit den entfernten Angehörigen zu tun.

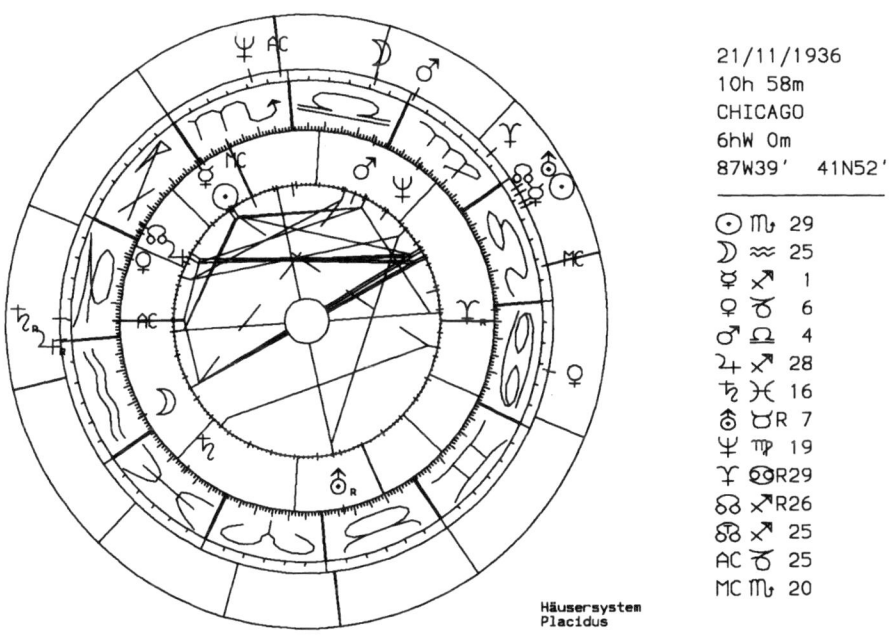

21/11/1936
10h 58m
CHICAGO
6hW 0m
87W39' 41N52'

☉ ♏ 29
☽ ♒ 25
☿ ♐ 1
♀ ♉ 6
♂ ♎ 4
♃ ♐ 28
♄ ♓ 16
⚷ ♉ R 7
♆ ♍ 19
♇ ♋ R29
☊ ♐ R26
☋ ♐ 25
AC ♑ 25
MC ♏ 20

Häusersystem
Placidus

Horoskop 2: FRAU MIT NAHTODERFAHRUNG (INNEN: RADIX, AUSSEN: TRANSIT)

Der innere Ring ist das Radix einer Frau, die am 21. November 1936 um 10.58 Uhr CST in Chicago, USA, geboren wurde. Die Daten stammen aus der ISAR-Rodden-Datenbank und wurden von Lois Rodden ermittelt. Die Frau hatte im August 1961 eine Nahtoderfahrung: Als Näherungswert für die Transite sind die Planetenpositionen für den 15. August 1961 im Aussenring abgedruckt. Häuser nach Placidus. Tropischer Tierkreis.

Aber als ich deshalb an P. M. H. Atwater schrieb, erwiderte sie: «Menschen mit Nahtoderfahrungen und andere auf ähnliche Weise transformierte Menschen *brauchen* oft Astrologen oder andere Berater. Sie helfen ihnen zu verstehen, wer sie vorher waren und wohin ihre Entwicklung zielen könnte.»[18] Da die Astrologie ein hervorragendes Werkzeug für genau diese Art von Klärungen zu sein scheint, finde ich es erst recht verwunderlich, dass nur wenige dieser Menschen zu uns kommen.

Aus der ISAR-Rodden-Datenbank bekam ich das Horoskop einer Frau, die eine Nahtoderfahrung hatte (siehe *Horoskop 2* auf S. 85, Aspekttabellen auf dieser Seite). Das Leben dieser Frau war voller Tragödien. Sie hatte ein Kind verloren, ein Sohn unternahm am 26. April 1950 einen Selbstmordversuch, ihr Haus brannte am 23. August 1965 nieder, und ihr erster Mann erhängte sich am 4. Fe-

---

Aspekte für eine Frau mit einer Nahtoderfahrung

SO *Qua* MO 4 A 20	MO *Sxt* MK 0 S 23	VE *Tri* UR 0 A 43	UR *Hsq* CHI 0 A 05
SO *Kon* ME 1 A 51	MO *Hsx* AC 0 S 16	VE *Hsq* MC 1 A 11	NE *Sxt* MC 1 S 05
SO *Sxt* MA 5 A 00	MO *Qua* MC 5 A 05	MA *Hsq* MC 0 S 35	NE *Qua* CHI 3 A 05
SO *Hsx* JU 1 S 33	MO *Tri* CHI 3 S 05	JU *Qcx* PL 0 A 58	PL *Opp* AC 3 A 29
SO *Tri* PL 0 S 34	ME *Sxt* MA 3 A 08	JU *Kon* MK 3 A 10	MK *Hsx* AC 0 S 39
SO *Sxt* AC 4 A 04	ME *Tri* PL 2 S 26	SA *Opp* NE 2 S 56	MK *Opp* CHI 2 S 42
MO *Sxt* JU 2 A 47	VE *Qua* MA 1 S 47	SA *Tri* MC 4 S 01	MC *Qcx* CHI 2 A 00

Aspekte für die Nahtoderfahrung

SO *Hsq* MO 1 S 33	MO *Hsx* PL 1 S 50	MA *Hsx* MK 1 S 59	NE *Tri* CHI 3 S 54
SO *Kon* ME 1 A 10	MO *Sxt* MC 0 A 23	JU *Kon* SA 4 A 59	PL *Hsx* MC 1 A 27
SO *Kon* UR 3 A 19	ME *Qcx* SA 0 A 53	JU *Qua* AC 2 S 33	PL *Opp* CHI 2 S 30
SO *Kon* MK 4 A 35	ME *Kon* UR 2 A 10	SA *Qcx* UR 1 S 17	MK *Sxt* AC 5 S 00
MO *Hsq* ME 0 S 24	ME *Kon* MK 3 A 25	UR *Kon* MK 1 A 16	AC *Tri* CHI 2 A 39
MO *Qua* VE 4 A 38	VE *Hsq* MK 1 S 37	NE *Sxt* PL 1 A 24	
MO *Hsq* UR 1 A 46	MA *Tri* JU 0 A 28	NE *Kon* AC 6 S 32	
MO *Hsx* NE 0 S 26	MA *Tri* SA 4 S 31	NE *Qua* MC 0 S 03	

Synastrieaspekte für die Frau und das Datum ihrer Nahtoderfahrung

SO *Ahq* VE 0 A 25	ME *Hsx* AC 1 A 06	UR *Opp* NE 2 S 01	MK *Hsq* NE 0 A 47
SO *Sxt* MA 0 S 03	VE *Ahq* SO 1 A 37	UR *Tri* PL 0 S 37	MK *Ahq* MC 0 A 44
SO *Sxt* JU 0 A 25	VE *Tri* PL 1 A 20	UR *Qua* MC 2 S 04	AC *Qcx* ME 1 S 24
SO *Qua* MK 2 S 02	VE *Sxt* CHI 1 S 10	UR *Sxt* CHI 1 S 53	AC *Kon* SA 0 A 31
MO *Opp* SO 2 S 17	MA *Qcx* CHI 0 A 37	NE *Hsq* AC 1 A 32	AC *Qcx* UR 0 A 48
MO *Ahq* MO 0 S 44	JU *Qua* MA 1 S 30	PL *Sxt* MA 0 S 31	MC *Qua* SO 2 A 48
MO *Opp* ME 1 S 07	JU *Hsx* JU 1 A 57	PL *Opp* JU 0 A 59	CHI *Sxt* SO 0 S 48
MO *Hsx* SA 0 S 15	JU *Tri* UR 1 S 45	PL *Hsx* MK 1 A 28	CHI *Sxt* ME 1 S 58
MO *Opp* UR 1 A 02	JU *Tri* MK 0 S 29	MK *Tri* SO 1 A 54	CHI *Ahq* NE 1 S 55
MO *Opp* MK 2 A 18	SA *Tri* VE 1 A 59	MK *Tri* ME 0 A 44	CHI *Hsq* MC 1 S 59
ME *Sxt* MA 1 S 54	SA *Hsq* JU 1 S 09	MK *Hsx* SA 0 A 08	
ME *Sxt* JU 1 S 27	SA *Ahq* AC 1 S 24	MK *Tri* UR 1 S 25	

bruar 1983. Sie ist sicherlich eine mustergültige Plutonierin! In ihrem Geburts-horoskop finden wir tatsächlich einen starken Pluto. Er ist nur wenige Grade vom Deszendenten entfernt und steht im Brennpunkt einer Horoskopfigur (Auge Gottes), an der die Skorpion-Sonne im 10. Haus, 10 Grad von der Himmelsmitte entfernt und damit im Gauquelin-Sektor, und zwei Planeten im 8. Haus beteiligt sind. Das exakte Datum und die Zeit sind nicht bekannt, aber sie hatte ihre Nah-toderfahrung im August 1961. Die Transite für Mitte August sind im Aussenring eingetragen, damit Sie eine Vorstellung bekommen, was damals geschehen ist. Der auslösende Faktor war anscheinend eine Konjunktion von Jupiter und Saturn, die zusammen über ihren Steinbock-Aszendenten liefen und in Opposition zum Ra-dix-Pluto kamen.

Emotionale Reaktionen nach UFO-Kontakten

Wir kommen in eine delikate Situation, wenn wir über UFO-Kontaktpersonen sprechen. Selbst tapferere Menschen, die es mit Alice im Wunderland aufnehmen könnten und die schon vor dem Frühstück zehn unglaubliche Dinge schlucken, ha-ben Schwierigkeiten, daran zu glauben. Wer die Möglichkeit akzeptiert, dass es auf anderen Planeten Leben und dass es vielleicht sogar UFOs gibt, der stellt immer noch die geistige Gesundheit von Menschen in Frage, die behaupten, sie hätten Kontakte mit UFOs gehabt oder wären gar entführt worden. Glücklicherweise müssen wir an dieser Stelle nicht über wahr und unwahr entscheiden. Wir brau-chen nur die Krise zu berücksichtigen, in die jene Menschen kommen, die glauben, sie wären Kontaktpersonen. Die Krise bricht entweder auf, nachdem die Men-schen den Kontakt bewusst erlebt haben oder, da die Erfahrung oft unterdrückt wird, sobald sie sich wieder an das Ereignis erinnern können. Viele der Dinge, die zuvor über die Krise in Zusammenhang mit den Erinnerungen an Missbrauchser-fahrungen gesagt wurden, gelten auch hier.

Auch für diese Fälle enthält die Anthologie von Grof vernünftige und brauchbare Vorschläge für die Beratung dieser Menschen. Ich möchte Ihnen das Kapitel von Keith Thompson ans Herz legen: «The UFO Encounter Experience as a Crisis of Transformation.»[19]

Mr. Thompson merkt an, dass die Frage, die Kontaktpersonen am häufigsten stellen, diese ist: «Warum gerade ich?» Sie haben das Gefühl, aus irgendeinem un-bekannten Grund auserwählt zu sein, um einem unbekannten Zweck zu dienen oder eine Mission zu erfüllen. Ähnlich den Reisen von Helden in Sagen folgen auch sie dem Ruf nicht immer aus freien Stücken. Kontaktpersonen geben oft vor, dass ihre Erfahrung nicht real gewesen sei, sie unterdrücken sie mitunter sogar, um ihre geistige Gesundheit nicht zu gefährden. Sie verstricken sich in Angst, Unglau-ben und Selbstzweifel, sie haben das Gefühl, sie könnten verrückt werden. Sie ver-suchen, mit anderen zu reden, und wenn sie auf Unglauben stossen und lächerlich gemacht werden, ziehen sie sich zurück und fühlen sich isoliert. Der positive Effekt ist oft eine veränderte Einstellung zum Leben, das fortan als erheblich grösser und komplexer empfunden wird als zuvor. Die Erfahrung zerschmettert die alte Realität und kann dennoch zum Gefühl führen, etwas Besonderes zu sein, was manchmal Anlass zu einer gewissen Überheblichkeit wird.

Horoskop 3 auf dieser Seite (Aspekttabellen gegenüber) ist das von Whitley Strieber, dem bekannten Autor von *Die Besucher* und anderen Büchern über UFO-Entführungen. Obwohl manchmal schwer auszuhalten, ist *Die Besucher* lesenswert, weil es zeigt, welche emotionalen Turbulenzen eine Entführung mit sich bringt. Strieber beschreibt eine Phase von mehreren Jahren voller Schrecken und Paranoia, ständig auf der Flucht, voller Unruhe und ohne Hoffnung, sein Leben in Ordnung zu bringen.

Sein Buch *Die Besucher* geht insbesondere auf eine Reihe von Ereignissen in den Jahren 1984 bis 1986 ein. Der erste in einer ganzen Reihe von Kontakten, an denen seine ganze Familie beteiligt war, trug sich am 4. Oktober 1985 im Staat New York zu und dauerte vom Abend bis gegen Mitternacht. Das nächste Ereignis, an das er sich erinnert, war ebenfalls im Staat New York am Abend des 26. Dezember 1985. Ein dritter wichtiger Vorfall geschah am 7. Februar 1986 in New

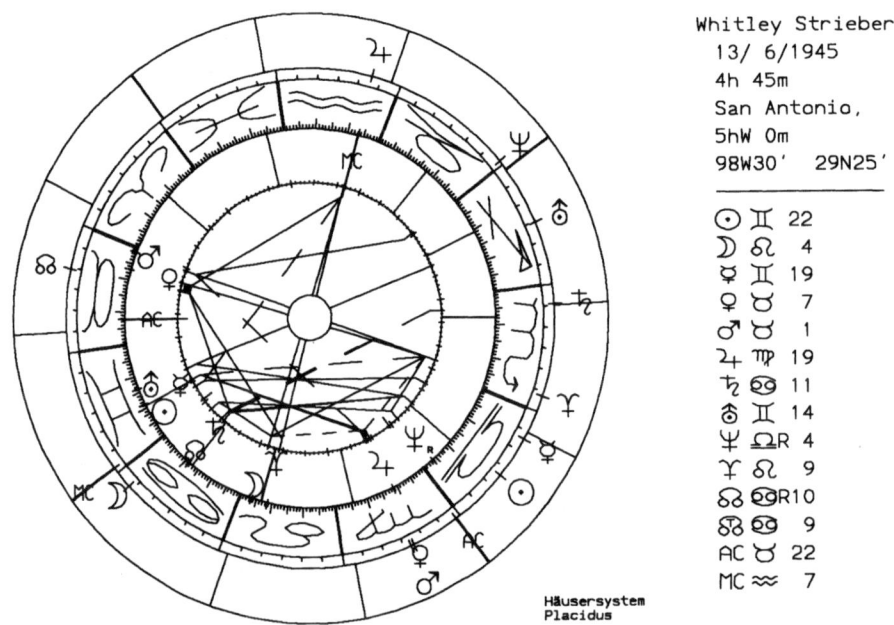

Whitley Strieber
13/ 6/1945
4h 45m
San Antonio,
5hW 0m
98W30'   29N25'

☉	♊	22
☽	♌	4
☿	♊	19
♀	♉	7
♂	♉	1
♃	♍	19
♄	♋	11
☊	♊	14
♆	♎R	4
♈	♌	9
☋	♋R	10
☊	♋	9
AC	♉	22
MC	♒	7

Häusersystem
Placidus

Horoskop 3: WHITLEY STRIEBER (INNEN: RADIX, AUSSEN: TRANSIT)

Whitley Strieber, geboren am 13. Juni 1945, 4.45 Uhr CWT in San Antonio, TX, USA. Die Geburtsdaten stammen aus Lois Roddens «Data News» (Nr. 17, 6/89, S. 1) und sind der Geburtsurkunde entnommen. Aussenring: Transite für seine Entführung am 4. Oktober 1985. Häuser nach Placidus, tropischer Tierkreis.

York City. Strieber stiess später auch darauf, dass er Ende August 1967, als er 12 Jahre alt war, eine Gedächtnislücke für den Zeitraum von 24 Stunden aufwies.

Whitley Strieber steht stark unter dem Einfluss von äusseren Planeten. Seine Sonne/Merkur-Konjunktion im Radix im Quadrat zu Jupiter lässt an einen sehr ungewöhnlichen oder exzentrischen Menschen denken, der für aussergewöhnliche Erfahrungen offen ist. UFOs und Kontakte mit ausserirdischen Wesen scheinen mit Uranus in Verbindung zu stehen. Striebers Pluto am IC ist ebenfalls stark gestellt, wo er eine Konjunktion mit dem Mond und ein Quadrat zur Mars/Venus-Konjunktion im 12. Haus bildet. Dies ist ein Hinweis auf die Ohnmacht, die Dinge zu verhindern, die ihm angetan wurden.

Natürlich haben viele Leute einen oder mehrere ähnliche Aspekte, ohne dass sie von Ausserirdischen heimgesucht würden – oder wenigstens ohne sich an solche Besuche zu erinnern. Die gleichen Pluto-Aspekte tauchen manchmal auch bei

Aspekte für Whitley Strieber

SO *Kon* ME 3 A 12	MO *Hsq* ME 0 A 15	ME *Qua* JU 0 A 00	NE *Tri* MC 3 S 03
SO *Hsq* VE 0 S 09	MO *Qua* VE 3 A 18	VE *Qua* PL 1 A 41	PL *Hsx* MK 0 A 41
SO *Qua* JU 3 S 11	MO *Qua* MA 2 S 07	VE *Sxt* MK 2 A 22	PL *Opp* MC 1 A 50
SO *Hsq* PL 1 A 32	MO *Hsq* JU 0 A 16	VE *Qua* MC 0 A 09	MK *Hsq* AC 1 A 56
SO *Hsx* AC 0 A 17	MO *Sxt* NE 0 A 06	MA *Qua* MC 5 S 16	AC *Tri* CHI 5 A 01
SO *Ahq* MC 0 A 18	MO *Kon* PL 4 S 59	JU *Tri* AC 3 S 28	
SO *Qua* CHI 5 A 18	MO *Opp* MC 3 S 09	SA *Kon* MK 2 A 10	

Aspekte für die Entführung von Whitley Strieber

SO *Opp* MO 1 A 24	MO *Tri* MA 3 A 41	ME *Kon* UR 3 A 06	NE *Sxt* PL 3 A 23
SO *Kon* VE 5 A 36	MO *Ahq* JU 1 S 42	VE *Kon* NE 3 A 39	NE *Tri* MK 4 A 13
SO *Sxt* MA 2 A 16	MO *Qcx* SA 0 A 42	VE *Qua* AC 0 A 26	NE *Qua* AC 4 A 05
SO *Hsx* SA 0 S 42	MO *Opp* NE 0 S 32	VE *Opp* MC 0 A 32	NE *Opp* MC 4 A 11
SO *Kon* NE 1 A 57	MO *Tri* PL 2 A 51	MA *Kon* PL 0 A 50	PL *Opp* MK 0 A 50
SO *Sxt* PL 1 A 26	MO *Sxt* MK 3 A 41	MA *Opp* MK 0 A 00	AC *Qua* MC 0 A 06
SO *Tri* MK 2 A 17	MO *Qua* AC 4 A 37	JU *Sxt* UR 1 A 58	
SO *Opp* MC 6 A 08	MO *Kon* MC 4 S 44	JU *Hsq* NE 1 A 10	
MO *Opp* VE 4 S 12	ME *Sxt* JU 1 A 08	SA *Hsx* NE 1 S 14	

Synastrieaspekte für Whitley Strieber und das Datum der Entführung

SO *Ahq* MA 0 A 38	ME *Opp* UR 0 A 25	SA *Hsx* CHI 0 S 43	MK *Sxt* MK 1 A 34
SO *Opp* UR 2 S 47	VE *Tri* SO 1 A 29	NE *Qua* SO 1 S 42	MK *Hsx* CHI 1 A 27
SO *Ahq* PL 0 S 12	VE *Opp* MA 0 A 47	NE *Qua* MO 0 S 18	AC *Ahq* SO 1 S 55
SO *Hsq* MK 0 A 38	VE *Opp* PL 0 S 03	NE *Ahq* JU 1 A 24	MC *Hsx* SO 1 S 20
MO *Qcx* SO 1 A 49	VE *Kon* MK 0 S 48	NE *Sxt* SA 1 S 00	MC *Qua* MA 0 A 56
MO *Hsx* MO 0 A 24	MA *Ahq* ME 0 A 19	NE *Qua* NE 0 A 14	MC *Qua* PL 0 A 06
MO *Tri* SA 1 A 06	MA *Tri* VE 1 A 40	PL *Qua* MA 0 A 54	MC *Qua* MK 0 A 56
MO *Ahq* UR 0 A 40	MA *Tri* NE 1 A 59	PL *Qua* PL 1 A 44	CHI *Kon* AC 2 A 02
MO *Qcx* NE 0 S 08	JU *Qcx* JU 1 A 34	PL *Qua* MK 0 S 54	CHI *Qua* MC 1 S 56
ME *Tri* JU 1 S 33	JU *Qua* UR 0 A 25	MK *Tri* MA 1 A 35	

Missbrauchsopfern auf, und die Gefühle von Angst, Wut, Demütigung und Scham sind die gleichen.

Die Transite für die erste Entführung sind ebenfalls im *Horoskop 3* (S. 88, Aussenring) dargestellt. Strieber erlebte eine Reihe von Transiten, die wir in Zusammenhang mit der Midlife-crisis bereits beschrieben haben. Uranus kam in Opposition zum Radix-Uranus, Neptun bildete ein Quadrat zum Radix-Neptun, Pluto stand im Quadrat zum Radix-Pluto. An manchen Punkten in diesem Prozess war einer der Aspekte exakter, an anderen Punkten wieder ein anderer. (Wenn Sie in der Midlife-crisis stecken, dann lesen Sie *Die Besucher*, und Sie werden den Eindruck bekommen, dass – verglichen mit Striebers Erlebnissen – Ihre Midlife-crisis ein Picknickausflug ist.)

Als Pluto ein Quadrat zum Radix-Pluto bildete, wurden die Radixaspekte Plutos zu Mond, Himmelsmitte, Mars und Venus wiederholt. So wurde die Thematik von Dingen aktiviert, die ihm angetan wurden und die sich seiner Kontrolle entzogen. Jupiter in Wassermann war gerade über seine Himmelsmitte gelaufen und hatte diese Aspekte ausgelöst, und die Veröffentlichung seiner Bücher über diese Ereignisse bildete die Grundlage seiner Bekanntheit. Die Opposition des Uranus zum Radix-Uranus löste ausserdem die Konjunktion des Radix-Uranus mit Sonne und Merkur aus. Wie schon zuvor gesagt, ist eine Phase, in der ein Radixaspekt durch Transite oder Progressionen wiederholt wird, ein besonders wichtiger Lebensabschnitt. Der betreffende Mensch wird höchstwahrscheinlich genau die Dinge erleben, die schon in seinem Radixhoroskop angedeutet sind.

Und dies ist nur ein Beispiel!

Selbst wenn wir diesem Thema ein ganzes Buch widmen würden, wir wären nicht fähig, all die Arten von Krisen, ob spiritueller oder mundaner Natur, zu behandeln, mit denen der praktizierende Astrologe konfrontiert wird. Wir sind von gewöhnlichen oder «normalen» Krisen wie der Menopause weitergeschritten zu aussergewöhnlichen Erlebnissen von Menschen, die etwa zu einer Fahrt in einem Raumschiff eingeladen wurden.

Zweifellos werden wir es lehrreich finden, Bücher über diese und andere Wendepunkte im Leben vieler Menschen zu lesen; als Beispiele seien Scheidungen oder der unerwartete Tod von geliebten Menschen genannt. Je mehr Sie über die Belastungen wissen, denen die Menschen im Laufe ihres Lebens ausgesetzt sind, desto besser können Sie Ihren Klienten helfen. Deshalb sollte dieses Kapitel nicht mehr als eine Anregung für Sie sein, Ihren Horizont ständig zu erweitern. Ich hoffe, es ist mir gelungen, Ihnen anhand der Beispiele einige Prinzipien der Krisenberatung aufzuzeigen, die Ihnen helfen, Ihren Klienten in Notlagen zur Seite zu stehen.

VIERTES KAPITEL

Hilfsangebote für Ihre Klienten finden

Die persönlichen Probleme, die im Laufe einer astrologischen Beratung ans Licht kommen, können sehr komplex sein. Die Werkzeuge, die die Astrologen benutzen, sind hervorragend dazu geeignet, schädliche Verhaltens- und Denkweisen zu klären und aktuell wichtige Themen zu beleuchten. Doch wenn Sie in einer Beratung diese Klarheit erreicht haben, werden die Klienten wahrscheinlich fragen: «Und was jetzt?»

Wenn der Astrologe darauf keine Antwort weiss, gehen die Klienten möglicherweise frustriert nach Hause. Etwa vorhandener Selbsthass könnte noch grösser werden, weil die Klienten jetzt zwar die Einsicht haben, aber immer noch nicht in der Lage sind, unerwünschte Strukturen zu verändern. Auch der Astrologe ist möglicherweise frustriert. Viele, die hervorragende Astrologen sein könnten, praktizieren nicht, weil sie sich nicht fähig fühlen, mit den Schwierigkeiten umzugehen, mit denen die Menschen zu ihnen kommen.

Wenn Sie das Problem identifiziert haben, dann werden Sie sicher auch selbst fragen: «Und was jetzt?» Ein Teil der Antwort, die ich Astrologen geben möchte, ist, dass Sie über örtliche Hilfsangebote Bescheid wissen müssen. Sie können dann die Klienten auf die Angebote aufmerksam machen, die ihnen helfen können. Bleiben Sie in dieser Hinsicht immer auf dem neuesten Stand, und lernen Sie, die Klienten an die richtigen Stellen zu verweisen. Darum soll es in diesem Kapitel gehen.

Da wir in einem helfenden Beruf arbeiten, müssen wir auch unsere Grenzen kennenlernen, damit wir den Klienten oder uns selbst nicht dadurch schaden, dass wir unsere Fähigkeiten überschätzen. Eine der grössten Beschränkungen der Astrologie ist, dass sie ein hervorragendes Diagnoseinstrument, aber kein Heilmittel ist. Das Horoskop wurde manchmal mit einem Röntgenapparat für die Seele verglichen. Wenn Sie sich ein Bein gebrochen haben und der Arzt tut nichts weiter, als eine Röntgenaufnahme zu machen und zu sagen, dass Ihr Bein gebrochen ist, dann entgegnen Sie mit Recht: «Das wusste ich doch schon.» Dies ist mit ein Grund dafür, dass die Astrologie nicht populärer ist. Wir sollten mehr sein als göttlich inspirierte Röntgentechniker. Wir sollten fähig sein, unseren Klienten einige Lösungswege für ihre Probleme vorzuschlagen.

Viele Berufsastrologen, ich selbst zähle mich auch dazu, versuchten, diese Beschränkung zu überwinden, indem sie Heilmethoden erlernten und in ihre Arbeit aufnahmen. Einige haben sich noch einmal einer Ausbildung unterzogen und haben Beratungstechniken erlernt. Aber wir können nicht alle Therapeuten sein, und selbst wenn wir die richtige Ausbildung haben, um Klienten bei gewissen Problemen zu beraten, können wir nicht das ganze Spektrum ihrer Sorgen abdecken. Wenn wir eine Vielzahl von Hilfsangeboten kennen, können wir einem Klienten allerdings wertvolle Hinweise geben, denn nachdem er mit uns über seine Probleme gesprochen hat, muss er etwas tun. Für viele, die zu uns kommen, besonders für Menschen, die früher missbraucht wurden, kann Körperarbeit sehr hilfreich sein. Viele wollen in eine Gruppe gehen. Viele Klienten haben gesundheitliche Probleme. Manche brauchen während ihrer Krisen intensive Zuwendung oder sogar einen Ort, an dem sie in ihrer Notlage Zuflucht finden. Ihre Kinder benötigen vielleicht ebenfalls besondere Hilfen. Möglicherweise muss ein Drogen- oder Alkoholentzug durchgeführt werden.

Astrologen sind in einer besonders günstigen Situation, um solche Informationen weiterzugeben. Viele, die nicht im Traum daran denken würden, sich in Therapie zu begeben, finden es weniger bedrohlich, eine Horoskopdeutung machen zu lassen. Wenn sie sagen, dass sie «einfach nur neugierig» auf ihre Zukunft sind, fühlen sie sich nicht so erniedrigt, als wenn sie sagen würden, dass sie Hilfe brauchen. Wir stehen hier an vorderster Front, und oft begegnen uns Menschen, die in ihrem Leben an einem Wendepunkt angelangt sind oder in einer tiefen Krise stecken.

In Zeiten, in denen sie so verletzlich sind, sind die Menschen eher als sonst bereit, Strukturen zu verändern, mit denen sie sich selbst schaden, weil klargeworden ist, dass sie nicht mehr funktionieren. Oft wissen die Klienten einfach nichts von den Diensten oder Heilmethoden, die ihnen dabei helfen könnten, gesündere Strukturen aufzubauen. Der Astrologe, der über gute Hilfsangebote informiert ist, kann viel erreichen.

Verweise auf Hilfsangebote unter verschiedenen Transiten

Transite von Saturn, Uranus, Neptun oder Pluto über Radixplaneten oder persönliche Punkte im Radix sind Zeiten, in denen die Menschen viel tun können, um alte Strukturen zu überwinden. In der Psychotherapie oder bei anderen Heilmethoden ist oft Pluto beteiligt, aber grundsätzlich kann man auch unter jedem anderen Transit eines äusseren Planeten wichtige Fortschritte machen. Anhand der Transite kann man sogar Empfehlungen hinsichtlich des Geschlechts des Therapeuten und der Art der Therapie geben.

Schwierige Transite über den Mond sind zum Beispiel Phasen, in denen die Psychotherapie viel bewirken kann. In diesen Zeiten ist es für die Klienten oft nützlich, in ihre Emotionen einzutauchen, die mitunter so stark werden, dass die Klienten ihnen nicht mehr aus dem Weg gehen können. Sie könnten ihre Kindheit und besonders alles, was mit ihrer Mutter, mit Sicherheit und Abhängigkeit zu tun hat, neu einschätzen. Da der Mond beteiligt ist, wäre eine Therapeutin, die Geborgenheit spenden und deshalb einen Ausgleich für die bisherigen Erfahrungen mit Mutterschaft schaffen kann, die beste Wahl. Wenn der Klient sich bei einem männlichen Therapeuten wohler fühlt, beispielsweise wenn die Mutter sehr aggressiv war, dann ist ein mondbetonter männlicher Therapeut die beste Wahl. Sie sollten dem Klienten aber auf jeden Fall erklären, dass jetzt Themen anstehen, die mit seiner Mutter zu tun haben, und dass es eine hervorragende Zeit ist, diese Themen zu bearbeiten.

Unter dem Einfluss anderer Transite könnte wiederum ein männlicher Helfer die bessere Wahl sein. Spannungsaspekte zur Sonne, etwa von Saturn oder Pluto, bringen Themen ans Licht, die mit dem Vater und dessen Auswirkungen auf das Selbstwertgefühl und das Selbstbild des Klienten zu tun haben. Eine wohlwollende Vaterfigur, wenn möglich älter als der Klient, könnte für diesen Teil der Persönlichkeit, der sich nach Anerkennung durch den Vater sehnt, eine Hilfe sein.

Auch Techniken, die das Selbstbewusstsein stärken, sind nützlich. Beispiele dafür sind Affirmationen zur Stärkung des Selbstwertgefühls, Arbeit mit dem inneren Kind, das Reinigen des Chakras im Solar Plexus durch Reiki oder Meditationen, ausserdem Bach-Blüten zur Stärkung des Selbst.

Unter dem Einfluss der Transite äusserer Planeten über den Radix-Mars sind männliche Vorbilder für Klienten wie Klientinnen nützlich. Dies sind Phasen, in denen Durchsetzungsfähigkeit erlernt werden kann. Alte, aufgestaute Wut kann losgelassen werden, und die Klienten proben neue Techniken, um mit Konflikten umzugehen. Sie geben ihrem Selbst die Erlaubnis, sich am freundschaftlichen Wettstreit mit anderen zu beteiligen. Zu den Methoden, die hier sinnvoll sein dürften, zählen die Stärkung der Durchsetzungskraft, Bioenergetik oder Kampfsportarten. Tai Chi kommt eher in Frage, wenn Neptun den Radix-Mars aspektiert.

Transite durch das 1., 6. oder 12. Haus oder aspektierte Planeten in diesen Häusern weisen oft auf die Notwendigkeit hin, etwas für die Gesundheit zu tun oder eine Art von Körperarbeit zu beginnen. Beispiele wären Shiatsu, Akupunktur oder therapeutische Massage. Aspekte zum Aszendenten sind weitere Indikatoren. Selbst Trigone oder Sextile zu diesen Positionen können einen körperlichen Ansatz nahelegen. Oft benutzen die Menschen spontan die harmonischeren Aspekte, um Dinge in den Vordergrund zu rücken, die ihrer Gesundheit dienen – etwa Yoga, Jogging oder eine bessere Ernährung.

Die drei genannten Häuser haben zwar mit unserer Gesundheit zu tun, aber Transite durch diese Häuser müssen nicht zwangsläufig mit Krankheiten einhergehen. Sie zeigen uns, wann wir Fortschritte machen können, indem wir die körperlichen Rückstände früherer Schwierigkeiten loslassen. Eine Frau begann beispielsweise mit Rolfing, als Saturn ein Quadrat zu ihrem Radix-Pluto im 1. Haus bildete. Viele tiefsitzende Ängste und Spannungen kamen im Laufe dieser recht schmerzhaften Körperarbeit, bei der Knoten aus Muskeln herausmassiert werden, ans Licht. Danach hatte sie sieben Jahre lang überhaupt keine Rückenbeschwerden mehr.

Transite durch das 11. Haus oder zu Planeten im 11. Haus kündigen Zeiten an, in denen die Arbeit in Gruppen produktiv sein kann. Uranus-Transite lassen ganz allgemein an Gruppen denken, und dies nicht nur, wenn das 11. Haus betroffen ist. Neptun-Transite durch das 11. Haus oder über Planeten im 11. Haus regen uns an, Meditationsgruppen oder andere spirituelle Gemeinschaften zu suchen oder ein Zwölf-Schritte-Programm zu machen. Es wäre aber klug, nicht die eigene Individualität zu vergessen, weil sonst Enttäuschung folgen kann.

Pluto-Transite über die genannten Positionen könnten darauf hinweisen, dass Heilungen in Gruppen möglich sind. Aber wir sollten die Klienten mit diesen Positionen warnen, sich nicht in die Intrigen der Gruppe hineinziehen zu lassen oder in eine Co-Abhängigkeit von Gruppenmitgliedern zu geraten und den weniger erleuchteten Ausdrucksformen der plutonischen Energie zum Opfer zu fallen.

Saturn-Transite durch das 11. Haus oder seine Aspekte zu Planeten in diesem Haus sind Phasen, in denen die Mitgliedschaft in Berufsverbänden und der Zusammenschluss mit anderen eine solide Grundlage für den Beruf legen und Fortschritte in diesem Bereich ermöglichen können. Wenn der Transit-Saturn durch das 11. Haus läuft, entsteht der Impuls, sich mit Kollegen zusammenzutun. Dies ist die Fortsetzung des vorhergenden Saturn-Transits durch das 10. Haus, wo eine neue Grundlage für den Beruf gelegt wurde.

Jupiters etwa einjährige Reise durch das 11. Haus ist eine Phase, in der Gruppen unser Wachstum anregen und unser Ausdrucksvermögen auf eine breitere Grundlage stellen. (Im folgenden Jahr, wenn der Transit-Jupiter durch das 12. Haus läuft, könnten die Betreffenden ihre zahlreichen sozialen Kontakte wieder etwas reduzieren, wobei die Wachstumsphase aber durch innere Arbeit und Kontemplation fortgesetzt wird.)

Ich will nicht den Eindruck erwecken, dass die Transite äusserer Planeten immer angenehme Erlebnisse sind. Oft bringen sie Schmerzen mit sich, und sie führen uns zu Konfrontationen mit der Realität und mit anderen Menschen, an die wir noch lange zurückdenken werden. Aber gerade aufgrund dieser Schwierigkeiten entsteht in uns der Wunsch, uns zu verändern. Ausserdem können die Menschen, wenn sie die Zeiten voraussehen, in denen solche schwierigen Themen zur Sprache kommen werden, rechtzeitig damit beginnen, die Lebensbereiche, die von den Transiten berührt werden, zu entgiften und zu heilen.

Wenn die Astrologie auf diese Weise eingesetzt wird, kann sie ein sehr wirkungsvolles Mittel zur Prävention sein. Astrologen, die ihre Klienten auf heilsame Hilfsangebote verweisen können, erweisen diesen einen grossen Dienst. Wenn man rechtzeitig mit der Arbeit beginnt und sich vorbereitet, können die schlimmsten Auswirkungen der Transite abgefangen werden, und die planetarischen Energien können auf einer höheren Ebene umgesetzt werden.

Nehmen wir zum Beispiel an, ein Klient hat einen Pluto-Transit über einen stark unterdrückten Radix-Mars. Der Klient hat möglicherweise in seiner Vergangenheit immer wieder unter Gewalt gelitten, und Sie machen sich mit Recht einige Sorgen, dass sich diese Erfahrungen mit katastrophalen Folgen wiederholen könnten. Sie könnten nun ein wenig vorarbeiten, indem Sie dem Klienten empfehlen, sein Durchsetzungsvermögen zu schulen oder eine Bioenergetik-Therapie zu beginnen, um die blockierte Wut herauszulassen, die sich bisher nach innen gerichtet hat.

Den Klienten motivieren, sich in Behandlung zu begeben

Sie werden später noch lernen, wie man ein Netzwerk von Hilfsangeboten aufbaut. Wir wollen uns aber zunächst überlegen, wie man sinnvollerweise eine Empfehlung aussprechen sollte. Wenn wir nicht geschickt und einfühlsam mit unseren Klienten umgehen, dann werden sie unseren Empfehlungen möglicherweise nicht folgen. Nehmen wir an, Sie sind im Laufe einer Beratung auf einige für den Klienten schmerzhafte Punkte gestossen. Sie haben über die Lebensbereiche gesprochen, in denen es Störungen gibt oder wo der Klient sich selbst schadet. Sie glauben, dass dem Klienten eine gezielte Behandlung helfen könnte. Nun besteht Ihre Aufgabe darin, den Klienten anzuregen, sich um Hilfe zu bemühen.

Wir erkennen hier einen weiteren Grund dafür, dass wir uns auf die aktuellen Sorgen des Klienten konzentrieren sollten, statt stundenlang alles aufzuzeigen, was an Konflikten im Horoskop angelegt ist. Im ersten Kapitel sprachen wir darüber, dass es klug ist, zu beginnen, indem man einen Vertrag über die Themen aufsetzt, die in der Sitzung behandelt werden sollen. Wenn Sie sich auf die Bereiche konzentrieren, die der Klient ausdrücklich als problematisch dargestellt hat, können Sie eher mit seiner aktiven Mitwirkung statt mit Widerständen rechnen. Eine Sitzung, die sich um Themen dreht, die der Klient definiert hat, ist viel eher geeignet, ihn zu motivieren. Umgekehrt kann eine Sitzung, in welcher der Astrologe unerbittlich auf alle Probleme, Mängel und Fehler einhämmert, die er im Horoskop nur findet, dazu führen, dass der Klient verzweifelt aufgibt.

Die Transite äusserer Planeten und die mit ihnen verbundenen Umstürze erzeugen auch die Motivation, etwas zu verändern. Das richtige Zeitgefühl ist entscheidend. Oft ertragen die Menschen jahrelang eine schreckliche Situation – es geht ihnen schlecht, aber sie sind noch nicht bereit, sich dem Problem zu stellen. Viele Menschen ändern sich erst, wenn die Unlust, die durch Beharren entsteht, grösser ist als das Unbehagen, das eine Veränderung erregt. Krisen fallen oft mit den Transiten äusserer Planeten zusammen, und sie sind ein machtvoller Anstoss für Veränderungen. Angst vor Verlusten kann das Wachstum stark beschleunigen.

Selbst wenn keine Notlage zu erkennen ist, sind die Schmerzen, die der Transit eines äusseren Planeten mit sich bringt, oft ein Wendepunkt. So öffnet sich ein Fenster, und wir erkennen eine Gelegenheit, lange schwärende Probleme zu beheben. Diese Aspekte werfen oft alte Störungen auf und spitzen sie krisenhaft zu. Alte psychologische Verteidigungsmechanismen funktionieren nicht mehr, und so kann nachdrückliches Eingreifen zu einer neuen, gesünderen Haltung führen. Mir fallen an dieser Stelle die Transite von Saturn und Neptun oder auch Pluto über persönliche Punkte ein. Zweifellos hat hier jeder seine Lieblingskandidaten.

Nehmen wir an, ein Klient mit einer Venus/Neptun-Konjunktion im 5. Haus hat lange, schmerzliche Erfahrungen mit Beziehungen zu Alkoholikern hinter sich. Nun transitiert Pluto über diese Konjunktion, und er oder sie stürzt in eine höllische Liebesaffäre. Dies wäre der richtige Augenblick, dem Klienten einen Besuch bei Al-Anon vorzuschlagen. Wenn Sie selbst schon einmal bei einem offenen Treff von Al-Anon waren, können Sie überzeugender darlegen, was dort vor sich geht. Versuchen Sie's mal.

Die Transite äusserer Planeten sind besonders wichtig, wenn die Transitaspekte schwierige Radixaspekte wiederholen. Nehmen wir an, im Geburtshoroskop existiert ein Sonne/Pluto-Quadrat. Nun kommt der Transit-Pluto in Opposition zur Sonne. Wenn sich Radix-Aspekte auf diese Weise wiederholen, könnte der betreffende Mensch schliesslich von einer Verhaltensweise, mit der er sich selbst schadet, genug haben, oder er macht sich bereit, einen schädlichen Menschen oder eine schädliche Situation zu verlassen. Oft brechen die Betreffenden aus alten Strukturen aus und schlagen einen neuen Weg ein. Die inneren Neubewertungen, die solche Aspekte mit sich bringen, sind ein Anstoss für das Wachstum. Wenn Menschen ihre eigene Seele erforschen, sind sie oft offener für Vorschläge zu ihrer Heilung.

Versuchen Sie, anhand der Reaktionen Ihrer Klienten einzuschätzen, ob sie für Vorschläge offen sind. Wenn sie zurückhaltend reagieren, ist der richtige Augenblick noch nicht gekommen. Transite wiederholen sich normalerweise dreimal. Bei der ersten Aspektierung kann man noch mühelos so tun, als würde die Unruhe schon vorbeigehen, und als würde das Leben irgendwie wieder in die alten Geleise kommen. Wenn die Klienten Ihnen zwar zustimmen, dass sie irgendeine Organisation aufsuchen sollten, Sie aber den Eindruck haben, dass die Zustimmung nur halbherzig ist, dann befinden sich die Klienten möglicherweise noch im Stadium des Verleugnens. Möglicherweise akzeptieren sie erst beim zweiten oder dritten Durchgang, dass sie etwas unternehmen müssen. Auch dies ist ein Grund dafür und zeigt, dass es wichtig ist, die Sitzung mitzuschneiden. Wenn die Klienten sich das Band später noch einmal anhören, dann werden sie sich an Ihre Empfehlungen erinnern – jedenfalls soweit sie bereit sind, auf Sie zu hören.

Ein weiteres wichtiges Hilfsmittel ist das Wissen um verschiedene Therapieformen. Viele Menschen bleiben in ungesunden Verhaltensmustern stecken, weil sie nicht wissen, dass es Alternativen gibt. Oder sie wissen zwar, dass sie anders reagieren könnten, haben aber keine Ahnung, wie sie von der Stelle, an der sie festsitzen, auf eine gesündere Ebene kommen können. Indem Sie den Klienten etwas über Helfer erzählen, die mit ihnen daran arbeiten können, unangenehme Strukturen zu verändern, schenken Sie ihnen Hoffnung auf eine bessere Zukunft.

Unterstützung und Ermutigung stärken den Willen, etwas zu verändern. Sie unterstützen Ihre Klienten, wenn Sie ihnen zeigen, wie sie ihre Horoskopstellungen konstruktiver einsetzen und wie sie sich auf deren positive Seiten einstimmen können. Unterschätzen Sie nie die Bedeutung, die eine Horoskopinterpretation im Leben eines Klienten haben kann. Sie kann die Vision der Klienten wiedererwecken und sie wieder mit ihren Fähigkeiten und dem Gefühl für den Sinn ihres Lebens in Kontakt bringen. Viele Menschen lassen sich von den Hindernissen, auf die sie stossen, entmutigen, und nicht wenige leiden auch unter einem mangelnden Selbstwertgefühl. Manchen fehlt es an Möglichkeiten, Hilfe zu finden, oder – was noch schlimmer ist – andere, die ihnen wichtig sind, demütigen sie. Diese Klienten werden es spüren, wenn Sie Ihren Zuspruch nicht ernst meinen, doch andererseits kann Ihre feste Überzeugung, dass sie es besser können, eine Quelle der Hoffnung sein. Manchmal muss der Astrologe erst als Vorsänger auftreten, ehe er astrologisch helfen kann.

Die Gefühle der Klienten verstehen, wenn es darum geht, um Hilfe zu bitten

Wenn wir dafür sorgen wollen, dass Klienten sich um zusätzliche Hilfe bemühen, reicht es nicht aus, ihnen einfach eine Karte mit einem Namen zu geben. Wir müssen auch auf ihre Vorbehalte einer Behandlung gegenüber Rücksicht nehmen. Widerstand gegen entsprechende Vorschläge ist normal und sogar in gewissem Masse ein Zeichen für eine gesunde Unabhängigkeit. Nur sehr abhängige Menschen sind begeistert von dem Vorschlag, jemand aufzusuchen, der sich um sie kümmert. Den meisten Menschen ist der Gedanke unangenehm, ausserhalb des Kreises von Familie und Freunden über ihre Probleme zu reden. Es tut weh, einem Fremden gegenüber zugeben zu müssen, dass man sich nicht zu helfen weiss. Wir verteidigen uns und unsere zerbrechliche Selbstliebe heftig gegen eine oft unfreundliche Welt.

In New York sind diese Widerstände weniger stark. Es gehört dort praktisch zum guten Ton, einen Therapeuten zu haben. Wenn Sie ausgehen, hören Sie überall um sich herum die Leute erzählen, was sie ihrem Therapeuten gesagt haben und welch brillante Interpretationen der Therapeut daraufhin gegeben hat. Sie sollten das Stöhnen und Jammern im August hören, wenn alle guten Therapeuten Urlaub machen! Als ich dort lebte, setzte ich jeden Sommer eine sehr erfolgreiche Anzeige in die Zeitungen, die in etwa lautete: «Was tun, wenn der Therapeut nicht da ist?» Ausserhalb von New York und ausserhalb dieses erlauchten Kreises müssen Sie sich etwas mehr Mühe geben, wenn Sie jemand zum Therapeuten schicken wollen.

Besonders Männern fällt es schwer zuzugeben, dass sie Hilfe brauchen. (Das gilt sogar für die astrologische Praxis. Sie werden feststellen, dass auf vier Klientinnen etwa ein Klient kommt.) Aufgrund der kombinierten Wirkung von kultureller Konditionierung und ihrer Biologie glauben die meisten Männer, sie seien Versager, wenn sie ihre Probleme nicht allein regeln können. Manchmal finden sie die Gefühle, die in der Therapie zur Sprache kommen – Trauer, Abhängigkeit oder Mangel an Zuversicht – besonders bedrohlich.

«Erwachsene Kinder von Alkoholikern» und solche aus gestörten Familienverhältnissen sind eine weitere Gruppe, die Schwierigkeiten damit hat, um Unterstützung zu bitten. Aus Gründen, die im fünften Kapitel dargelegt werden sollen, kommt eine ungewöhnlich grosse Zahl astrologischer Klienten aus solchen Familien – es sind weit mehr, als man anhand ihres Anteils an der Gesamtbevölkerung erwarten würde. Es kann sicher nicht schaden, wenn wir über die weitreichenden Folgen solcher Sozialisierungen informiert sind und wenn wir fähig sind, ihre Verbindung zu den Dingen zu erkennen, die während der Deutung angesprochen werden. Wir sollten ausserdem fähig sein, Bücher, Gruppen und andere Hilfsmöglichkeiten zur Behebung des Syndroms zu benennen. Auch über sie soll im fünften Kapitel gesprochen werden.

Es gibt mehrere Gründe dafür, dass diese Menschen, die so oft in Schwierigkeiten stecken, Probleme damit haben, Empfehlungen anzunehmen. Zuerst einmal wurden sie nachdrücklich darauf konditioniert, nicht mit Aussenstehenden über ihre Familienverhältnisse zu sprechen. Ihre Herkunft ist ihnen peinlich, sie empfinden persönliche Scham, und das macht es ihnen schwer, sich anderen zu öffnen. Oft leugnen sie die Nachwirkungen ihrer Kindheit und geben sich fest und entschlossen: «Ich habe alles unter Kontrolle.» In ihrer unruhigen Jugend war Geborgenheit ein seltenes Gut oder musste teuer erkauft werden. Um zu überleben, lernten diese Menschen schon als Kind, auf grimmige Weise sich selbst genug zu sein. Diese Haltung übernehmen sie ins Erwachsenenleben.

Schliesslich mussten viele dieser Kinder schon in jungen Jahren für Angehörige sorgen – oft nicht nur für ihre Geschwister, sondern auch für ihre Eltern. Als Erwachsene fühlen sich diese Versorger in der Rolle des Helfers sicherer als in der eines Menschen, der selbst um Hilfe bittet. Ihr Selbstwertgefühl und ihr Wunsch, die Kontrolle zu behalten, stehen auf dem Spiel. Sich auf die Bedürfnisse anderer Menschen zu konzentrieren ist eine Ausflucht, um die eigenen Schmerzen nicht spüren zu müssen.

Aus solchen Familien stammt auch eine überdurchschnittlich hohe Zahl von Astrologen. Sie haben möglicherweise viele der gleichen Verteidigungsmechanismen und ganz ähnliche Schwierigkeiten in ihrem Privatleben. Auch sie fühlen sich oft in der Rolle des Helfers am wohlsten. Es kann beruhigend sein, sich auf die Probleme des Klienten zu konzentrieren und die Auswirkungen der eigenen Geschichte auf das eigene Leben unterdessen zu verleugnen. Es ist problematisch, darauf zu beharren, dass ein Klient Hilfe braucht, solange man die eigenen Probleme verleugnet. Scharfsinnige Klienten bemerken diese Diskrepanz und lehnen nicht nur die Empfehlung, sondern auch gleich den ab, der sie ausspricht. (Achten Sie vor allem auf die adleräugigen Plutonier. Denen entgeht nichts!)

Je nach Planeten, von denen sie beeinflusst werden, fällt es den Klienten unterschiedlich schwer, Empfehlungen zu akzeptieren. Plutonier nehmen Sie deshalb so genau unter die Lupe, weil ihr Vertrauen in der Vergangenheit schändlich missbraucht wurde, und dies wahrscheinlich mehr als einmal. Aufgrund solcher Erfahrungen fällt es ihnen schwer, Ihnen oder einem anderen zu vertrauen, den Sie empfehlen. Plutonier können übrigens mehr Horrorgeschichten als jede andere Gruppe über ihre Therapeuten und Heiler erzählen. Es kann gut sein, dass sie Spielchen spielen und die Verfehlungen bei den Helfern erst provozieren.

Saturnier haben gern das Gefühl, bei sich zu sein und selbst auf sich achtgeben zu können. Das Zugeständnis, dass sie Hilfe brauchen, kommt für sie einem

Eingeständnis ihres Versagens gleich. Uranier verteidigen eifersüchtig ihre Unabhängigkeit. Zu ihren ersten Verteidigungsmechanismen zählen Verachtung und Trotz. Was ist, wenn sie sich nicht einfügen wollen? Das ist das Problem der Gesellschaft, deshalb muss sich die Gesellschaft verändern. (Wer weiss, vielleicht haben sie sogar recht damit?) Auch Widder achten sehr auf ihre Unabhängigkeit. Wenn es um die Lösung von Problemen geht, gilt für alle drei Gruppen das Wort «anti-abhängig». Das heisst, es kommt nicht so sehr darauf an, dass sie glauben, sie könnten alles allein regeln, sondern dass es ihnen vielmehr gefährlich erscheint, sich auf andere verlassen zu müssen. Deshalb kämpfen sie vehement gegen jede Abhängigkeit – und gegen Sie. Neptunier bemühen sich manchmal nicht um Hilfe, weil sie glauben, sie hätten sie nicht verdient.

Wir haben jetzt zwar über eindeutig bestimmbare Planetentypen gesprochen, aber auf irgendeiner Ebene hat jeder Mensch all die Widerstände in sich, die mit Saturn, Uranus, Neptun und Pluto zusammenhängen.

Wie sollten Sie nun angesichts der Vorbehalte, die viele Menschen gegen eine Behandlung haben, dieses Thema zur Sprache bringen? Zunächst sollten Sie darauf achten, dass Sie den Vorschlag mit viel Einfühlungsvermögen machen. Versetzen Sie sich in die Situation des Klienten und stellen Sie sich vor, wie Sie sich fühlen würden, wenn Sie Ihre eigenen Worte anhören müssten. Sprechen Sie über das Bemühen um Heilung auf eine Weise, die das Selbstwertgefühl des Klienten intakt lässt. Seien Sie so sanft und behutsam, wie Sie selbst in der gleichen Situation behandelt werden möchten.

Wenn Sie eine Vorstellung bekommen wollen, wie Klienten sich fühlen, dann stellen Sie sich vor, dass Sie selbst eine Therapie beginnen wollen und sich zum ersten Gespräch begeben. Wie würden Sie sich fühlen, wenn Sie auf einen Fremden treffen, um mit ihm Ihre Probleme zu besprechen? Wie würde es Ihnen gefallen, einem Menschen, den Sie noch nie zuvor gesehen haben, Ihre Fehler und Mängel einzugestehen? Wie wäre es, wenn Sie ihm Ihre Lebensgeschichte und intime Details Ihrer augenblicklichen Situation erzählen? Wie würde es Ihnen gefallen, wenn Sie wüssten, dass diese privaten Tatsachen in einem Fallbericht niedergeschrieben werden?

Es ist besonders wichtig, diese Fragen zu durchdenken, wenn Sie noch nie eine Therapie gemacht haben. Dadurch bekommen Sie einen Eindruck, wie sich der Klient fühlt. Wenn Sie sich schon einmal selbst um Hilfe bemüht haben, vergegenwärtigen Sie sich, wie Sie sich vorher und bei den ersten Sitzungen gefühlt haben.

Eine Übung in Empathie

Wir wollen Ihnen die Erfahrung, sich um Hilfe zu bemühen, etwas näherbringen. Tun Sie sich in Ihrer Gruppe oder Ihrem Kurs oder privat mit einem anderen Astrologen zusammen, und spielen Sie abwechselnd die Rolle des Astrologen und des Klienten. Üben Sie nach Möglichkeit nicht mit einem Freund, denn es geht ja gerade um die Frage, wie Sie sich fühlen, wenn Sie mit jemand sprechen, den Sie nicht gut kennen.

Damit diese Übung erfolgreich verläuft, ist es wichtig, dem, der etwas über sich erzählt, ausdrücklich Vertraulichkeit zuzusichern – auch dann, wenn der andere ein astrologischer Kollege ist. (Die erste Pflicht, wenn man anderen helfen will, ist möglicherweise immer die, niemals weiterzugeben, was man vertraulich erfahren hat.)

Nun nennt derjenige, der den Klienten spielt, dem Astrologen einen Lebensbereich, mit dem er sich nicht wohl fühlt und wo er etwas verbessern möchte. Wenn die Sorgen des Klienten identifiziert sind, schlägt der Astrologe dem Klienten vor, sich in diesem Bereich um Hilfe zu bemühen. Wenn der Klient zögert, muss der Astrologe erkunden, warum der andere Vorbehalte hat.

Wenn beide das Gefühl haben, dass die Diskussion abgeschlossen ist, werden die Rollen vertauscht, und der, der vorher den Astrologen gespielt hat, wird jetzt der Klient. Wiederholen Sie den Vorgang. Danach können Sie in der Gruppe darüber reden, wie Sie sich in der Position des Klienten gefühlt haben.

Wenn einer der Teilnehmer keinen Bereich findet, in dem er etwas verbessern kann, sollte die ganze Gruppe innehalten, einen Kniefall machen und das Haupt neigen. Eine solche Vollkommenheit kommt auf diesem Planeten nur sehr selten vor. Der Betreffende sollte keine Zeit mehr mit der Astrologie verschwenden. Er sollte direkt zum Himmel auffahren.

Wenn sich der Klient der Empfehlung widersetzt

Während der Deutung weigern sich die Klienten mitunter anzuerkennen, dass sie eine Behandlung brauchen. Sie haben in dieser Situation möglicherweise das Gefühl, Sie hätten nichts erreicht. Aber Sie sollten wissen, dass Sie den Samen gepflanzt haben, aus dem später Fragen keimen werden, und dass Sie die Hoffnung auf eine Veränderung ausgesät haben. Ich habe schon mit sehr starrsinnigen Menschen gearbeitet, die meine brillanten Einsichten und meine inspirierten Lösungsvorschläge überhaupt nicht zu würdigen wussten. Als ich einige von ihnen später wiedersah, entdeckte ich zu meiner Freude, dass sie nicht nur die Vorschläge angenommen hatten, sondern weiter gegangen waren, als ich es mir je hätte träumen lassen!

Viele anscheinend widerspenstige Klienten rufen ein halbes Jahr später noch einmal an, wenn der vorausgesagte Transit aktiv ist und sie belastet, und fragen: «Wie hiess der Helfer noch, den Sie mir empfohlen haben? Ich habe die Telefonnummer verloren.» Solche Anrufe sind oft mehr als nur die Bitte um eine Information. Oft steckt die unausgesprochene Frage in ihnen, ob das, was der Anrufer im Begriff ist zu tun, auch das Richtige ist. Sie könnten die Diskussion über seine Absichten eröffnen, indem Sie fragen: «Wo stehen Sie jetzt in bezug auf die Schwierigkeiten, über die wir gesprochen haben?»

Wenn Sie mit einem scheinbar widerspenstigen Klienten zu tun haben, pflanzen Sie den Samen und lassen ihn ziehen. Drängen Sie ihn nicht aufgrund des fehlgeleiteten Wunsches, ihn retten zu wollen, oder aufgrund des Jupiter-Bedürfnisses, recht zu behalten. Vertrauen Sie einfach darauf, dass die Samen spriessen werden, während der Transit weiterläuft und die entsprechenden Prozesse in den Vordergrund rückt. Viele Klienten können das, was Sie gesagt haben, später leichter ertragen, wenn sie sich das Band anhören. In der Sicherheit ihres Heims, ohne Ihnen unter die Augen treten zu müssen und ohne die Notwendigkeit einer Veränderung einräumen zu müssen, können sie ihre Verteidigungsmechanismen aufgeben.

Sie könnten aber auch feststellen, dass Sie auf immer weniger Widerstand stossen, je erfahrener Sie werden und je überzeugender Ihre Vorschläge klingen. Entweder Sie werden selbstsicherer, oder Sie ziehen Klienten an, die für die Ratschläge, die Sie zu geben haben, offener sind. Wie in den meisten Arten menschlicher Beziehungen spielt auch in der Astrologie die persönliche Anziehungskraft eine grosse Rolle. In der Praxis bedeutet das, dass die Menschen, die das brauchen, was Sie haben, sich zu Ihnen hingezogen fühlen, obwohl ihnen kein Grund dafür bewusst ist. Deshalb dürften sehr bald entsprechende Klienten auftauchen, sobald Sie von einer bestimmten Quelle der Heilung erfahren haben. Schon wenn Sie sich um neue Hilfsangebote bemühen, ziehen Sie viele neue Klienten an, die das brauchen, was Sie ihnen geben können. (Umgekehrt bedeutet die Tatsache, dass eine astrologische Praxis stagniert und eingeht, oft, dass der Astrologe selbst stagniert und etwas Neues finden muss, das er den Klienten anbieten kann.)

Das Konzept des Krankheitsgewinns verstehen

Zur Frustration des wohlmeinenden Astrologen gibt es Klienten, die anscheinend sehr an ihren Problemen hängen. Sie wachsen nicht durch schwierige Transite, und wie es aussieht, wollen sie das auch nicht. Viele von ihnen haben etwas, das ich als «geliebtes Leiden» bezeichne. Beobachten Sie nur die Gesichter, wenn sie über ihre Probleme erzählen. Sie werden eine Art von Zufriedenheit, fast eine Art Stolz auf das Leiden bemerken. Immerhin hat es ja allen Bemühungen der Familienmitglieder, der Freunde und Helfer widerstanden.

Schlagen Sie eine Lösung vor, macht sich ein schiefes Lächeln breit, während diese Klienten Ihnen sagen, dass sie genau das schon vergeblich versucht haben oder dass sie es aus irgendeinem Grund nicht tun können. Natürlich können Klienten jederzeit Einwände gegen eine bestimmte Methode erheben und Ihnen sagen, dass sie bei ihnen nicht funktioniert hat. Das ist kein Widerstand, das ist eine Information. Ein Klient, der Spielchen spielt, wird aber jedem Ihrer Vorschläge widersprechen, und oft schon, bevor Sie überhaupt ausgesprochen haben. Ausserdem macht es den Klienten sichtlich Spass, sie vorzuführen!

Warum sollte jemand mehr Freude darin finden, die Schmerzen zu behalten, als darin, sich von ihnen zu befreien? Therapeuten bezeichnen dieses Problem als *Krankheitsgewinn.* Nein, ihr Astrologen, das sind nicht die gleichen Gewinne wie diejenigen, die wir bekommen, wenn die progressive Venus oder der progressive Jupiter nette Sachen mit unserem Horoskop anstellt. Es sind die Nebeneffekte eines Symptoms, die nach Ansicht des Klienten in manchen Fällen schwerer wiegen als die Aussicht, gesund zu werden. Vielleicht empfinden sich die Klienten nur dann als wichtig, wenn sie ihr Drama aufführen und leiden dürfen. Dieses Verhalten ist ein Teil ihrer Persönlichkeit geworden, eine Qualität, die sie zu etwas Besonderem macht. Es kann ihnen auch so scheinen, als sei dies die einzig legitime Art und Weise, um Aufmerksamkeit und Zuwendung zu bekommen.

Verschiedene planetarische Typen zielen auf verschiedene Arten von Krankheitsgewinn. Meiner Erfahrung nach neigen besonders Neptunier zu diesem Phänomen. Sie sind an das Leiden gewöhnt und sogar ein wenig davon abhängig, als könnten sie dadurch Fleisskärtchen für den Himmel sammeln. Man sehe sich immerhin an, wie weit Jesus damit gekommen ist! Das Leiden kann auch als Strafe dienen, die sie ihrer Meinung nach aus welch nebulösem Grund auch immer verdient haben. Uranier werden durch ein Problem womöglich erst zu Individuen, und wenn sie es haben, können sie beweisen, dass die Gesellschaft – von den Eltern ganz zu schweigen   sich irrt.

Plutonier halten oft an Problemen fest, weil sie sich rächen wollen. (Ich nenne das Haus, in dem Pluto steht, das Jetzt-erst-recht-Haus.) Plutonier benutzen mitunter auch eine Krankheit oder ein Symptom, um ihre Mitmenschen zu manipulieren und zu kontrollieren. Jungfrau-Menschen sind aufgrund ihrer zahlreichen Krankheiten berechtigt, sich die nötige Zeit frei zu nehmen. Wo wären entsprechende Punkte bei der Waage? Beim Krebs? Beim Steinbock?

Wenn Sie Klienten begegnen, die einen Krankheitsgewinn aus ihren Symptomen beziehen, ist fraglich, wie die Sache ausgeht. Erfahrene Therapeuten und Mitarbeiter im Gesundheitswesen haben ebenfalls Mühe, mit diesen Menschen einen Schritt weiterzukommen. Lassen Sie sich nicht ins Spiel hineinziehen, sondern bleiben Sie auf Distanz – wenn möglich, ohne Ihr Mitgefühl zu verlieren. Im Leben solcher Menschen füllt das Symptom eine grosse spirituelle Leere und ersetzt den Lebenssinn. Die tiefere Frage für diese Menschen ist, was sie bekommen, wenn sie ihr Problem loslassen. Was wird danach die Lücke füllen? Es muss schon etwas wirklich Gutes sein!

Die Entscheidungen des Klienten respektieren

Berücksichtigen Sie auch, ob Klienten, die Ihre Vorschläge ablehnen, Widerstände haben, oder ob sie aufgrund einer unbewussten oder überbewussten Entscheidung handeln. Schon der Gedanke an die Freiheit der Wahl hat etwas Befreiendes an sich. Doch einige «Hemdsärmelmetaphysiker», wie ich sie nenne, verwandeln die Idee, dass wir unsere Realität selbst erschaffen, oft in ein feindseliges Überlegenheitsgefühl gegenüber anderen. Sie fühlen sich anderen, deren Realität nach den Massstäben dieser Welt nicht so erfolgreich ist wie ihre eigene, weit überlegen. Ich kann sie hören, wie sie sagen: «Warum *entscheidest* du dich auch immer wieder für Beziehungen, in denen du hintergangen wirst? Was bringt es denn, wenn du dich dafür entscheidest?»[20]

Klienten haben Schuldgefühle, weil sie ein Problem haben, denn offensichtlich bedeutet das Problem doch, dass sie nicht fähig sind, die richtigen Entscheidungen zu treffen, und zwar obwohl sie inzwischen darüber informiert sind, dass sie die Wahl haben. Eine besonders windige Metaphysikerin sagte mir einmal sogar, sie bedaure es nicht, wenn ein Schwuler an Aids stirbt, weil er sich ja schliesslich selbst dazu entschieden habe. Das ist keine spirituelle Weisheit, das ist kaum verhohlene New-Age-Homophobie. Das allein wäre noch nicht so schlimm gewesen, aber sie war die Besitzerin des New-Age-Buchladens in ihrem Ort und baute sich gerade zum örtlichen Guru auf.

Welche Verteidigung können Klienten vorbringen, wenn sie hören, dass sie sich selbst für die Erlebnisse entschieden haben, die sie zerstören, oder dass ihre negativen Gedanken die Ursache sein müssen? Das Problem ist, dass es unterschiedliche Arten von Entscheidungen gibt. Menschen treffen auf Ebenen, die dem Bewusstsein nicht immer zugänglich sind, unglaublich komplexe Entscheidungen über ihr Leben. Eine dieser Ebenen ist das Unbewusste. Motivationen und alte Programmierungen werden oft unterdrückt und wirken ohne bewusstes Zutun des Betreffenden weiter. Wenn dem so ist, können Sie so viele Möglichkeiten aufzeigen, wie Sie wollen, der Betreffende wird einfach nicht die Kraft haben, positive Entscheidungen zu treffen.

Beispielsweise treffen manche Menschen wichtige Entscheidungen in der Kindheit, die sie später wieder vergessen. («Ich will nie heiraten», oder: «Ich werde es ihnen schon zeigen – ich werde alles falsch machen, was ich anfasse.») Bei diesen Menschen reicht Einsicht allein nicht aus. Therapie, heilende Arbeit und vielleicht die Unterstützung einer Selbsthilfegruppe könnten notwendig sein, um über die Einsicht hinaus zu gelangen und die alten Programmierungen aufzuheben.

Es kann nötig sein, solche Entscheidungen aufzudecken und aufzuheben, bevor diese Menschen die Freiheit haben, sich für etwas anderes zu entscheiden. Die Metaphysikerin Sondra Ray entwickelte eine Technik, die meinen Klienten beim Aufheben solcher Entscheidungen sehr genützt hat. Sie empfiehlt, sieben Tage lang siebzig Mal am Tag die gleiche Aussage aufzuschreiben. Siebzig mal sieben scheint eine magische Zahl der Vollendung zu sein.[21] Menschen, die sich mit Metaphysik beschäftigen, sind oft frustriert, wenn ihre wiederholten positiven Gedanken und Visualisierungen nicht funktionieren. Schwammige Affirmationen wie «Liebe und Überfluss mögen in mein Leben strömen» sind oft wirkungslos. Der Grund ist, dass ihnen negative Entscheidungen oder Überzeugungen entgegenstehen. Hier einige Beispiele für wirkungsvolle Aussagen bei dieser Technik: «Ich lasse die Meinung meiner Eltern über meine Begabungen los», oder: «Ich bin bereit, die Schmerzen loszulassen, die durch meine Scheidung entstanden sind.» Oft müssen wir uns deprogrammieren, ehe wir uns reprogrammieren können.

Ausserdem treffen wir in der Phase vor unserer Geburt einige äusserst wichtige Entscheidungen, die beispielsweise mit einer Abhängigkeit auf seelischer Ebene zu tun haben, wenn wir uns für unsere Lebensaufgaben, unsere Partner und sogar unsere Eltern entscheiden. Die Menschen, die sich einer Therapie widersetzen oder denen sie nicht zu helfen scheint, haben möglicherweise auf dieser Ebene eine Entscheidung getroffen. Menschen, die von Alkohol, Drogen, Essen oder dem Glücksspiel abhängig sind, hilft es nicht, wenn man ihnen sagt, dass sie die Wahl haben, ihren Neptun auch anders einzusetzen, und dass sie weiter mit ihrer Sucht leben müssen, solange sie keinen spirituellen Weg einschlagen. Ein starker Trinker oder ein Drogenkonsument hat in gewissem Masse vielleicht immer noch die Möglichkeit, sich zu entscheiden, aber die Menschen, die wirklich süchtig sind, haben die Macht über ihr Leben verloren und können nicht mehr entscheiden, ob sie die Substanz zu sich nehmen wollen oder nicht.

Erwachsene sind sich ihrer vorgeburtlichen Entscheidungen meist nicht bewusst. Dennoch können diese Entscheidungen bewusste Entscheidungen überlagern. Sie können sogar wichtigen Interessen des Betreffenden zuwiderlaufen. Derartige Erfahrungen sind nicht notwendigerweise die Strafe für Missetaten in früheren Leben, sondern wurden unter Umständen ausgewählt, damit die Seele wachsen kann. Um vollständig zu werden, sucht sich jede Seele im Laufe Hunderter von Inkarnationen alles mögliche an wichtigen Erfahrungen heraus.

Wir dürfen dabei aber nicht vergessen, dass selbst bei schädlichen Entscheidungen wie der zu einer Sucht oder für einen Partner, der uns misshandelt, das Urteil nicht immer auf lebenslänglich lautet. Wenn Sie sich die Gründe hinter der Entscheidung bewusst machen und von den Nachwirkungen geheilt werden, dann muss die jeweilige Lektion nicht Ihr ganzes Leben dauern.

Schliesslich gibt es noch kollektive Entscheidungen, die berücksichtigt werden müssen. Es ist ein Fehler der Generation mit Pluto in Löwe zu glauben, sie seien das Zentrum des Universums und ihre Freiheit sei unbegrenzt. Die Menschheit als Ganzes trifft zu bestimmten historischen Zeiten bestimmte Entscheidungen. Menschen, die in eine bestimmte Zeit geboren werden, müssen mit dem Rahmen leben, den diese Entscheidung vorgibt, und in gewisser Weise hinnehmen, dass ihr persönliches Schicksal durch die Konsequenzen dieser Entscheidung vorgezeichnet ist. Die Stärke und die Position der äusseren Planeten im Horoskop zeigen, in welchem Masse wir an der kollektiven Entfaltung teilhaben.

Wenn Sie die Klienten ermuntern, sich in Behandlung zu begeben, zeigen Sie ihnen damit zugleich auch, dass es ausser dem Verharren in der schmerzhaften Struktur noch andere Möglichkeiten gibt. Es ist jedoch wichtig, dass Sie sanft vorgehen, wenn Sie über diese Prinzipien sprechen. Achten Sie darauf, dass nicht irgendwo unter der Oberfläche Vorurteile lauern. Gehen Sie mit Mitgefühl und Achtung für den Menschen vor, der eine schwierige Entscheidung getroffen hat und der seine Seele stärken will, indem er eine bestimmte Lektion lernt oder karmische Schulden bei anderen zu begleichen sucht. Um die Entwicklung seiner Seele zu vollenden, muss irgendwann jeder Mensch schwierige Entscheidungen wie diese treffen. Vielleicht sind diese Menschen nicht weniger intelligent als Sie – vielleicht sind sie einfach nur mutiger!

Hüten Sie sich vor Vorurteilen über die Probleme der Klienten

Wir kommen nun zu einem wichtigen Prinzip – zu der Tatsache, dass die Einstellung und das Verhalten des Helfers ohne weiteres die Ursache von Widerständen sein können. Die Art und Weise, auf die Klienten auf Ihre Vorschläge reagieren, hat viel mit der Art und Weise zu tun, auf die Sie auf deren Probleme reagieren. Auch wenn Sie es nicht aussprechen, die Klienten spüren Ihre negativen Reaktionen und ziehen den Schluss: «Sie glaubt, dass ich krank bin – dann bin ich wohl wohl wirklich sehr, sehr krank.» Wenn das Selbstwertgefühl der Klienten ohnehin schon angekratzt ist, kann Ihr Urteil ihnen den letzten, vernichtenden Schlag versetzen. Passive Typen könnten sich vor Ihnen zurückziehen und sich verschliessen. Wenn sie weniger passiv sind, werden sie vielleicht wütend und gehen auf Konfrontationskurs.

Klienten reagieren auch empfindlich auf Vorurteile, die Ihren Empfehlungen zugrunde liegen. Das ist besonders dann der Fall, wenn Sie Ihre Empfehlungen aufgrund persönlicher Wertvorstellungen und Überzeugungen aussprechen und nicht aufgrund der Dinge, die den Klienten Schmerzen bereiten. Urteile beruhen auf Ihrer Einschätzung, wie das Leben Ihrer Klienten Ihrer Meinung nach aussehen sollte und was Ihrer Meinung nach nicht in Ordnung ist.

Ihre Wertvorstellungen könnten Sie zu der Annahme veranlassen, ein Schwuler müsse heterosexuell werden. Oder Sie glauben vielleicht, eine vierzigjährige erfolgreiche Frau, die sich in einen dreiundzwanzigjährigen Surfer verliebt hat, sei eine Närrin. Aber die Entscheidungen und der Lebensstil Ihrer Klienten gehen Sie nichts an. Sie wissen nichts über ihr Karma – vielleicht ist der junge Surfer ein Seelengefährte, der viele Leben mit ihr zusammen war. Sie wissen nicht, welche wichtigen Qualitäten andere Menschen mit Hilfe einer Lebensweise entwickeln, die unsere materialistische, produktionsorientierte Kultur für ungesund hält.

Beispielsweise könnten Sie den Eindruck haben, dass ein chronisch unterbeschäftigter Künstler ein Problem hat und besser Beamter werden sollte. Die Behandlung von Co-Abhängigkeit ist einer der am schnellsten wachsenden Sektoren der therapeutischen Industrie. Aber mich schaudert beim Gedanken, was aus Vincent van Gogh geworden wäre, wenn sein Bruder Theo mit jemand gesprochen hätte, der über Co-Abhängigkeit informiert gewesen wäre. Van Gogh, dessen Gemälde heute Millionen wert sind, hat sein Leben lang mit seiner Malerei keinen roten Heller verdient. Theo glaubte an seine Begabung und unterstützte ihn finanziell. Ich höre schon die Diskussion: «Theo, du musst einfach aufhören, Vincent zu fördern. Er wird nie ein richtiger Maler. Er hatte einen hervorragenden Job als Briefträger. Sage ihm, dass er wieder arbeiten soll.»

Da wir gerade von Co-Abhängigkeit sprechen – der Wunsch, den Klienten zu retten, ist ebenfalls eine Reaktion, auf die Sie achtgeben müssen. Viele Kinder, die in gestörten Familienverhältnissen aufwuchsen, neigen als Erwachsene dazu, sich um andere Menschen zu kümmern. Sie landen oft in helfenden Berufen, und der Beruf des Astrologen bildet da keine Ausnahme. Ihr Selbstwertgefühl könnte davon abhängen, dass sie Menschen finden, denen es sehr schlecht geht und die Sie retten können. Wenn sie jemand kennenlernen, der ein schweres Problem hat, wird der Retter in ihnen aktiv.

Leider werden oft auch die emotionalen Rückstände des Helfens in der Kindheit angesprochen – etwa Panik, Kummer und Abneigung. Hinter diesen Reaktionen steckt die Angst, dass das Kind nicht überleben kann, wenn es Daddy oder Mommy nicht hilft. Bei Astrologen, die aus solchen Familien kommen, können diese Gefühle geweckt werden, während sie Deutungen vornehmen oder wenn sie Empfehlungen aussprechen. Beispielsweise geraten manche Kollegen fast in Panik, wenn die Menschen keine Hilfe wollen, denn das läuft ihrem Bedürfnis zuwider, die Situation kontrollieren zu wollen.

Schliesslich sollten Sie sich auch vergewissern, dass Sie Ihre Vorschläge nicht mit der Haltung eines Menschen machen, der überlegen ist und alles besser weiss. (Viel zu oft lassen wir unseren Jupiter die Sitzung durchführen.) Überlegenheitsgefühle sind unter New-Age-Anhängern oder neu Bekehrten häufig. Mit der Zeit lernt man, tiefer zu blicken, und erkennt, dass die Fragen des Lebens komplexer und schwieriger sind, als man vorher dachte. Nach ein paar Transiten äusserer Planeten über den Radix-Jupiter erkennen wir, dass wir nicht alle Antworten haben – nicht für andere Menschen und oft nicht einmal für uns selbst.

Klingt das, als würde ich mir selbst widersprechen? Einerseits sage ich, dass es wichtig ist, sich von der Vorstellung zu verabschieden, wir wüssten alle Antworten. Andererseits soll der Sinn dieses Kapitels darin liegen, dem Astrologen zu helfen, Lösungen für die Probleme seiner Klienten zu finden. Es ist eine Sache, den Klienten mögliche Lösungswege vorzuschlagen, denen sie selbst nachgehen können. Es ist aber eine ganz andere Sache zu behaupten, man hätte die Antwort auf alle ihre Probleme. Besonders wichtig ist es, das Wort zu vermeiden, das mit «s» beginnt – du «sollst». Sie können wirklich nicht wissen, was für andere Menschen richtig ist – Sie können nur Vorschläge machen.

Chronische Scham als Hindernis für Veränderungen

Ein weiteres Wort, das mit «S» beginnt, ist Scham. Viele Klienten leiden unter einem schwer beschädigten Selbstwertgefühl. Besonders wenn sie aus gestörten Familienverhältnissen kommen, haben sie mitunter soviel Scham in sich, dass ihnen der Gedanke, ihre Unzulänglichkeiten einem Therapeuten oder einem anderen Helfer zu offenbaren, grosse Angst macht. Sie haben manchmal auch das Gefühl, sie hätten kein besseres Leben verdient.

Wenn Sie als Astrologe ebenfalls aus gestörten Familienverhältnissen kommen, etwa wenn ihre Eltern Alkoholiker waren, dann könnte Ihre eigene Scham chronisch aber auch so stark verdrängt sein, dass Sie es nicht bemerken, wenn sie aktiv wird. Ausserdem haben wir sowieso schon ein gewisses Mass an Scham in uns, weil wir einen Beruf ausüben, der in der Öffentlichkeit so sehr der Lächerlichkeit preisgegeben ist. Ohne es selbst zu bemerken, befreien wir uns vielleicht von unserer eigenen Scham, wenn wir uns – besonders in moralischer oder metaphysischer Hinsicht – unseren Klienten überlegen fühlen. («Ich bin nur okay, weil ich dir sagen kann, wo du überall nicht okay bist.») Scham erzeugt oft das Bedürfnis, andere zu beurteilen und sich als weiter entwickelt, als metaphysisch abgeklärter oder reifer zu empfinden – ob diese Urteile nun ausgesprochen werden oder nicht.

Manche Klienten projizieren auf Astrologen eine solche Allmacht, dass Sie sich plötzlich in der Rolle eines strafenden Richters wiederfinden, die Sie überhaupt nicht angestrebt haben. Einerseits versuchen Sie möglicherweise, das Selbstbewusstsein des Klienten aufzubauen, indem Sie die positiven Qualitäten aufführen, die Sie im Horoskop erkennen.

Andererseits könnten Sie die Scham verstärken, während Sie über Probleme des Klienten sprechen und ihn auffordern, sich um Hilfe zu bemühen. Viele Probleme in Zusammenhang mit mangelndem Selbstwertgefühl, über die Klienten klagen, beruhen auf Scham. «Erwachsene Kinder von Alkoholikern» oder solche aus gestörten Familienverhältnissen – und die Opfer von sexuellem Missbrauch – sind besonders anfällig für Scham.

Als Mensch, der sich um andere bemüht, werden Sie zweifellos sehr auf Ihre Worte achten, um Ihre Klienten nicht bewusst zu beschämen. Aber es kann sein, dass Ihre Klienten nicht nur das aufschnappen, was Sie laut aussprechen, sondern auch das, was Sie denken oder fühlen. Ihr Tonfall, Ihre Körpersprache und sogar telepathische Botschaften beeinflussen das Verhalten von Klienten. Besonders Neptunier und Plutonier reagieren sehr empfindlich auf derartige Botschaften und haben mit dem Gefühl zu kämpfen, sie seien Ausgestossene.

Es ist natürlich schwer, solche Vorurteile gegenüber Klienten, die ja teilweise aus der noch nicht geheilten Scham des Astrologen herrühren, unter Kontrolle zu halten. Fragen Sie sich, ob dies auch für Sie gelten könnte. Vergessen Sie nicht, dass Scham sehr wahrscheinlich eine Rolle spielt, wenn Sie aus einer Alkoholikerfamilie oder aus gestörten Familienverhältnissen kommen oder wenn Sie ein Missbrauchsopfer sind. Wenn dies zutrifft, sollten Sie daran arbeiten, Ihre eigene Scham zu heilen, damit sie nicht mehr Ihre Arbeit mit Ihren Klienten beeinflussen kann. (Wir werden im fünften Kapitel untersuchen, inwieweit solche Kindheitserlebnisse die astrologische Praxis beeinflussen können.)

Wenn Sie sich mit dem Thema Scham auseinandersetzen wollen, empfehle ich Ihnen besonders *Wenn Scham krank macht*[22] von John Bradshaw. Dieses Buch ist für die meisten Astrologen eine nützliche Grundlage, denn viele unserer Klienten leiden an ihrem schwachen Selbstwertgefühl. Im Grunde geht es darum, dass Ihre Scham oder die des Klienten stören kann, wenn Sie Empfehlungen abgeben oder die Klienten Hilfe annehmen wollen, weil die Klienten manchmal das Gefühl haben, sie hätten kein besseres Leben verdient. Wenn Sie selbst die Scham verstehen, können Sie auch ihre Ursachen zur Sprache bringen, und wenn Sie ein gutes Buch zum Nachlesen empfehlen können, dann helfen Sie dem Klienten damit, seinem Durchbruch näherzukommen.

Die Geschichte früherer Versuche zu Veränderungen einschätzen

Ein Thema, das in mehreren Kapiteln dieses Buches angesprochen wird, ist die Notwendigkeit, einen Überblick über die Geschichte des Klienten zu bekommen. Wenn Sie sinnvolle Beratungsarbeit leisten wollen, brauchen Sie nicht alle Ihre Informationen dem Horoskop zu entnehmen. Es ist nützlich, die Geschichte des Klienten zu berücksichtigen. Finden Sie heraus, was die Klienten bisher schon versucht haben. Wenn die Klienten sehr unglücklich sind, haben sie es möglicherweise schon mit einer Reihe von Möglichkeiten versucht, bevor sie zu Ihnen kamen. Nicht alle Lösungsversuche waren formal klar definierte Ansätze – der Entschluss, einen Therapeuten aufzusuchen oder eine Hilfsorganisation in Anspruch zu nehmen, ist oft der letzte Ausweg. Wenn wir etwas über frühere Bemühungen der Klienten, sich selbst zu helfen, in Erfahrung bringen, erkennen wir und regen wir den Teil ihres Wesens an, der Heilung sucht. Zugleich stellen wir fest, welche inneren Kräfte die Klienten zu Hilfe rufen können.

Wenn wir die Vorgeschichte der Klienten aufnehmen, sollten wir offene, nicht suggestive Fragen stellen. Auf diese Weise schränken die Klienten ihre Beiträge nicht ein und bekommen nicht den Eindruck, sie müssten eine bestimmte Antwort geben. Sie könnten den Klienten etwa folgende Fragen stellen:

1. *Was haben Sie hinsichtlich des Problems bisher schon unternommen?*

2. *Was ist geschehen, als Sie etwas unternommen haben?*

3. *Was hat Ihnen dabei geholfen und was nicht?*

4. *Erzählen Sie mir etwas über den Menschen, mit dem Sie dabei zusammengearbeitet haben.*

5. *Wie hat Ihre Familie oder Ihr Partner auf Ihre Bemühungen reagiert?*

6. *Warum haben Sie den Versuch eingestellt?*

7. *Würden Sie noch einmal beginnen oder etwas ähnliches versuchen?*

Wenn Sie Fragen wie diese stellen, finden Sie heraus, was für den Klienten funktioniert hat und was aus welchen Gründen nicht funktioniert hat. Sie erfahren, welche Situationen produktiv sind und ihm helfen, und welche nicht. (Sie sollten sicher nicht eine Methode über den grünen Klee loben, die der Klient schon probiert hat und die ihm nicht geeignet erschien!) Sie können eine Menge darüber erfahren, wie Klienten sich verhalten, wenn sie sich um ihre Heilung bemühen. Sie entdecken, wie sie ganz allgemein mit professionellen Helfern umgehen und welche Arten von Helfern für die Klienten die besten sind. Ausserdem können Sie ermitteln, wie standhaft die Klienten in dem schmerzlichen Prozess sind, der durch die Konfrontation mit der Vergangenheit ausgelöst wird, und wie sie mit alten und gegenwärtigen Schwierigkeiten und den zugehörigen Emotionen umgehen.

Ein weiterer günstiger Nebenaspekt dieser Art von Nachfragen ist die Tatsache, dass der Klient so die Chance bekommt, mit Helfern zusammen negative Erfahrungen der Vergangenheit aufzuarbeiten. Leider haben viele Menschen ihre Probleme gerade dank jener Institutionen oder Systeme bekommen, die ihnen eigentlich helfen sollten. Die Opfer von Vergewaltigungen ziehen das Schweigen oft der Behandlung vor, der sie durch Polizei und Gerichte ausgesetzt sind. Viele misshandelte Frauen sind gestorben, weil das System nicht in der Lage war, sie zu schützen. Klienten können Ihnen schreckliche Geschichten über gestörte Priester, Ärzte und Therapeuten erzählen, die mehr geschadet als geholfen haben.

Wenn Klienten schlechte Erfahrungen gemacht haben, als sie sich um Hilfe bemühten, dann werden sie doppelt lange zögern, ehe sie sich wieder so verletzlich machen. Auch hier befinden Sie als Astrologe sich wieder in einer einzigartigen Position, weil die Klienten, die Ihnen ihre Geschichten erzählen, die Deutung nicht als Bitte um Hilfe auffassen. Wenn sie die Möglichkeit bekommen, über frühere Bemühungen um ihre Heilung nachzudenken, die schmerzliche Erinnerungen hinterliessen, und wenn sie voller Mitgefühl und ohne Vorwürfe angehört werden, dann werden sie oft so weit befreit, dass sie eine neue Lösung angehen können. So kann das Gespräch mit Ihnen über die Dinge, die geschehen sind, den Weg öffnen.

Verschiedene Therapien für verschiedene astrologische Typen

Traditionelle Therapien sind für Menschen, die von äusseren Planeten beeinflusst sind, meist keine grosse Hilfe. Wer sich mit Metaphysik und spirituellen Lehren beschäftigt, wird früher oder später jede traditionelle Therapie frustrierend finden. Mit Begriffen wie Karma bei einem traditionellen Therapeuten arbeiten zu wollen ist, als wollte man mit jemand Französisch sprechen, der nur ein paar Worte versteht. Astrologiestudenten finden die Sprachbarriere ebenfalls frustrierend. Glücklicherweise gibt es in der Gruppe derer, die sich mit transpersonaler Psychologie beschäftigen, eine wachsende Zahl von Therapeuten, die sich mit spirituellen Lehren oder mit der Astrologie beschäftigt haben. Wenn Sie sich nach Hilfsangeboten umsehen, ist es besonders wichtig, nach Therapeuten wie diesen zu suchen, denn viele, die zu Astrologen kommen, sind auf einer spirituellen Suche.

Ein Beispiel sind Neptunier, die eine Therapie brauchen. (Ist diese Aussage vielleicht sogar redundant?) Ich glaube, sie können nicht wirklich gesund werden, solange sie nicht einen Teil ihrer therapeutischen Arbeit auf die Frage richten, wie sich Spiritualität ins Bild einfügen lässt. Andererseits kann die traditionelle Sozialarbeit mit ihrer konkreten, praktischen Ausrichtung auf Alltagsleben und aktuelle Problemlösungen genau der Ansatz sein, den einige abgedrehte Neptunier brauchen. Ein weiterer nützlicher Helfer könnte ein Berufsberater sein.

Der entscheidende Faktor bei der Auswahl wäre, ob man seine Archetypen entdecken oder die Miete bezahlen muss. Wenn man jahrelang mit Archetypen oder Figuren der Gestalttherapie tanzt, kann dies nichts weiter als eine Flucht sein, um einer Veränderung und der Verantwortung auszuweichen, während man zugleich aber dem Partner oder der Familie gegenüber darauf beharren kann, dass man unentwegt am Problem arbeitet. «Mag ja sein, dass ich immer noch Marihuana rauche, und vielleicht habe ich immer noch keinen Job, aber was soll's, ich gehe ja schliesslich noch zur Therapie, oder?» Natürlich braucht jede Therapie ihre Zeit, aber ich spreche hier über Menschen, die im beruflichen Bereich Probleme haben und die eine Analyse oder andere Formen der Therapie benutzen, um sich vor den Verantwortlichkeiten eines Erwachsenen zu drücken.

Uranier fühlen sich in Gruppen wohler; dies gilt vor allem, wenn es keinen Leiter gibt und wenn die Teilnehmer in etwa gleichaltrig sind. Eine Selbsthilfegruppe könnte den Ansprüchen dieser unabhängigen Seelen entgegenkommen – es sei denn, wie es oft der Fall ist, sie halten sich für zu intellektuell und zu entwickelt, um mit ihren Altersgenossen zusammenzusein. Eine Arbeit in initiativen Gruppen, deren Mitstreiter sich bestimmten Problemen widmen, die sie mit vielen anderen gemeinsam haben, könnte eine gute Therapie sein.

Vergessen Sie aber nicht, dass ein wichtiger uranischer Zug in Gruppen von Altersgenossen schwer anzupacken ist – die Probleme mit Autoritäten. Dieses Problem kann am besten in einer individuellen Therapie mit einer wohlwollenden Autoritätsperson behandelt werden. Nur Therapeuten, die sich ihrer eigenen Autorität sicher sind, können hier helfen. Jemand, der die letzten sieben Jahre mit jugendlichen Straftätern gearbeitet hat, dürfte für die Arbeit mit einem knallharten Uranier hinreichend qualifiziert sein.

Plutonier dagegen *hassen* Gruppen. Es ist viel schwerer, eine Gruppe zu kontrollieren, und viel schwerer, der Aufdeckung der tiefen, dunklen Geheimnisse und der nicht ganz astreinen Motive zu entgehen. In der Einzeltherapie können Plutonier leichter die Situation kontrollieren und den Therapeuten in Co-Abhängigkeitsspiele hineinziehen. Eine Gruppe, die von einem qualifizierten Therapeuten geleitet wird, ist möglicherweise sehr heilsam für einen Plutonier. Woche um Woche mit Leuten zusammenzuhocken, die Sie sich nicht ausgesucht haben und die Sie nicht kontrollieren können, ist eine grosse Lernerfahrung. Sie lernen, dass auch andere die hässlichen Gefühle kennen, die Sie geheimhalten, und dass Sie doch kein so grosses Monstrum sind. Sie lernen auch, dass Menschen auf Sie wütend werden können und Sie trotzdem nicht im Stich lassen – und dass Sie auf andere wütend werden dürfen, ohne fürchten zu müssen, dass jemand daran stirbt. Eine Plutonierin sagte mir einmal ein ganzes Jahr lang jede Woche, dass sie die Gruppentherapie hasste, an der sie teilnahm. Aber in dieser Zeit machte sie grössere Fortschritte als in jahrelanger Einzeltherapie. Es waren nicht so sehr die Einsichten, die sie gewann – sie hatte bereits *zuviel* Einsicht –, sondern die Erfahrung, trotz ihrer Fehler angenommen zu werden.

Hilfsangebote finden

Es gibt viele Möglichkeiten, Hilfsangebote zu finden. Sie werden überrascht feststellen, dass sich überall Möglichkeiten ergeben, sobald Sie aktiv zu suchen beginnen. Bei der Stadtverwaltung können Sie sich nach Organisationen vor Ort und nach landesweit arbeitenden Gruppen erkundigen, und in manchen Städten gibt es Dachverbände der Selbsthilfegruppen.

Unter Stichworten wie «soziale Dienste» oder «Psychotherapie» können Sie auch in den Gelben Seiten fündig werden. Zeitungen, Zeitschriften und andere Medien berichten immer wieder über verschiedene Organisationen und Gruppen, die Ihren Bedürfnissen entgegenkommen könnten. Kleinanzeigen bieten mitunter Beratungen an. Es gibt Sorgentelefone für eine ganze Reihe verschiedener Probleme. Selbsthilfegruppen veröffentlichen manchmal Telefonnummern, unter denen Sie etwas über die Treffen erfahren können.

Es gibt verschiedene esoterische Zeitschriften und Jahrbücher, in denen Sie Anzeigen von Helfern, Therapeuten und Heilern finden können. Pfarrer können Auskunft über Gruppen in Gemeinden geben. Klienten oder Freunde können Ihnen vielleicht verraten, wo sie selbst Hilfe gefunden haben und welche Erfahrungen sie dort gemacht haben. Vergessen Sie aber nicht, dass Klienten, die grosse Sorgen haben, oft einen verzerrten Blick haben – sie äussern sich mitunter übertrieben positiv oder auch übertrieben negativ.

Eine Möglichkeit, einige Heiler kennenzulernen, besteht darin, Ihre Dienstleistungen untereinander auszutauschen. Sie bieten dem Heiler eine Horoskopdeutung an, und der Heiler macht mit Ihnen seine Körperarbeit, seine Rückführung oder was er auch sonst tut. So erfahren Sie nicht nur voneinander, was der andere macht, damit Sie später gezielte Empfehlungen aussprechen und zusammenarbeiten können, sondern Sie bekommen auch eine zusätzliche Chance zu persönlichem Wachstum. Ausserdem erleben Sie aus erster Hand, wie die Rolle des verletzlichen Klienten auf Sie wirkt, während Sie sonst immer in der sicheren und vermeintlich überlegenen Rolle des Helfers sind. Diese Erfahrung kann Ihre Empathie für den Klienten, der Hilfe sucht, verstärken.

Vielleicht legen Sie sich ein Notizbuch mit den Karten anderer Heiler bereit, wo Sie alle Telefonnummern und andere Hilfsmöglichkeiten nachschlagen können. Sie könnten verschiedene Selbsthilfegruppen um Angabe ihrer Termine bitten. Halten Sie gute Selbsthilfebücher bereit, die Sie den Klienten zeigen können. Bücher können den Genesungsprozess einleiten, wenn die Klienten noch nicht bereit sind, sich in eine Behandlung zu begeben. Ich habe ausserdem vorgedruckte Listen mit Merkmalen von «Erwachsenen Kindern von Alkoholikern», Co-Abhängigen und Inzestopfern. Ein Klient, der sich noch nicht sicher ist oder seine Struktur noch verleugnet, kann eine Kopie mit nach Hause nehmen und in Ruhe darüber nachdenken.

Es ist sinnvoll, dem Klienten mehr als einen Namen zu nennen und mehr als eine Empfehlung auszusprechen. Ich sage den Klienten, dass ich zwar die Therapeuten kenne, die ich empfehle, dass ich aber nicht vorher wissen kann, wie ein Klient und ein Therapeut zusammenpassen. Es ist wichtig, dass die Klienten lernen, ihre eigenen Instinkte zu respektieren. Sie haben das Recht, sich umzusehen, bis sie jemand gefunden haben, bei dem sie sich wohl fühlen.

Wenn Sie die Hilfsangebote zusammenstellen, sollten Sie darauf achten, dass Sie immer auf dem laufenden sind. Heiler ziehen um oder geben ihre Praxis auf, oder sie verlagern den Schwerpunkt ihrer Arbeit. Nichts dämpft die Motivation eines Klienten so sehr wie ein Anruf, durch den er erfährt, dass der betreffende Dienst nicht mehr zur Verfügung steht. Rufen Sie Ihre Kollegen von Zeit zu Zeit an, und bringen Sie in Erfahrung, ob Ihre Informationen noch aktuell sind, welche neuen Dienstleistungen angeboten werden und vielleicht auch wie hoch die Honorare zur Zeit sind.

Es ist auch nützlich, Rückmeldungen von den Klienten zu bekommen, die Sie zu anderen Helfern geschickt haben. Sie werden dadurch lernen, Ihre Empfehlungen an der richtigen Stelle anzubringen und die Klienten entsprechend auf die jeweilige Dienstleistung vorzubereiten. Aber respektieren Sie bei all diesen Gesprächen das Gebot der Vertraulichkeit in bezug auf Ihre Klienten. Möglicherweise haben Ihre Klienten Ihnen gegenüber Dinge erwähnt, die sie dem Therapeuten noch nicht anvertraut haben. Soweit es möglich ist, kann es sicher nicht schaden, von den Klienten selbst Rückmeldungen über die Behandlung zu bekommen, der sie sich unterzogen haben. Sie könnten die Klienten bitten, Sie anzurufen und Ihnen mitzuteilen, wie die Arbeit verlaufen ist. (Rufen Sie nicht von sich aus an, denn vielleicht sind die Klienten nicht hingegangen und empfinden Ihren Anruf als Druck.)

Wenn Sie selbst aus gestörten Familienverhältnissen kommen, haben Sie vielleicht übertriebene Vorstellungen von dem, was verschiedene Heilmethoden leisten können, oder Sie glauben, einzelne Heiler in Ihrem Netzwerk könnten Wunder wirken. Diese Erwartungen sind denen nicht unähnlich, die Sie an sich selbst stellen und denen Sie nie gerecht werden können. Sie könnten erwarten, dass ein anderer binnen weniger Sitzungen einen Alkoholiker vom Trinken abhält, ein tiefes emotionales Problem beseitigt oder eine schwere Krankheit heilt. Da kein Heiler solchen Anforderungen gerecht werden kann, könnten Sie sich immer wieder von den Heilern in Ihrem Netzwerk enttäuscht fühlen. Klienten aus gestörten Familienverhältnissen übernehmen diese Phantasien womöglich von Ihnen und sind ebenfalls enttäuscht. Die realistische Einschätzung der zu erwartenden Resultate ist ein Teil des Reifeprozesses, der mit der beruflichen Erfahrung einhergeht. Wenn Sie realistisch sein können, dann können Sie, wenn Sie Ihren Klienten einen Heiler Ihres Vertrauens empfehlen, auch den Teil in Ihnen selbst beruhigen, der andere retten will.

Warum das persönliche Wissen um Hilfsangebote wichtig ist

Persönliches Wissen ist wichtig, wenn Sie entscheiden müssen, ob Sie Klienten weiterempfehlen. Wenn sich ein Sozialdienst auf die Art von Klienten spezialisiert hat, die häufig zu Ihnen kommt, dann können Sie ihn vielleicht einmal aufsuchen. Erkundigen Sie sich bei der Stadtverwaltung etwa im Sozialamt oder im Amt für Öffentlichkeitsarbeit. Es könnte auch nützlich sein, einige Treffen der Anonymen

Alkoholiker oder anderer Selbsthilfegruppen zu besuchen, soweit diese der Öffentlichkeit zugänglich sind. Sie können dann aus erster Hand beschreiben, was dort vor sich geht, und Sie hören, welche Geschichten die Mitglieder zu erzählen haben. Diese Geschichten werden Sie sicherlich in zweierlei Hinsicht überzeugen: Zuerst werden Sie erkennen, dass Alkohol viel mächtiger ist, als Sie es sich je hätten träumen lassen, und zum zweiten sehen Sie, dass es immer Hoffnung gibt, ganz egal, wie weit heruntergekommen der Betreffende ist. Ihre Überzeugung wird den Süchtigen oder den Angehörigen aufmuntern, der seinen Glauben verloren hat.

Wenn Sie Klienten weiterempfehlen, sollten Sie natürlich auch erklären können, was der Klient zu erwarten hat, wenn er einen Termin abspricht. Klienten sind oft zu verschüchtert, um diese Frage aufzuwerfen, aber es ist wichtig, sie zu beantworten. («Sie scheinen zu zögern. Was beunruhigt Sie an dem Gedanken, dort hinzugehen?») Ansonsten können die Ängste und Phantasien über das, was dort geschehen mag, die Klienten zu sehr verschrecken, so dass sie der Empfehlung nicht folgen. Besonders unter nichttraditionellen Heilverfahren könnten sich die Klienten, wenn sie nichts darüber wissen, alle möglichen seltsamen Praktiken vorstellen. Wenn Sie erklären können, was geschehen wird, und besonders wenn Sie es aus erster Hand beschreiben können, zerstreuen Sie die Ängste der Klienten vor dem Unbekannten. Noch mehr als Worte wirkt Ihre unausgesprochene Überzeugung, dass die Klienten bei den Diensten gut aufgehoben sind und gut betreut werden.

Woher bekommen Sie diese Informationen? Wir würden ein eigenes Buch brauchen, um all die verschiedenen Therapien und Heilverfahren zu beschreiben, zumal ständig neue Verfahren entwickelt werden. Sie sollten sich aber auf jeden Fall mit den wichtigsten vertraut machen. Reiki, Rebirthing, Akupunktur, Shiatsu, Gestalttherapie, Feldenkrais, Bioenergetik, Rolfing und die Alexander-Technik sind bewährte Techniken, um nur einige zu nennen. In der Abteilung für Gesundheit und Wissenschaft in Ihrer Bibliothek oder im Buchladen finden Sie wahrscheinlich Werke, in denen die verschiedenen Therapien beschrieben werden. New-Age-Zeitungen und -Zeitschriften veröffentlichen oft Artikel über verschiedene Heilverfahren. Wenn Sie mit Heilern oder Therapeuten reden, während Sie die Liste Ihrer Hilfsangebote zusammenstellen, sollten Sie sich genau erkundigen, wie sie arbeiten.

Ein Nebeneffekt, wenn Sie mit anderen therapeutischen Disziplinen zusammenarbeiten, ist die Tatsache, dass die Heiler etwas vertrauter mit der Astrologie werden. Sie erkennen, dass wir ebenfalls Profis sind und keine Scharlatane, die ein paar verrückte Bücher gelesen haben. Auf lange Sicht kann es das Ansehen der Astrologie verbessern, wenn wir unsere Isolation auf diese Weise durchbrechen und Kontakte knüpfen. Natürlich werden Sie auch auf Skepsis stossen, aber Sie sollten nicht vergessen, dass 65% der Bevölkerung mehr oder weniger an die Astrologie glaubt – was auch 65% aller Mitarbeiter in helfenden Berufen einschliesst!

Angenommen, Sie machen Therapeuten ausfindig, die in der Arbeit mit «Erwachsenen Kindern von Alkoholikern», Inzestopfern oder Suchtkranken körperbetonte Methoden anwenden. Es ist wichtig, sie anzurufen oder sich sogar mit ihnen zu treffen, damit Sie sehen, wer sie sind. Ihr Ruf steht auf dem Spiel, sobald Sie eine Empfehlung aussprechen. Wenn ein Klient schlechte Erfahrungen mit jemand macht, den Sie empfohlen haben, dann leidet auch Ihre Glaubwürdigkeit. Gute Werbung sagt noch nicht viel aus, und Sie wollen Ihre Klienten doch nicht zu unausgeglichenen oder unfähigen Heilern schicken! Vergessen Sie nie, dass die Heiler nicht schon deshalb fähig sind, weil sie «nett» zu sein scheinen und die richtigen Begriffe benutzen!

Ihre Arbeitsplatzbeschreibung ergänzen

Astrologen bekleiden viele Rollen, aber die Rolle eines Menschen, der über Hilfsangebote informiert ist, ist besonders wichtig. Das Wissen um örtliche Hilfsangebote kann als Anforderung an Ihr berufliches Verantwortungsbewusstsein verstanden werden. Es erfordert Zeit, sich zu informieren, aber diese Zeit ist gut investiert. Wenn Sie sinnvolle Empfehlungen aussprechen, die Ihre Klienten in die Lage versetzen, aus schmerzhaften alten Strukturen auszubrechen, dann haben Sie ihnen einen wichtigen Dienst erwiesen. Wenn Ihnen dies als Belohnung noch nicht ausreicht, sollten Sie bedenken, dass *Klienten, denen Sie auf diese Weise helfen, mit grösserer Wahrscheinlichkeit zu Ihnen zurückkommen – und Ihnen weitere Klienten schicken.*

FÜNFTES KAPITEL

Beziehungen in Gefahr – Co-Abhängigkeit, «Erwachsene Kinder von Alkoholikern» und die Bedeutung dieser Syndrome für den Astrologen

Die beiden Themen, mit denen Klienten in erster Linie zum Astrologen kommen, sind Liebe und Beruf. Dieses und das nächste Kapitel sollen meinen Umgang mit diesen Themen beleuchten. Ich bin der Meinung, dass die schwierigsten Beziehungen – und allzuoft auch die grössten beruflichen Misserfolge – eine gemeinsame Ursache in gestörten Familienverhältnissen haben. Aus gestörten Familienverhältnissen – womit ich auch Familien mit alkoholkranken oder misshandelnden Eltern zähle – stammen oft Kinder, die co-abhängige Beziehungen zu Partnern, Vorgesetzten oder Freunden eingehen.

Co-Abhängigkeit ist ein Wort, das in der Selbsthilfeszene in letzter Zeit sehr häufig fällt. Überall entstehen Gruppen für Co-Abhängige und «Erwachsene Kinder von Alkoholikern» (EKA). Es wird auch viel darüber geredet, Grenzen zu definieren. Da Sie diese Begriffe sicherlich auch von Klienten zu hören bekommen, sollten Sie sich mit ihnen vertraut machen. Wir werden noch diskutieren, wie diese Konzepte für astrologische Klienten umzusetzen sind, und die Strukturen im Horoskop nennen, auf die wir dabei achten müssen. Ausserdem werden wir anhand der Horoskope berühmter Menschen einige Fallbeispiele betrachten. Wir werden untersuchen, welche unterschiedlichen Dienstleistungen den Klienten nützen könnten, und wir werden uns ansehen, wie Co-Abhängigkeit oder die Tatsache, dass Sie selbst ein EKA sind, die astrologische Praxis beeinflussen kann.[23]

Was ist Co-Abhängigkeit?

Co-Abhängigkeit ist ein suchtähnliches Festhalten an einem Süchtigen oder an einem anderen Menschen. Die Besessenheit, dem anderen zu helfen oder ihn zu verändern, wird immer stärker, bis sie das ganze Leben bestimmt und dem Co-Abhängigen keine ruhige Minute mehr lässt. Die Struktur verändert sich nicht, wenn der andere Mensch geht, sondern wird in jede neue Beziehung übertragen. Melody Beattie definierte es in ihrem Buch *Die Sucht gebraucht zu werden* folgendermassen: «Co-abhängig ist ein Mensch, der das Verhalten eines anderen Menschen auf sich hat einwirken lassen und der davon besessen ist, das Verhalten dieses Menschen zu kontrollieren.»[24]

Der Begriff der Co-Abhängigkeit bezog sich ursprünglich auf die Abhängigkeit der Reaktionen verschiedener Chemikalien untereinander, wird inzwischen aber auch für die Familien und für wichtige Bezugspersonen von Alkoholikern und anderen Suchtkranken verwendet. Als Folge ihrer Kindheitserfahrungen gehen die meisten unbehandelten «Erwachsenen Kinder von Alkoholikern» co-abhängige Beziehungen zu Partnern, Geliebten, Angehörigen, Freunden und sogar Vorgesetzten ein. Sie neigen sehr dazu, sich immer wieder mit Alkholikern oder Süchtigen einzulassen. Umgekehrt versuchen manche, die Co-Abhängigkeit zu vermeiden, indem sie feste Bindungen meiden.

Statt ihre ganze Energie darauf zu verwenden, einen einzigen Menschen in Ordnung zu bringen, arbeiten viele EKA unermüdlich für wenig Lohn in Dienstleistungsbranchen wie etwa der Astrologie, wo sie die Rolle des Retters spielen können. Es ist nichts Schlechtes daran, einen Dienst anzubieten, aber wenn dies zwanghaft geschieht und wenn der Antrieb die Bedürfnisse eines Co-Abhängigen sind, dann könnte letzten Endes dem Berater wie dem Klienten Schaden zugefügt werden.

EKA sind nicht die einzigen Menschen, die zur Co-Abhängigkeit neigen. Diese Struktur kann sich in jeder Lebensphase entwickeln, wenn Sie jemand lieben, der ein schweres körperliches oder emotionales Problem hat. Eltern sind nicht die einzigen Objekte – es könnte auch passieren, wenn ein geliebter Bruder plötzlich Drogen nimmt oder wenn ein Geliebter zu trinken beginnt. Die Enkelkinder von Alkoholikern können das EKA-Syndrom in vollem Umfang selbst dann haben, wenn die Eltern abstinent lebten. Die Grosseltern reichen das Syndrom an ihre Kinder weiter, und diese geben es wieder an ihre Kinder weiter.

Viele Züge, die den EKA gemein sind, beschreiben auch Menschen, die aus schwer gestörten Familienverhältnissen kommen. Man schätzte (Gott weiss, wer es war), dass 95 Prozent aller Familien in gewissem Ausmass gestört sind.

Ich rede hier nicht über die ganz normalen unerfüllten, emotional unterbelichteten, verschlossenen Eltern, die die Kreativität oder das Selbstwertgefühl der Kinder nicht anerkannt haben. Ich meine Familien, in denen es Misshandlungen und sexuellen Missbrauch gab, wo ein Elternteil körperlich oder seelisch chronisch und schwer erkrankt war. Probleme können entstehen, wenn ein Elternteil früh starb oder Selbstmord beging, wenn ein Elternteil ein krankhafter Spieler oder promiskuitiv war oder wenn es in der Kindheit andere schwere oder bizarre Ausbrüche und Störungen gab. Es kann passiert sein, als Ihre bettlägerige Grossmutter bei Ihnen lebte und mit ihrer Krankheit die ganze Familie tyrannisierte oder weil Ihre Schwester als Kind schizophren war.

Da Bücher über dieses Thema immer wieder auf Bestsellerlisten auftauchen und Millionen Male verkauft werden, kann man offensichtlich sagen, dass Co-Abhängigkeit ein weitverbreitetes Problem ist. Die breite Öffentlichkeit wurde auf die Co-Abhängigkeit aufmerksam, als Neptun durch den Steinbock zog, aber eine umfassende professionelle und öffentliche Anerkennung kam erst während der Neptun/Saturn-Konjunktion in den Jahren 1989/1990. Saturn steht für Grenzen und Begrenzungen, und Neptun symbolisiert das Auflösen dieser Schranken. So wurde das Definieren von Grenzen und das Setzen von Grenzen zu einem Thema, das allenthalben diskutiert wurde. Von besonderer Bedeutung scheint dies für die

Generation mit Neptun in Waage zu sein, für die eine vollkommene Beziehung ein Weihnachtsmann ist, der nie kommt.

Als das Bewusstsein für Co-Abhängigkeit wuchs, wuchs auch das Wissen darüber, wie man sich befreit. Es gibt viele nützliche Bücher über die Erholung aus der Co-Abhängigkeit und vom EKA-Syndrom. Sowohl normale als auch New-Age-Buchläden haben spezielle Abteilungen, die diesen Bedürfnissen entgegenkommen. Es gibt jetzt überall Selbsthilfegruppen, Workshops, Berater, Therapiegruppen und sogar stationäre Behandlungsmöglichkeiten. Ausserdem werden ständig neue Ansätze entwickelt – beispielsweise die Schulung der Durchsetzungsfähigkeit und die Arbeit mit dem inneren Kind. Auch letzteres kann nützlich sein, wenn man bedenkt, welchen Anteil gestörte Familienverhältnisse und Co-Abhängigkeit am Problem haben.

«Erwachsene Kinder von Alkoholikern» unter Ihren Klienten

Aus Statistiken geht hervor, dass einer von vier Menschen durch die Beziehung zu einem Alkoholiker stark beeinflusst wurde. Deshalb sind mindestens 25 Prozent der Menschen, die zu Ihnen zu einer Deutung kommen, Familienangehörige, Geliebte oder enge Freunde von Alkoholikern. Aus Gründen, über die wir gleich noch sprechen werden, vermute ich aber, dass es mehr sind. Wenn Sie das Gefühl haben, dass dies für Ihre Klienten nicht zutrifft, dann kann es daran liegen, dass die Klienten sich schämen, Ihnen dieses Familiengeheimnis anzuvertrauen. Über diese Dinge wird niemand ohne weiteres sprechen, und die Klienten haben nicht unbedingt das Gefühl, dass Sie jemand sind, der Bescheid wissen müsste. Schliesslich kommen sie nicht wegen ihrer nachhaltig verdrängten Vergangenheit, sondern wegen ihrer Zukunft zu ihnen, und weil sie wissen wollen, wann ihre Beziehungen sich verbessern. Bevor ich die Horoskopstrukturen kannte und die richtigen Fragen zu stellen begann, erzählten mir nur wenige Klienten etwas von den Alkoholikern in ihrem Leben.

Es ist nicht damit getan zu sagen, dass sie es einfach für sich behalten wollen. Eins der wichtigsten Phänomene in den Familien von Alkoholikern oder Süchtigen ist die Tatsache, dass jeder, der Abhängige selbst eingeschlossen, die Krankheit nach Möglichkeit zu leugnen sucht. Dies erspart es dem Süchtigen, mit seiner Sucht zu brechen, und die Angehörigen ersparen sich die Schmerzen und die Scham, weil sie nicht wahrhaben wollen, wie zerstörerisch die Abhängigkeit sein kann. Das Leugnen ist ein neptunischer Abwehrmechanismus. Leugnen bedeutet hier, dass die Betreffenden entweder nicht anerkennen, dass die Sucht existiert, oder dass die Angehörigen nicht anerkennen, dass sie vom Süchtigen abhängig sind. Viele sehen die Sucht, weigern sich aber, das wahre Ausmass des Schadens einzugestehen. EKA sagen Dinge wie: «Ja, mein Vater hat getrunken, aber er hat aufgehört, als ich 16 war, und das ist so viele Jahre her, das hat auf mein heutiges Leben keinen Einfluss mehr.» Wie wir noch sehen werden, sind die Rückstände beträchtlich, besonders hinsichtlich des Verhaltens dieser Menschen im Beruf.

Wenn Klienten in der Beratung die Abhängigkeit oder ihre Folgen leugnen, und wir erkennen die Zusammehänge nicht, dann wird dieses Thema nicht zur Sprache kommen. Und dann können wir auch keine Antwort darauf finden, warum die Beziehungen so verletzend und warum Abhängigkeit in ihnen eine so grosse Rolle spielt, warum diese Menschen so isoliert sind, warum sie einfach nicht mit ihren Vorgesetzten zurechtkommen und warum sie so grosse Schmerzen haben. Das einzige, was sie zum Trost hören, ist: «Das ist nur Ihr Neptun.» Aber dieser momentane Trost ist Ausdruck und Grundlage einer anhaltenden Hilflosigkeit des Beraters: Wenn Neptun in Ihrem Horoskop wirkt, können Sie nichts tun ausser zu sterben und wiedergeboren zu werden.

Warum sich «Erwachsene Kinder von Alkoholikern» zur Astrologie hingezogen fühlen

Viele «Erwachsene Kinder von Alkoholikern» oder von anderen Suchtkranken gehen zu Astrologen, Medien oder Hellsehern, weil sie eine Antwort auf ihre unerklärliche Konfusion, auf ihre Unruhe und ihre Schmerzen suchen. Ein Grund dafür, dass sie zu uns kommen, ist der, dass zuverlässige Voraussagen besonders anziehend wirken, wenn man in einem chaotischen, unberechenbaren Elternhaus aufgewachsen ist. Ein weiterer Grund dafür, dass sie sich an uns wenden, ist die Tatsache, dass die Astrologie und andere ähnliche Disziplinen den EKA helfen, die verwirrende Frage zu beantworten, wer sie wirklich sind, und die Rollen zu klären, auf die ihre Familien sie konditioniert haben. Alice Miller, eine Autorin, die wichtige Beiträge für die Behandlung von EKA geleistet hat, setzt den Weg zur Gesundheit mit der Suche nach dem *wahren Selbst* gleich und stellt es dem gegenüber, was Eltern und andere von den betreffenden Menschen brauchten und erwarteten. In *Das Drama des begabten Kindes* sagt Alice Miller, dass ein alkoholkranker Elternteil narzisstisch sei und das Kind zwar lieben könne, aber immer nur als Verlängerung des eigenen Selbst. Liebe wird nur unter der Bedingung gegeben, dass das wahre Selbst des Kindes unberücksichtigt bleibt und dass das Kind den Bedürfnissen der Eltern mit Aufmerksamkeit begegnet und die Eltern bewundert und verehrt.[25] Astrologie, Numerologie und andere verwandte Werkzeuge können wichtige Ansätze sein, um das wahre Selbst zu erforschen.

Der Anteil der EKA unter unseren Klienten könnte auch deshalb grösser sein als im Durchschnitt der Gesamtbevölkerung, weil, so vermute ich, EKA eher an uns glauben als andere Menschen. Wenn Sie als kleines Kind einen selbstgefälligen Vater hatten, der seinen Verstand mit Alkohol benebelte, dann entstanden in Ihrem Kopf einige bemerkenswerte Ideen. (Eine freundlichere Interpretation ist, dass Alkoholiker Visionäre seien, die ihre Nachkommen dazu anregen, über die Alltagsrealität hinauszublicken.) Wie Alice im Wunderland waren Sie vielleicht gezwungen, noch vor dem Frühstück sechs unmögliche Dinge zu glauben. Deshalb ist es gar nicht so schwierig, an Astrologie, Reinkarnation, Fernheilungen, Löcher in der unsichtbaren Aura, Parallelwelten oder Schlangenöl zu glauben.

EKA und andere Menschen, die aus gestörten Familienverhältnissen kommen, sehnen sich manchmal sehr nach Spiritualität, sofern sie nicht so sehr verletzt wurden, dass sie Gott zu hassen begannen. Diejenigen, die verhaltensgestörte oder suchtkranke Eltern hatten, entwickeln manchmal das starke Bedürfnis, die Nähe zu einem väterlichen oder mütterlichen Gott zu suchen, der liebevoll, verständnisvoll, weise und allmächtig ist und der sich höchstpersönlich intensiv um sie kümmert. Es ist natürlich sehr beruhigend zu wissen, dass dieses Leben mit diesen verrückten Eltern und dieser turbulenten Geschichte nicht die einzige Chance ist.

Da wir unweigerlich die Beziehung zum Göttlichen mit der Beziehung zu unseren Eltern vermischen, ist der spirituelle Weg für EKA selten ohne Schlaglöcher, Umwege und falsche Abzweigungen. Oft liegt das Problem nicht so sehr im Göttlichen, sondern in den Botschaftern, auf welche das Bedürfnis nach allwissenden und unendlich liebevollen Eltern übertragen wird. EKA suchen in Astrologen und anderen, die mit dem Göttlichen in Berührung zu sein scheinen, nach gottähnlichen Qualitäten. Wenn die Botschafter selbst EKA sind, dann sind die Weichen für einen Umweg gestellt. Einer dieser Botschafter – der fundamentalistische Prediger Jerry Falwell – ist beispielsweise ein EKA. Sein Vater war ein reicher Schnapsschmuggler, der seinen eigenen Bruder ermordete und aus Schuldgefühlen zum Trinker wurde.[26]

Warum Astrologen etwas über Co-Abhängigkeit wissen sollten

Astrologen sollten aus mehreren Gründen über Co-Abhängigkeit informiert sein. Zunächst können wir dadurch erkennen, warum so viele unserer Klienten sich immer wieder auf schmerzliche, verrückte, schädliche Beziehungen und Abhängigkeiten einlassen. Zweitens sind wir die ersten, die Hinweise auf Behandlungsmöglichkeiten geben können. Viele kommen zu uns, die nicht zu einem anderen Berater gegangen wären, und sei es nur, um zu fragen, wann der Alkoholiker sein Leben in Ordnung bringt. Der Co-Abhängige ist daran gewöhnt, als Helfer aufzutreten, und er hat Schwierigkeiten, um Hilfe zu bitten. Wenn er zum Astrologen geht, dann bittet er nicht um Hilfe – nein, ganz bestimmt nicht. Er ist nur neugierig, was die Zukunft ihm bringen mag. Da es inzwischen einige Hilfsangebote für Co-Abhängige gibt, sollten die Astrologen in der Lage sein, das Syndrom zu erkennen, die Klienten darüber zu informieren, wo das Problem liegt, und ihnen Vorschläge zu machen, an wen sie sich um Hilfe wenden können.

Vor allem aber müssen wir uns über das EKA-Syndrom und die Co-Abhängigkeit informieren, weil viele von uns selbst co-abhängig sind, ohne es zu wissen. Wie wir noch sehen werden, hat dies Einflüsse auf unsere Beratungsarbeit. Nach vielen Gesprächen mit Astrologen im ganzen Land und auf der ganzen Welt habe ich den Eindruck, dass sehr viele von uns – ich zähle mich auch selbst dazu – EKA sind oder aus stark gestörten Familienverhältnissen kommen. Die gleichen Gründe, die EKA-Klienten zu gewissen Disziplinen greifen lassen, bringen uns dazu, sie zu erlernen. Sie sind unsere Art und Weise, uns selbst und andere Menschen zu verstehen. Sie sind darüber hinaus eine Ebene, auf der ein EKA andere Menschen retten und heilen kann, nachdem es ihm bei den eigenen Eltern nicht gelang.

Gemeinsame Charakteristika von Co-Abhängigen und «Erwachsenen Kindern von Alkoholikern»

In seinem wichtigen und lesenswerten Buch *A Primer for Adult Children of Alcoholics* beschreibt Timmen Cermak die wichtigsten Charakteristika von Co-Abhängigen folgendermassen:

1) *Co-abhängige Menschen verbergen oder ändern sogar ihre Identität und ihre Gefühle, um anderen zu gefallen und um ihnen nahe zu sein.*

2) *Das Verantwortungsbewusstsein für die Bedürfnisse anderer Menschen steht bei Co-Abhängigen an erster Stelle, selbst wenn dies auf Kosten der eigenen Bedürfnisse geht.*

3) *Schwaches Selbstwertgefühl und geringes Gespür für das eigene Selbst ist den meisten Co-Abhängigen zu eigen.*

4) *Zwänge und Süchte treiben Co-Abhängige an und hindern sie daran, sich mit ihren tieferen Gefühlen auseinanderzusetzen.*

5) *Genau wie Alkoholiker und andere Menschen mit Suchtstrukturen verstecken sich Co-Abhängige hinter Verleugnungen und haben ein verzerrtes Verhältnis zur Willenskraft.*[27]

Cermak, der der erste Präsident der National Association for Children of Alcoholics war, führt Eigenschaften auf, die vielen «Erwachsenen Kindern von Alkoholikern» gemeinsam sind. Nicht alle EKA haben notwendigerweise alle Eigenschaften, aber die hier genannten sind sehr verbreitet. Diese Menschen haben Angst und fürchten sich besonders vor ihren Gefühlen, vor einem Verlust der Kontrolle, vor Konflikten, Autoritätspersonen und wütenden Menschen. Sie üben grimmige Selbstkritik und leiden unter einem schwachen Selbstwertgefühl, und sie fürchten sich vor der Kritik anderer. Deshalb suchen sie ständig nach Zustimmung. EKA übernehmen zuviel Verantwortung und fühlen sich schuldig, wenn sie für ihre eigenen Interessen eintreten. Da sie Angst haben, verlassen zu werden, tun sie fast alles, um an Beziehungen festzuhalten. Sie gehen oft Beziehungen zu Suchtkranken oder zu Menschen ein, die sich ihnen auf andere Art und Weise entziehen. Sie verwechseln Liebe mit Mitleid und binden sich oft an Menschen, die Opfer sind oder die sie retten können. Manchmal bieten sie sich auch selbst als Opfer an.[28]

Eine Aussage aus dem Zwölf-Schritte-Programm der EKA-Selbsthilfegruppen ist diese: «Auch wenn wir nie einen Drink in der Hand hatten, übernahmen wir alle Charakteristika der Alkoholkrankheit.» Das heisst, dass EKA, die nie tranken, sich manchmal dennoch wie Alkoholiker verhalten können, weil sie wie alle Kinder ihr Verhalten zum grossen Teil am Vorbild der Eltern orientieren. Besonders Überheblichkeit und Trotz sind Eigenschaften, die viele Alkoholiker charakterisieren, und viele New-Age-Begeisterte sind ausgesprochen überheblich und äusserst trotzig. (Das klingt nach Neptun und Uranus!)

Dank ihrer kosmischen Dimensionen fördert die Astrologie die Überheblichkeit. Wir könnten uns als etwas ganz Besonderes sehen, weil wir etwas wissen und subtil oder sogar unbewusst die Klienten ermuntern, uns genauso zu sehen. Wir könnten uns sogar einreden, wir hätten einen direkten Draht zum Göttlichen. Diese Haltung entsteht aus dem Bedürfnis der EKA, eine enge Verbindung zu einem bedingungslos liebenden himmlischen Vater oder einer Mutter aufzubauen, ohne die Probleme zu erleben, die wir mit unseren irdischen Eltern hatten.

Trotzige, rebellische EKA verstecken sich oft, indem sie genau das Gegenteil von dem spielen, was sie sind. Das bedeutet nicht, dass sie die Konditionierung durch ihre alkoholkranken Angehörigen überwunden haben, sondern vielmehr, dass sie vom Wunsch beherrscht werden, den Gegenpol auszuagieren. Wie Cermak und andere, die auf diesem Gebiet arbeiten, bemerkt haben, neigen EKA eher zum Reagieren als zum Agieren. Statt ihre Angst vor Autoritätsfiguren zu zeigen, könnten sie sich in ihrer eigenen trotzigen Autorität sonnen. Statt die Billigung der Gesellschaft zu suchen, kleiden und verhalten sie sich auf eine Weise, die ihnen missbilligende Aufmerksamkeit einträgt. (Astrologisch gesprochen sind sie uranische Typen.)

Astrologische Hinweise auf das EKA-Syndrom

Wir wollen einen Blick auf die Horoskopsignaturen werfen, die mit dem EKA-Syndrom zusammenhängen. Da ein einzelner Aspekt nicht ausreicht, um zu einer gesicherten Aussage zu kommen, sollten wir nach mehreren Bestätigungen suchen. Neptun spielt natürlich eine wichtige Rolle. Er steht oft im 1., 4. oder 10. Haus oder bildet Aspekte zu Sonne oder Mond, oder das Fische-Zeichen ist stark einbezogen, oder Neptun bildet Aspekte zu Planeten im Fische-Zeichen. Das 12. Haus kann ebenfalls stark betont sein. Oft stehen Sonne oder Mond in diesem Haus. Ein Mensch, der mehrere dieser Signaturen auf sich vereinigt, kann als Neptunier gelten. Oft kann man sogar feststellen, welcher Elternteil Alkoholiker war, denn wenn zum Beispiel Mond von Neptun aspektiert wird, dann war die Mutter entweder selbst suchtgefährdet oder wurde durch die Situation sehr verletzt. Sonne/Neptun- oder Mars/Neptun-Aspekte verweisen eher auf die männlichen Angehörigen. Saturn/Neptun-Aspekte zeigen oft, dass die Autoritätsfiguren nicht fähig waren, eine durchgängige Struktur aufzubauen oder für Sicherheit oder Disziplin zu sorgen, wobei Alkoholismus nur einer der möglichen Gründe ist.

Neptun-Aspekte symbolisieren auch mediale Fähigkeiten, mit denen wir unsere Grenzen überwinden und mit anderen verschmelzen. *Mediale Fähigkeiten* und *Abgrenzungsprobleme* sind möglicherweise nur zwei Worte für das gleiche Phänomen. Lawrence LeShan zeigt in seinem Buch *The Medium, the Mystic and* the *Physicist*, dass Heiler dann heilen können, wenn sie das Selbst loslassen und mit dem bedürftigen Menschen eins werden.[29] Viele Menschen mit medialen Fähigkeiten haben Probleme, sich abzuschirmen – das heisst, Grenzen aufzubauen, so dass die Gedanken, Gefühle und Bedürfnisse anderer Menschen sie nicht bombardieren.

Mediales Verschmelzen spielt oft eine Rolle, wenn Familienmitglieder sucht-krank sind oder wenn die Familienverhältnisse nachhaltig gestört sind, weil das Kind oder der Gatte seine psychischen Antennen benutzt, um festzustellen, wie es

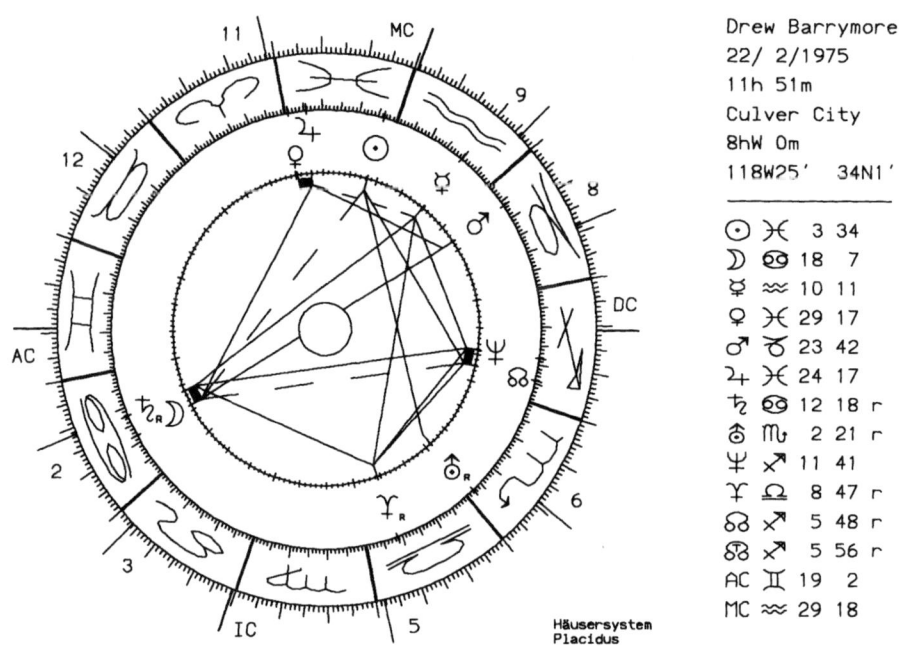

Drew Barrymore
22/ 2/1975
11h 51m
Culver City
8hW 0m
118W25' 34N1'

☉	♓	3	34
☽	♋	18	7
☿	♒	10	11
♀	♓	29	17
♂	♉	23	42
♃	♓	24	17
♄	♋	12	18 ℞
⚷	♏	2	21 ℞
♆	♐	11	41
♈	♎	8	47 ℞
☋	♐	5	48 ℞
☋	♐	5	56 ℞
AC	♊	19	2
MC	♒	29	18

Horoskop 4: DREW BARRYMORE

Drew Barrymore. Die Daten beruhen auf der Geburtsurkunde und sind Lois Roddens Vierteljahresschrift «Data News», #15, entnommen (1/89, S. 4). Sie wurde geboren am 22. Februar 1975 um 11.51 Uhr PST, Culver City, CA, USA. Häuser nach Placidus. Tropischer Tierkreis.

Aspekte für Drew Barrymore

SO *Ahq* MO 0 A 27	MO *Qua* CHI 3 A 05	MA *Qua* CHI 2 S 30	NE *Opp* AC 7 S 20
SO *Tri* UR 1 S 14	ME *Hsq* JU 0 A 54	JU *Qua* AC 5 A 16	PL *Sxt* MK 2 A 49
SO *Qua* MK 2 A 23	ME *Sxt* NE 1 A 30	SA *Qcx* NE 0 A 36	MK *Ahq* CHI 0 S 15
SO *Kon* MC 4 S 16	ME *Tri* PL 1 S 25	SA *Qua* PL 3 A 31	AC *Sxt* CHI 2 A 11
MO *Opp* MA 5 A 35	VE *Kon* JU 5 A 00	UR *Ahq* AC 1 S 41	
MO *Kon* SA 5 A 50	VE *Hsx* MC 0 S 01	UR *Tri* MC 3 A 02	
MO *Hsx* AC 0 S 54	MA *Sxt* JU 0 A 35	NE *Sxt* PL 2 S 55	

dem Kranken geht, und um auf diese Weise einen Ausbruch zu verhindern. Mediale Begabungen sind bei EKA ein Teil der Überlebensausrüstung. Viele Astrologen mit guter Intuition sind EKA, die ihre Begabung für ihren Beruf einsetzen. Mediale Menschen sollten untersuchen, auf welche Weise sie co-abhängig sind und wo sie möglicherweise Schwierigkeiten mit Grenzen haben. Viele, die die Astrologie studieren, aber nicht zu praktizieren beginnen, zögern mit Recht. Sie spüren vielleicht, dass sie keine festen Grenzen aufgebaut haben und dass sie nicht wissen, wie sie sich psychisch schützen und abgrenzen können.

Horoskopbeispiele für EKA

Für den Fall, dass Ihre Akten noch nicht bis zum Überfliessen mit den Horoskopen von EKA gefüllt sind, können Sie der Liste auf S. 124/125 einige Daten für berühmte EKA entnehmen, wenn Sie mit den Horoskopen arbeiten wollen.

Als Beispiel für eine neptunische EKA ist Drew Barrymores Geburtsbild in *Horoskop 4* abgedruckt (S. 122). Die Filmkarriere der Tochter der berühmten Barrymore-Schauspielerfamilie begann schon mit sechs Jahren mit dem Film ET. Seitdem hat sie noch in einigen anderen Filmen gespielt. Die Barrymores sind für ihre Alkoholprobleme bekannt; erwähnenswert sind besonders Drews Vater John Drew Barrymore und ihr Grossvater John Barrymore. Drew bezeichnete sich übrigens selbst als Alkoholikerin der fünften Generation. Sie begann mit 9 Jahren zu trinken, mit 10 rauchte sie Marihuana, mit 12 nahm sie Kokain. 1989 hatte sie mit Drogen so schwere Probleme, dass sie im Alter von 14 Jahren zwei Entzugstherapien machte und einen Selbstmordversuch beging.[30]

Neptun steht im Horoskop an einer Hauptachse im 6. Haus, im Haus der Arbeit. Dies lässt daran denken, dass der Druck und die Belastungen des Ruhms in jungen Jahren zu ihrer Sucht beigetragen haben. Die väterliche Seite der Familie und deren Suchtverhalten wird durch Sonne, Venus und Jupiter in Fische im 10. Haus angedeutet. Obwohl die Beziehung schwierig ist, trinkt die Mutter nicht und ist die wichtigste stabilisierende Kraft, wie die Mond/Saturn-Konjunktion in Krebs zeigt.

Seltsamerweise ist neben Neptun oft auch Pluto wichtig und befindet sich häufig an den oben erwähnten Positionen. Viele EKA könnten deshalb auch als Plutonier bezeichnet werden. In diesem Fall symbolisiert Pluto den nüchternen oder weniger süchtigen Elternteil, der mühsam kämpfen muss, um die Sucht und die Süchtigen unter Kontrolle zu halten. Pluto symbolisiert auch die Bemühungen des Kindes, seine Umgebung zu kontrollieren und die Sicherheit zu bewahren. Diese Bemühungen setzen sich bis ins Erwachsenenleben fort, nachdem die ursprünglichen Bedrohungen schon lange der Vergangenheit angehören. Signaturen wie diese tauchen oft als exakte Kopien in den Horoskopen der Enkelkinder von Alkoholikern auf, auch wenn die Eltern keine Alkoholiker waren. Die Verhaltensmuster und Beziehungsstrukturen von EKA werden dennoch über die Eltern weitergegeben. Viele EKA tragen eine Suchtstruktur in sich, aber wenn Pluto

Ein «Who Is Who» des EKA-Syndroms

Carol Burnett: Es ist bekannt, dass Carols Eltern Alkoholiker waren. Sie wurde von ihrer Grossmutter erzogen. Nach Lois Roddens *Profiles of Women,* S. 53, ist die Geburtszeit der Geburtsurkunde entnommen. Sie wurde geboren am 26. April 1933, 4.00 Uhr, CST, San Antonio, TX, USA, 29N25, 98W30. (Sie selbst gibt als Geburtszeit 4.15 Uhr an.)

James Cagney: Die Alkoholiker in seiner Familie waren sein Vater (der starb, als Cagney noch ein Kind war) und der Grossvater mütterlicherseits. Laut *«Astro-Data II»* wurde er geboren am 17. Juli 1900 um 9.00 Uhr EST in New York, NY, USA, 40N45, 73W57. Zuverlässigkeit ist DD. Das Jahr gilt als nicht gesichert. Im Horoskop finden wir ein T-Kreuz mit Neptun im 10. Haus, Saturn in Steinbock im 4. Haus und Mond in Widder. Seine Mutter war eine temperamentvolle rothaarige Frau, die keine Hemmungen hatte, eine Peitsche zur Hand zu nehmen, wie wir in *Cagney by Cagney,* Pocket Books, New York, 1976, auf den Seiten 16–17 erfahren.

Lyndon B. Johnson: Die Alkoholiker waren sein Vater und sein Bruder. Laut Lois Roddens *«Astro-Data III»* (S. 233) ist im Tagebuch seiner Mutter der 27. August 1908 genannt und als Geburtszeit Sonnenaufgang, 4.18.20 Uhr, LMT, Gillespie County, TX, USA, 30N04, 98W40. Die Familiengeschichte schilderte Doris Kearns in *Lyndon Johnson and the American Dream,* Signet, New York, 1976, S. 24–26.

Jacqueline Kennedy Onassis: Der Alkoholiker war ihr Vater Black Jack Bouvier. Ihre Daten sind *Profiles of Women,* S. 159, entnommen. Sie wurde geboren am 28. Juli 1929 um 14.30 Uhr, Southampton, NY, 40N53, 72W23. Als Zeit wird EDT oder EST genannt. Bei EDT kommt ihr Neptun in eine enge Konjunktion mit dem MC im Trigon zum Widder-Mond. Familiengeschichte laut Bill Adler, *All in the First Family,* G. P. Putnam's Sons, New York, USA, 1982, S. 112–113.

stark ist, dann ist der Widerstand gegen die Lieblingsdroge der Eltern ein Bemühen, die Kontrolle zu behalten.

Horoskop 5 (S. 126) ist das Horoskop von Suzanne Somers. Es ist ein Beispiel für ein plutonisches «Erwachsenes Kind von Alkoholikern». In ihrer Autobiographie Keeping Secrets spricht sie offen über ihre alkoholkranke Familie.[31] Pluto im Quadrat zu Suzannes Aszendent ist ein machtvoller Aspekt, der in solchen Horoskopen allerdings oft übersehen wird. Pluto steht im 4. Haus in Konjunktion mit Saturn, dem Herrscher des 10. Hauses. Diese Kombination spricht für sich genommen bereits für eine schwierige Kindheit und lässt an Misshandlungen durch die Eltern denken. (Drew Barrymore hatte ein Quadrat; ich habe Pluto/Saturn-Aspekte ausserdem in den Horoskopen mehrerer Kinderstars vorgefunden.) Die Konjunktion befindet sich wiederum im Quadrat zu Jupiter, Merkur und Mars, die sich an einer Hauptachse in Skorpion befinden. Dies verstärkt die plutonische Energie. Mond steht auch hier in Krebs, was für sich genommen nicht an Alkohol denken lässt, was aber zeigt, dass das Thema der Geborgenheit für den betreffenden Menschen besonders wichtig ist. Neptun bildet einen Quinkunx zum Aszendenten, ist aber ansonsten, abgesehen von einem sanften Sextil zu Saturn,

Joan Kennedy: Wie sie anlässlich einer Ansprache beim Houston Council on Drug Abuse and Alcoholism im April 1987 erklärte, war die Alkoholikerin ihre Mutter. Joans Daten beruhen auf der Geburtsurkunde und stammen aus *Profiles of Women* (S. 184). Sie wurde geboren am 5. September 1935 um 6.10 Uhr, EDT, New York, NY, USA, 40N45, 73W57.

Eleanor Roosevelt: Ihr Vater war Alkoholiker und die meiste Zeit nicht daheim. Als sie neun Jahre alt war, starb ihre Mutter an Diphtherie. Geburtsdaten nach Lois Rodden, *Profiles of Women* (S. 214), anhand einer Geburtsurkunde, die Joan Negus vorlegte. Sie wurde geboren am 11. Oktober 1884 um 11.00 Uhr EST, New York, NY, 40N45, 73W57. Familiengeschichte laut ihrem Buch, das sie zusammen mit Helen Ferris schrieb: *Your Teens and Mine,* Doubleday, Garden City, NY, USA, 1961, S. 21–22.

Red Skelton: Sein Vater war ein Zirkusclown, der durchs Trinken zwei Monate vor Reds Geburt starb. Die Familiengeschichte ist Arthur Marx, *Red Skelton: An Unauthorized Biography,* entnommen; E. P. Dutton, New York, 1979. Die Geburtsdaten stammen aus Marx' Buch, S. 5. Red Skelton wurde geboren am 18. Juli 1913 um 13.15 Uhr, CST, Vincennes, IN, USA, 38N41, 87W32. Marx sagt, das Geburtsjahr 1913 sei auf der Geburtsurkunde, auf Entlassungspapieren, in der Heiratsurkunde und im Pass eingetragen, aber Skelton selbst erklärte verschiedentlich, er sei 1906 geboren. Ein Horoskop für das Jahr 1906 ist astrologisch und auch im Lichte der Familiengeschichte nicht sehr aussagekräftig, während das Horoskop für das Jahr 1913 sehr zutreffend scheint.

Lily Tomlin: Profiles of Women, S. 169, beruft sich auf die Geburtsurkunde. Sie wurde geboren am 1. September 1939 um 1.45 Uhr, EST, Detroit, MI, USA, 42N20, 83W03. Damit kommt Neptun auf den IC und bildet ein Grosses Trigon mit Uranus und Mars.

unaspektiert. Richard Idemon sagte gern, dass ein unaspektierter Planet wie ein loser Draht wirkt, der für das Leben des Betreffenden oft wichtiger ist, als man vermuten würde.

Astrologische Signaturen der Co-Abhängigkeit

Wer sind, astrologisch gesprochen, die Co-Abhängigen? Offensichtlich tauchen viele Strukturen zugleich auch in den Horoskopen von EKA auf, aber es gibt noch einige zusätzliche Indikatoren und Ebenen. Menschen mit Neptun-Aspekten zum Mond sind oft davon abhängig, anderen die Geborgenheit geben zu können, die sie selbst nie bekamen. Menschen mit Neptunaspekten zur Sonne gewinnen ihr Selbstwertgefühl und ihre Identität aus der Rettung anderer Menschen. Neptun in der Nähe des Aszendenten symbolisiert ein empfindliches Gespür für die Bedürfnisse jedes Menschen, dem man begegnet. Wenn Neptun in der Nähe der Himmelsmitte steht, kann das Retten zum Beruf werden. Neptun im 7. Haus oder im Aspekt zur Venus kann die betreffenden Menschen veranlassen, tiefe, aber quälende Beziehungen zu Suchtkranken einzugehen. Menschen mit Planeten im

Fische-Zeichen oder mit diesem Zeichen an einem der genannten Punkte haben ähnliche Neigungen. Man beachte, dass viele dieser Stellungen auch einen Sucht-kranken oder einen Menschen symbolisieren können, der aus gestörten Familien-verhältnissen kommt. Diese Menschen sind selbst dann für Abhängigkeiten anfäl-lig, wenn sie als Retter wirken können. Die Abhängigkeit könnte bei ihnen eine Konsequenz der Erschöpfung und der Sorgen sein, die sich einstellen, wenn sie an-dere retten wollen.

Nicht jeder ist co-abhängig, aber jeder hat irgendwo Neptun im Horoskop. Die richtige Veranlagung, die passenden Transite und schmerzhafte Erlebnisse

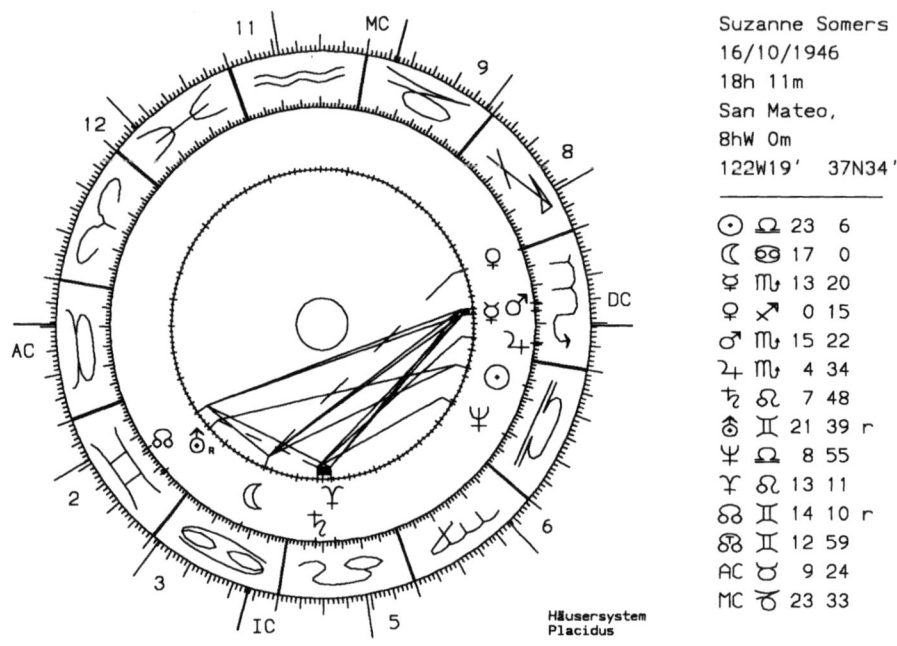

Suzanne Somers
16/10/1946
18h 11m
San Mateo,
8hW 0m
122W19' 37N34'

☉	♎	23	6
☽	♋	17	0
☿	♏	13	20
♀	♐	0	15
♂	♏	15	22
♃	♏	4	34
♄	♌	7	48
⚷	♊	21	39	r
♆	♎	8	55
♈	♌	13	11
☊	♊	14	10	r
☋	♊	12	59
AC	♉	9	24
MC	♑	23	33

Horoskop 5: SUZANNE SOMERS

Nach den Angaben in Lois Roddens «Astro-Data II». Daten laut Geburtsurkunde. Sie wurde geboren am 16. Oktober 1946 um 18.11 Uhr, PST, San Mateo, CA, USA. Häuser nach Placi-dus. Tropischer Tierkreis.

Aspekte für Suzanne Somers

SO	*Tri*	UR 1 S 27	ME	*Kon*	MA 2 A 01	JU	*Opp*	AC 4 S 49	NE *Qcx* AC 0 S 29
SO	*Qua*	MC 0 S 27	ME	*Qua*	PL 0 S 10	SA	*Hsq*	UR 1 S 10	PL *Sxt* MK 0 S 12
SO	*Kon*	CHI 3 A 27	ME	*Qcx*	MK 0 S 22	SA	*Sxt*	NE 1 A 07	PL *Qua* AC 3 A 47
MO	*Tri*	ME 3 S 39	ME	*Opp*	AC 3 A 57	SA	*Qua*	AC 1 S 36	MK *Ahq* CHI 1 A 26
MO	*Ahq*	VE 1 S 44	MA	*Qua*	PL 2 S 11	UR	*Qcx*	MC 1 S 55	MC *Qua* CHI 3 A 00
MO	*Tri*	MA 1 S 37	MA	*Opp*	AC 5 A 59	UR	*Tri*	CHI 4 S 54	
MO	*Opp*	MC 6 S 34	JU	*Qua*	SA 3 A 14	NE	*Tri*	MK 4 A 04	

126

vorausgesetzt, kann jeder dem Syndrom zum Opfer fallen. (Das Kind, das Sie anbeten, beginnt Drogen zu nehmen, Ihre geliebte Mutter bekommt einen Schlaganfall, Ihr Gatte bekommt Krebs.) Neptuns Haus und seine Aspekte in Ihrem Horoskop zeigen die Bereiche an, in denen Verwirrung darüber herrscht, wo Sie aufhören und wo andere Menschen beginnen – anders gesagt, zeigt Neptun die Stellen, wo Ihre Grenzen verschwommen sind. In diesen Bereichen haben Sie möglicherweise Probleme, Grenzen zu setzen, und können daher ausgenutzt oder sogar in die Rolle des Opfers gedrängt werden. Neptun zeigt im Radix häufig die Ebenen an, auf denen wir uns ohnmächtig fühlen – als Opfer oder gar als Märtyrer. Dies ist zugleich der Lebensbereich, in dem wir höchstwahrscheinlich co-abhängig werden, wenn die richtigen Umstände vorhanden sind. Mit Neptun im 3. Haus könnten wir unser Leben lang den Geschwistern verfallen sein, von denen einige Alkoholiker oder suchtkrank sind; mit Neptun im 5. Haus geht es um Liebesaffären oder Kinder; im 8. Haus um sexuelle Partner; im 11. Haus um Freunde.

Lizas und Judys Show – eine Fallstudie

Als Fallgeschichte für Co-Abhängigkeit wollen wir uns die Horoskope von Judy Garland und ihrer möglicherweise genauso begabten Tochter Liza Minnelli ansehen. Ihre Horoskope, die auf Geburtsurkunden beruhen und der Sammlung *Profiles of Women* entnommen sind, finden Sie als *Horoskop 6 und Horoskop 7* auf S. 128 und S. 129. Judys langes Ringen mit dem Alkohol und mit Tabletten und ihre Selbstmordneigungen sind in Hollywood geradezu eine Legende. Liza ging 1984 in die Betty Ford Clinic, um ihre Abhängigkeit von Schlankmachern, Beruhigungspillen, Schlaftabletten und Alkohol zu bekämpfen.

Liza ist ihrer Mutter gegenüber äusserst loyal, doch ihre Kindheit klingt wie der Alptraum eines EKA. Im Alter von zehn Jahren musste Liza für sich und Judy um Essen betteln und aus Hotels und Wohnungen schleichen, um die Rechnungen und die Miete nicht bezahlen zu müssen. Sie war die Vertraute ihrer Mutter und tröstete Judy nach ihren zahlreichen Selbstmordversuchen.[32] Als sie heranwuchs, wurde die Beziehung zwischen den beiden Frauen turbulent, und Judy warf Liza mehrmals hinaus. 1962 verliess Liza im Alter von 16 Jahren für immer das Elternhaus und ging mit 100 Dollar in der Tasche nach New York, um im Showgeschäft Karriere zu machen.

Lizas Horoskop zeigt ein eindeutiges EKA-Profil. Ihre Sonne steht in Fische im 12. Haus. Das Trigon zwischen Sonne und der Mond/Mars/Saturn-Konjunktion am IC in Krebs zeigt die Nähe zu ihrer Mutter, zugleich aber auch die gegenseitige Abhängigkeit. Mit meiner Sonne in Krebs im 12. Haus schien ich einen persönlichen blinden Fleck für die Rolle von Krebs-Planeten in EKA-Horoskopen zu haben, bis ich diesen Abschnitt schrieb! Lizas Venus und ihr Merkur stehen ebenfalls im 12. Haus in Opposition zu Neptun. Pluto im 4. Haus bildet ein weites Quadrat zu Lizas Aszendent – immerhin 8 Grad, aber es scheint zu wirken – sowie ein Anderthalbquadrat mit einem Orbis von 3 Grad zur schon erwähnten Sonne im

12. Haus. Damit kann Liza offensichtlich als Neptunierin und etwas weniger offensichtlich als Plutonierin gelten.

Judys Neptun scheint auf den ersten Blick nicht besonders stark gestellt zu
sein, aber sie war eine gute Sängerin und Schauspielerin und hatte eine Suchtstruktur – alles neptunische Züge. Bei näherem Hinsehen bemerken wir, dass ihr
Neptun zusammen mit ihrer Uranus/MC-Konjunktion in Fische und ihrem Deszendenten ein Auge Gottes bildet. Sie litt darunter, dass sie immer in der Öffentlichkeit stand und seit ihrer Jugend jederzeit für eine Sensation gut war, und dies

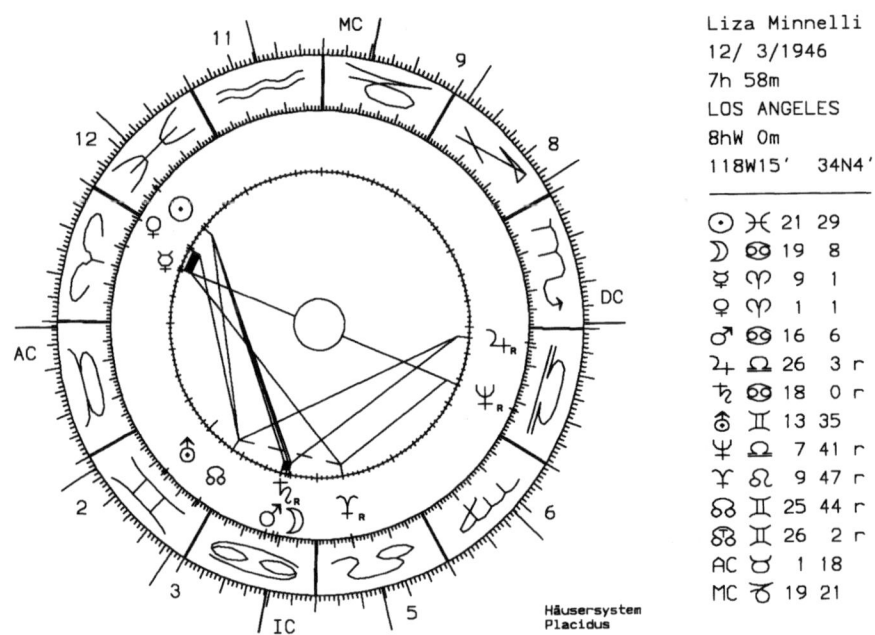

```
Liza Minnelli
12/ 3/1946
7h 58m
LOS ANGELES
8hW 0m
118W15'   34N4'
```

☉	♓	21	29
☽	♋	19	8
☿	♈	9	1
♀	♈	1	1
♂	♋	16	6
♃	♎	26	3 r
♄	♋	18	0 r
⚷	♊	13	35
♆	♎	7	41 r
♅	♌	9	47 r
☊	♊	25	44 r
☋	♊	26	2 r
AC	♉	1	18
MC	♑	19	21

Häusersystem
Placidus

Horoskop 6: LIZA MINNELLI

*Daten auf der Grundlage der Geburtsurkunde nach Lois Rodden, «Profiles of Women»,
S. 353. Sie wurde geboren am 12. März 1946 um 7.58 Uhr, PST, Los Angeles, CA, USA. Häuser nach Placidus. Tropischer Tierkreis.*

Aspekte für Liza Minnelli

SO *Tri* MO 2 A 20	MO *Kon* SA 1 A 08	MA *Kon* SA 1 A 54	UR *Sxt* PL 3 S 49
SO *Tri* MA 5 S 23	MO *Opp* MC 0 S 13	MA *Opp* MC 3 S 15	NE *Sxt* PL 2 S 06
SO *Tri* SA 3 S 28	MO *Qua* CHI 0 A 59	MA *Qua* CHI 4 A 01	PL *Hsq* MK 1 S 15
SO *Qua* MK 4 A 33	ME *Opp* NE 1 S 20	JU *Tri* MK 0 A 01	MC *Qua* CHI 0 A 46
SO *Sxt* MC 2 A 08	ME *Tri* PL 0 A 46	JU *Opp* AC 5 S 15	
SO *Qcx* CHI 1 S 22	VE *Qua* MK 5 S 00	SA *Opp* MC 1 S 21	
Mo *Kon* MA 3 A 02	VE *Hsx* AC 0 S 17	SA *Qua* CHI 2 A 07	

muss zu ihrer Suchtstruktur beigetragen haben. Wir entdecken weiterhin, dass Neptun ein etwas schiefes Dreieck aus Halbquadrat und Anderthalbquadrat mit Merkur und ihrem Schütze-Mond bildet (man denkt hier unwillkürlich an ihr Lied «Somewhere over the Rainbow»). Wie Liza hat auch sie ein stark betontes 12. Haus, in dem Sonne, Merkur und Pluto stehen; Pluto ist ausserdem in genauer Konjunktion mit dem Aszendenten.

Beide Frauen hatten etwas Einsames, Verlorenes an sich, das man unter Umständen mit dem 12. Haus in Verbindung bringen könnte. Der Krebs-Aszendent

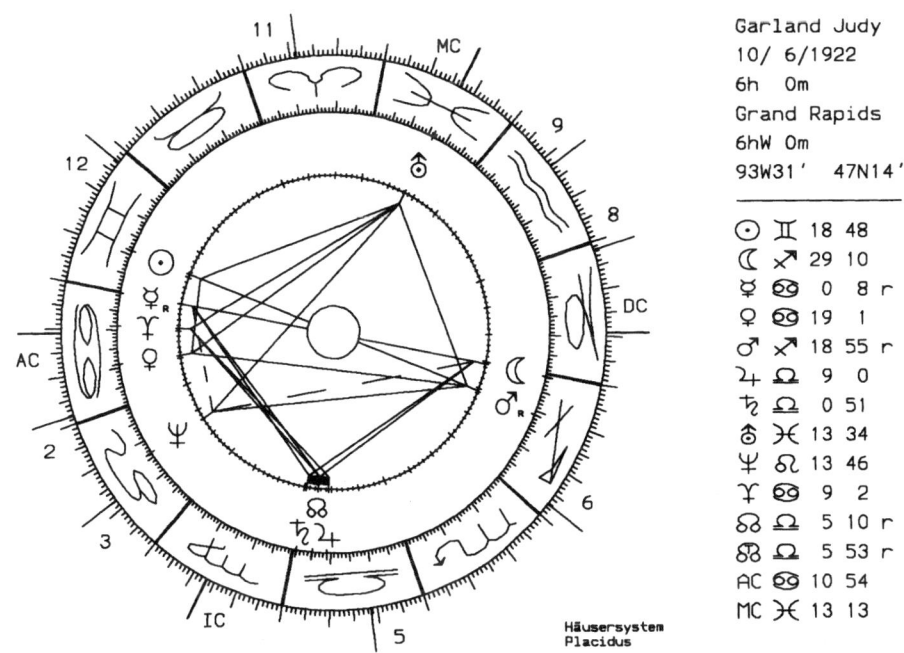

Garland Judy
10/ 6/1922
6h 0m
Grand Rapids
6hW 0m
93W31' 47N14'

☉	♊	18	48
☾	♐	29	10
☿	♋	0	8 r
♀	♋	19	1
♂	♐	18	55 r
♃	♌	9	0
♄	♌	0	51
⚷	♓	13	34
♆	♌	13	46
♅	♋	9	2
☊	♌	5	10 r
☊	♌	5	53 r
AC	♋	10	54
MC	♓	13	13

Häusersystem
Placidus

Horoskop 7: JUDY GARLAND

Daten auf der Grundlage der Geburtsurkunde nach Lois Rodden, «Profiles of Women», S. 84. Sie wurde geboren am 10. Juni 1922 um 6.00 Uhr, CST, Grand Rapids, MN, USA. Häuser nach Placidus. Tropischer Tierkreis.

Aspekte für Judy Garland

SO *Hsx* VE 0S 13	ME *Qua* SA 0S 43	JU *Kon* MK 3A08	PL *Qua* MK 3S 10
SO *Opp* MA 0A07	ME *Hsq* NE 1A23	JU *Qua* AC 1S 54	PL *Kon* AC 1A52
SO *Qua* UR 5S 14	VE *Qcx* MA 0S 06	UR *Qcx* NE 0S 11	PL *Tri* MC 4S 11
SO *Qua* MC 5A35	VE *Tri* MC 5A48	UR *Tri* PL 4A32	MK *Qua* AC 5S 02
SO *Sxt* CHI 2S 01	Ve *Qua* CHI 2S 14	UR *Tri* AC 2A40	AC *Tri* MC 2A19
MO *Opp* ME 0A58	MA *Qua* MC 5A42	UR *Kon* MC 0S 21	AC *Qua* CHI 5A53
MO *Qua* SA 1A41	MA *Tri* CHI 2A08	NE *Qcx* MC 0A32	
MO *Ahq* NE 0S 25	JU *Qua* PL 0S 03	NE *Tri* CHI 3S 02	

129

sowie Merkur, Pluto und Venus dominieren das Horoskop. Pluto spielt eine wichtige Rolle, da er auf dem Aszendenten steht und weite Konjunktionen zu Venus und Merkur bildet (Halbsumme), sowie ein Trigon zur Uranus/MC-Konjunktion und Quadrate zu den Mondknoten und zu Jupiter. (Wiederum sehen wir Pluto im Aspekt zu Saturn als Signatur für einen Kinderstar, auch wenn es sich in diesem Fall um ein weites Quadrat handelt.)

Wenn Sie die Verbindungen zwischen den Horoskopen betrachten, dann werden Sie bemerken, dass Judys Venus auf 19 Grad Krebs in exakter Konjunktion mit Lizas Mond und IC ist und ausserdem eine genaue Konjunktion mit Lizas Mars und Saturn bildet. Lizas Neptun fällt in Judys 4. Haus und bildet eine Kon-

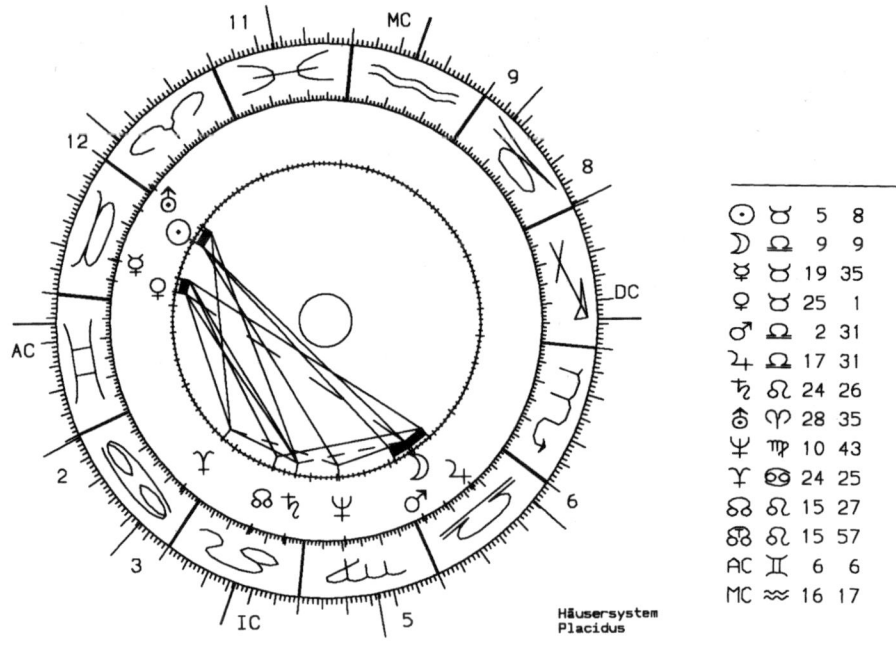

☉	♉	5	8
☽	♋	9	9
☿	♉	19	35
♀	♉	25	1
♂	♌	2	31
♃	♌	17	31
♄	♌	24	26
☌	♈	28	35
♆	♍	10	43
♈	♋	24	25
☊	♌	15	27
☋	♌	15	57
AC	♊	6	6
MC	♒	16	17

Häusersystem Placidus

Horoskop 8: COMPOSIT VON LIZA MINNELLI UND JUDY GARLAND

Composit von Liza Minnelli und Judy Garland, berechnet für Los Angeles, CA, USA. Häuser nach Placidus. Tropischer Tierkreis.

Aspekte für das Composit von Liza Minnelli und Judy Garland

SO	Kon	UR	6 A 33	MO	Tri	AC	3 A 03	MA	Hsq	MK	1 A 34	SA	Hsx	PL	0 A 01
SO	Tri	NE	5 A 35	ME	Qua	SA	4 A 51	MA	Tri	AC	3 S 36	UR	Qua	PL	4 S 10
SO	Hsx	AC	0 S 58	ME	Qua	MK	3 S 38	MA	Ahq	MC	1 A 13	NE	Hsq	PL	1 A 19
MO	Ahq	VE	0 A 52	ME	Qua	MC	3 A 18	JU	Sxt	MK	1 A 34	NE	Qua	AC	4 A 37
MO	Kon	MA	6 A 39	ME	Tri	CHI	1 S 08	JU	Tri	MC	1 A 14	MK	Opp	MC	0 S 20
MO	Hsq	SA	0 A 16	VE	Qua	SA	0 S 36	JU	Qua	CHI	0 S 56				
MO	Hsx	NE	1 A 34	VE	Sxt	PL	0 S 37	SA	Tri	UR	4 S 09				

junktion mit Judys Jupiter/Nordknoten/Saturn-Konjunktion. Dies lässt an Unklarheit hinsichtlich der Frage denken, wer von den beiden die Mutter war. Lizas Südknoten auf Judys Mond deutet an, dass es für Liza selbstverständlich war, die Mutter zu versorgen; möglicherweise aufgrund von Verbindungen in früheren Leben. Judys Neptun bildet eine weite Konjunktion mit Lizas Pluto. Auch wenn dies Generationsaspekte sind, kommt hier die Wahrheit über eine Beziehung zum Ausdruck, in der Liza immer wieder die Situation unter Kontrolle halten musste, wenn Judy die Übersicht verlor.

Es gibt in beide Richtungen weite Sonne/Uranus-Kontakte. Diese Aspekte zeigen nicht nur die stürmische Natur der Beziehung und die Wildheit, die beiden Frauen gemeinsam war und die dafür sorgte, dass in der Beziehung ständig die Funken flogen, sondern auch, dass jede das Genie, das Charisma und die Einzigartigkeit der anderen zu fördern wusste. Die Kontakte schliessen auch ein ruheloses, sehr lebhaftes T-Kreuz in den veränderlichen Zeichen (Fische, Zwillinge, Schütze) ein. Als Ventil bietet sich Judys Jungfrau-IC an. Die beiden Frauen waren während Lizas Kindheit ständig unterwegs und wurden nie irgendwo heimisch.

Da sowohl Judy als auch Liza starke Betonungen des 12. Hauses haben, schlagen sich diese Betonungen und die aus ihnen resultierenden Charakteristika zwangsläufig in ihrem Composit nieder, das als *Horoskop 8* auf S. 130 abgedruckt ist. Selbstzerstörerische Neigungen (wie Sucht), das Bedürfnis nach Rückzug und die verlorenen kindlichen Qualitäten tauchen in beiden Horoskopen auf. Das stark betonte 12. Haus im Composit lässt daran denken, dass bereits durch ihr blosses Zusammensein die Neigung der beiden Frauen, süchtig zu werden, verstärkt wurde. Die Merkur/Venus-Konjunktion lässt eine gute, liebevolle Kommunikation zwischen den beiden vermuten, ein Verständnis füreinander, das Aussenstehenden verbal kaum zu vermitteln war. Neptun im 4. Haus bildet ein Quadrat zum Aszendenten und verstärkt die neptunischen Qualitäten noch weiter, symbolisiert aber auch die Tatsache, dass es eine starke mediale Verbindung und ein Verschwimmen der Grenzen zwischen ihnen gegeben haben muss. Das schwierige 4. Haus, in dem Neptun und Saturn stehen, symbolisiert das schmerzliche Bemühen um einen Platz, an dem sie sich geborgen fühlen konnten. Mond, Mars und Jupiter in Waage bezeugen eine liebevolle, wenn auch häufig von Wut überschattete Beziehung. Die Tatsache, dass diese drei Planeten im 5. Haus stehen, zeigt, dass sie sich in ihrer schauspielerischen Karriere gegenseitig unterstützten.

Wie EKA-Erfahrungen Ihre Praxis beeinflussen können

Haben Sie in den beschriebenen astrologischen Profilen von EKA und Co-Abhängigen Konstellationen Ihres eigenen Horoskops wiedergefunden? – Sie sind damit nicht allein. Wie ich schon erwähnt habe, sind viele, die astrologisch arbeiten – ich selbst eingeschlossen – EKA. Es liegt natürlich bei jedem einzelnen, zu erkennen und zu klären, wie unsere früheren Schwierigkeiten unsere astrologische Praxis beeinflussen.

Viele haben sich grosse Mühe gegeben, sich mit Hilfe einer ganzen Reihe von heilenden Techniken zu transformieren. Deshalb sind wir im allgemeinen in der Lage, unseren Klienten gute Dienste zu leisten. Inzwischen haben die meisten an ihren EKA-Themen gearbeitet. Aber wenn wir nicht ständig bewusst und aufmerksam bleiben, können wir trotzdem in EKA-Strukturen und in Verhaltensweisen der Co-Abhängigkeit zurückfallen, weil die Probleme der Klienten den Problemen von Familienangehörigen oder anderen Menschen, die wir lieben, mitunter ähnlich sind – oder gar unseren eigenen. Ich besuchte selbst mehrere Jahre lang EKA-Gruppen und später Al-Anon-Gruppen, und ich dachte, ich hätte mich gut erholt. Aber als ich Bücher über Co-Abhängigkeit las, war ich entsetzt über meine blinden Flecken.

Wir wollen nun über Ihre Praxis nachdenken. Viele EKA-Astrologen und die meisten ihrer EKA-Klienten wissen nicht, welche Folgen es hat, wenn man bei alkoholkranken Eltern oder in gestörten Familienverhältnissen aufwächst, oder sie leugnen die Folgen. Wenn wir uns nicht bewusst mit diesem Thema auseinandersetzen, können die Charakterzüge, die mit dem EKA-Syndrom in Verbindung gebracht werden, unser Verhalten unseren Klienten gegenüber nachhaltig beeinflussen. Die folgende Erörterung der Charakterzüge von Therapeuten mit EKA-Strukturen ist Cermaks Buch *A Primer for Adult Children of Alcoholics*[33] entnommen. Meine Kommentare zu der Frage, wie sich diese Charakterzüge auf Deutungen oder auf die Arbeit eines Beraters auswirken können, sind durch Klammern gekennzeichnet.

Cermak meint, unbehandelte EKA-Berater seien daran zu erkennen, dass sie die Klienten anhalten, an ihrer Stelle ihre Wut auszuleben. Oft drängen sie die Klienten, aktiv zu werden, bevor diese wirklich bereit sind. (Auch wenn Klienten manchmal mit praktischen Problemen wie der Frage nach einer Scheidung kommen, sind sie nicht unbedingt bereit, den Schritt tatsächlich zu tun.) Sie arbeiten mit dem Intellekt, statt die Klienten zu ermuntern, ihre Gefühle zu zeigen. (Wenn Sie beispielsweise auf einmal Ihre Klienten mit Fachausdrücken und technischen Erklärungen überschütten, sollten Sie sich fragen, ob Ihnen die emotionale Seite der Sitzung unangenehm ist.) Schweigen ist ihnen unangenehm. (Wenn der Klient innehält, um nachzudenken, brechen Sie dann das Schweigen mit einem metaphysischen Vortrag oder mit Informationen über Fixsterne, Asteroiden und so weiter?) Unbehandelte EKA lassen sich auf kein Zwölf-Schritte-Programm ein und sind sicher, dass sie ihre Co-Abhängigkeit aufgearbeitet haben.

Als ich die Bücher von anderen Autoren wie Claudia Black, Melody Beattie, Alice Miller und Janet Woititz zum gleichen Thema las, fielen mir noch weitere Möglichkeiten auf, wie uns das EKA-Syndrom und unbehandelte Co-Abhängigkeit bei Horoskopdeutungen Schwierigkeiten bereiten könnten. In *Das Drama des begabten Kindes* schreibt Alice Miller zum Beispiel, dass narzisstische Berater – ein Charakterzug, der unter EKA nicht selten ist – ein grosses Bedürfnis nach Lob, Verständnis und Anerkennung von seiten ihrer Klienten haben. Das übt auf die Klienten einen Druck aus, nämlich den Erwartungen des Beraters gerecht zu werden und das Material zu liefern, das in dessen Vorstellungen und Glaubenssysteme passt.[34]

Ein co-abhängiger Berater gerät leicht in die Defensive und braucht von seinen Klienten viel Bestätigung und Streicheleinheiten. Werden Sie wütend, wenn ein Klient Ihre Deutung in Frage stellt oder nicht zugibt, dass Sie genau den richtigen Punkt getroffen haben? Viele Astrologen machen sich zu sehr von der Bestätigung und Bewunderung ihrer Klienten abhängig. Wir glauben, wir müssten alles wissen und alle Antworten kennen. Wir führen akrobatische Kunststücke auf, um unsere Klienten zu blenden und in Erstaunen zu versetzen. Wir könnten zu sehr darauf fixiert sein, unsere eigenen Voraussagen und Interpretationen anzubringen, und verhindern dadurch einen echten Dialog mit dem Klienten. Wir sind nach der Sitzung deprimiert, wenn wir nicht genug positives Feedback bekommen haben. Dann stellen wir uns selbst, unsere Arbeit und unseren Wert in Frage.

Probleme mit Abgrenzungen zeigen sich in Sitzungen in unterschiedlicher Form als übermässige Identifizierung. Wir machen die Probleme des Klienten zu unseren Problemen oder verwechseln umgekehrt unsere Probleme mit denen des Klienten. Sie könnten Angst davor haben, oder es tut Ihnen vielleicht weh, den Klienten Dinge zu sagen, die sie nicht gern hören wollen, auch wenn die Transite und Progressionen alles andere als angenehm sind. Sie könnten Probleme haben, Grenzen zu setzen – das heisst, zu viele Anrufe von einem Klienten annehmen, der im Laufe von Ihnen abhängig wird –, oder Sie könnten zulassen, dass Ihre Sitzungen stundenlang dauern. Verschwommene Grenzen führen oft auch dazu, dass man sich nach der Sitzung erschöpft fühlt. (Es kann auch bedeuten, dass Sie heilen, ohne dass es Ihnen bewusst ist, und dass Sie besser die göttliche Energie statt Ihrer eigenen weiterleiten sollten.)

Das unter EKA verbreitete Bedürfnis, andere Leute in Ordnung zu bringen, könnte uns überhaupt erst darauf gebracht haben, Horoskopdeutungen anzubieten. Dieses Bedürfnis führt zum Wunsch, Klienten zu retten, die süchtig sind oder in Schwierigkeiten stecken. Wir geben uns vielleicht sehr, sehr viel Mühe, in einer einzigen dreistündigen Sitzung alle Probleme des Klienten zu lösen. Wir fühlen uns übermässig verantwortlich, wir nehmen einen zu grossen Teil der Probleme des Klienten auf uns, und wir verbringen viel zuviel Zeit mit der Vorbereitung. Manche Astrologen glauben zum Beispiel, dass sie für eine Spanne von mehreren Jahren alle Transite, Progressionen, Harmonics, Halbsummen und Fixsterne berücksichtigen müssen. Das allgegenwärtige mangelnde Selbstwertgefühl kann dazu führen, dass wir überhaupt kein Geld oder ein zu geringes Honorar verlangen.

Unbehandelte EKA und Co-Abhängige neigen dazu, andere extrem stark zu kontrollieren. Sie können dabei durchaus auch subtil und geschickt manipulieren. (Die Dinge unter Kontrolle zu halten war im Elternhaus für das Überleben wichtig. Reden wir hier etwa über Pluto?) Wenn Klienten nicht reagieren und nicht aufgreifen, was EKA-Astrologen ihnen empfehlen, oder wenn sie nicht glauben, dass das Gesagte *die* Antwort war, dann entwickeln EKA manchmal Wut, Empörung oder Rachegelüste. Sie könnten reagieren, indem Sie sich auf ihre Verbindung zum Göttlichen berufen, Klienten mit Pluto-Transiten Angst einjagen oder ihnen Krebs androhen, wenn sie nicht die Art und Weise, wie sie denken, in Ihrem Sinne in Ordnung bringen. Empörung und sogar Wut können auch ausbrechen, wenn die Klienten sich nicht auf die Art und Weise ändern, die der EKA-Berater für richtig hält.

Es gibt zwei wichtige Themen, mit denen Klienten immer wieder zu uns kommen – Beruf und Beziehungen. Leider sind die beiden wichtigsten Charakteristika unbehandelter EKA, dass sie Autoritätsprobleme und gestörte Beziehungen haben. Wenn wir diese Themen nicht in unserem eigenen Leben bearbeitet haben und unsere eigenen Probleme noch verleugnen, dann entsteht eine Situation, in der ein Blinder einen Blinden führen will. Wie wollen wir den Klienten zeigen, wie gesunde Beziehungen oder positive Vorbilder aussehen könnten, wenn wir vor Nähe oder Wut Angst haben? Nehmen wir an, Sie leben noch die Opferrolle aus und wurden in Ihren Beziehungen immer wieder enttäuscht. Diese EKA-Strukturen bringen Sie nun in die Horoskopdeutung ein. Wenn Klienten Fragen zu schwierigen Beziehungen haben, raten Sie ihnen womöglich, darauf zu achten, dass sie nicht hintergangen werden.

Aufgrund unserer nicht aufgelösten Wut auf unsere Eltern könnten wir Klienten dazu anstacheln, die Wut an Eltern oder Vorgesetzten auszulassen. Wenn wir grössenwahnsinnig sind, ermuntern wir Klienten möglicherweise zu grössenwahnsinnigen beruflichen Plänen, statt in der Berufsberatung geerdet und realistisch vorzugehen. Viele EKA leben immer am Rande des Existenzminimums, weil sie in ihren instabilen Familien nicht richtig geerdet sind, und die finanziellen Aussichten eines Berufsastrologen sind alles andere als rosig. Viele von uns haben Schwierigkeiten, für jemand anders zu arbeiten, und deshalb fühlen wir uns in freien Berufen so wohl. Bei Klienten mit schwierigen Transiten durch das 8. oder 2. Haus übersehen wir möglicherweise die Tatsache, dass der Klient sich mit Kreditkarten, Hypotheken und Lohnvorschüssen völlig übernommen hat.[35]

Das häufig zu beobachtende mangelnde Selbstwertgefühl ist die Erklärung dafür, dass viele EKA jahrelang die Astrologie studieren, sich aber nie qualifiziert fühlen, Deutungen zu machen. Viele praktizieren überhaupt nicht oder nur unregelmässig, weil sie glauben, sie könnten anderen Menschen nicht helfen, wobei sie aber genau dies von sich selbst erwarten. Oder sie praktizieren nicht, weil sie glauben, die Verantwortung sei zu gross. Sie sehen unsere ausgezeichneten Werkzeuge und erwarten von sich selbst, sie müssten allwissend sein, und sie hassen sich selbst, wenn sie nicht so grossartig sind wie die Quellen ihres Wissens.

Schliesslich sind EKA besonders empfänglich für Abhängigkeiten und Zwangsverhalten. Weitaus mehr Kollegen, als wir uns eingestehen wollen, sind Alkoholiker oder leiden an einer anderen Form von Sucht. Individuell und kollektiv üben wir uns im Verleugnen, aber das ist ein Berufsrisiko. Es ist ein Weg, um mit der manchmal erdrückenden Verantwortung fertigzuwerden, mit dem Gefühl der Einsamkeit, mit dem Gefühl, alle Energie fortgegeben zu haben, mit dem psychischen Bombardement, das manchmal bei Deutungen losbricht. Manchmal wollen wir die Gefühle, die in konzentrierter Form in einer Sitzung ausbrechen, wenn wir uns mit wichtigen Themen des Lebens beschäftigen, einfach unterdrücken. Wenn unsere Vorbilder versuchten, Belastungen zu ertragen oder Gefühle im Zaum zu halten, indem sie zu Drogen griffen oder auf zwanghaftes Verhalten auswichen, dann neigen wir dazu, diesen Vorbildern nachzueifern.

Das EKA-Syndrom und die Gruppendynamik

Die Kombination von Überheblichkeit und Trotz ist, wie man sich leicht vorstellen kann, ein Sprengsatz für die Gruppendynamik astrologischer Berufsverbände und anderer New-Age-Gruppen. Viele Charakterzüge, die Cermak erwähnt, wirken in die Gruppendynamik hinein. Dazu gehört etwa das Bedürfnis des Leiters, die Kontrolle zu behalten, die Angst der Mitglieder vor Konflikten, die Angst vor wütenden Menschen, die Unfähigkeit, Kritik anzunehmen, die Neigung, die Dinge in Schwarzweissmustern zu sehen, das Bedürfnis nach Übereinstimmung und Zustimmung, die Neigung, sich als Opfer zu fühlen. Werfen Sie eine grosse Zahl trotziger, überheblicher, nicht behandelter und noch leugnender EKA zusammen, und Sie dürften ein ausgesprochen bizarres Gruppenverhalten sehen. Sie finden Fehden, Zersplitterungen, Ausschluss von allen Mitgliedern, die unbequeme Fragen stellen, und Massen, die die nicht vorhandenen neuen Kleider des Kaisers mit «Oh» und «Ah» bewundern.

Wenn sich solche Gruppen vor allem aus EKA rekrutieren, dann ist es nicht verwunderlich, wenn die Führungspositionen mit dem Gegenstück alkoholkranker Eltern besetzt sind. Selbst wenn sie nie einen Drink in die Hand nehmen, verhalten sich die Anführer, als wären sie Alkoholiker. Energisches Verleugnen und hohe Toleranz gegenüber bizarrem Verhalten sind Charakteristika von EKA, die ins Gruppenleben übernommen werden. Deshalb sind die Mitglieder nachsichtig und übersehen auch die krassesten Verhaltensstörungen ihrer Anführer. Das Bedürfnis der Mitglieder, als glückliche, liebevolle Familie zusammenzuleben, ist sehr stark. Die schmerzliche Isolation, unter der sie litten, das lebenslang währende Gefühl, anders zu sein und sich nirgends geborgen zu fühlen, lässt die Gruppe für die EKA so wertvoll werden, dass sie alle Störungen verleugnen, um nur nicht das Gefühl in Gefahr zu bringen, endlich irgendwo geborgen zu sein. Wenn man diese Scheuklappen aufgesetzt hat, ist natürlich alles und jeder einfach *wuuunnndervoll …*

Wenn Sie so unklug sind anzudeuten, dass der Kaiser womöglich völlig nackt ist, dann wendet sich die Gruppe gegen Sie, als hätten Sie etwas Unanständiges gesagt. «Oh», sagen die anderen, «aber er ist doch so spirituell!» Die Gruppe könnte Sie ächten, und man wird Sie sicherlich nicht noch einmal bitten, einen Vortrag zu halten. Die Wahrheit ist an Orten, wo die Lüge König ist, ein unwillkommener Gast.

Weitere Charakteristika alkoholkranker Familien, die in Gruppen übertragen werden können, die überwiegend aus EKA bestehen, sind Co-Abhängigkeit und verschwommene Grenzen. Viele EKA (ich zähle selbst dazu) halten sich sogar aus gesunden Gruppen heraus und mischen sich nicht ein, weil in ihrer Kindheit immer wieder ihre Grenzen verletzt wurden.

In manchen astrologischen Gruppen ist es in der Tat zu Grenzverletzungen gekommen, aber wir sind Musterbeispiele für seelische Gesundheit, wenn wir uns mit dem vergleichen, was in einigen Sekten vor sich geht. Leider sind EKA, vor allem wenn sie jung sind, für fragwürdige spirituelle Lehrer und Gruppen sehr offen. Eine fest zusammenhaltende spirituelle Gruppe kann ein kostbares Geschenk sein, aber eine Gruppe, die verlangt, man möge die eigene Individualität aufgeben, um zu ihr zu gehören, ist zerstörerisch. Eine Gruppe, in der gewohnheitsmässig Grenzen verletzt werden, kann einem Individuum, dessen Grenzen sowieso schon schwach ausgebildet sind, grossen Schaden zufügen. Kulte, die angeblich spirituell sind, tun sich in dieser Hinsicht besonders hervor, aber selbst in einer eher locker organisierten Gruppe kann manchmal die Achtung vor den Rechten, dem Glauben und den Gefühlen der Mitglieder verlorengehen.

Der Durchgang von Uranus und Neptun erst durch Steinbock und dann durch Wassermann verheisst aufregende Entwicklungen für die Astrologie und besonders einen Schritt hin zu grösserer Professionalität. Aber dies ist meiner Ansicht nach keine gute Zeit für unsere Organisationen. Die Gruppendynamik wird dort wahrscheinlich vorerst noch verrückter statt vernünftiger werden. Viele werden von Gruppen enttäuscht werden, und Gruppen, die den Bedürfnissen ihrer Mitglieder nicht entgegenkommen, werden sich auflösen. Die Hoffnung auf Vernunft, das ist die Hoffnung, dass mehr und mehr EKA-Mitglieder nach und nach das Syndrom in sich selbst und in ihren Gruppen erkennen werden. Es wäre hilfreich, wenn einige der Traditionen des Zwölf-Schritte-Programms für die Arbeit in diesen Gruppen umgesetzt würden. Am Anfang könnte vielleicht dies stehen: «Unsere Vertrauensleute sind nur betraute Diener, sie herrschen nicht.»

Wie aktuelle Bedingungen das Bedürfnis nach Genesung verstärken

Der augenblickliche Zustand der Welt, wie er auf astrologischer Ebene durch den Durchgang der äusseren Planeten durch die Zeichen symbolisiert wird, stellt erhöhte Anforderungen an alle helfenden Berufe. Viele Menschen sind äusserst verwirrt und bedürftig, sie fühlen sich hilflos und ohnmächtig angesichts der umfassenden sozialen Veränderungen, die am Horizont heraufdämmern. Die Kräfte des Chaos sind in diesem Augenblick sehr stark. Die Folge ist, dass die Menschen bei Astrologen und anderen Helfern Anleitung und Antworten suchen. Es wäre leicht, sich an den Forderungen der Klienten aufzureiben. Es ist besonders wichtig zu lernen, wie man Grenzen setzt. Wir müssen diese Kunst beherrschen, wenn wir nicht so ausbrennen wollen, dass wir unsere Arbeit einstellen müssen.

Wir müssen ausserdem lernen einzuschätzen, ob die Forderungen der Klienten berechtigt sind oder nicht. Alkoholiker und chronisch gestörte Menschen sind fähig, ihre Hilflosigkeit und ihre «unendliche Bedürftigkeit» so sehr in den Vordergrund zu stellen, dass psychisch einfühlsame Mitmenschen dies aufschnappen und darauf reagieren. Wegen ihres schwachen Selbstwertgefühls brauchen Retter das Gefühl, gebraucht zu werden. Deshalb sprechen sie oft auf die Hilflosigkeit anderer Menschen an und halten sie hilflos, indem sie ihnen helfen, gestörte Verhaltensweisen beizubehalten. Moderne Astrologen müssen lernen, dass Rettung auch verletzend sein kann, und was man wann seinen Klienten nicht antun darf. Wir halten es nicht lange aus, auf der Grundlage unechter Bedürfnisse andere zu retten oder auf sie einzugehen.

Aber wenn wir unsere Kapazität ausloten, recken wir uns und gelangen auf eine höhere Ebene der Professionalität. Sich zu bemühen, um anderen zu dienen, ist anstrengend. Wenn Ihre Grenze bisher erreicht war, wenn Sie eine Meile pro Tag liefen, und Sie nehmen an einem Marathonlauf teil, der über zehn Meilen geht, dann sind Sie müde. Wenn Sie jeden Tag zehn Meilen laufen, werden Sie nicht müde. Wenn Sie Ihre Grenzen in einem helfenden Beruf erweitern, erschliessen Sie sich letzten Endes neue Kräfte.

Selbst wenn die Bedürfnisse Ihrer Klienten legitim sind und wenn sie wirklich Anleitung brauchen, könnten Sie von der Arbeit und der Anspannung während der Beratungen müde werden. Es ist wichtig, dass Sie ruhen, ausspannen und sich um sich selbst kümmern – emotional, spirituell, körperlich und finanziell. Wenn Sie auf sich selbst achtgeben wollen, ist ein wichtiger Aspekt der, eine in Ihrem persönlichen wie in Ihrem beruflichen Leben allfällig vorhandene Co-Abhängigkeit anzuerkennen und loszulassen. Wenn wir Astrologen, die das Syndrom haben, die Werkzeuge nutzen, die uns angeboten werden – die Bücher, die Gruppen und andere Mittel zur Selbsthilfe –, und wenn wir unsere EKA-Klienten und die co-abhängigen Klienten ebenfalls darüber informieren, dann werden wir uns alle nach und nach befreien.

SECHSTES KAPITEL

Die Astrologie der Berufe – Die Tradition
in die heutige Zeit übertragen

Um zu lernen, wie man die Astrologie für den Erfolg im Berufsleben einsetzt, müssen wir nicht nur etwas über die Astrologie der Berufe wissen, sondern auch über die Berufe selbst. Wir müssen die Realität einschätzen können und Klarheit darüber haben, welche praktischen Anforderungen in bestimmten Berufen gestellt werden, welche Ausbildung nötig ist und welche Verdienstaussichten bestehen. Um die Klienten gut zu beraten, müssen wir Fragen wie die folgenden beantworten können: Wie sieht das Profil eines bestimmten Berufs heute aus? Wie verändern sich traditionelle Berufe? Wo liegen Wachstumschancen, welche Berufe sind überbesetzt oder sterben aus? Sie könnten natürlich einwenden, dass wir Astrologen keine ausgebildeten Berufsberater sind. Dennoch wird ein grosser Teil unserer Klienten genau dies von uns erwarten, und wir müssen fähig sein, unsere persönlichen Begabungen und unsere astrologische Intelligenz auch auf diesem äusserst wichtigen Teilbereich unseres Fachgebiets unter Beweis zu stellen.[36]

Natürlich ist das Geburtshoroskop die Grundlage für die Einschätzung der beruflichen Möglichkeiten eines Menschen. Die Grundhaltung eines Menschen zu Arbeit, Autorität und Geld ist durch die üblichen Einstellungstests nicht ohne weiteres zu ermitteln, aber sie geht deutlich aus dem Horoskop hervor. Wenn diese persönlichen Rahmenbedingungen geklärt sind, fällt es uns leichter, berufliche Entscheidungen mit dem Temperament des Betreffenden in Einklang zu bringen. Ausserdem gibt uns die Astrologie Hinweise, die uns kein anderer Test geben kann: Wir erfahren etwas über den zeitlichen Ablauf der beruflichen Veränderungen. Oft ist ja das Timing entscheidend. Manche Klienten haben ausgezeichnete Instinkte für berufliche Veränderungen, andere nicht. Viele werden durch ihre Frustration getrieben und treffen im falschen Augenblick die falsche Entscheidung.

Das Horoskop als Potential – das Leben als Realität

Um brauchbare astrologische Ratschläge zu geben, müssen wir etwas über die Realität wissen. Wir müssen Informationen einbeziehen, die wir dem Horoskop nicht entnehmen können. Wir müssen unseren Klienten wichtige Fragen stellen: Welchen Bildungsstand haben Sie? In welcher Branche sind Sie ausgebildet? Welche finanziellen und persönlichen Möglichkeiten haben Sie? Was hat Ihnen an Ihrer Arbeit bisher Spass gemacht? Welche anderen Berufe haben Sie in Erwägung gezogen?

Wir müssen unsere Beobachtungsgabe nutzen, um eine Vorstellung von der Intelligenz und den verbalen und sozialen Fähigkeiten des Klienten zu bekommen. Wenn es um Intelligenz geht, sollten wir allerdings zwischen der «Luft-Klugheit» und der «Erd-Klugheit» unterscheiden können. Menschen, die nur Luft-klug sind, mögen brillante Ideen haben, aber es mangelt ihnen oft an praktischem Sinn, um etwas aus ihnen zu machen. Ein Mensch, der Erd-klug ist, hat möglicherweise in seinem ganzen Leben nur eine einzige Idee, doch er besitzt den Geschäftssinn, um aus der Idee ein Vermögen zu machen. (Ein Erd-kluger Mensch hat starke Betonungen der Erdzeichen im Horoskop, darunter beispielsweise Merkur und Aszendent. Ein Luft-kluger Mensch hat Betonungen in den Luftzeichen, aber nicht viel im Erd-Element.)

Angenommen, Sie führen eine Deutung für eine Frau von Anfang Dreissig durch, deren Horoskop auf eine gute Eignung als Beraterin schliessen lässt. Vielleicht hat sie einen starken und gut aspektierten Pluto und vielleicht auch Mond oder einen anderen Planeten in Waage. Bevor Sie ihr nahelegen, Sozialarbeit zu studieren oder sich als Beraterin selbständig zu machen, sollten Sie etwas über ihre augenblickliche Situation in Erfahrung bringen. Angenommen, diese Frau hat kein Studium abgeschlossen, sondern bisher nur eine Mittelschule besucht. Wenn sie studieren will, wird sie die nächsten Jahre an der Universität verbringen. Ist genug Geld vorhanden, hat sie Ersparnisse, einen Partner oder Angehörige, die sie unterstützen können? Haben Sie eine Vorstellung, wieviel Geld die Ausbildung kosten würde, die Sie empfehlen? Sind die Zeugnisnoten gut genug, um Fördermittel in Anspruch zu nehmen? Welche öffentlichen Hilfen stehen angesichts der allgegenwärtigen Kürzungen überhaupt noch zur Verfügung? Wie kann man das herausfinden? Oder wo kann sich die Betreffende selbst erkundigen?

Angenommen, Sie erfahren, dass diese Frau in Scheidung lebt, zwei kleine Kinder hat, für die sie keine Unterstützung bekommt, und dass ihre Familie arm ist. Würden Sie ihr immer noch empfehlen zu studieren? Wer kümmert sich um die Kinder, wenn die Frau an der Universität ist? Vielleicht gibt es andere Berufe mit einer kürzeren Ausbildungszeit, in denen sie ebenfalls ihre Fähigkeiten als Beraterin zur Geltung bringen könnte. Wenn Sie eine Liste mit Berufen zur Hand haben, können Sie vielleicht eine Alternative finden. Ich will damit sagen, dass es in der Berufsberatung viele wichtige Ebenen gibt, mit denen wir uns vertraut machen müssen, wenn unsere astrologische Analyse einen praktischen Wert haben soll.

Oft gibt es in den Horoskopen eines Klienten starke Hinweise auf schöpferische Fähigkeiten – Schreiben, Musik, Schauspielerei –, und der Betreffende will wissen, ob er mit seiner Gabe, die drei oder vier Astrologen und seine eigene Mutter erkannt haben, berühmt werden wird. Wenn die Klienten fragen, ob sie es als grosser Musiker oder Sänger zu etwas bringen können, dann frage ich zurück: «Wie viele Stunden üben Sie am Tag?» Angehende Schauspieler frage ich: «Wie viele Termine zum Vorsprechen haben Sie am Tag?» Wenn man in diesen Berufen zu etwas kommen will, braucht man Disziplin, braucht es harte Arbeit und Unternehmungsgeist. Und wenn man alles hat, braucht man ausserdem noch etwas

Glück – aber diese Menschen können oft nicht auf den richtigen Augenblick warten. Jupiter kann seine Wirkung tun, wenn wir mit ihm arbeiten – aber für die Arbeit brauchen wir Saturn.

Fähigkeiten *und* Einstellung im Horoskop finden

Wenn Sie sich auf die Deutung vorbereiten, könnten Sie den Klienten nach drei Berufen fragen, die er selbst in Betracht gezogen hat. Natürlich sind Sie nicht auf diese Vorgaben beschränkt, denn das Horoskop wird sicherlich noch weitere Möglichkeiten andeuten, aber die Angaben des Klienten zeigen Ihnen, wie der Betreffende denkt. Analysieren Sie dann das Horoskop, um festzustellen, wie die Entscheidungen zu ihm passen. Wir haben in unserer astrologischen Ausbildung gelernt, vor allem das 2., 6. und 10. Haus zu betrachten, wenn es um berufliche Fragen geht; die Planeten, die in diesen Häusern stehen, haben die grösste Bedeutung, und danach werden die Zeichen ausgewertet.

In diesen Häusern können wir nicht nur ablesen, wie erfolgreich der Klient wahrscheinlich sein wird, sondern auch, wie seine Einstellung zur Arbeit aussieht. Die Einstellung eines Menschen hat oft grösseren Einfluss auf den Erfolg als die Fähigkeiten. Viele intelligente, kompetente oder begabte Menschen sabotieren sich in beruflicher Hinsicht selbst, weil sie eine negative Einstellung haben und beispielsweise glauben, dass sie scheitern müssen oder dass sie Erfolg nicht verdient haben. Andererseits kann eine konstruktive Einstellung zur Arbeit selbst einem nur mässig begabten Menschen ein gutes Stück weiterhelfen. Es ist die alte Geschichte vom Hasen und der Schildkröte: Der Hase kann schnell rennen, aber die Schildkröte hatte die richtige Einstellung, um zu gewinnen.

Um zu zeigen, wie Einstellung und Fähigkeiten die Berufswahl beeinflussen, wollen wir annehmen, dass ein Klient Uranus oder Wassermann im 6. Haus beziehungsweise an dessen Spitze hat. Die Fähigkeiten, die hier angedeutet sind, zielen auf moderne, technische Gebiete wie die Computertechnik oder auf ungewöhnliche, neuere Berufsfelder wie die Astrologie oder das Biofeedback. Die tiefere Bedeutung dieser Stellung könnte aber die sein, dass der Betreffende jede Beaufsichtigung hasst und unbeaufsichtigt besser arbeitet. Wenn er nicht überwacht wird, zeigt er sich äusserst unabhängig und motiviert sich selbst, wogegen er unter strenger Überwachung rebellisch, unberechenbar und verächtlich reagiert. Im Idealfall könnte er freiberuflich arbeiten oder sich als Berater betätigen oder sich auf einem chaotischen, sich rasch verändernden Gebiet bewähren, wo persönliche Initiative belohnt wird.

Nehmen wir an, ein anderer Klient hat die Himmelsmitte in Löwe oder Planeten in Löwe im 10. Haus. Der Wunsch, zu glänzen und etwas darzustellen, ist sehr stark, und man kann eine gewisse schauspielerische Begabung vermuten. Ob der Betreffende tatsächlich als Schauspieler leben kann, hängt zum grossen Teil von seiner Einstellung ab. Er könnte ein frustrierter Schauspieler werden, wenn er beim Löwe-Wunsch stehenbleibt, um seiner selbst willen geliebt und bewundert zu werden. Dieser Wunsch muss der Bereitschaft weichen, hart zu arbeiten, sich in Geduld zu üben und unermüdlich immer wieder vorzusprechen. Ohne eine entsprechende Einstellung produzieren Menschen mit der Himmelsmitte in Löwe Dramen und Tumulte, wenn sie einen normalen Job annehmen und insgeheim darauf warten, dass sie «entdeckt» werden.

Es ist wichtig, zwischen dem 2., dem 6. und dem 10. Haus zu unterscheiden, auch wenn der tatsächlich ausgeübte Beruf in jedem dieser Häuser angezeigt sein kann. Das 2. Haus zeigt Fertigkeiten und persönliche Ressourcen, die der Betreffende nutzen kann, um seinen Lebensunterhalt zu verdienen. Wenn das 2. Haus (oder das Stier-Zeichen) stark betont ist, während das 6. und das 10. Haus überhaupt nicht besetzt sind, dann ist das Geldverdienen das Wichtigste, und der ausgeübte Beruf tritt demgegenüber in den Hintergrund.

Im 2. Haus finden wir auch die Einstellung zum Geld, die das berufliche Fortkommen fördert oder behindert. Betrachten Sie den Beruf, den der Klient tatsächlich gewählt hat, um einzuschätzen, wie sich seine Einstellung zum Geld oder sein Umgang mit Geld, soweit dies im 2. Haus angedeutet wird, auf seine Erfolgsbilanz auswirken könnte. Neptun oder Fische im 2. Haus könnte bedeuten, dass der Betreffende hingebungsvoll und hart arbeitet, sich aber immer wieder selbst ein Bein stellt, wenn es um sein Einkommen geht. Angestellte, die ein festes Gehalt bekommen, sind einigermassen geschützt, aber Selbständige mit Neptun im 2. Haus flirten ständig mit ihrem Untergang.

Das 6. Haus zeigt die Arbeitsgewohnheiten, die Einstellung zum Job, mögliche Arten von Beschäftigungen und wie sich der Betreffende als Angestellter verhält. Untersuchen Sie seine beruflichen Entscheidungen, um festzustellen, wie die Gewohnheiten und Haltungen, die im 6. Haus beschrieben werden, zu den Arbeitsbedingungen und Aufgabengebieten passen, die mit einer bestimmten Arbeit einhergehen. Wenn Sonne oder Mond im 6. Haus stehen, könnte es für den Betreffenden nötig sein, das Bewusstsein abzustreifen, er werde es nie bis zu einer führenden Position schaffen.

Wenn das 6. Haus (oder das Jungfrau-Zeichen) stark betont ist, das 2. und das 10. Haus aber nicht, dann könnte Arbeit um ihrer selbst willen die entscheidende Motivation sein. Je nach beteiligten Planeten symbolisiert diese Ebene des Horoskops mitunter Menschen, die ihre grösste Bestätigung aus ihrer Arbeit ziehen – oder die zumindest viel Energie und Aufmerksamkeit in ihre Arbeit stecken. Wenn die Arbeit unbefriedigend ist, könnte die Gesundheit dieser Menschen leiden. Manche von ihnen sind Workaholics.

Das 10. Haus zeigt die langfristigen beruflichen Aussichten oder die wichtigste Ebene, auf welcher der Betreffende berufliche Anerkennung findet. Wie wir später noch sehen werden, kommt an diesem Punkt auch die Einstellungen zu Autoritätsfiguren und die Haltung gegenüber der Möglichkeit, selbst eine Autoritätsfigur zu werden, zum Ausdruck. Diese Haltungen können entscheidend sein, wenn man den passenden Beruf sucht und nach Hindernissen fragt, die möglicherweise im Weg sein könnten.

Wenn das 10. Haus (oder das Steinbock-Zeichen) stark betont ist, das 2. und das 6. Haus aber nicht, dann fühlen sich die Betreffenden sehr zu einem bestimmten Beruf oder einer bestimmten Berufung hingezogen. Es geht hier nicht in erster Linie um die Arbeit um ihrer selbst willen oder um das Geld, sondern um den Wunsch, etwas Bedeutendes zu tun – diese Menschen wollen jemand sein. Die Mittel sind dabei weniger wichtig als die Ziele.

Kurz gesagt, müssen wir in der Astrologie der Berufe Einstellungen und Motivationen ebenso sorgfältig einschätzen wie die Fähigkeiten. Glücklicherweise können wir beides anhand der Zeichen und Planeten in den Berufshäusern ablesen. Wenn das Zwillinge-Zeichen eine Beziehung zum 6. oder 10. Haus hat, sollten Sie sich fragen, wie das Zwillinge-Zeichen sich im Beruf verhalten würde. Wie würde das Zwillinge-Zeichen mit der augenblicklichen Arbeitssituation umgehen oder auf die vorgeschlagene Veränderung reagieren?

Wenn das Zwillinge-Zeichen sich in der betreffenden Kombination gelangweilt, rastlos oder einsam fühlen würde, ist der ins Auge gefasste Beruf keine gute Wahl. Wie würde sich das Krebs-Zeichen zeigen? Oder das Schütze-Zeichen? Wenn Sie überlegen, was das betreffende Zeichen motivieren und zufriedenstellen könnte, bekommen Sie einen deutlichen Eindruck, welcher Beruf dem Klienten entsprechen könnte. Wenn Sie anschliessend mit ihm darüber reden, wie sich bestimmte Einstellungen auf seine beruflichen Entscheidungen auswirken, helfen Sie dem Klienten, Klarheit zu finden.

Weitere Indikatoren für den Beruf

Planeten, die Aspekte zur Himmelsmitte bilden, beeinflussen die Berufswahl und zeigen die Fähigkeiten und Ressourcen, die der Betreffende für sich nutzen kann. Viele Astrologen haben übrigens nicht Uranus im 10. Haus, sondern einen *Aspekt* zwischen Uranus und der Himmelsmitte. Die Forschung der Gauquelins zeigt, dass ein Planet, der 10 Grad von der Himmelsmitte entfernt steht – besonders und vor allem im 9. Haus –, ein sehr deutlicher Indikator für den Beruf ist.

Das Haus der Sonne gibt ebenfalls wichtige Hinweise. Da die Sonne das Zentrum unseres Seins und eine wichtige Quelle der Selbstfindung und des Selbstausdrucks ist, können wir uns auch gleich dafür bezahlen lassen, ihre Energie auszuleben. Als ich im Gesundheitswesen arbeitete, lernte ich viele Kollegen kennen, deren Sonne im 6. Haus stand.

Ein Haus, in dem sich ein Stellium befindet, könnte positiv wie negativ oder sogar in beide Richtungen zugleich Einfluss auf den Beruf ausüben. Jemand mit einer starken Betonung des 3. Hauses wird zweifellos Stärken im Bereich der Kommunikation haben, ganz egal, welchen Beruf er tatsächlich wählt.

Stark besetzte Häuser sind besonders wichtig, wenn Sie ein Horoskop finden, in dem das 2., das 6. und das 10. Haus leer sind. Normalerweise arbeiten solche Menschen im Grunde nur, um ihre Miete zu zahlen und um sich das leisten zu können, was ihnen wirklich wichtig ist – mit anderen Worten, sie arbeiten für ihre wahre Berufung, die dann durch jene Häuser angedeutet wird, in denen die Planeten stehen. Wenn Sie einen Beruf finden, der Ihrer Berufung entspricht, dann werden Sie für das bezahlt, was Sie ohnehin gern tun.

Es gibt für jedes der zwölf Häuser passende Berufe. Wenn irgendein Lebensbereich von überragender Bedeutung ist, dann können Sie sicher sein, dass dort auch Geld im Spiel ist. Das 5. Haus symbolisiert beispielsweise Hunderte von Berufen, in denen es um Kinder, Freizeit oder Romantik geht. Das 9. Haus bietet nicht nur Berufe in der Bildung, sondern auch in der Tourismusbranche und in der Juristerei an. Die Beispiele liessen sich beliebig fortführen.

Den Beruf mit dem ganzen Menschen in Einklang bringen

Mitunter haben unsere Klienten ein 10. oder 6. Haus, das den zur Debatte stehenden beruflichen Möglichkeiten entgegenkommt, während sich an anderer Stelle im Horoskop Einflüsse zeigen, die diese Möglichkeiten wieder in Frage stellen. Sie sollten in diesem Fall ähnliche oder verwandte Berufe in Betracht ziehen, in denen die im Horoskop angezeigten Schwierigkeiten nicht zum Tragen kommen.

Wir wollen einige Fehleinschätzungen betrachten, damit Sie sehen, wie man die Feinabstimmung beruflicher Entscheidungen vornimmt. Angenommen, Sie haben einen Klienten, der Schriftsteller werden will. Zwillinge, Merkur oder das 3. Haus sind stark hervorgehoben, aber Saturn oder Pluto sind schwach. Der Klient wird zweifellos eine Begabung für den Umgang mit Worten mitbringen, aber ihm könnte, wie Julian Armistead erläuterte, die saturnische Disziplin fehlen, um ein grösseres Werk zu vollenden. Ohne starken Saturn sucht dieser Mensch vielleicht begierig nach kurzfristigen Erfolgserlebnissen, doch die Erfolgserlebnisse beim Schreiben lassen manchmal lange auf sich warten.

Pluto symbolisiert die Fähigkeit, allein zu sein – eine Notwendigkeit, wenn man einen längeren Text schreiben will. Um sprachliche Fähigkeiten zu verwerten, könnte ein solcher Mensch eine ganze Reihe von Berufen wählen, in denen Kommunikation eine Rolle spielt – er könnte beispielsweise Lehrer werden, Pressesprecher, Verkäufer oder sogar Journalist, der eher kürzere Beiträge schreibt. Die Zeichen und Häuser, die betont sind, helfen Ihnen, die Bereiche zu finden, in denen die schriftstellerischen oder kommunikativen Fähigkeiten zum Tragen kommen können. Wenn es beispielsweise das Jungfrau-Zeichen ist, dann könnte die Bildungsarbeit im Gesundheitswesen eine denkbare Richtung sein; wenn Löwe betont ist, könnte es um Kinder, um das Theater oder um Romantik gehen.

Lassen Sie uns auf der anderen Seite jemand betrachten, der einen starken Saturn oder Betonungen des Steinbock-Zeichens oder des 10. Hauses hat, dessen Venus aber schwach ist. (Sie können dies feststellen, indem Sie während der Vorbereitung aufstehen und etwas anderes tun. Fragen Sie sich dann, wo die Venus des Klienten steht, und versuchen Sie, sich daran zu erinnern.) Der Betreffende will in die Geschäftsleitung aufsteigen. In diesem Fall müssten Sie zwischen reiner Verwaltung und echten Führungsaufgaben unterscheiden. Wir wissen, dass Saturn und Steinbock eine gute Grundlage für Verwaltungsaufgaben bieten. Der Papierkram wird erledigt, und alles, was mit Struktur, Ordnung und langfristigen Planungen zu tun hat, funktioniert reibungslos. Doch eine Führungsposition ist für einen Menschen ohne starke Venus kein guter Platz, weil er im Umgang mit Menschen – genannt sei etwa die Fähigkeit, andere zu motivieren und Konflikte zu lösen – Defizite hat. Das soll nicht heissen, dass Führungskräfte diese Fähigkeiten auf jeden Fall haben müssen, aber es ist für alle Beteiligten schwerer, wenn sie nicht vorhanden sind. Glücklicherweise kann man diese Fähigkeiten aber in gewissem Masse in Managementkursen, durch Supervision und Weiterbildung erler-

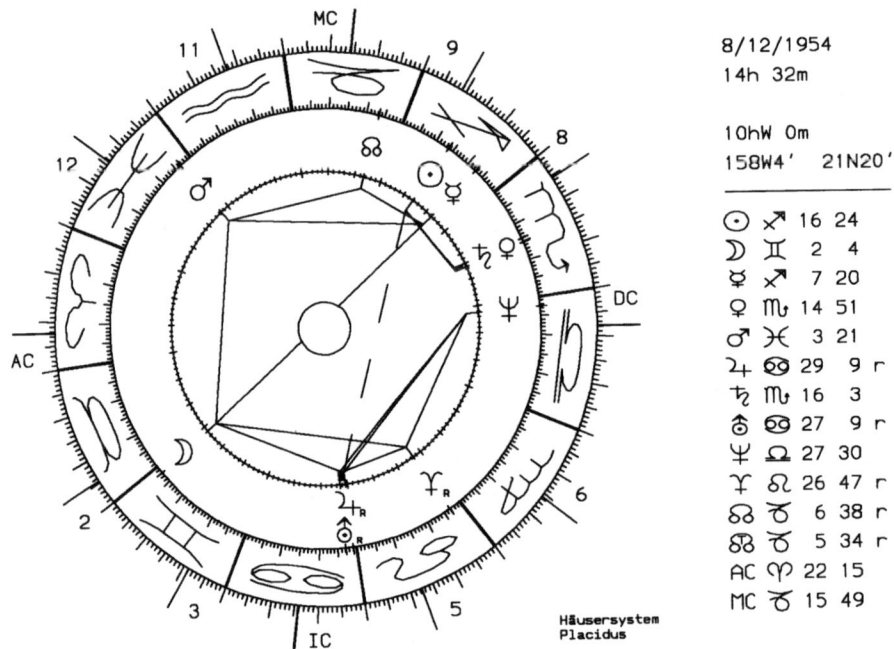

8/12/1954
14h 32m

10hW 0m
158W4'   21N20'

☉	♐	16	24	
☽	♊	2	4	
☿	♐	7	20	
♀	♏	14	51	
♂	♓	3	21	
♃	♋	29	9	r
♄	♏	16	3	
⚷	♋	27	9	r
♆	♎	27	30	
♈	♌	26	47	r
☊	♉	6	38	r
☋	♉	5	34	r
AC	♈	22	15	
MC	♉	15	49	

Häusersystem
Placidus

Horoskop 9: KLIENTIN FÜR BERUFSBERATUNG

Eine Klientin, geboren am 8. Dezember 1954, 14.32 Uhr, AHST, USA. Zeitangabe laut Geburtsurkunde. Häuser nach Placidus. Tropischer Tierkreis.

Aspekte einer Klientin für Berufsberatung

SO	*Hsx*	VE	1S33	MO	*Qua*	PL	5S17	JU	*Kon*	UR	2A00	NE	*Sxt*	PL	0S44
SO	*Hsx*	SA	0S21	MO	*Ahq*	MC	1A15	JU	*Qua*	NE	1A39	NE	*Opp*	AC	5A16
SO	*Tri*	AC	5S51	ME	*Qua*	MA	4S00	JU	*Opp*	CHI	3A16	NE	*Qua*	CHI	1A38
SO	*Hsx*	MC	0A35	ME	*Hsx*	MK	1S46	SA	*Sxt*	MC	0A14	PL	*Tri*	AC	4A32
MO	*Opp*	ME	5A16	ME	*Ahq*	AC	0A06	UR	*Qua*	NE	0S21	PL	*Qcx*	CHI	0A54
MO	*Qua*	MA	1A16	VE	*Kon*	SA	1A11	UR	*Hsx*	PL	0A23	AC	*Qua*	CHI	3A38
MO	*Sxt*	JU	2S55	VE	*Sxt*	MC	0S58	UR	*Qua*	AC	4A55				
MO	*Sxt*	UR	4S55	MA	*Sxt*	MK	2A15	UR	*Opp*	CHI	1A17				

nen, so dass Sie den Klienten, bei denen Sie dieses Defizit erkennen, entsprechende Kurse oder Seminare empfehlen können.

Ein Horoskopbeispiel für eine Berufsberatung, die die ganze Person berücksichtigt

Betrachten Sie das *Horoskop 9 auf S. 144.* Nehmen wir an, diese Frau kommt als Klientin zu Ihnen. Sie war eine erfolgreiche Tänzerin und trat am Broadway in Musicals und Shows auf und kommt nun zu einer Beratung zu Ihnen. Sie ist 35 Jahre alt und hat das Gefühl, dass ihr als Tänzerin nur noch ein paar Jahre bleiben. Sie will sich deshalb auf einen Berufswechsel vorbereiten. Sie denkt daran, Betriebswirtschaft zu studieren und einen lukrativen Managementposten zu übernehmen. Die erste Frage ist, ob es Faktoren im Horoskop gibt, die *gegen* einen Wechsel auf einen Verwaltungsposten sprechen. Welche Berufsgruppen würden Sie als Alternativen vorschlagen? Denken Sie über diese Fragen nach, und betrachten Sie das Horoskop eine Weile, als wollten Sie sich auf eine Beratung vorbereiten.

Trotz der Himmelsmitte in Steinbock scheint ihr Wesen nicht zu einem trockenen Verwaltungsjob zu passen. Der Zwillinge-Mond und das veränderliche T-Kreuz, an dem Mars, Mond und Merkur beteiligt sind, bringen mich auf die Idee, dass sie sich bei einer Arbeit, in der es nicht ständig Veränderungen und Herausforderungen, Anregungen, rasche Reaktionen und Kontakt mit der Öffentlichkeit gibt, bald langweilen würde. Die starke Jupiter/Uranus-Konjunktion (die in der Relokation nach New York exakt auf ihren Aszendenten kommt) schien ebenfalls gegen eine hierarchisch organisierte Umgebung wie eine Verwaltung zu sprechen. Diese Konjunktion lässt ausserdem vermuten, dass sie Aufregung und häufige Veränderungen zu ihrem Wohlbefinden braucht.

Diese Frau kam zu einer Beratung zu mir. Da sie wieder studieren wollte, empfahl ich ihr, eine Ausbildung in Public Relations zu machen, so dass sie als Publizistin oder als Managerin für Leute des Showgeschäfts arbeiten konnte. Mit dem Aszendenten in Widder und ihrer Sonne in Schütze waren die Feuerzeichen stark betont. Deshalb sollte es ihr leichtfallen, die Dynamik, mit der sie zum erfolgreichen Showstar geworden war, auf die Förderung anderer zu verlagern. Ausserdem hoben Merkur und Jupiter die Achse 3./9. Haus hervor, die für Publicity und den Umgang mit Informationen von Bedeutung ist. Das 7. Haus symbolisiert geschäftliche und persönliche Partnerschaften, und Venus, die Herrscherin des 7. Hauses, steht im 7. Haus in Konjunktion mit Saturn, dem Herrscher der Himmelsmitte.

Wenn ein Mensch in der Mitte seines Lebens den Beruf wechseln will, dann sollten Sie sich vergewissern, ob er jene Fähigkeiten, die er in seinem alten Beruf erwarb, in den neuen übertragen kann. Diese Frau könnte die Erfahrungen aus ihrer langjährigen Arbeit im Showgeschäft und ihre mühsam erarbeiteten Verbindungen in ihrem neuen Beruf als Publizistin gut verwerten. Sie griff die Anregung dankbar auf, weil sie den Glamour des Showgeschäfts nicht missen wollte. Sie hatte nur versucht, praktisch zu denken. Die Himmelsmitte in Steinbock konnte ihr helfen, schöpferische Menschen anzuleiten, die mitunter schlecht organisiert sind.

Persönliche Neigungen, die gegen einen Beruf sprechen

Ich habe festgestellt, dass es sehr wichtig ist, das Horoskop als Ganzes auf charakterliche Eigenschaften abzusuchen, die gegen den gewünschten Beruf oder gegen bestimmte Entscheidungen sprechen könnten. Nehmen wir wieder an, Sie befinden sich in einer Beratung. Die junge Frau, die vor Ihnen sitzt, will Ärztin werden. Sie ist klug und wohlhabend. Sonne und Merkur stehen im 6. Haus, und der Aszendent ist in Jungfrau, was für eine Karriere in einem Heilberuf sprechen würde. Aber Sie bemerken eine Mars/Uranus-Konjunktion im 9. Haus in der Nähe der Himmelsmitte. Welche *drei* Probleme erkennen Sie anhand dieser Stellung, die Sie veranlassen würden, vom Arztberuf abzuraten? Lassen Sie sich einen Augenblick Zeit, und überlegen Sie in Ruhe.

Die drei Probleme, die ich in dieser Konjunktion sehe, sind die folgenden. Zuerst ist da die Schwierigkeit, das Medizinstudium abzuschliessen. Wie will die Betreffende je fertig werden, wenn das Studium sechs bis acht Jahre dauert, in denen sie alle anderen Interessen zurückstellen muss? Möglicherweise müssen wir auch einen starken Hang zur Rebellion berücksichtigen. Wenn ein Beruf eine langjährige Ausbildung erfordert, sollten Sie sich das 9. Haus ansehen und fragen, was dort angezeigt ist.

Zweitens würde es dieser jungen Frau während der Ausbildung und auch danach sehr schwer fallen, die starre, konservative Hierarchie zu ertragen, die in Krankenhäusern und anderen medizinischen Einrichtungen vorherrscht. Drittens, selbst wenn sie die Ausbildung abschliesst und zu praktizieren beginnt, besteht die Gefahr, dass sie aufgrund der explosiven Mars/Uranus-Konjunktion zu unorthodoxen Methoden greift und wegen ärztlicher Kunstfehler verklagt wird oder dass sie sich bei Visiten provokant verhält.

Welche Alternativen würden Sie vorschlagen? Wie wäre es zum Beispiel mit einem Pflegeberuf? Die Ausbildung ist weniger fordernd, aber die Probleme mit Hierarchien sind die gleichen oder sogar noch schlimmer. Eine Krankenschwester hat kaum die Möglichkeit, von sich aus unabhängig tätig zu werden. Sie ist an die Anweisungen der Ärzte gebunden. Physiotherapie, ein denkbarer Ausdruck für die körperliche Seite der Mars-Energie, führt zu ähnlichen Problemen in der medizinischen Hierarchie. Wie wäre es mit alternativen Heilmethoden? Die Anfälligkeit für juristische Probleme – etwa wegen illegaler Ausübung eines Heilberufs angeklagt zu werden – ist nach wie vor ein Problem. Aber der Stundenplan in einer alternativen Schule könnte angenehmer sein, und deshalb wird die Ausbildung vielleicht tatsächlich abgeschlossen. Welche alternativen Berufe würden Sie vorschlagen? Eine Arbeit, in der die Energie im Mittelpunkt steht, wie Reiki oder Akupunktur, könnte ein Ausdruck für die Mars/Uranus-Konjunktion sein. Vielleicht lässt sich der uranische Erfindergeist auch auf medizinische Geräte verlagern, so dass eine Ausbildung in Medizintechnik in Frage käme.

Da aber das 9. Haus so stark betont ist, könnte die Betreffende, statt selbst wegen Kurpfuscherei verklagt zu werden, Jura studieren und sich auf dieses Gebiet spezialisieren, um den Opfern von unfähigen Heilern zu helfen. Andere Möglichkeiten wären, aktiv in die Gesundheitspolitik einzugreifen oder in diesem Bereich als Lehrerin zu wirken – etwa mit den Schwerpunkten Aids-Aufklärung, gesundheitliche Gefahren am Arbeitsplatz oder Giftmüll. Die Konjunktion im 9. Haus wäre damit angesprochen und fände einen Ausdruck in politischen Aktionen, auch wenn die Neigung zu übereiltem Handeln damit nicht aufgehoben wäre. Die Konjunktion symbolisiert aber ausserdem das Bedürfnis, sich von der Wut auf Autoritätsfiguren zu befreien, die ihre Grundlage in Kindheitserfahrungen hat – wahrscheinlich in den ersten Schuljahren. Ansonsten bleibt eine Neigung bestehen, explosiv und rebellisch zu reagieren, was für die Betreffende selbst schädlich und für ihre Anliegen abträglich sein kann.

Mit einer uranischen Klientin wie dieser muss der Astrologe darüber sprechen, dass es sinnvoll ist, die Wut zu heilen. Gehen Sie kühl und sachlich vor. Sie sollten nicht in der Kindheit und in Emotionen herumstochern, weil sich die Klientin mit Sicherheit dagegen wehren würde. Vielmehr sollten Sie deutlich aufzeigen, wie ihr Temperament dem zuwiderlaufen könnte, was sie als ihr wichtigstes Anliegen formulierte, nämlich die Berufswahl. Wenn Sie Vorträge halten und sich aufführen wie eine vorwurfsvolle Vaterfigur, provozieren Sie diese Klientin nur dazu, zu rebellieren und möglicherweise sehr wütend zu werden. Wenn die Reaktion weniger extrem ausfällt, könnte die Klientin rundweg abstreiten, was Sie vorbringen. Um eine Wirkung zu erzielen, müssen Sie möglicherweise auf die alte Wut auf Lehrer und andere Autoritätspersonen eingehen und sie zum Thema machen. Sie müssen die Wut akzeptieren und vielleicht sogar zustimmen, dass damals wirklich alles ganz schrecklich und unfair war. Versuchen Sie nicht, die Handlungsweise der Autoritätspersonen zu rechtfertigen oder zu erklären. Sie sollten auch prüfen, ob Sie selbst irgendwelche Probleme mit Konflikten haben, beispielsweise, ob Sie Angst bekommen, wenn jemand wütend wird, und ob Sie dazu neigen, ihre eigene und die Wut anderer Menschen zu unterdrücken.

Auf besonders unsicherem Grund stehen Sie, wenn Sie versuchen, dieser Klientin mit ruhiger Vernunft beizukommen, indem Sie ihr etwas über die karmische Notwendigkeit des Vergebens erzählen oder über die spirituellen Lektionen, die sie zu lernen hat. («Schliesslich haben Sie sich Ihre Eltern selber ausgesucht!») Es kann dagegen heilsam sein, wenn Sie als Autoritätsfigur mit einem Draht zum Göttlichen die vorhandene Wut einfach akzeptieren, wie sie ist. Dadurch bekommt die Klientin die Möglichkeit, den nächsten Schritt zu tun und die Ausbildung zu beenden, so dass die Dinge, die sie wirklich belasten, verändert werden können.

Das Beispiel, das wir gerade betrachtet haben, ist natürlich extrem, aber die Überlegungen sind bei allen Beratungen die gleichen. Sie benutzen die traditionellen Berufshäuser als Ausgangspunkt und prüfen das Horoskop als Ganzes. Gibt es Charakterzüge, die dem zuwiderlaufen, was der Klient in Erwägung zieht? Erfordert die Arbeit beispielsweise logisches Denken, während der Klient ein Stellium in Fische im 3. Haus und eine Merkur/Neptun-Konjunktion hat? Ihre Analyse sollte nicht nur die astrologischen Faktoren, sondern auch die denkbaren Aufgabengebiete berücksichtigen. Wenn Sie nicht wissen, wie diese Aufgabengebiete aussehen, sollten Sie sich anhand einschlägiger Handbücher informieren. Sie haben recht, wenn Sie diese Thematik für sehr komplex halten, aber die Entscheidung für einen bestimmten Beruf ist nun einmal eine ernste Angelegenheit, die auch eine komplexe und gründliche Analyse verlangt.

Warum eine berufliche Beratung keine Psychotherapie ist

Es ist wichtig zu begreifen, dass eine Horoskopdeutung, in der es um berufliche Fragen geht, keine Psychoanalyse ist. Diese Aussage mag einem Astrologen, der zugleich Psychotherapeut ist, befremdlich erscheinen, aber wir dürfen nicht vergessen, warum die Klienten, die um eine berufliche Beratung bitten, zu uns kommen. Sie haben Geschäftliches im Sinn, sie haben das Ende der Fahnenstange erreicht, sie leiden unter Saturn. Wahrscheinlich haben sie Saturn-Transite oder Transite über die Himmelsmitte, denn sonst würden sie gar nicht erst um eine solche Beratung bitten. Ihr Blick ist in die Zukunft gerichtet, und sie wollen in ihrem Leben weiterkommen, statt in altem Müll zu wühlen. Sie bezahlen Sie nicht dafür, und deshalb sollte das Wühlen, wenn es schon sein muss, mit der anstehenden Frage zu tun haben. Sie müssen klar und logisch demonstrieren können, wie Probleme mit alten Emotionen heute das Erfolgspotential schmälern können.

Alles andere wäre ein Übergriff. Ich halte es in jedem Fall für besser, bei der Horoskopanalyse jede Einmischung zu vermeiden. Konzentrieren Sie sich auf die Sorgen des Klienten und respektieren Sie, was andere Dinge angeht, seine Intimsphäre. Wenn Sie exakt belegen können, warum ein altes Problem mit Mom und Dad heute dazu führt, dass der Klient in seinem Beruf immer wieder Dinge tut, die ihm schaden, dann geben Sie ihm damit nützliche Informationen. Wenn Sie dabei geschickt vorgehen, können Sie ein gut Teil dazu beitragen, dass der Klient sich um Hilfe für sein Problem bemüht. Der Klient will eine nachvollziehbare Begründung hören, wenn Sie ihm sagen, dass er Geld für eine Therapie oder eine Heilbehandlung ausgeben soll, oder wenn Sie ihm empfehlen, seine Zeit in eine Selbsthilfegruppe zu investieren.

Es ist im Grunde gar nicht schwer nachzuweisen, dass die Vergangenheit Auswirkungen auf die Gegenwart hat. Bedenken Sie zum Beispiel, dass das 10. Haus (das die Eltern als Autoritätsfiguren symbolisiert) Auskunft über die Frage gibt, wie die Betreffenden als Erwachsene mit Autoritätsfiguren umgehen. Angenommen, der Klient hat eine schwierige Beziehung zu seinem Chef oder er bekommt immer wieder Probleme mit Vorgesetzten. Sie können recht genau ableiten, wie die ursprünglichen Autoritätsfiguren in seinem Elternhaus aussahen. Danach ist es dann leicht, den Klienten dazu zu bringen, den Zusammenhang zwischen den Reaktionen auf die Autoritätsfiguren seiner Kindheit und den reflexartigen Reaktionen auf seine Chefs zu erkennen.

Meiner Ansicht nach ist der alte, ermüdende Streit, welche Seite der Achse 4./10. Haus die Mutter und welche den Vater repräsentiert, völlig überflüssig. Das 10. Haus steht für die primäre Autoritätsperson, doch es beschreibt zugleich beide Eltern in ihrer Funktion als Autoritäten. Das 4. Haus zeigt dagegen den Aspekt der Geborgenheit. Mond an der Himmelsmitte lässt an ein von der Mutter dominiertes Elternhaus denken, aber es kann auch ganz allgemein den Vater als eher lunaren Typus beschreiben. (Ob ein Astrologe aus einem mütterlich oder väterlich dominierten Elternhaus kommt, können Sie normalerweise daran ablesen, welchen Elternteil er dem 10. Haus zuordnet.)

Der Einfluss des Vaters zeigt sich auf mehreren Ebenen: die Sonne und ihre Aspekte, Saturn und seine Aspekte, Himmelsmitte und Planeten im 10. Haus, manchmal auch Mars. Sie könnten nun denken, dass eher Frauen als Männer ihre Identität und ihr Selbstwertgefühl vom Vater und damit von der Sonne beziehen. Doch sind schwierige Aspekte der Sonne unabhängig vom Geschlecht für das Selbstwertgefühl vernichtend. Wenn ich mir die Ursachen für Probleme mit dem Selbstbewusstsein in Zusammenhang mit schwierigen Sonne-Aspekten näher ansehe, geht es fast immer um die Beziehung zum Vater.

Überraschenderweise symbolisieren bei der Berufsberatung für Frauen häufig sowohl Himmelsmitte als auch Sonne die Identifizierung mit dem Vater und seinen vorbildhaften Einfluss auf die Berufswahl. Dies gilt besonders, wenn die Mutter an die traditionelle Frauenrolle angepasst war und nicht ausser Haus arbeitete. Wenn ich mich mit beruflichen Fragen beschäftige, achte ich sehr darauf, etwas über den Vater der betreffenden Frau und über seinen beruflichen Werdegang in Erfahrung zu bringen, und ich erkundige mich, inwieweit es ihm gelungen ist, seine Träume zu verwirklichen.

Saturn und seine Aspekte haben nur zum Teil mit dem Vater zu tun, auch wenn der Vater in Horoskopdeutungen oft in Gestalt Saturns auftritt. Im Prinzip geht es hier aber um die autoritäre Seite beider Elternteile sowie um die Disziplin, die Struktur und die Beständigkeit, die sie dem Kind geboten haben. In manchen europäischen Ländern bringen Astrologen eher Saturn als Mond mit dem Einfluss der Mutter in Verbindung. Dies ist zweifellos ein Ausdruck tiefer Unterschiede in der Kindererziehung und in der familiären Rollenverteilung. Die Himmelsmitte und das 10. Haus symbolisieren dennoch beide Eltern in ihrer Rolle als Autoritätspersonen.

Mars und seine Aspekte haben mit den Vorstellungen von Männlichkeit zu tun, die Jungen und Mädchen gleichermassen in sich aufnehmen. Sie zeigen ausserdem andere Mars-Themen an; beispielsweise, wie wir mit Wut umgehen, auf welche Art und Weise wir die Dinge angehen, die wir haben wollen, wie gut wir uns durchsetzen können. Wir lernen diese Dinge zwar nicht ausschliesslich vom Vater, aber meist ist er das früheste Vorbild und deshalb vielleicht auch das einflussreichste. Wenn im Horoskop schwierige Mars-Aspekte existieren, gilt es in den entsprechenden Bereichen fast immer zwei Hindernisse zu überwinden. Wenn ich auf diese Probleme zu sprechen komme, stelle ich in den meisten Fällen fest, dass die Ursache einmal im Vater selbst liegt und zum anderen in der Art und Weise, wie er mit dem Kind umging beziehungsweise wie er als Vorbild im Umgang mit diesen Themen gewirkt hat.

Wenn wir aufzeigen wollen, wie Probleme mit den Eltern auf Vorgesetzte übertragen werden, ist es hilfreich, darauf hinzuweisen, dass die Erwartungen und Bedürfnisse, die das innere Kind immer noch befriedigt sehen will, *am Arbeitsplatz*

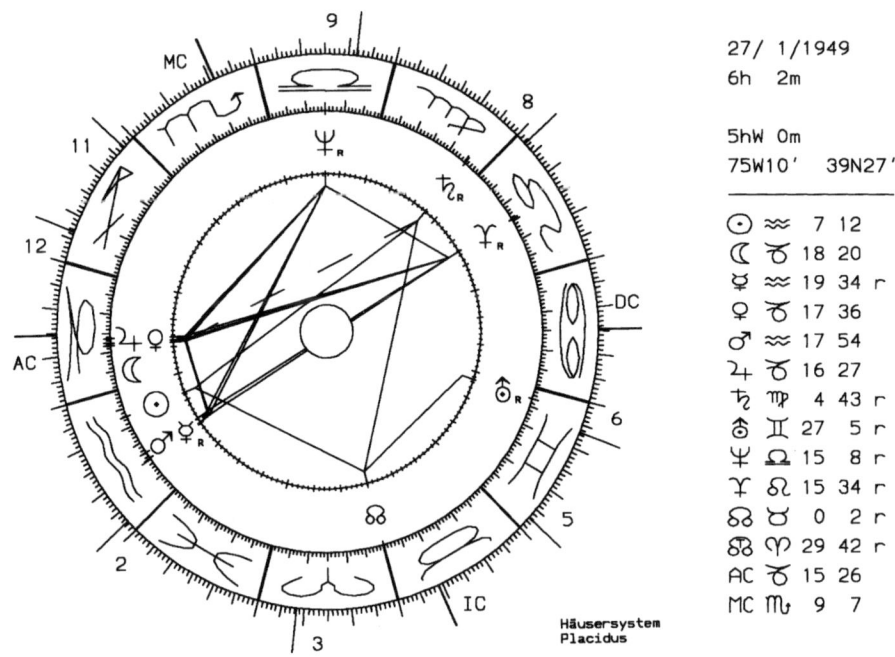

27/ 1/1949		
6h 2m		
5hW 0m		
75W10'	39N27'	
☉ ≈	7	12
☾ ♑	18	20
☿ ≈	19	34 ⌐
♀ ♑	17	36
♂ ≈	17	54
♃ ♑	16	27
♄ ♍	4	43 ⌐
⊕ ♊	27	5 ⌐
♆ ♎	15	8 ⌐
♈ ♌	15	34 ⌐
☊ ♉	0	2 ⌐
☊ ♈	29	42 ⌐
AC ♑	15	26
MC ♏	9	7

Häusersystem Placidus

Horoskop 10: KLIENT FÜR BERUFSBERATUNG

Das Horoskop eines Mannes, der zu einer beruflichen Beratung kam (Abdruck mit seiner Genehmigung). Laut Geburtsurkunde wurde er geboren am 27. Januar 1949, 6.02 Uhr, EST, USA. Häuser nach Placidus. Tropischer Tierkreis,

Aspekte eines Klienten für Berufsberatung

SO	*Qua* MC 1 S 55	MO	*Kon* AC 2 S 55	VE	*Kon* AC 2 S 11	SA	*Sxt* MC 4 S 25
SO	*Sxt* CHI 0 S 26	ME	*Hsx* VE 1 A 57	MA	*Hsx* JU 1 S 27	SA	*Qua* CHI 2 S 03
MO	*Hsx* ME 1 A 13	ME	*Kon* MA 1 A 39	MA	*Tri* NE 2 S 46	UR	*Sxt* MK 2 S 38
MO	*Kon* VE 0 A 44	ME	*Tri* NE 4 A 25	MA	*Opp* PL 2 S 21	NE	*Sxt* PL 0 A 25
MO	*Hsx* MA 0 S 26	ME	*Opp* PL 4 A 00	JU	*Qua* NE 1 S 19	NE	*Qua* AC 0 S 17
MO	*Kon* JU 1 A 53	VE	*Hsx* MA 0 A 18	JU	*Qcx* PL 0 S 54	PL	*Qcx* AC 0 A 08
MO	*Ahq* SA 1 A 22	VE	*Kon* JU 1 A 09	JU	*Kon* AC 1 S 02		
MO	*Qua* NE 3 S 12	VE	*Qua* NE 2 S 28	SA	*Tri* MK 4 A 59		

nichts zu suchen haben. Chefs sind keine Eltern, und es hat keinen Zweck, auf sie wütend zu werden, weil sie sich nicht um uns kümmern. Da ich selbst Vorgesetzte war, weiss ich, dass man kein Kind adoptieren will, wenn man einen Mitarbeiter einstellt. Man will einfach nur dafür sorgen, dass die Aufgaben erledigt werden. Und doch kommt es häufig vor, dass Rückstände unbefriedigter oder frustrierter Bedürfnisse auf den Arbeitgeber übertragen werden – besonders wenn der Betreffende aus gestörten Familienverhältnissen kommt. Selbst wenn der Chef seinem Wesen nach ganz anders ist als die Eltern, können die Verhaltensweisen und Einstellungen des Angestellten die alte Familiendynamik wieder aufwerfen und einen Konflikt auslösen. Mit Mond auf der Himmelsmitte könnte beispielsweise eine starke Co-Abhängigkeit im Verhältnis zur Mutter existiert haben. Wenn der Angestellte auf die Emotionen und Bedürfnisse des Chefs äusserst willig und empfindsam reagiert, könnte diese Co-Abhängigkeit am Arbeitsplatz wiederholt werden.

Eine Untersuchung des 10. Hauses und der elterlichen Autorität ist auch an einem anderen Punkt in der beruflichen Laufbahn von Bedeutung. Ich meine den Augenblick, in dem der Betreffende die Grenze zum Vorgesetzten oder Chef überschreitet – wenn er keinen Chef mehr *hat,* sondern selbst einer *ist.* Dies ist für jeden Menschen ein wichtiger Entwicklungsschritt, und auch hier drohen überall Fallstricke. Wer dieser Veränderung nicht gewachsen ist, schränkt seine Erfolgsmöglichkeiten ein. Auch wenn Sie Ihr Geschäft zunächst allein aufbauen, irgendwann müssen Sie ein paar Mitarbeiter einstellen.

Sobald wir selbst zur Autorität werden, schleicht sich oft, ohne dass wir es bewusst merken, das Rollenvorbild der Eltern in unser Verhalten ein. Menschen, die sich in dieser Situation befinden, wenden sich möglicherweise genau in die entgegengesetzte Richtung, um gerade *nicht* zu sein wie ihre Eltern und um der Abgrenzungsproblematik zu entgehen, der sie sich als Chef eigentlich stellen müssten. Manche, die allein oder auch mit ihren Ehepartnern gut zurechtkommen, imitieren, wenn sie Kinder bekommen, plötzlich das Verhalten ihrer eigenen Eltern. Wir leben aus, was wir gelernt haben. Um auf einem Verwaltungsposten oder als Vorgesetzter erfolgreich zu sein, kann es nötig sein, alte, noch vorhandene Autoritätsprobleme aufzulösen.

Wie die persönliche Geschichte die Berufswahl beeinflusst

Horoskop 10 (S. 150) ist das Horoskop eines Mannes, der mitten in einer beruflichen Krise zu einer Beratung kam. Kurz vorher war er aus einer Führungsposition gedrängt worden. Er war ein konservativer Geschäftsmann, der im Bereich der Anlageberatung tätig war, das heisst, er beschäftigte sich beispielsweise mit Rentenversicherungen und den Rentenfonds grosser Unternehmen. Gleichzeitig dachte seine Frau daran, ihn nach einer langen, liebevollen Ehe zu verlassen.

Wenn Sie wollen, können Sie die Transite für die erste Beratung Ende Juni 1989 und für die zweite Beratung im Februar 1991 berücksichtigen. Die wichtigsten Transite waren die von Neptun und Saturn in Steinbock, die seinen Steinbock-Aszendenten auslösten und Quadrate zum Radix-Neptun, zu Jupiter, Venus und Mond bildeten. Ausserdem näherte sich der Transit-Pluto im 10. Haus der Radix-Opposition zwischen Pluto und Mars/Merkur. Die Transitaspekte Pluto Quadrat Radix-Pluto und Neptun Quadrat Radix-Neptun sind ein Teil der Midlife-crisis jedes Menschen. In diesem Fall waren die Aspekte besonders schwierig, weil die Planeten auch im Radix schon sehr stark waren.

Als ich das Horoskop betrachtete, hatte ich den Eindruck, dass seine Mutter eine Alkoholikerin war und dass Co-Abhängigkeit die gemeinsame Ursache seiner ehelichen und seiner beruflichen Probleme war. Die Quadrate von Neptun zu Mond, Venus (Herrscherin des 4. Hauses) und zur Achse Aszendent/Deszendent brachten mich auf diesen Gedanken. Als der Transit-Neptun die Radix-Aspekte wiederholte, spitzte sich die hier angedeutete Situation zu, und es kam zum Zusammenbruch. Meine Annahmen erwiesen sich als korrekt. Seine Mutter war Alkoholikerin, sie trank ständig und gleichmässig, und auch sein Vater war ein Problem, denn er kam mindestens einmal in der Woche betrunken nach Hause und suchte Streit.

Nachdem ich kurz zuvor eine Menge über Co-Abhängigkeit gelesen hatte, bestürmte ich die Leute mit dieser Struktur mit missionarischem Eifer, die Bücher zu lesen, in Selbsthilfegruppen zu gehen, eine Therapie zu beginnen und Treffen der Anonymen Co-Abhängigen zu besuchen. Wie würde dieser gestählte Geschäftsmann, der noch nie im Leben daran gedacht hatte, eine Therapie zu machen, auf derartige Vorschläge reagieren? Ich will an dieser Stelle nur sagen, dass ich dank des Materials, das ich seit kurzer Zeit hatte, und dank meines Eifers, anderen dabei zu helfen, sich aus Co-Abhängigkeit zu befreien, gleichermassen gut informiert und beredt auftreten konnte. Ich konnte konkret aufzeigen, wie diese Vorgeschichte sowohl seinen beruflichen Werdegang als auch die gefährdete Beziehung zu seiner Frau beeinflusste. Er war am Boden zerstört und bereit, mir zuzuhören. Er steckte in einer Lebenskrise, welche die beiden Bereiche seines Lebens erfasste, die ihm am meisten bedeuteten – seine Karriere und seine Ehe. Er hatte etwas erlitten, was für einen Menschen mit soviel Steinbock-Energie unerträglich ist – die demütigende Zurückstufung im Beruf –, und es war nicht auszuschliessen, dass er seinen Job ganz verlor. Er war bereit, mir Gehör zu schenken!

Im Februar 1991 kam er noch einmal zu einer zweiten Beratung, die er auf seine unnachahmliche Steinbock-Art als «Kurskorrektur» bezeichnete. Er hatte sich kurz zuvor die Aufzeichnung unserer ersten Sitzung noch einmal angehört. So hatte er alle Dinge, über die wir gesprochen hatten, noch im Kopf und konnte erkennen, dass er im Laufe von anderthalb Jahren erhebliche Fortschritte gemacht hatte. Er hatte keine Therapie begonnen – das wäre für ihn denn doch des Guten zuviel gewesen –, aber er hatte eine Reihe von Büchern über Co-Abhängigkeit und «Erwachsene Kinder von Alkoholikern» gelesen.

Mit Sonne, Mars und Merkur in Wassermann musste er die Bücher natürlich als zu naiv bewerten. Doch er schien die Ideen aufgenommen zu haben und bemühte sich sehr, sie umzusetzen. Das zeigte sich in deutlichen Veränderungen seines Verhaltens. Er liess sich eher auf Konflikte ein, und er gab sich direkt und offen. Er war vor kurzem seinen Vorgesetzten und seiner Frau gegenüber einige Male sehr energisch, mutig und wirkungsvoll aufgetreten. Weitere Transite Neptuns über seine Planeten in Steinbock, auf die etwas später Uranus-Transite folgen sollten, zeigten, dass er bei weitem noch nicht aus der Krise heraus war. Er hatte sich der Tatsache gestellt, dass er möglicherweise den Job und seine Frau verlieren würde. Aber er war bereit, weiter zu wachsen, und war überzeugt, dass er nicht mehr in die alten persönlichen und beruflichen Strukturen zurückfallen würde.

An diesem Beispiel sehen wir, dass *die psychologischen Interpretationen in Begriffe gekleidet werden müssen, die einen Bezug zum Beruf haben,* wenn wir eine erfolgreiche berufliche Beratung durchführen wollen. Die genannten Probleme wären sicherlich auch zur Sprache gekommen, wenn der Klient eine psychologisch orientierte Deutung gewünscht hätte, aber der Schwerpunkt wäre ein anderer gewesen. Es kommt darauf an, dem Klienten genau aufzuzeigen, wie überkommene emotionale Strukturen und Verhaltensmuster seinen Erfolg beeinflussen. Dadurch wird es weniger wahrscheinlich, dass Sie auf Widerstand stossen, so dass Sie den Klienten leichter zu Veränderungen motivieren können.

«Erwachsene Kinder von Alkoholikern» als Astrologen für berufliche Beratung

Im letzten Kapitel sprachen wir über die Gründe dafür, dass so viele Astrologen und so viele unserer Klienten «Erwachsene Kinder von Alkoholikern» (EKA) sind oder aus gestörten Familienverhältnissen kommen. Diese Vorgeschichte wirkt sich besonders nachhaltig auf der beruflichen Ebene und in Beziehungen zu Autoritätsfiguren aus. Wenn sich ein alkoholkranker Elternteil (und oft auch der nüchterne Partner) unberechenbar oder verletzend zeigte, kann der betreffende Mensch seine in der Kindheit erlernten Reaktionsmuster auf Autoritäten im Erwachsenenleben übertragen. Da der grösste Teil unserer Konditionierung hinsichtlich des Umgangs mit Autoritäten vor dem fünften Lebensjahr abläuft, ist es möglich, dass der Sprössling, wenn er erwachsen ist, die Beziehung zu seinen Eltern auf den Chef überträgt und mit Hass, Co-Abhängigkeit oder Verschüchterung reagiert.

Wenn wir annehmen, dass mindestens 25 Prozent aller Menschen mit Alkoholkranken Kontakt haben, müssen wir davon ausgehen, dass mindestens jeder vierte Klient, der zu einer beruflichen Beratung zu uns kommt, mit diesem Syndrom zu kämpfen hat. Wenn der Astrologe verstehen will, aus welchen Gründen die Karriere des Klienten sabotiert wird, sollte er sich mit den Konsequenzen vertraut machen, die der Umgang mit alkoholkranken Eltern oder gestörte Familienverhältnisse für ein Kind haben. Nicht alle Menschen bringen diese Geschichte auf die gleiche Weise zum Ausdruck wie der Klient, der uns als Beispiel diente. Es gibt eine ganze Reihe vorgestanzter Rollen, in die die Kinder alkoholkranker Eltern geraten können: etwa der Held der Familie, das verlorene Kind, der Sündenbock. Solange die Zusammenhänge nicht bewusst sind und die Dekonditionierung noch nicht erreicht ist, wird dieses Rollenverhalten im Erwachsenenleben *einschliesslich des Berufslebens* immer wieder aufgegriffen. Andere wichtige Charakterzüge von Alkoholikern und vielen Kindern von Alkoholikern, die in den Beruf übertragen werden, sind Überheblichkeit und Trotz – Neptun und Uranus. Wenn die Eltern nicht geerdet waren und wenn die Familienverhältnisse gestört waren, dann können selbst einem völlig nüchternen «Erwachsenen Kind von Alkoholikern» gewisse Überlebenstechniken fehlen, die für den Erfolg nötig wären.

Astrologen, die selbst EKA sind, widerspiegeln die Überheblichkeit, den Trotz, die mangelnde Erdung und das schwache Selbstwertgefühl ihrer EKA-Klienten. Dies könnte die Brauchbarkeit der beruflichen Ratschläge, die sie geben, beeinträchtigen – möglicherweise drängen sie die Klienten zu grossartigen Vorhaben, gefährlichen finanziellen Praktiken oder unrealistischen beruflichen Entscheidungen. Zum Wohle der Klienten wie zu unserem eigenen sollten Astrologen, die in gestörten Familienverhältnissen aufgewachsen sind, alle Literatur über diese Themen lesen, die wir nur bekommen können. Wir sollten den Kontakt zu EKA-Gruppen suchen und auch in anderer Hinsicht tun, was in unseren Kräften steht, um unsere Programmierung aufzuheben und uns und unsere Klienten von unserer Herkunft zu befreien.

Von äusseren Planeten beeinflusste Menschen und ihre Berufe

Die Klienten, die stark von äusseren Planeten beeinflusst sind (ich nenne sie «Outer Planet People» oder kurz OPP), sind diejenigen, bei denen es uns am schwersten fällt, einen befriedigenden Beruf vorzuschlagen. Einem Menschen, dessen 10. Haus durch äussere Planeten hervorgehoben wird, bleibt oft nichts anderes übrig, als seinen Lebensunterhalt im 2. Haus zu verdienen und die Fertigkeiten und Ressourcen einzusetzen, die dort angezeigt sind. Unsere Gesellschaft hat nicht viel übrig für die Neigungen, die von äusseren Planeten angezeigt werden. (OPP neigen dazu, ihre berufliche Wahl als Berufung zu bezeichnen – also etwas, das sie nicht selbst gewählt haben, sondern zu dem sie erwählt worden sind.) Sie sind oft auf eine andere als diese Welt konzentriert, sie sind eher Visionäre als Praktiker. Ich beziehe hier auch Ausübende nichttraditioneller Berufe wie New-Age-Heiler, bildende Künstler oder politische Aktivisten und Umweltschützer ein – es geht hier, kurz gesagt, um alternative Lebensweisen. Die normalen beruflichen Tests führen zu nichts – etwa 90 Prozent dieser Menschen würden als Dichter oder Künstler eingestuft.

In vielen Fällen dürften uranische Arbeitsgebiete in Frage kommen, die eine hochmoderne, innovative Seite enthalten. Es könnte beispielsweise um Wissenschaft und Technologie, um Computer und andere elektronische Medien, um Astrologie, um die Arbeit mit Gruppen oder Jugendlichen, um politischen Aktivismus und gesellschaftliche Veränderungen gehen.

Neptunische Berufe haben dagegen mit den bildenden oder darstellenden Künsten zu tun, mit der Arbeit in gesellschaftlichen oder sozialen Einrichtungen wie Gefängnissen, Krankenhäusern, Pflegeeinrichtungen oder Suchtkliniken.

Plutonische Arbeitsgebiete umfassen Beratungen, verschiedene Heilberufe, die Arbeit mit Tod und Sterben, investigative Tätigkeiten, Forschung und Finanzdienstleistungen. Auch hier könnte Ihnen wieder ein Verzeichnis von Berufsbildern helfen, herauszufinden, welcher Beruf den Vorgaben entsprechen könnte.

OPP neigen zu Umwegen. Bis zur Saturn-Rückkehr oder noch länger müssen sie mitunter einige Fehlstarts in Kauf nehmen. Häufig empfinden sie sich als elende Versager und fragen sich, warum sie nicht so gut gestellt sind wie ihre Altersgenossen. Es gibt dafür einen guten Grund. Nur ein erfahrener, reifer Mensch kann mit den Energien dieser Planeten gut umgehen. Nachdem diese Menschen jahrelang ziellos umhergestreift sind, lösen manchmal Transite ihr 10. oder 6. Haus oder die Himmelsmitte aus, und sie finden zu ihrer Berufung. Oft gehen diese Transite mit einer Neubewertung des bisherigen Lebensweges einher, und der Betreffende entscheidet sich für einen ungewöhnlichen Beruf.

Bei Menschen, deren 10. Haus durch äussere Planeten betont ist, stösst man mitunter auf recht extreme Probleme in Zusammenhang mit Autorität. Das gilt besonders, wenn die Planeten in den Gauquelin-Sektor (10 Grad zu beiden Seiten der Himmelsmitte, auch im 9. Haus) fallen. Diese Menschen haben ihren Autoritätskomplex erworben, weil die Familienverhältnisse in ihrer Kindheit massiv gestört waren, weil die Eltern sehr ungewöhnliche Menschen waren oder weil sie einen Elternteil durch ein Unglück verloren haben. Wenn die Planeten das 6. Haus hervorheben, sind ähnliche Berufsfelder angezeigt, aber die Autoritätsprobleme sind weniger offensichtlich, solange nicht Uranus eingebunden ist. Statt dessen sollten wir hier untersuchen, inwieweit sich ein schwaches Selbstwertgefühl nachteilig auswirkt.

Oft waren auch die Eltern OPP, die aus ihren persönlichen Gaben oder Visionen nie etwas machen konnten. Dies gilt besonders für Neptun, denn der gescheiterte Traum eines Elternteils kann grosse Auswirkungen auf den beruflichen Werdegang seiner Kinder haben. Einerseits bemühen sich die Kinder mitunter, den Traum anstelle ihrer Eltern auszuleben, so dass diese den Erfolg aus zweiter Hand geniessen können. Andererseits ist der Erfolg auch nicht erwünscht, weil dadurch die Eltern in ein schlechtes Licht geraten. So kommen die Betreffenden in die Lage, etwas zu tun und zugleich nicht zu tun – beispielsweise der Künstler, Musiker oder Autor zu sein, den die Eltern sehen wollten, zugleich aber von der Hand in den Mund zu leben. Dies alles muss den Beteiligten nicht bewusst sein. Was ist schon bewusst, wenn Neptun im Spiel ist? Die Eltern könnten nach aussen stolz und mitfühlend wirken und das Kind fördern. Trotzdem sehe ich diese Dynamik so oft, dass ich gezwungen bin, den Schluss zu ziehen, dass es nur wenige Kinder gibt, die es wagen, den gescheiterten Traum der Eltern auszuleben und damit Erfolg zu haben. Ein Teil meiner Arbeit besteht also darin, dem Klienten diese Dynamik bewusstzumachen, bis er die Erlaubnis bekommt, Erfolg haben zu dürfen. Diese Erlaubnis, die anscheinend aus einer göttlichen Quelle kommt, kann sehr wohltuend sein.

Wenn wir Uranus oder Pluto im 10. Haus oder im Spannungsaspekt zur Himmelsmitte entdecken, können wir sagen, dass die betreffenden Menschen besser dran sind, wenn sie für sich allein arbeiten. Wahrscheinlich tun sie es bereits. Aber ungelöste Autoritätsprobleme wirken auch dann, wenn man keinen Chef hat. Wenn man selbständig ist, dann ist der Auftraggeber der Boss, und sei es nur für die paar Stunden, die der Auftrag in Anspruch nimmt. Da die meisten Astrologen in diese Kategorie fallen, ist es sinnvoll zu untersuchen, wie sich Autoritätsproble-

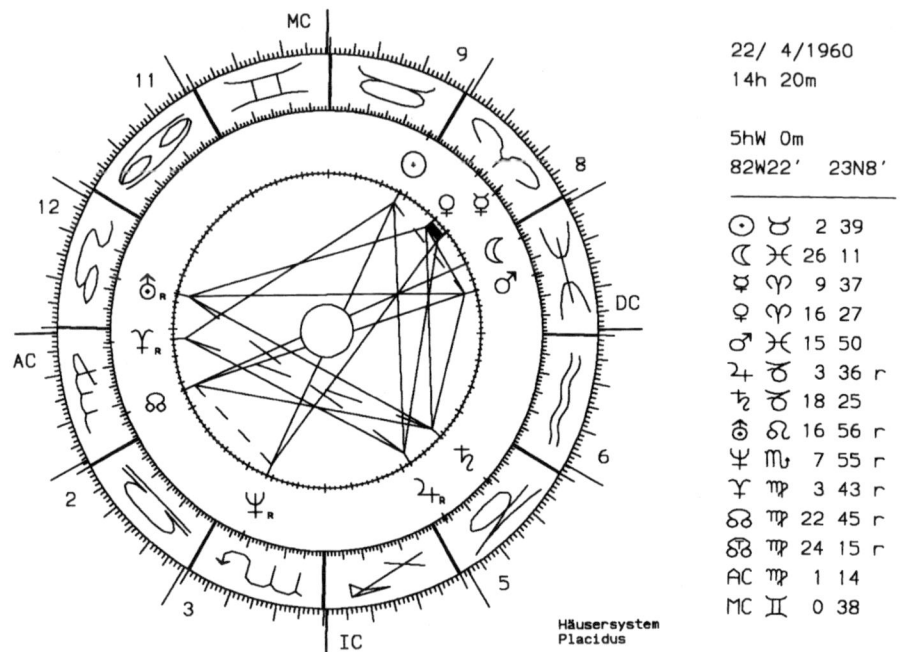

22/ 4/1960			
14h 20m			
5hW 0m			
82W22'	23N8'		

☉	♉	2	39
☾	♓	26	11
☿	♈	9	37
♀	♈	16	27
♂	♓	15	50
♃	♉	3	36 ℞
♄	♉	18	25
⚷	♌	16	56 ℞
♆	♏	7	55 ℞
♅	♍	3	43 ℞
☊	♍	22	45 ℞
☊	♍	24	15 ℞
AC	♍	1	14
MC	♊	0	38

Häusersystem
Placidus

Horoskop 11: OPP-Klient für Berufsberatung

Klient, geboren am 22. April 1960, 14.20 Uhr, EST, USA. Zeitangabe laut Geburtsurkunde. Häuser nach Placidus. Tropischer Tierkreis.

Aspekte eines OPP-Klienten für Berufsberatung

SO *Hsq* MA 1S 49	ME *Qcx* NE 1S 43	MA *Qcx* UR 1A 06	PL *Kon* AC 2S 29
SO *Tri* JU 0A 58	VE *Hsx* MA 0S 37	JU *Ahq* UR 1A 41	PL *Qua* MC 3A 04
SO *Opp* NE 5A 16	VE *Qua* SA 1A 57	JU *Tri* PL 0A 06	PL *Opp* CHI 2A 20
SO *Tri* PL 1A 03	VE *Tri* UR 0A 29	JU *Tri* AC 2A 23	AC *Qua* MC 0A 36
SO *Tri* AC 1A 25	VE *Ahq* AC 0A 14	JU *Sxt* CHI 2A 14	AC *Opp* CHI 0A 09
SO *Sxt* CHI 1S 16	VE *Hsq* MC 0A 49	SA *Qcx* UR 1S 29	MC *Qua* CHI 0A 45
MO *Opp* MK 1S 57	VE *Hsq* CHI 0S 05	SA *Ahq* PL 0A 18	
MO *Sxt* MC 4S 27	MA *Sxt* SA 2A 35	NE *Hsq* MK 1S 19	

me auf unsere Sitzungen auswirken und wie wichtig es uns ist, von unseren Klienten als Autorität oder sogar als Guru betrachtet zu werden.

Nicht selten projizieren wir unsere Konflikte einfach auf die Klienten. Der Maler mit Neptun im 10. Haus fühlt sich als Opfer des etablierten Kunstgeschäfts, der Musiker ist das Opfer der Unterhaltungsindustrie. (Neptun im 10. Haus ist hier gleichbedeutend mit Fische an der Himmelsmitte, Neptun-Aspekten zur Himmelsmitte und so weiter.) Ein Astrologe mit Uranus im 10. Haus rebelliert gegen die Beschränktheit der Gesellschaft im allgemeinen und gegen die der astrologischen Berufsverbände im besonderen. Der manchmal mürrische Heiler mit Pluto im 10. Haus kann hasserfüllt und paranoid über *sie* sprechen, wobei «sie» jeweils die sind, deren Autorität als bedrohlich empfunden wird.

Die Berufsberatung bei einem OPP-Klienten

Wir wollen ein Beispiel für eine Berufsberatung für eine OPP («Outer Planet Person») betrachten. Sehen Sie sich *Horoskop 11* auf S. 156 an. Der Mann kam eine Woche vor seiner Saturnrückkehr im April 1990 zur Beratung. Er arbeitete als Vertreter für einen Pharmakonzern, und es ging ihm nicht schlecht damit, aber er hatte das Gefühl, er müsste mehr aus sich machen. Er interessierte sich schon lange Zeit für Yoga und andere spirituelle Praktiken.

Der Klient kann ohne weiteres als OPP bezeichnet werden: Pluto in Jungfrau ist in Konjunktion mit dem Aszendenten, und er ist ausserdem in ein Grosses Trigon eingebunden, an dem auch die Sonne beteiligt ist. Neptun und Fische-Zeichen sind im Horoskop betont. Mond und Mars stehen in Fische, Neptun in Opposition zur Sonne. Uranus im 12. Haus bildet die Spitze eines Yod (Uranus/Mars/Saturn). Es spricht einiges dafür, dass ein Mensch, der so stark von äusseren Planeten geprägt ist, einen ungewöhnlichen oder nicht in langen Traditionen stehenden Beruf wählt. Pluto am Aszendenten und das stark betonte 8. Haus scheinen einen Heilberuf nahezulegen. Der Jungfrau-Aszendent spricht eher für physikalische Methoden und Körperarbeit als für eine beratende Tätigkeit. Die Himmelsmitte in Zwillinge symbolisiert seine Fähigkeiten als Verkäufer, doch dies kann auch ein Hinweis darauf sein, dass ihm handwerkliche Arbeiten liegen. Nachdem ich die Horoskope vieler Chiropraktiker gesehen habe, ist mir inzwischen klar, dass diese Art von heilender Tätigkeit durch Zwillinge oder Merkur repräsentiert wird.

Als wir über das Horoskop sprachen, reagierte der Klient sehr positiv auf den Vorschlag, sich mit Körperarbeit zu beschäftigen. Er interessierte sich für die Chiropraktik und die Akupunktur, aber er wusste nicht, was besser zu ihm passen würde. Ich empfahl ihm, einen Chiropraktiker in der Nachbarschaft aufzusuchen, der einen Akupunkteur als Mitarbeiter beschäftigte. Dort konnte er mit Vertretern beider Berufe sprechen und sich darüber klarwerden, was ihm eher zusagte. Ich schlug ihm ausserdem vor, Informationen von anderen Chiropraktikern und Akupunktur-Ausbildern anzufordern, um herauszufinden, was ihn in diesen Berufen erwarten würde.

Nach der ersten Beratung kam er über ein Jahr lang einmal im Monat zu einer Sitzung. Wir arbeiteten dabei auch mit Bach-Blüten. Er folgte meinen Vorschlägen und entschied schliesslich, dass ihm die Akupunktur besser gefiel und eine nicht ganz so umfangreiche wissenschaftliche Vorbildung erforderte. Wie man sich bei einem Klienten mit Sonne im 9. Haus in Opposition zu Neptun vorstellen kann, mussten wir, damit er die Ausbildung erfolgreich abschliessen konnte, auch über sein Selbstwertgefühl und über Blockaden sprechen, die früher in seiner schulischen Laufbahn aufgebaut worden waren.

OPP in der Midlife-crisis

Wenn Uranus, Neptun oder Pluto im Radix mit den Berufshäusern in Verbindung stehen, dürfte die im dritten Kapitel besprochene Midlife-crisis in der gleichen Lebensphase auch zu einer beruflichen Veränderung führen. Vielen Menschen, die äussere Planeten in diesen Häusern haben, gelingt es nicht, vor dieser Phase einen Beruf zu finden, der ihnen entspricht, weil sich vorher keine Gelegenheit bietet, die äusseren Planeten konstruktiv und schöpferisch zum Ausdruck zu bringen. Vielleicht war die Gesellschaft noch nicht dafür bereit, als sie ins Arbeitsleben eintraten. Die beruflichen Aussichten auf dieser Ebene waren beschränkt, oder die Berufe erforderten Fähigkeiten, die sich jetzt erst entwickeln. Vielleicht wurden die OPP auch zurückgehalten, ihren eigenen Weg zu gehen, weil sie es ihren Eltern recht machen wollten oder weil sie auf familiäre Verantwortlichkeiten Rücksicht nehmen mussten. Viele Berufswünsche, die mit äusseren Planeten zusammenhängen, sind nicht ohne weiteres zu verwirklichen oder erfolgreich in die Praxis umzusetzen, ehe der Betreffende nicht herangereift ist und einige Erfahrungen in der wirklichen Welt gesammelt hat.

Wenn äussere Planeten in den Berufshäusern stehen, dann könnte in der Mitte des Lebens die Sehnsucht nach der wahren Berufung sehr stark werden. Der Betreffende könnte beginnen, über eine Veränderung nachzudenken. Doch jede grössere Veränderung stösst auf Widerstände. Es mag einfacher, bequemer und sicherer scheinen, auf dem ausgetretenen Weg weiterzugehen. Doch die äusseren Planeten wiederholen im Laufe von zwei oder mehr Jahren Aspekte des Radixhoroskops. Die Schmerzen, die der Widerstand gegen Veränderungen hervorruft, wachsen, bis der betreffende Mensch keine andere Wahl mehr hat, als einen neuen Weg einzuschlagen. Die Alternative wäre die Stagnation – das blosse Absitzen der Zeit, bis das Leben zu Ende ist.

Der betreffende Mensch hat bis zu diesem Punkt schon einen Teil seiner Aufgaben erfüllt, so dass möglicherweise einige alte Barrieren verschwunden sind. Die Kinder sind herangewachsen. Ein Elternteil, der nur Missbilligung äusserte, ist gestorben. Ein von äusseren Planeten beeinflusster Mensch, der bisher mit seinem Leben nicht zurechtkam, wird nüchtern oder reift heran. Bei Frauen kommt oft hinzu, dass die Gesellschaft erst allmählich akzeptiert, dass Frauen gewisse Berufe ausüben, die vor einigen Jahrzehnten noch nicht in Frage gekommen wären.

Im Laufe der Jahre hat der Betreffende vielleicht auch genug Geld gespart, um wieder zur Schule gehen zu können. Und was noch besser ist, einige der neu entstandenen Berufe könnten den eigentlichen Fähigkeiten und dem Lebenszweck des betreffenden Menschen eher entgegenkommen als die alten Berufe – ich meine damit neue Berufe, die es noch nicht gab, als der betreffende Mensch die Welt für sich zu erobern begann. Wie die Liebe sind viele Dinge besser, wenn wir sie zum zweiten Mal erleben.

Wie Veränderungen in der Welt die Berufsberatung beeinflussen

Die Bewegungen der äusseren Planeten durch die mundanen Zeichen lösen Veränderungen in der ganzen Welt aus. Wirtschaftliche und berufliche Realitäten verändern sich rasch und ohne Unterlass. Aufgrund dieser Umstände kommen verwirrte und verunsicherte Menschen zu uns und bitten um Ratschläge für ihren Beruf. Wir würden es uns zu einfach machen, wenn wir nur neptunisches Wunschdenken verkaufen oder die Phantasien der Klienten befriedigen wollten, statt uns mit der Realität bestimmter Berufsgruppen auseinanderzusetzen. Wir wären gut beraten, uns so umfassend wie möglich über das zu informieren, was in den verschiedenen Berufen tatsächlich vor sich geht. Wir können Verzeichnisse von Berufsbildern benutzen, um über verschiedene Tätigkeiten auf dem laufenden zu bleiben.

Ein anderer Gedanke ist der, dass individuelle Karrieren stark von veränderten globalen Bedingungen beeinflusst werden können. Der Ölpreis in Kuwait, die Zerstörung des Regenwaldes, die Umwälzungen in Russland können ohne weiteres einen nachhaltigen Einfluss auf den Beruf eines Klienten ausüben. Globale Unwägbarkeiten können unsere Entscheidungen und Potentiale beeinflussen. Deshalb ist es wichtig zu wissen, was in der Welt vor sich geht. Es ist auch wichtig, den Klienten zu fragen, in welchem Ausmass sein Beruf oder sein Geschäft von den globalen politischen Verhältnissen abhängig sind.

Da sich alles verwirrend schnell verändert, ist es heutzutage viel schwerer, klare Voraussagen über die Zukunft eines Klienten zu machen. Wir werden weiterhin Voraussagen machen – und die Nachfrage nach diesen wird sogar steigen –, aber wir täten gut daran, mit unseren Prognosen vorsichtig und konservativ zu sein.

SIEBTES KAPITEL

Horoskopdeutung bei Kindern und Jugendlichen

Viele werden die Ödipus-Sage kennen. Als er geboren wurde, sagte ihm eine Wahrsagerin voraus, er werde später seinen Vater erschlagen und seine Mutter heiraten. Um diese Tragödie zu verhindern, wollten die Eltern das Kind töten lassen, aber ein mitfühlender Diener verschonte das Leben des Kindes und gab ihn fort, damit er woanders aufwachsen konnte. Und natürlich begegnete Ödipus seinem Vater, dem König, auf der Strasse, ohne ihn zu erkennen. Sie kämpften, und Ödipus tötete ihn. Dann traf er in der Hauptstadt ein, verliebte sich in die Königin, ohne zu erkennen, dass sie seine Mutter war, und heiratete sie. Als er herausfand, was er getan hatte, machte er sich solche Vorwürfe, dass er sich die Augen ausstach. Daraufhin wurde sein Schicksal in Hollywood verfilmt.

Meine Frage ist nun: *Wessen Schuld ist es, dass die Dinge sich so entwickelten? Ich glaube, es war die Schuld der Wahrsagerin.* Zweifellos wuchs ihr Ruhm nach dieser zutreffenden Voraussage, aber ich halte sie für verantwortlich. Hätte Ödipus ohne die Vorhersage der Seherin seinen Vater getötet und seine Mutter geheiratet? Hat nicht die Prophezeiung – und die Reaktion der Eltern, die das vermeintlich Unvermeidliche verhindern wollten – erst die Tragödie ausgelöst? Wenn der kleine Ödipus bei seiner Mutter aufgewachsen wäre, die ihm Vorhaltungen wegen seiner Hausaufgaben und des Chaos in seinem Zimmer gemacht hätte, dann wäre sie lange nicht so berühmt geworden. Er hätte eine Familienstruktur und Tabus gehabt, an denen er sich hätte orientieren können. Auch wenn uns Sensationsreporter etwas anderes einreden wollen, die meisten Leute legen wirklich nicht ihren Vater um und heiraten ihre Mutter. Aber gerade weil die Eltern die Wahrsagerin ernst nahmen und Ödipus beseitigen wollten, sah er später nicht, dass die reizende Frau seine Mutter war, nachdem er und sein Vater einander schon nicht erkannt hatten.

Wir wollen die Ödipus-Sage im Hinterkopf behalten und uns fragen, wie wir bei der Deutung der Horoskope von Kindern vorgehen sollen. Auf jeden Fall sehr, sehr vorsichtig! Angesichts unserer scheinbar allmächtigen Werkzeuge sollten wir jede negative und fatalistische Interpretation unterlassen, denn in ihnen steckt viel zuviel Macht. Prophezeiungen von Autoritätsfiguren haben einen ungeheuren Einfluss auf das Leben eines Kindes. Immer und immer wieder sehen wir, wie zwingend negative elterliche Prophezeiungen wirken: «Du wirst es nie zu was bringen.» «Du wirst ein Säufer werden wie dein Vater.» «Du wirst nie jemanden finden, der dich heiratet.»

Aussagen wie diese bezeichne ich als «Fluch», denn viel zu viele Menschen gehorchen unbewusst derartigen Vorgaben und verbringen ihr Leben damit zu beweisen, dass die Eltern recht hatten. Manchmal dreht sich meine therapeutische Arbeit darum, diese Flüche zu finden und aufzulösen. Manchmal geschieht es sogar während einer Horoskopdeutung, dass ein «Fluch» in Form einer gedanklichen Sperre, die die Erfüllung verhindert, offensichtlich wird. Ich benutze die Kraft, die in der Astrologie steckt, um diese Gedanken zu vertreiben. Manchmal verwandle ich mich dabei absichtlich in die Karikatur einer wahrsagenden Zigeunerin. Die Klienten kichern nervös, nehmen aber unbewusst an, was ich vermitteln will.

Sie sollten den negativen Archetypus der verfluchenden Zigeunerin meiden und Ihren Klienten keine einschränkenden Gedanken auferlegen, indem Sie fatalistische Voraussagen machen. «Ihr Kind wird nie heiraten.» «Ich fürchte, er ist in Gefahr, als Drogenabhängiger aufzuwachsen.» «Sie wird in ihrem Beruf zwangsläufig scheitern.» Vielleicht möchten Sie solche Dinge auch nicht sagen, aber Sie sollten trotzdem wachsam sein. Ansonsten könnten Sie die Eltern dahin gehend beeinflussen, negativ über das Kind zu denken, das dann die Voraussagen der Eltern ausleben muss. Habe ich Hemmungen, bei schwierigen Horoskopstellungen in den Horoskopen von Kindern auf den Punkt zu kommen? Vielleicht, aber der Grund ist mein Wissen um die Macht der Suggestion.

Wer ist Ihr Klient?

Wir müssen auch berücksichtigen, dass nicht das Kind der Klient ist, sondern die Eltern, die aus Sorge um ihren Nachwuchs zu uns gekommen sind. Eltern, die zu Deutungen kommen, sind verletzbare Menschen, denn sie fragen sich besorgt, ob sie ihre Sache gut machen. Sie können Ihrer Einschätzung grosses Gewicht beimessen, das auf dem anscheinend allwissenden und sogar übernatürlichen Standpunkt beruht, den Sie dank der Astrologie einnehmen können. Aber nichts wird sich zum Besseren wenden, wenn Sie Ihre Klienten verurteilen.

Versetzen Sie sich in die Situation der Eltern. Eltern reagieren heftig, wenn Aussenstehende ihre Kinder kritisieren – selbst dann, wenn sie ausdrücklich darum gebeten haben. Sie reagieren auch sehr empfindlich auf jede Andeutung, sie könnten als Eltern Fehler gemacht haben. Eine Frau rief mich per Ferngespräch an und erklärte mir ziemlich aufgebracht, sie habe mein Buch *Moon Signs* gelesen. Sie wollte mich wissen lassen, dass ihr Sohn seinen Mond in Skorpion habe und dass sie überhaupt nicht so sei, wie ich sie beschrieben hätte. Wie ich es wagen könnte, sie zu kritisieren, wo sie doch immer eine gute Mutter gewesen sei! (Angesichts einiger Dinge, die ich über dieses Mondzeichen geschrieben habe, konnte ich wohl froh sein, dass sie nicht zum Boykott gegen mich aufrief.)

Ein anderes Mal nahm mich nach einem Seminar eine reizende junge Frau zur Seite. Sie vertraute mir an, dass sie zwei Tage lang geweint habe, nachdem sie gelesen hatte, was ich über das Mondzeichen ihrer Tochter geschrieben hatte. Als ich ihr versicherte, dass mir das leidtäte, sagte sie, letzten Endes sei es doch hilfreich gewesen, weil sie danach anders mit ihrer Tochter umging. Trotzdem wünschte ich, ich wäre beim Schreiben etwas einfühlsamer gewesen. Wir wissen nie, wie die Dinge, die wir sagen, die Eltern verletzen können.

Wenn Sie selbst keine Kinder haben, fällt es Ihnen vielleicht schwer, diese Verletzlichkeit nachzuvollziehen. Wenn Sie jemals ein Gedicht oder einen anderen Beitrag geschrieben haben, der von einer Zeitschrift abgelehnt wurde, dann haben Sie möglicherweise eine Ahnung, wie empfindlich das Ich ist, wenn es um Belange des 5. Hauses geht. Wenn Sie etwas ältere Kinder haben, dann haben Sie möglicherweise inzwischen vergessen, welche Ängste Eltern davor haben, etwas falsch zu machen. Das gilt besonders für unsichere Menschen, die zum erstenmal Eltern werden. Der Gedanke ist so schmerzlich, dass Sie sich damals möglicherweise auch selbst zu schützen suchten, indem Sie sich selbst sagten, Sie hätten alles richtig gemacht. Wenn die anderen Eltern nur auf Sie hören würden, dann könnten sie es auch richtig machen. Junge Eltern leiden unter übergrossen Ansprüchen. Früher waren es nur die Ansprüche, die ihnen von Grosseltern und anderen Verwandten auferlegt wurden. Heute kommen die Ratschläge dazu, die sie in Talk-Shows, Zeitschriften und Ratgebern aufschnappen. Wollen Sie noch eine Schicht astrologischer Ansprüche darüberlegen?

Es ist nicht leicht, sich auf die Elternschaft einzustellen. Die einschneidenden Umstellungen erstrecken sich etwa über ein Jahr. Oft haben die frischgebackenen Eltern sehr zwiespältige Gefühle hinsichtlich der Verantwortlichkeiten und der Opfer, die von ihnen erwartet werden. Kulturelle Mythen, die erzählen, wie wundervoll es ist, ein Kind zu haben, bereiten uns nicht auf die weniger angenehmen Gefühle vor. Die Reaktionen sind oft Depressionen, ein Gefühl, die Freiheit verloren zu haben, Hass und sogar Wut. Wenn alle anderen erzählen, wie wundervoll es sei, ein Kind zu haben, dann hilft es, jemand gegenüberzusitzen, der die ambivalenten Gefühle nicht negativ bewertet. Wenn Sie mit der Mutter sprechen, geben ihr Mondzeichen, ihre Mondaspekte und die Transite über ihren Mond spezifische Auskünfte über ihre Anpassungsprozesse.

Eltern leiden unter ungeheuren Schuldgefühlen, wenn etwas schiefgeht. Als ich eine Deutung für zwei hyperaktive Brüder machte, brachte ihre intelligente und gebildete Mutter die Sorge zum Ausdruck, dass möglicherweise die Entbindung per Kaiserschnitt die Ursache für die Hyperaktivität ist. Sie dachte ernsthaft darüber nach, ob es eine andere Möglichkeit gegeben hätte, während in Wirklichkeit weder sie selbst noch die Kinder die Entbindung ohne den Eingriff überlebt hätten. Ich habe häufig in Kliniken gearbeitet, und daher weiss ich, dass Eltern, die Kinder mit Geburtsschäden haben, häufig grosse Schuldgefühle entwickeln und sich für die Behinderung verantwortlich fühlen.

Vergessen Sie nicht, dass vor allem unerfahrene Eltern über das Produkt ihrer Vereinigung und den Kern ihres Selbst mit Ihnen sprechen wollen. Es ist schrecklich für sie zu hören, dass mit dem Kind etwas nicht stimmt. Über Schwachstellen im Horoskop zu sprechen kommt ihnen fast vor, als würden Sie über Geburtsfehler sprechen – zwar nicht über Finger und Zehen, aber immerhin über Venus oder Mond. Eltern reagieren auf negative Interpretationen häufig mit einer zusätzlichen Ebene von Schuld.

Die folgenden ergänzenden Fragen sollen Ihnen helfen herauszufinden, wer in Wirklichkeit Ihr Klient ist. Sind Vater und Mutter anwesend? Wer von beiden hat um die Beratung gebeten? Welche Einstellung hat dieser Partner zur Deutung oder zur Astrologie allgemein? Die Antworten auf diese Fragen geben Ihnen Aufschluss über das Verhältnis zwischen den Eltern und zwischen Eltern und Kind. Es ist auf jeden Fall gut, so zu tun, als wären beide anwesend, weil sich der andere Partner das Band zweifellos später anhören wird – wahrscheinlich sogar, sobald Ihr Klient wieder zu Hause ist.

Die Motive der Eltern einschätzen – Warum ist die Deutung nötig?

Der Grund für die Sitzung kann natürlich, genau wie beim Fototermin, die Liebe zum Baby und die Freude darüber sein. Vielleicht kommen die Eltern, weil sie sich freuen und herausfinden wollen, wer dieser neue Mensch ist. Besonders bei der Geburt des ersten Kindes bitten viele Eltern um eine Deutung. Viele Eltern dokumentieren die ersten Lebensjahre ihres Kindes ausgiebig in dicken Alben mit Fotos und einem Babybuch, in dem Haarlocken aufbewahrt und alle wichtigen Ereignisse notiert werden. (Das zweite Kind wird mit ein paar Fotos weniger bedacht, das dritte und alle folgenden können froh sein, wenn sie in der Familienbibel erwähnt werden.)

Narzissmus ist oft ein Motiv junger Eltern, für ihr erstes Kind ein Horoskop anfertigen zu lassen. In diesem Stadium sehen viele Eltern im Kind kaum mehr als eine Erweiterung ihrer selbst. Die Begabungen des Kindes werfen ein positives Licht auf sie selbst, etwaige Defizite lassen sie schlecht aussehen. Dies ist bei kleinen Kindern, bei denen sich das wahre Selbst noch kaum entwickelt hat, ganz natürlich. Wenn der Astrologe zu sehr von potentiellen Begabungen schwärmt, könnten die Eltern davon zu träumen beginnen, dass ihr Kind ein berühmter Darsteller oder ein künstlerisches Genie wird. Kinder könnten unter dem Druck stehen, diese Begabungen auf Kosten einer ausgeglichenen Entwicklung in den Vordergrund zu stellen. Schade, dass es noch keine Selbsthilfegruppe für Anonyme Schauspielermütter gibt.

Wenn die Kinder etwas älter werden, bitten die Eltern oft um einen Termin, weil die Kinder Probleme haben. Manchmal sagen die Mütter, sie seien einfach neugierig oder wollten ihrem Kind helfen, seine Fähigkeiten zu verwirklichen. Wenn Sie fragen, über welche Bereiche die Mütter sprechen wollen, können Sie möglicherweise versteckte Sorgen erkennen. Manche sind auf den Geist des Kindes oder auf Verbindungen aus früheren Leben eingestimmt, die nicht immer erfreulich sind. Es ist interessant, ihre Phantasien und Projektionen ans Licht zu bringen. Wem, glauben sie, wird das Kind ähnlich sein? Der Mutter, dem Vater, einem geliebten Bruder oder einer verhassten Person? (Über Heranwachsende werden wir später noch sprechen.)

Astrologieschüler, die zu einer Beratung kommen, sind ein Sonderfall. Auch hier sollten Sie überlegen, wer im Grunde der Klient ist. Diese Klienten wissen genug über Astrologie, um über das zu erschrecken, was sie selbst sehen können. Versetzen Sie sich in diese Situation: Sie machen sich Sorgen wegen des Horoskops Ihres Kindes oder Enkelkindes. Wie soll das kleine Geschöpf, das Ihnen anvertraut ist, nur mit diesen schwierigen Aspekten umgehen? Man kann sich kaum vorstellen, wie ein so zartes Geschöpf mit einem starken Saturn oder Pluto fertig wird, wenn es noch nicht einmal allein essen kann! Bringen Sie die Sorgen und Deutungen ans Licht, die Ihre Klienten angesichts des Horoskops beschäftigen. Sie können die Sorgen nicht einfach übergehen und eine begeisterte positive Deutung liefern. Wenn Ihre Klienten astrologisch vorgebildet sind, brauchen sie möglicherweise Hilfe, damit sie von den Aspekten der äusseren Planeten nicht das Allerschlimmste erwarten.

Sollte das Kind während der Deutung anwesend sein?

Manchmal wollen die Eltern das Kind zur Deutung mitbringen. Überlegen Sie, wie alt das Kind ist und warum es anwesend sein soll. Kann es verstehen, was Sie sagen werden? Ich habe Horoskope für Kleinkinder besprochen, die sehr aufmerksam und präsent waren und anscheinend alles aufgenommen haben. Vielleicht bilde ich mir das nur ein, aber viele Kinder, die heute geboren werden, scheinen sehr alte Seelen zu sein, und ich bin mir nicht so sicher, dass sie nichts verstehen.

Erinnern Sie sich an Ihre eigene Kindheit, und überlegen Sie, wie es war, als Erwachsene über Sie gesprochen haben – wie demütigend und schmerzlich war das? Wenn Erwachsene über kleine Kinder sprechen, während diese anwesend sind, entsteht bei den Kindern mitunter der Eindruck, dass sie irgendwie schlecht seien. Es ist so ähnlich wie eine Besprechung mit einem Lehrer oder einem Arzt, wenn die schlimmsten Charakterzüge des Kindes breitgetreten und erörtert werden. Was die Frage der Motivation angeht, so ist zu sagen, dass manche Eltern ihre älteren Kinder in der Hoffnung mitbringen, der Astrologe könne sie mit Zauberhand wieder auf den rechten Weg führen. Auch wenn dieser Wunsch unrealistisch ist, hängt er unausgesprochen in der Atmosphäre des Beratungszimmers, und das Kind schnappt ihn auf.

Damit Sie sich besser einstimmen können, ist es hilfreich, das Kind selbst oder ein Foto des Kindes zu sehen. Ich bin nicht sicher, ob es klug ist, ausgiebig über das Kind zu sprechen – selbst wenn es noch nicht sprechen kann –, während es anwesend ist. Nur wenige kleine Menschen können zum Ausdruck bringen, dass sie dieses Erlebnis unangenehm finden. Wenn Sie aufmerksam genug sind, können Sie das Unbehagen des Kindes oft an der Körpersprache oder am Verhalten ablesen. Beispielsweise könnte das Kind zu weinen beginnen, feindselig werden oder Aufmerksamkeit fordern. Natürlich werden Kinder während einer Deutung irgendwann unruhig, und es fällt ihnen schwer, eine Stunde oder länger still zu sein – aber der genaue Zeitpunkt, *wann* sie unruhig werden, könnte ein vielsagender

Hinweis sein.

Besprechen Sie vorher mit den Eltern, wie empfindlich Kinder reagieren, wenn man über sie spricht, und erklären Sie ihnen, dass es keine gute Idee ist, das Kind zur Sitzung mitzubringen. Dadurch fördern Sie auch die Empfindsamkeit der Eltern für ihr Kind. Vielleicht haben die Eltern nicht viel Geld, und wenn Sie rechtzeitig andeuten, dass ein Babysitter gebraucht werden wird, können die Eltern die Kosten berücksichtigen oder einen Freund oder Verwandten bitten, das Kind in der Zwischenzeit zu beaufsichtigen, damit Sie in der Sitzung auch wirklich auf die Eltern eingehen können.

Die Beziehung des Astrologen zu Eltern und Kind

Wie sehen die Eltern Sie und Ihre anscheinend übernatürlichen Eingebungen? Sie wären überrascht, welche Projektionen und welcher Wunderglaube selbst hinter rational erscheinenden Fassaden steckt. Wenn Sie mit dem Horoskop eines Kindes arbeiten, müssen Sie sich auf eine sehr ursprüngliche Art des Denkens einstellen. Sie werden eine Art königlicher Wahrsager, der den Eltern erklärt, was aus ihrem kleinen Prinzen oder ihrer Prinzessin werden wird. Das gilt sogar, wenn Sie die Eltern aus anderen Zusammenhängen kennen, und selbst dann, wenn die Eltern Sie in anderen Bereichen als ganz normalen Bekannten erleben.

Wenn Sie die Eltern bereits aus anderen Zusammenhängen kennen, sollten Sie sich hinsichtlich der Beziehung zwischen ihnen einige Fragen stellen. Es kann die Deutung sehr erschweren, wenn die Eltern Ihnen schon lange bekannt sind. Wie schwer macht es Ihnen die Bekanntschaft, bei der Deutung objektiv zu bleiben? Könnte die bisherige Geschichte die Deutung beeinflussen? Sollten Sie die Eltern vielleicht an einen anderen Astrologen verweisen? Manche Astrologen sagen, dass Sie für Bekannte keine Deutungen machen sollten. Ein Therapeut würde nie einen Freund oder Verwandten behandeln, weil er Schwierigkeiten hätte, distanziert zu bleiben. In der Astrologie müssen Sie, je nach Klient, von Fall zu Fall entscheiden, aber Sie sollten diese Frage auf jeden Fall bedenken.

Sind es beispielsweise alte Klienten von Ihnen, die Sie durch viele Lebensphasen begleitet haben? Sie kannten sie, als sie alleinstehend und einsam waren, Sie haben eine Synastrie gemacht, als sie einen Partner kennenlernten, und dann den richtigen Zeitpunkt für die Heirat ausgesucht. Jetzt bringen sie ihr erstes Kind zu Ihnen und bitten um Ihren Segen. Inzwischen sind Ihnen diese Menschen sicherlich ans Herz gewachsen, und Sie wollen nur das Beste für sie. Es fällt Ihnen schwer, objektiv zu bleiben.

Noch schwerer ist es, wenn es sich bei den Klienten um gute Freunde oder Verwandte handelt. Wenn Sie die Horoskope für Verwandte deuten, ist es kaum möglich, objektiv zu bleiben. Ihre Projektionen oder Bedürfnisse kommen Ihnen schnell in die Quere. Sie sehen die Dinge möglicherweise unrealistisch, zu positiv oder zu negativ – durch die rosarote Brille oder durch dunkle Gläser.

Wie die eigene Kindheit in die Deutung hineinspielen kann

Überlegen Sie, wie ungelöste Probleme mit Ihren Eltern Ihre Objektivität stören können, wenn Sie Deutungen für Kinder machen. Therapeuten sind darin ausgebildet, auf Gegenübertragungen zu achten. Das heisst, ihre klinischen Supervisoren machen sie immer wieder auf ihre ungelösten Schwierigkeiten mit ihren eigenen Eltern aufmerksam, die auf die eine oder andere Weise ihre Reaktionen auf die Klienten verfälschen könnten. Die eigenen ungelösten Probleme werden unbewusst auf die Klienten projiziert, die dann so gesehen werden, wie die Eltern waren. Da nur wenige Astrologen klinische Supervisionen durchführen, müssen wir gerade auf Gegenübertragungen besonders aufmerksam achten. Dies gilt nirgends mehr als bei dem Horoskop eines Kindes, denn unser eigenes inneres Kind fühlt sich sehr schnell angesprochen. Achten Sie darauf, dass Sie die Sitzung nicht dazu benutzen, die Wut auf die Fehler Ihrer Eltern auszuagieren.

Um einzuschätzen, inwieweit Kindheitserfahrungen Ihre Deutungen beeinflussen können, sollten Sie Ihren Mond betrachten, der die Geborgenheit symbolisiert, die Sie in der Kindheit erlebten. Angenommen, Sie haben Mond in Widder und wurden als Kind feindselig behandelt. In diesem Fall könnte in Ihnen noch eine alte Wut über frustrierte kindliche Bedürfnisse stecken, die Sie dann auf die Eltern des Kindes projizieren. Sie denken etwa, dass die Eltern sich nicht richtig um das Kind kümmern und glauben, das Kind beschützen zu müssen. Wenn Ihr Mond in Jungfrau steht, war Ihre Mutter möglicherweise übermässig kritisch. Deshalb interpretieren Sie die Sorgen der Eltern als übermässige Kritik am Kind – und betrachten somit den Umgang der Eltern mit ihrem Kind mit übermässig kritischen Augen. Wenn Ihr Mond in Fische steht, mussten Sie sich möglicherweise um Ihre Mutter kümmern, die krank oder unfähig war, und nun sind Sie überzeugt, dass die Eltern unfähig sind, ihr Kind zu erziehen.

Geborgenheit und die Haltung, mit der die Eltern ihrem Kind begegnen, wie sie durch den Mond symbolisiert sind, können ebenfalls in einer Sitzung ausagiert werden. Oft geben wir die Erwartungen unserer Mutter, wie sich ein Kind zu verhalten habe, weiter. Wir leben aus, was wir gelernt haben, und wenn wir nicht aufpassen, könnten wir die Einstellungen und elterlichen Verhaltensweisen wiederholen, die wir als Kind erlebt haben. Eine Schülerin, die Mond in Steinbock hatte, erinnerte sich beispielsweise daran, dass ihre Mutter immer gesagt hatte: «Ich erziehe keine Kinder, ich erziehe Erwachsene.» Als ich nachfragte, gab sie zu, dass ihr Verhalten Kindern gegenüber sich nicht sehr von dem ihrer Mutter unterschied.

Überlegen Sie, in welchem Zeichen Ihr Mond steht und welche Aspekte er hat und was das über Ihre ersten Lebensjahre sagt. Überlegen Sie auch, was Sie an Ihrer Mutter am meisten gestört hat, damit Sie auf mögliche unterschwellige Strömungen in der Sitzung vorbereitet sind. Indem Sie sich solche Überbleibsel bewusst machen, können Sie verhindern, dass Sie diese Themen in die Sitzung einbringen. Mond-Erfahrungen und Mond-Reaktionen sind sehr frühe Prägungen.

Sie sind uns weniger deutlich bewusst als die Themen, die mit der Sonne zu tun haben. Sie könnten sich auch als Stimmungseindruck in der Sitzung niederschlagen. Es ist nützlich, das Mondzeichen und die Aspekte des Elternteils zu ermitteln, der zur Deutung kommt, um zu sehen, wie der Betreffende mit Geborgenheit und der Erziehung von Kindern umgeht.

Das Notwendige über die Entwicklung von Kindern wissen

Angewendet von einem einfühlsamen Menschen, der sich mit Kindern auskennt, kann die Kinderastrologie ein eigenständiges, wertvolles Spezialgebiet vom Rang der Mundanastrologie oder der medizinischen Astrologie sein. Dazu reicht es aber nicht, einfach nur eine astrologische Ausbildung zu machen. Wenn Sie der Ansicht sind, dass die Kinderastrologie Ihre Marktnische ist, dann sollten Sie nicht nur Horoskope, sondern Kinder betrachten. Lernen Sie etwas über die Entwicklung von Kindern, damit Sie wissen, was für bestimmte Altersstufen normal ist, damit Sie ein Bild davon gewinnen, wie Sie die verschiedenen Entwicklungsschritte unterstützen können.

Informieren Sie sich über die Lerntheorie, damit Sie mit den Eltern besprechen können, in welcher Umgebung das Kind am besten lernen kann oder was in der Schule möglicherweise nicht richtig läuft. In der letzten Zeit wird immer häufiger die Diagnose «Lernstörung» gestellt. Sie sollten sich erkundigen, was das ist, und wissen, welche Methoden Kindern mit diesem Problem helfen können.

Lernen Sie etwas über Kinderpsychologie, damit Sie beispielsweise erkennen können, welche Hintergründe das problematische Verhalten eines Kindes hat. Sie brauchen dabei natürlich nicht so weit zu gehen, dass Sie selbst eine Therapie oder eine Heilbehandlung durchführen könnten. Sie sollten aber eine Vorstellung haben, was möglicherweise vor sich geht, und Sie sollten den Eltern eine Empfehlung geben können, wo sie Hilfe finden. Öffentliche Bibliotheken sind eine reichhaltige und kostenlose Quelle von Büchern über Kindheitsprobleme. Viele dieser Bücher sind gut lesbar, weil sie nicht für Erzieher und Therapeuten, sondern für Eltern geschrieben wurden.

Bücher allein reichen aber nicht aus. Wenn Sie Kinder erzogen haben oder viel mit Kindern zu tun haben, dann haben Sie bereits viele praktische Erfahrungen mit dem Verhalten und den Entwicklungsschritten von Kindern gesammelt. Wenn Sie bisher noch nicht viel mit Kindern zu tun hatten, könnte Ihnen eine ehrenamtliche Arbeit in einer Einrichtung, die mit Kindern zu tun hat, die notwendige Erfahrung verschaffen. Solche Lernerfahrungen kurieren meist auch rasch die Arroganz der Kinderlosen, die die unvermeidbaren Fehler der Eltern als mangelnde Zuwendung und wenig intelligenten Umgang mit den Kindern verurteilen.

Es wäre gut, wenn Sie über veränderte Familienstrukturen und veränderte Beziehungsstrukturen im Bilde sind, weil viele unserer Klienten heute anders leben als früher. Zwischen 1986 und 1989 gab es in den USA mehr als eine Million Scheidungen pro Jahr. Die Zahl der Kinder, die bei alleinerziehenden Eltern leben, hat sich in den letzten zwanzig Jahren verdoppelt. Viele Kinder wachsen heute bei Pflegeeltern auf. Von allen Ehen, die 1987 geschlossen wurden, waren nur die Hälfte für Braut und Bräutigam die ersten Eheschliessungen.[37] Wenn Sie sich über Scheidungen, alleinerziehende Eltern und Pflegekinder informieren, werden Sie lernen, wie die typischen emotionalen Reaktionen und Konsequenzen derartiger Veränderungen in der Familienstruktur aussehen.

Das Kind den Eltern vorstellen

Ich würde Ihnen empfehlen, den Eltern eine allgemeine Vorstellung davon zu vermitteln, mit was für einem Geschöpf sie es zu tun haben. Ihnen zu helfen, sich mit dem Wesen des Kindes vertraut zu machen, kann besonders nützlich sein, wenn es astrologische Unverträglichkeiten gibt. Diese Problembereiche können wir aufdecken, indem wir die Horoskope der Eltern und des Kindes vergleichen. Viele Differenzen, die Eltern persönlich nehmen, sind keine bewussten Machtkämpfe, sondern Ausdruck grundlegender Unterschiede zwischen zwei Menschen. Es hilft wirklich zu wissen, was in astrologischer Hinsicht hinter ihnen steckt.

Nehmen wir an, eine Mutter mit Fische-Mond, die sanfte, empfindsame Männer schätzt, bringt ein Macho-Energiebündel mit Sonne und Mond in Widder und dem Aszendenten in Schütze zur Welt. So sehr sie sich bemühen mag, es wird ihr nicht gelingen, aus dem Kind einen Dichter oder Mystiker zu machen. Weisen Sie darauf hin, dass Vorwürfe sinnlos sind – es ist nicht die Schuld der Mutter. Entscheidend ist vielmehr das innere Wesen des Kindes. Einem stolzen Widder-Vater mit einem Sohn, der Musik studieren will, können wir zu der Einsicht verhelfen, dass die Empfindsamkeit des Kindes ein Geschenk und keine Abwehrreaktion gegen die Männlichkeit des Vaters ist.

Ein höchst sensibler Krebs-Elternteil mag erkennen, dass ein Jungfrau-Kind Kritik übt, weil das in seinem Wesen liegt und nicht weil der Vater und die Mutter unzulänglich sind. Kinder mit dem Aszendenten in Wassermann und einem starken Uranus erleben meist eine besonders rebellische und stürmische Jugendzeit. Sie müssen unabhängige, selbständige Erwachsene werden, die sich nicht von sozialem Anpassungsdruck unterkriegen lassen, während sie ihren einzigartigen, selbstgewählten Lebensweg beschreiten. Die Phase der Rebellion ist weniger eine Auflehnung gegen die elterliche Autorität, sondern vielmehr eine notwendige Zeit, wenn diese Menschen das werden sollen, was ihnen entspricht. Es gehört im übrigen einfach zum Prozess des Heranwachsens.

Es entschärft Konflikte, wenn die Eltern das innere Wesen ihres Kindes kennen. Wenn beispielsweise ein langsames Stier-Kind bei impulsiven Widder-Eltern landet, bleiben Reibungen nicht aus. Wenn sie aber wissen, dass der gemächliche Gang zum Wesen des Stiers gehört und nicht als Starrköpfigkeit bezeichnet werden sollte, können Eltern gewisse Zugeständnisse machen. Zum Beispiel wäre es klug, dieses Kind eine halbe Stunde vor den anderen aufzuwecken. Diese Strategie erlaubt es dem Kind, ins Leben zurückzufinden und sich seinen Gewohnheiten zu widmen, die für Stiere so beruhigend sind. Kurz gesagt, wenn Eltern begreifen, dass das Verhalten ihrer Kinder auf astrologische Prägungen zurückgeht und nicht auf dem bewussten Wunsch beruht, die Eltern zu reizen, werden sie das, was sie manchmal so wütend macht, nicht mehr so persönlich nehmen.

Suchen Sie im Horoskop auch nach positiven Qualitäten, die die Eltern fördern sollten. Trigone, Sextile und besonders Quintile zeigen, welche Begabungen es zu unterstützen gilt. Suchen Sie vor allem nach Quintilen (72 Grad), denn diese Aspekte zeigen die genialen Seiten des Individuums. Machen Sie sich klar, dass nicht jeder, der ein Quintil hat, einen Intelligenzquotienten von über 140 hat. Viele Menschen leisten nur in einem einzigen Lebensbereich Hervorragendes. Das Quintil zeigt, wo Sie ganz persönlich ein Genie sind, aber es liegt bei Ihnen, ob Sie Ihre Begabungen entwickeln oder eben nicht und ob Sie Ihre Talente sinnvoll für die Gesellschaft einsetzen. Ein Quintil zwischen Sonne und Jupiter zeigt möglicherweise eine Begabung zum Lehren und die Fähigkeit, andere mit Hilfe der eigenen Erfahrungen und des eigenen Charismas zu ermuntern. Ein Quintil zwischen Mars und Uranus deutet Führungsqualitäten in aussergewöhnlichen Situationen oder bei sozialen Anliegen an, oder es spricht für Brillanz in Technik und Mechanik. Ein Quintil zwischen Merkur und Neptun kann einen schöpferischen Autor oder mediale Fähigkeiten symbolisieren. Wie würden Sie die Gaben einschätzen, die durch ein Quintil zwischen Mond und Venus oder zwischen Saturn und Pluto angedeutet werden?

Das Biquintil (144 Grad) ist dem Quintil ähnlich, steht zugleich aber auch mit dem Quinkunx (150 Grad) in Verbindung. Ein Orbis von 3 Grad scheint bei diesen Aspekten zu funktionieren. Der Quinkunx ist also noch wirksam, wenn zwei Planeten 147 Grad voneinander entfernt sind, doch zugleich ist bei einem Abstand von 147 Grad auch das Biquintil aktiv. In diesem überlappenden Bereich veranlassen die unvereinbaren Impulse, die der Quinkunx repräsentiert, den Betreffenden, eine schöpferische Lösung zu suchen. Hier entsteht individuelle Genialität aus der Notwendigkeit, das Unvereinbare zu vereinen.

Sollten Sie die Zukunft des Kindes voraussagen?

Wenn ich die Horoskope von Kindern bespreche, konzentriere ich mich nicht zu sehr auf die Zukunft, und ich berechne für Babies oder kleine Kinder auch keine Transite. Wir sollten beachten, dass sich die Radixstellungen äusserer Planeten in den ersten zwei oder drei Lebensjahren in Form von Transiten wiederholen. Nehmen wir an, Pluto befindet sich 7 oder 8 Grad vor einer Konjunktion oder Opposition mit der Sonne. Dieser Aspekt wird sich in den ersten Lebensjahren mehrere Male im Transit wiederholen, weil Pluto sich langsam bewegt. Allerdings kann er natürlich auch ein wichtiges, das Leben veränderndes Ereignis oder folgenschwere Umstände andeuten.

Einerseits ist es nützlich, über die Zukunft nachzudenken: So bekommen wir eine Vorstellung, inwieweit sich der kindliche vom erwachsenen Ausdruck der gleichen astrologischen Stellungen unterscheidet. Was im Horoskop eines Kindes oder Jugendlichen schwierig ist, kann im Horoskop eines Erwachsenen ein Geschenk sein. Die Qualitäten, die heute ein Problem sind, können in Zukunft für den Erwachsenen wichtig sein, wenn er seine Lebensaufgabe erfüllt. Ein starker Uranus, der dem Kind schulische Probleme beschert und Erzieher zur Weissglut treibt, kann später einen originellen, unabhängigen und sprühenden Erfinder ausmachen.

Steinbock-Kinder sind manchmal ernst und perfektionistisch und gehen hart mit sich ins Gericht. Sie blühen oft erst als Erwachsene auf, nachdem sie alte Schulden beglichen und einen Teil von dem erreicht haben, was sie sich vorgenommen haben. Starke Betonungen der Jungfrau oder des 6. Hauses sind für das Leben eines Kindes kaum brauchbar und könnten sogar zu einem schwachen Selbstwertgefühl führen. Diese Kinder sind glücklicher und geniessen ein höheres Selbstwertgefühl, wenn sie heranwachsen und eine erfüllende Aufgabe finden. Jugendliche mit dieser Prägung entwickeln ihr Selbstvertrauen, wenn man ihnen einen kleinen Job gibt wie Zeitungen austragen. Kinder mit starker Betonung des Stier-Zeichens oder des 2. Hauses könnten sich mit einem kleinen Schülerjob ebenfalls wohl fühlen, weil sie dadurch die Möglichkeit haben, eigenes Geld zu verdienen.

Häuser, in denen viele Planeten stehen, zeigen Bereiche an, die im Erwachsenenleben wichtig werden. Die Eltern könnten dem Kind zu entsprechenden Erfahrungen verhelfen, indem sie Aktivitäten planen, die zu diesen Bereichen passen. Wenn ein Kind ein besonders starkes und positives 11. Haus hat, dürften ihm Freunde sehr wichtig sein, vielleicht sogar wichtiger als die Familie. In diesem Fall könnten die Eltern das Kind schon früh in eine Spielgruppe oder eine Kindergruppe geben und die Kontakte zu anderen Kindern fördern, die einen positiven Einfluss ausüben dürften.

Was die weniger wünschenswerten Qualitäten angeht, die in einem Horoskop angezeigt werden, so schlug Joanna Shannon, eine ausgezeichnete Astrologin aus New York, vor, den Eltern nur das Allernötigste zu sagen. Sie glaubt, dass intime Details den Eltern in den unvermeidlichen Kämpfen mit ihren Kindern mitunter als Munition dienen könnten. Bedenken Sie, dass alles, was Sie sagen, dem Kind eines Tages vorgehalten werden kann, und wahrscheinlich sogar in stark verzerrter Form.

Wenn Sie über Qualitäten oder Lebenswege sprechen, die als nicht unbedingt positiv gelten, kann bei den Eltern das Bedürfnis entstehen, die Situation kontrollieren zu wollen. Da sie manche der denkbaren Wendungen missbilligen, versuchen sie, genau die Qualitäten zu unterdrücken, zu deren Verwirklichung das Kind auf die Welt gekommen ist. Wir müssen nicht alles wissen, alles sehen und alles sagen – wir sollten erkennen können, was wir sagen dürfen und was nicht. Gibt es nicht auch in Ihrem Leben Dinge, von denen Sie als Kind nicht gewollt hätten, dass ein Astrologe sie Ihren Eltern erzählt?

Eine meiner Schülerinnen erzählte beispielsweise einem Vater, sein kleiner Sohn habe in seinem Horoskop mehr Yin als Yang. Anscheinend werden die Zeichen heute eher so beschrieben als mit den Worten «männlich» und «weiblich». Der nächste Schritt ist dann, bei den betreffenden Menschen einen Testosteron-Mangel zu vermuten. Von Umschreibungen unbeeindruckt, knurrte der Vater: «Wollen Sie mir etwa sagen, mein Sohn wäre eine Schwuchtel?» Sie fragte mich, was sie hätte erwidern sollen. Ich fragte zurück, warum sie ihre Aussage überhaupt gemacht hatte. Stellte sie nicht auch selbst, obschon auf abstruse metaphysische Weise, die Männlichkeit des Jungen in Frage?

Wenn der Junge wirklich schwul wird – was man auf der Grundlage eines einzigen Faktors aber ohnehin nicht entscheiden kann –, geht das seinen Vater nichts an. Homosexualität vorauszusagen kann schwere Beziehungsprobleme mit den Eltern und alle möglichen Feindseligkeiten auslösen. Ausserdem kann die Interpretation einfach falsch sein. Im übrigen kann man Homosexualität ebensowenig verhindern wie Heterosexualität. Das zukünftige sexuelle Leben des Kindes geht die Eltern, unabhängig von den Neigungen, nichts an.

Sie können im Horoskop Talente und Gaben erkennen, Sie sehen problematische Bereiche, aber Sie können nicht sehen, in welche Richtung sich das Kind entwickeln und wie es seine Gaben nutzen oder seine Probleme lösen wird. Es ist anmassend zu glauben, Sie wüssten, wie das junge Wesen diese Energien später benutzen wird. Kinder, die am gleichen Tag geboren werden, haben sehr ähnliche Horoskope – es sind astrologische oder biologische Zwillingsgeburten –, aber die Seelen, die sich inkarnieren, beschreiten in ihrer Entwicklung unterschiedliche Wege. Ich habe beispielsweise eine junge Freundin, die immer darüber redet, dass sie eines Tages eine berühmte Künstlerin sein will, obwohl sie in dieser Hinsicht überhaupt nicht begabt ist. Sie möchte gern sein wie Madonna. Als ich Madonnas Geburtsdaten nachschlug, stellten wir fest, dass meine Freundin im gleichen Jahr und am gleichen Tag geboren ist wie Madonna!

Um zu illustrieren, wie die inkarnierte Seele den Ausdruck der Planeten festlegt, können wir das breite Spektrum des Gebrauchs und Missbrauchs neptunischer Energien betrachten. Wenn Sie die Horoskope von Alkoholikern, Medien und Heiligen untersuchen – alles denkbare Manifestationen Neptuns –, dann werden Sie keine grossen Unterschiede feststellen können. Wenn wir genügend Daten hätten, würden wir vermutlich viele astrologische Zwillinge (also Menschen mit gleichen oder ähnlichen Horoskopen) finden, von denen einer zum Heiligen und der andere zum Sünder wurde. Medial begabte Menschen greifen manchmal zum Alkohol, um der psychischen Bombardierung zu entkommen. Viele genesende Alkoholiker werden wundervolle spirituelle Wesen – keine Heiligen, aber Menschen, die viel Weisheit und Liebe zu geben haben.

Andererseits kann es den Eltern helfen, dem Kind einen guten Start für seine optimale emotionale und spirituelle Entwicklung zu geben, wenn sie etwas über den konstruktiven Umgang mit den Planetenstellungen des Kindes wissen. Ein Kind, das einen starken Neptun hat, kann beispielsweise zu spirituellen Lehren hingeführt werden. Es sollte eine Chance bekommen, sich schöpferisch auszudrücken, und man sollte darauf achten, ob es mediale Fähigkeiten entwickelt.

Licht auf die Welt des Kindes werfen

Statt zu weit in die Zukunft zu blicken, ist es nützlicher, über die Lebensbereiche in der kindlichen Welt zu sprechen, die mit Hilfe der Deutung klarer herausgearbeitet werden können. Die Welt eines Kindes besteht überwiegend aus Eltern, Geschwistern, Schule und Freunden. Es ist also äusserst nützlich, den Eltern zu helfen, diese Bereiche zu verstehen. Erklären Sie von vornherein, dass Sie nur Ihre persönliche Meinung kundtun, so dass die Eltern nicht enttäuscht sind, wenn sie keinen Überblick über den ganzen Lebensweg ihres Kindes bekommen. Auch in diesem Fall könnte es wichtig sein, vorher zu klären, aufgrund welcher Motive die Sitzung zustande kam.

Einen wichtigen Beitrag können Sie leisten, wenn Sie Merkur und das 3. Haus analysieren und die Art und Weise des Lernens und Kommunizierens untersuchen. Es hilft, wenn Sie den Eltern erklären, dass es mindestens zwölf verschiedene Arten gibt und nicht nur die eine, standardisierte, die von den meisten öffentlichen Schulen erwartet wird. Merkur in Stier kaut auf jedem neuen Wissensbröckchen herum, bis es verdaut und assimiliert ist. Diese Menschen lernen nicht schnell, aber was sie gelernt haben, behalten sie.

Merkur in Zwillinge schnappt dagegen schnell die Vokabeln auf und scheint sehr rasch zu lernen, tut dies mitunter aber auf eine flüchtige und oberflächliche Art und Weise. Als begabte Imitatoren übergehen diese Menschen oft die Grundlagen und eignen sich die Vokabeln an, gewinnen jedoch nie ein so tiefes Verständnis für die Materie wie ihre langsameren Brüder und Schwestern mit Merkur in Stier.

Kinder mit Merkur in Widder haben einen raschen, scharfen Verstand, und es fällt ihnen schwer, lange stillzusitzen, ohne sich Streiche auszudenken. Sie lernen am besten, indem sie etwas Praktisches tun, und sie gedeihen besonders, wenn sie sich mit anderen messen können.

Ein weiterer Teil der kindlichen Welt, der durch eine Deutung beleuchtet werden kann, ist der Bereich der Beziehungen zu Brüdern und Schwestern. Auch dies wird durch Merkur oder das 3. Haus angedeutet. (Da das 3. Haus sowohl die Kommunikation als auch unsere Geschwister symbolisiert, üben Geschwister grossen Einfluss auf die Kommunikationsweisen aus, die wir in der Kindheit erlernen.)

Mars im 3. Haus kann Wettstreit und Konflikte anzeigen. Pluto im 3. Haus spricht für Rivalitäten und Rachegelüste unter Geschwistern. Die Eltern sollten auf diese Spiele nicht eingehen, weil sie sonst unbewusst Rivalitäten und Eifersucht fördern. Bei Mars oder Pluto könnte es auch notwendig sein, die Geschwister daran zu hindern, sich gegenseitig zu misshandeln.

Menschen mit Neptun im 3. Haus haben oft die Neigung, sich für ihren Bruder oder ihre Schwester aufzuopfern und sie zu retten. Der Anlass ist manchmal, dass die Geschwister spezifische Probleme haben. Eltern sollten darauf achten, ein behindertes oder problematisches Kind gegenüber den anderen Kindern nicht zu sehr zu bevorzugen. Die Nähe zu Geschwistern, die Probleme haben, hilft Menschen mit Neptun im 3. Haus letzten Endes, so bewundernswerte Qualitäten zu entwickeln wie Mitgefühl und den Wunsch, anderen zu dienen. Es ist jedoch wichtig, diese Qualitäten nicht auf Kosten des eigenen Selbstwertgefühls oder anderer wichtiger Lebensbereiche zu sehr in den Vordergrund zu rücken.

Was gegen Horoskopdeutungen bei Kindern spricht

Statt das ganze Erwachsenenleben des Kindes zu besprechen, sollten Sie sich auf die Frage konzentrieren, was Eltern tun können, um die Begabungen des Kindes zu fördern und um die Probleme zu verhindern, die im Horoskop angedeutet sind – was aber andererseits nicht heissen soll, dass Sie alles in den schwärzesten Farben ausmalen müssen. Auf der Grundlage meines Wissens über die Entwicklung von Kindern versuche ich, praktische Hinweise dafür zu geben, wie die Eltern einige mögliche Fehler vermeiden können. Wir wissen nicht, wie sich dies im Laufe von zwanzig oder mehr Jahren auswirken wird, aber es ist das Beste, was wir tun können.

Ich beschreibe hier meine eigenen Methoden und die Einstellungen, die ich aufgrund meiner Erfahrungen entwickelt habe. Sie mögen mich für übervorsichtig halten, doch andererseits können wir, wenn wir die Horoskope von Kindern deuten, nicht vorsichtig genug sein. Immerhin wirken wir bei der Gestaltung eines zerbrechlichen kleinen Lebens mit.

Ich habe beispielsweise einmal mit einer geschiedenen schwarzen Frau gesprochen, die ihren kleinen Sohn allein erzog. Der Junge hatte eine Mond/Neptun-Konjunktion im 2. Haus, eine Symbolik, die ich als «Zaubermami» bezeichne. Die Frau war als Jugendliche arm gewesen und wollte sicherstellen, dass ihr Sohn nicht die gleichen Erfahrungen machen musste wie sie. Sie schirmte ihn vor den finanziellen Problemen ab, die jede alleinerziehende Mutter hat, indem sie kein Wort darüber verlor und ihm alles gab, was er verlangte. Ich riet ihr, in bezug auf Geld eine realistischere Einstellung zu entwickeln und ihrem Sohn beizubringen, dass Geld nicht auf Bäumen wächst, denn sonst könnte er mit der Erwartung aufwachsen, dass Frauen sich um finanzielle Probleme zu kümmern und wie durch Zauberei alle seine Wünsche zu erfüllen haben, ohne dass er sich selbst darum bemühen müsste.

Wir stehen vor der Frage, ob es überhaupt möglich ist, die Probleme zu vermeiden, die im Horoskop angezeigt sind, oder sucht sich die Kombination dann einfach eine neue Ausdrucksmöglichkeit? Erinnern Sie sich beispielsweise an das Kind mit der Sonne in Jungfrau, dem ich empfahl, Zeitungen auszutragen. Es wäre in diesem Fall wichtig, auf das Gleichgewicht zwischen Arbeit und Spiel zu achten, so dass Sie nicht unversehens einen Workaholic erziehen, dessen Selbstwertgefühl davon abhängt, dass er produktiv ist. Wir haben keinen grossen Einfluss auf die Lebensbedingungen, denen Kinder ausgesetzt sind und die ihren Charakter und ihr Leben formen. Aber wir *können* den Eltern helfen, einige besonders krasse Fehler in der Kindererziehung zu vermeiden.

Ich würde etwas versäumen, wenn ich nicht erwähnte, wie sehr die Bach-Blüten und andere Blütenmittel dazu beitragen können, die nicht wünschenswerten Qualitäten eines Kindes daran zu hindern, sich in die massiven Verteidigungswälle eines Erwachsenen zu verwandeln. Da die Bach-Blüten-Mittel relativ leicht zu bekommen sind, will ich mich auf sie beschränken.

Ein Kind, das immer im Mittelpunkt der Aufmerksamkeit stehen will und sich die Aufmerksamkeit sogar über negatives Verhalten holt, kann sein Verhaltensmuster mit Hilfe von Chicory verändern. Bei Rivalitäten zwischen Geschwistern sind Holly und Chicory für beide Kinder gut. Wenn ein Trauma vorliegt, vielleicht sogar das Geburtstrauma, kann Rescue Remedy, früh in der akuten Phase angewandt (oder im nachhinein: Star of Bethlehem), die Ängste lindern. Verzagten Kindern kann Mimulus helfen, das sich zugleich bei spezifischen Phobien bewährt hat, und Jugendliche, denen es an Selbstvertrauen mangelt, können Larch bekommen. Weitere Informationen finden Sie in meinem Buch *Flower Remedies Handbook.*[38]

Probleme im Horoskop eines Kindes

Sie werden im Horoskop eines Kindes oft bevorstehende Probleme erkennen können – etwa eine Scheidung der Eltern oder den Verlust eines Elternteils. Diese Möglichkeiten könnten durch Uranus im 4. Haus oder durch schwierige Aspekte zwischen Sonne und Mond, besonders in Verbindung mit äusseren Planeten, angedeutet sein. Sollten Sie vorhersagen, dass es zu einer Scheidung kommen wird? Nein, denn danach haben die Eltern nicht gefragt, und es wird die Deutung, die sich um das Kind drehen soll, mit unnötigen Ängsten überschatten. Ausserdem kann diese Interpretation falsch sein – denn statt einer Scheidung könnte auch ein unkonventionelles Familienleben angezeigt sein. Fragen Sie statt dessen, wie die Eltern miteinander auskommen, und empfehlen Sie eine Eheberatung, wenn die Ehe gefährdet ist. Betonen Sie, dass es wichtig ist, das Kind nicht in den Konflikt hineinzuziehen oder es gar aufzufordern, sich für eine Seite zu entscheiden.

Was würden Sie tun, wenn im Horoskop gesundheitliche Probleme angedeutet sind? Was würden Sie tun, wenn Sie beispielsweise Saturn im 1. Haus oder den Aszendenten in Steinbock oder schwierige Stellungen im 6. oder 12. Haus sehen? Erkundigen Sie sich nach der Gesundheit des Kindes, und fordern Sie die Eltern auf, regelmässige Untersuchungen durchführen zu lassen. Natürlich sollten Sie die Eltern nicht unnötig beunruhigen. Sie können nicht mit Sicherheit sagen, ob sich die gesundheitlichen Probleme in der Kindheit zeigen, und Sie können nicht sicher sein, ob die Planeten überhaupt auf der körperlichen Ebene wirken werden. Schwierige Stellungen im 1. Haus können beispielsweise auch andeuten, dass der Betreffende Probleme damit hat, sich in der Welt zu behaupten und mit anderen zurechtzukommen. Im 12. Haus könnten emotionale Probleme angedeutet sein. Im 6. Haus geht es dagegen eher um die Erwerbstätigkeit. Da ich weiss, dass ein Jungfrau-Aszendent oder Mond in Jungfrau mitunter eine Neigung zu Allergien anzeigt, halte ich Eltern manchmal dazu an, auf diese Probleme zu achten. Verletzungen des Mondes zeigen sich manchmal auch in heftigen Reaktionen auf Milchprodukte.

Was ist mit Gefahren, die in der Zukunft drohen mögen? Denken wir an ein Horoskop, das Möglichkeiten wie Drogenabhängigkeit oder sexuelle Probleme andeutet. Besonders in letzterem Fall wollen wir ja nicht durch unsere Voraussagen einen Ödipus erschaffen. Wenn Neptun oder Fische stark betont sind, liegt die Betonung auf der Notwendigkeit, die Entwicklung der höheren Facetten Neptuns zu fördern – Spiritualität, Kreativität und Dienst am Nächsten. Andererseits ist davon abzuraten, die Spiritualität zu sehr in den Vordergrund zu stellen. Kinder rebellieren gegen New-Age-Lehren, wenn wir es übertreiben, genauso wie sie rebellieren, wenn Sie ihnen zu oft mit der Kirche kommen.

Eine besonders schwierige Frage ist die, was Sie tun sollen, wenn Sie im Horoskop des Kindes körperlichen und sexuellen Missbrauch angedeutet sehen. In den meisten Ländern sind die Angehörigen verschiedener Berufsgruppen gesetzlich verpflichtet, Anzeige zu erstatten, wenn sie von einem Kindsmissbrauch erfahren. Astrologen sind nur deshalb ausgenommen, weil unser Feld nicht als Berufsbild anerkannt ist. Ich würde nicht zögern, die Eltern direkt und offen nach Misshandlungen zu fragen. Ich würde meine Frage natürlich vorsichtig formulieren und mich etwa erkundigen, ob ein Elternteil besonders streng auf Disziplin achtet. Wenn die Antwort ja lautet, könnten Sie sich nach Einzelheiten und nach der Art der Disziplin erkundigen.

Wenn Sie viele Horoskope von Kindern besprechen, werden Sie irgendwann auch auf sexuellen Missbrauch stossen. Die Statistiken zeigen, dass jedes dritte Mädchen auf die eine oder andere Weise unter sexuellem Missbrauch leidet. Da die Offenheit in diesem Bereich wächst, erklären inzwischen auch mehr und mehr Männer, dass sie in ihrer Kindheit sexuell missbraucht oder belästigt wurden. Es gibt zahlreiche Hinweise darauf, dass beinahe so viele Jungen wie Mädchen zu Opfern werden. Wenn ein Elternteil als Kind selbst sexuell missbraucht oder belästigt wurde, dann ist meiner Erfahrung nach die Wahrscheinlichkeit hoch, dass sich die Erfahrungen in der folgenden Generation wiederholen. Allerdings ist es nicht immer so, dass das frühere Opfer später zum Täter wird. Auf irgendeine unheimliche Weise fühlen sich frühere Opfer magnetisch von Partnern angezogen, die sich später als Täter entpuppen.

Wenn die Signaturen für sexuellen Missbrauch im Horoskop eines Kindes auftauchen, wollen mir keine treffenden, raschen Antworten einfallen. Es ist immer eine indivuelle Angelegenheit, und es gilt zu berücksichtigen, wie ernsthaft die Möglichkeit des Missbrauchs in Betracht gezogen werden muss und wie Sie die Eltern einschätzen. Wir könnten sonst jedesmal, wenn wir darüber sprechen, einen kleinen Ödipus oder eine kleine Elektra erschaffen.

Nehmen wir an, Sie sagten der Mutter eines Mädchens mit Pluto am Aszendenten, sie solle darauf achten, dass ihr Kind nicht belästigt und nicht zum Opfer eines Inzests werde. Die Mutter wacht mit Argusaugen über das Mädchen und überzieht das ganze männliche Geschlecht allgemein und die Männer in der Familie im besonderen permanent mit düsterem Misstrauen. Die Männer in ihrer Umgebung reagieren, wenn sie wie Ungeheuer behandelt werden, schliesslich tatsächlich wie Ungeheuer und rächen sich am kleinen Mädchen für das Verhalten der Mutter.

Es könnte auch sein, dass die Mutter mit ihrer Wachsamkeit dem Mädchen den Inzest erspart, dass das Mädchen aber in einer so bedrückenden Atmosphäre aufwächst, dass sie später ungesunde Beziehungen eingeht und auf Männer fliegt, die sie misshandeln. Diese Fragen sind nicht leicht zu behandeln.

Beziehungshoroskope für Eltern und Kinder

Das Horoskop des Kindes ist eine Momentaufnahme der Transite im Leben der Mutter und des Vaters zur Zeit der Geburt. Anhand der Verbindungen zwischen äusseren Planeten in den Horoskopen von Kind und Eltern können Sie sogar einen Eindruck gewinnen, warum das Kind geboren wurde. Sie können möglicherweise folgern, was die Mutter und der Vater mit Hilfe der Schwangerschaft zu erreichen suchten und was innerhalb ihrer Ehe vor sich ging. Nicht alle Motive, ein Kind zu bekommen, sind rein wie frischer Schnee. Besonders wenn im Horoskop des Kindes Pluto eine wichtige Rolle spielt, kann die Schwangerschaft zum Ränkespiel ehelicher Machtkämpfe gehören.

Meist hat das Kind starke Verbindungen von äusseren Planeten zu den Horoskopen der Eltern. Die Folge ist, dass das Kind sein Leben lang die Themen aktivieren wird, die zu jener Zeit eine Rolle spielten. Ein Kind, das etwa zur Zeit der Saturn-Rückkehr eines Elternteils geboren wird, verschafft diesem Elternteil immer wieder Saturn-Erfahrungen. Die blosse Gegenwart des Kindes veranlasst den Erwachsenen, weiterzuwachsen. Ich las irgendwo einmal diesen Satz: «Das Wunder ist nicht, dass Erwachsene Kinder produzieren, sondern dass Kinder Erwachsene produzieren.»

Ein anderes Kind, das während eines Pluto-Transits über den Mond der Mutter geboren wird, bringt immer eine plutonische Färbung in die Beziehung ein. Abgesehen von den bereits erwähnten denkbaren Machtkämpfen sind solche Schwangerschaften manchmal auch ein Teil der Nachwirkungen eines Kummers. (Selbst wenn das Kind geboren wird, bevor der Geliebte stirbt, begann die Schwangerschaft möglicherweise im Vorgefühl des Verlustes. Das Kind wird durch die Atmosphäre des Trauerns stark beeinflusst.) Das Neugeborene kann auf irgendeiner Ebene als Ersatz für den Verlust der Schlüsselfigur im Leben der Mutter oder des Vaters gesehen werden.

Wie kann eine astrologische Deutung helfen? Die Auswirkungen können gemildert werden, wenn wir erklären, welche Folgen nicht aufgelöster Kummer hat, und wenn wir besprechen, welche Hilfsmittel zur Verfügung stehen – es gibt beispielsweise Trauergruppen. Sie können zeigen, inwieweit diese Atmosphäre das Kind beeinflusst. Ein hilfsbedürftiges Kind kann nicht die Bedürfnisse der Eltern befriedigen, es kann nicht ein Klon des geliebten Partners werden und in dessen Schuhe schlüpfen.

Viel zu oft erkennen wir im Horoskop eines Kindes Schwierigkeiten in der Beziehung zu einem oder zu beiden Elternteilen. (Aus Horoskopvergleichen oder Composit-Horoskopen können Sie sogar noch mehr Informationen gewinnen.) Es scheint immer der sanftere Elternteil zu sein, der zur Deutung kommt und berichtet, dass der andere so streng auf Disziplin achtet. Wie gehen Sie mit der Situation um, wenn der schwierigere Elternteil nicht anwesend ist? Wird sich der abwesende Partner die Aufnahme der Sitzung anhören? Selbst wenn Sie nicht glauben, dass er oder sie es tun wird, in einer Familie bleibt kaum etwas verborgen. Sie sollten also auf das Band sprechen, als wären beide Eltern anwesend, damit der abwesende Partner zuhören kann, ohne in die Enge getrieben zu werden und die Astrologie als Humbug abzutun.

Jugendliche und ihre Horoskope

Ganz andere Überlegungen kommen ins Spiel, wenn Eltern Sie bitten, sich das Horoskop eines Jugendlichen anzusehen. Der Beruf des Astrologen wird von Uranus regiert, und dieser Planet ist besonders stark mit der Phase der Jugend und ihren Unruhen verbunden. Deshalb haben Astrologen den Menschen dieser Altersgruppe eine Menge zu sagen. Betrachten Sie das Horoskop als Blaupause des werdenden Erwachsenen. So können Sie dem jungen Menschen helfen, sein wahres Selbst zu entdecken, das mitunter im Gegensatz zu dem steht, was Freunde, Familie und gesellschaftliche Zwänge einklagen wollen. Eine astrologische Beratung, die von einem einfühlsamen, unterstützenden, positiv eingestellten und konstruktiv denkenden Erwachsenen durchgeführt wird, kann einem Jugendlichen helfen, der herausfinden will, wer oder was er ist. Zweifellos hätten auch Sie und ich eine Deutung gebrauchen können, als wir jung waren!

Bevor Sie eine solche Beratung vornehmen, sollten Sie sich aber unbedingt Gedanken über Ihre Einstellung zur Jugend machen. Manche Astrologen haben besonderes Geschick im Umgang mit Jugendlichen. Sie sind oft Menschen, die selbst Kinder mit Freude erzogen oder die in anderen Zusammenhängen – in der Schule oder in der Freizeit – mit Kindern gearbeitet haben. Wenn Sie andererseits im Augenblick selbst heranwachsende Kinder haben, dann könnten die Konflikte, Wünsche und Ängste in Zusammenhang mit Ihren eigenen Kindern die Deutung stören. Andere Menschen haben eine besondere Empathie für diese Altersgruppe, weil ihre eigene Jugend schwierig war und die Erinnerungen an sie noch frisch sind. Wenn Sie sich aber mit Jugendlichen nicht wohl fühlen oder sie gar hassen, dann wird auch dies durchschimmern und die Sitzung beeinflussen. In diesem Fall sollten Sie Jugendliche lieber an jemand verweisen, der glaubt, dass Kinder das Schönste sind, was Gott je geschaffen hat.

Wenn es Dinge aus Ihrer Jugend gibt, die Sie noch nicht bearbeitet haben, dann sollten Sie sich klarmachen, dass diese Themen aktiviert werden können, sobald Sie mit Jugendlichen arbeiten. Sie könnten sich beispielsweise zu sehr auf die Seite des Heranwachsenden stellen und gegen die Eltern Position beziehen, was die schon bestehenden Konflikte weiter anheizt. Oder Sie bemühen sich krampfhaft, den natürlichen Widerspruchsgeist des Jugendlichen zu unterdrücken, weil Sie diese Seite in Ihrer Jugend auch in sich selbst unterdrücken mussten. Um herauszufinden, wo Ihre persönlichen wunden Punkte liegen könnten, sollten Sie eine Weile über jene Jahre nachdenken. Überlegen Sie sich, wie Sie waren und wie Sie mit Ihren Eltern auskamen. Ihr Radix-Uranus und seine Aspekte sowie die Transite und Progressionen zu jener Zeit geben Ihnen einige Aufschlüsse.

Wenn Eltern Sie bitten, das Horoskop ihres Kindes anzusehen

Manchmal bitten Eltern Sie im Laufe ihrer eigenen Beratung, auch das Horoskop eines heranwachsenden Kindes anzusehen. Dies ist einer der Fälle, in denen die Astrologie meiner Meinung nach einem Eingriff in die Privatsphäre eines Menschen gefährlich nahe kommen kann. Es ist doch eine interessante Frage, oder? Kann ein Astrologe verklagt werden, weil er die Privatsphäre eines Fremden verletzte? Wenn wir ernst genommen würden, wäre es uns vermutlich untersagt, das Horoskop eines Menschen ohne dessen schriftliche Einwilligung zu betrachten. (Wenn wir ernst genommen würden, brauchten wir vermutlich auch eine Versicherung gegen Kunstfehler!)

Wenn Sie das Horoskop eines werdenden Individuums betrachten, sollten Sie immer den Menschen achten, der seine Identität sucht. Stellen Sie sich die folgende Frage: Was ist, wenn der Jugendliche sich das Band anhört? (Sie können darauf wetten, dass sie es irgendwann irgendwie hören werden.) Bei welchen Punkten wäre der Jugendliche einverstanden, wenn Sie den Eltern davon erzählen, und bei welchen nicht? Was würde er gern über sich selbst erfahren? Sie können auch in diesem Fall so tun, als wäre die betreffende Person anwesend.

Ausserdem ist es wichtig zu begreifen, aus welchen Gründen die Eltern fragen. Wenn die Frage dem echten Herzenswunsch entspringt, dem Kind zu helfen, dann werden Sie das spüren und sich entsprechend verhalten. Wenn Sie aber fürchten müssen, dass es in erster Linie um Kontrolle geht – möglicherweise haben Sie dies bereits aus dem Horoskop des Erwachsenen und aus seinem Verhalten geschlossen –, dann ist zur Vorsicht zu mahnen. Seien Sie vorsichtig, und bedenken Sie, wie Ihre Worte klingen könnten, wenn sie aus dem Zusammenhang gerissen werden. Eltern könnten durchaus Ihre Aussagen als Munition gegen ihre Kinder benutzen. «Pass bloss auf, meine junge Dame. Die Astrologin hat gesagt, dass du wahrscheinlich schwanger wirst, ehe du verheiratet bist.»

Die Motive und Erwartungen der Eltern einschätzen

Manchmal – besonders nachdem Sie das Horoskop eines Heranwachsenden kommentiert haben – werden die Eltern Sie bitten, mit dem Sohn oder der Tochter zu sprechen. Da normalerweise die Eltern die Sitzung bezahlen, sollten Sie besondere Aufmerksamkeit den Motiven schenken, aus denen heraus sie ihr Kind zu Ihnen schicken. Manchmal sprechen die Eltern diese Bitte aus dem echten Wunsch heraus aus, dass die Deutung dem jungen Menschen helfen soll, hinsichtlich seiner Schulbildung und Berufswahl die richtigen Entscheidungen zu treffen. Wenn junge Menschen ernsthaft nach dem für sie richtigen Beruf suchen, kann die Astrologie ein ausgezeichnetes Werkzeug sein. Andererseits könnten die Eltern auch das Gefühl haben, dass der Sohn oder die Tochter ein zu geringes Selbstwertgefühl hat und seine oder ihre besonderen Begabungen und Potentiale entdecken möge, und auch hier kann eine Horoskopdeutung helfen.

Gelegentlich fragen aber auch Eltern, die von Ihrer Arbeit beeindruckt sind, ob Sie mit ihrem schwierigen heranwachsenden Kind sprechen könnten. Dies ist eine wirklich schwierige Angelegenheit. Sie könnten zunächst mit den Eltern darüber reden, was diese sich von der Sitzung erhoffen. Das tiefe Verständnis, das Ihnen die Astrologie schenkt, verleiht Ihnen zweifellos eine Aura göttlicher Weisheit. Bewusst oder unbewusst denken die Eltern vielleicht: «Führe mein schwieriges Kind auf den rechten Weg.»

Angenommen, Sie bringen diese Erwartungen zur Sprache und stellen fest, dass die Eltern tatsächlich hoffen, Sie könnten Jason oder Jennifer zur Vernunft bringen. Wenn Kontrolle das Motiv ist, dann ist Vorsicht angebracht. Sie müssen klären, was die Astrologie kann und was nicht. Sie können einem jungen Menschen nicht eine Dosis Saturn verpassen und ihm den Kopf zurechtrücken. Eine Deutung ist kein Ersatz für eine Therapie, wenn es um schwere Konflikte oder Verhaltensstörungen geht. Sie können einem jungen Menschen sein Drogenproblem nicht ausreden. Astrologie ist auch kein Verhütungsmittel. Sie sollten den Eltern, die Probleme mit ihren Kindern haben, empfehlen, sich an eine Familienberatungsstelle zu wenden oder die Elterngruppe aufzusuchen, deren Telefonnummer Sie zufällig zur Hand haben. Sie könnten sonst in eine sehr unangenehme Zwickmühle geraten.

Die Frage der Vertraulichkeit bei jugendlichen Klienten

Wenn Sie vorher mit den Eltern sprechen, müssen Sie betonen, dass die Sitzung mit dem Jugendlichen absolut vertraulich behandelt werden wird. Was gesagt wird, bleibt ausssschliesslich zwischen Ihnen und dem jungen Menschen. Sie werden den Eltern nichts von dem mitteilen, was Sie in der Sitzung erfahren haben. Machen Sie nicht weiter, wenn Sie in diesem Punkt keine zustimmende Antwort bekommen. Lehnen Sie das Ansuchen der Eltern in diesem Fall ab. Es ist sonst unmöglich, einen echten Austausch zwischen Ihnen und dem besorgten oder rebellischen Jugendlichen in Gang zu bringen.

Wie gehen Sie anschliessend mit dem Jugendlichen um, der vor Ihnen sitzt? Wie mit jedem anderen Klienten auch. Sie müssen Ihrem jugendlichen Klienten versichern, dass alles, was innerhalb der Sitzung gesprochen wird, vertraulich behandelt werden wird. Wenn diese Grundregel festgeschrieben ist und Sie nicht mehr als möglicher Spitzel gesehen werden, sind die Jugendlichen eher bereit, Ihnen ehrlich zu sagen, was los ist. Ausserdem sind Jugendliche oft in solcher Verlegenheit und sehnen sich so nach Anerkennung, dass die Vorstellung, Erwachsene könnten über sie sprechen, erschreckend und erniedrigend ist. Können Sie sich erinnern, wie wichtig Ihnen Ihre Privatsphäre in jenen turbulenten Jahren war?

Aber was ist, wenn der Jugendliche Ihnen etwas mitteilt, das möglicherweise lebensgefährlich ist und das die Eltern unbedingt wissen müssen? Was ist, wenn Sie erfahren, dass der Jugendliche harte Drogen spritzt oder weglaufen will, um Selbstmord zu begehen? Was ist, wenn der Jugendliche von einem anderen Erwachsenen oder einem Familienangehörigen sexuell belästigt wird?

In Fällen wie diesen kann selbst ein lizensierter Therapeut die Vertraulichkeit nicht garantieren. Die Eltern haben das Recht, solche Dinge zu erfahren. Ein Therapeut könnte sogar verklagt werden, wenn er in solchen Fällen die Eltern nicht informiert. Wegen Kunstfehlern können Sie nicht verklagt werden, aber Sie sind in bestimmten Fällen verpflichtet, etwas zu unternehmen. Sie müssen dem Jugendlichen erzählen, dass und warum Sie mit den Eltern über die betreffenden Dinge sprechen müssen. Sie können anbieten, anwesend zu sein, wenn der Jugendliche sich den Eltern offenbart. Auch für diese Fälle sollten Sie Notrufnummern – etwa von Suizid-Selbsthilfegruppen oder Drogenberatungsstellen – zur Hand haben.

Ist es fair, zuerst zu behaupten, alles würde vertraulich behandelt, und dann sein Wort zu brechen? Um die eigene Integrität in Zusammenhang mit der Vertraulichkeit der Sitzungen zu wahren, ist es möglicherweise sinnvoll, eine Art Ausschlusserklärung zu formulieren. Sie könnten etwas in dieser Art sagen: «Wenn du mir natürlich erzählst, dass du drogenabhängig bist oder planst, dich umzubringen, dann müssen deine Eltern das erfahren. – Alles andere bleibt zwischen dir und mir.»

Eine Schwangerschaft ist übrigens ein nicht lebensbedrohlicher Zustand, der sich früher oder später von selbst offenbart. Meiner Meinung nach sollte eine junge Frau, die Ihnen eröffnet, dass sie schwanger ist, durch die Vertraulichkeit geschützt werden. Sie tun aber sicher gut daran, Fachleute zu empfehlen, die sie beim Gespräch mit den Eltern unterstützen können.

Da die Frage der Vertraulichkeit bei Jugendlichen so kompliziert ist, erhebt sich natürlich die Frage, ob Sie auch diese Sitzung auf Band aufzeichnen sollen. Sie könnten fragen, ob der Jugendliche glaubt, dass seine Privatsphäre soweit geschützt ist, dass er das Band mitnehmen kann. Wenn Sie dieses Thema zur Sprache bringen und auf verständnisvolle Weise behandeln, zeigen Sie dem jugendlichen Klienten, dass Sie seine Privatsphäre achten.

Sie sollten allerdings berücksichtigen, dass diese Absprache nur in einer Richtung gilt. In der Hitze des Kampfes gegen die Eltern könnte der Jugendliche den Eltern alles vorhalten, was er nur finden kann, und wahrscheinlich wird er alles verwenden, was Sie gesagt haben – oder was Sie gesagt haben könnten, aber nur dachten. «Die Astrologin, zu der ihr mich geschickt habt, meinte, ich brauchte nicht zum College zu gehen.» Wählen Sie Ihre Worte sorgfältig – bei allen Jugendlichen, nicht nur bei denen, die Probleme haben –, und denken Sie immer daran, wie Ihre Worte klingen könnten, wenn sie aus dem Zusammenhang gerissen werden.

Die Sitzung mit einem Jugendlichen

Selbstbewusstheit und eine ehrliche Einschätzung Ihrer eigenen Haltung gegenüber Jugendlichen sind eine entscheidende Grundlage für die Vorbereitung der Sitzung, während Sie alle Aspekte und Transite herausarbeiten. Jugendliche durchschauen Heucheleien der Erwachsenen mit scharfen Augen – das ist ihr Job. Wann immer Sie unaufrichtig mit Ihren Klienten oder sich selbst gegenüber sind, werden die Jugendlichen es bemerken und unzweideutig darauf reagieren. Ehrliche Worte, wenn auch sanft und verständnisvoll gesprochen, sind wahrscheinlich der beste Weg, mit dieser Altersgruppe umzugehen. Wenn Sie etwas nicht wissen, geben Sie es zu. Versuchen Sie nicht, etwas vorzuspiegeln, was Sie nicht sind.

Das Herstellen eines Rapports funktioniert bei Jugendlichen anders als bei Erwachsenen, und es ist nicht immer leicht. Erinnern Sie sich an Ihre eigene Jugend und an Ihre Verwirrung. So gewinnen Sie etwas Mitgefühl und Verständnis für die inneren Kämpfe der Jugendlichen. Lesen Sie etwas über Jugendliche, werfen Sie einen Blick in ihre Bücher und Zeitschriften, und hören Sie ihre Musik, damit Sie eine Vorstellung gewinnen, wie sich diese Zeit anfühlt und damit Sie eine Grundlage für das Gespräch bekommen. (Vergessen Sie dabei nicht, dass Slangausdrücke, die Sie dabei aufschnappen, eine durchschnittliche Lebensspanne von drei Monaten haben.)

Um das Gespräch in die richtigen Bahnen zu lenken, sollten Sie sich vorher überlegen, welchen Bedürfnissen das Beratungsgespräch aus der Sicht des Jugendlichen gerecht werden muss. Für die meisten Jugendlichen wird es die erste Horoskopdeutung sein. Junge Klienten wissen also nicht, was alles möglich ist. Beginnen Sie beispielsweise, indem Sie typische Problembereiche Heranwachsender erwähnen, die Sie mit Hilfe des Horoskops beleuchten könnten – Freunde, Schule, Verabredungen. Sprechen Sie über diese Dinge, ohne einen heimlichen Lehrplan zu verfolgen. Der Jugendliche wird Sie ganz von selbst zu allen Problemen führen, die Sie im Horoskop erkennen können. Sie kommen aber nicht weiter, wenn Sie nicht ernsthaft und aufmerksam auf die Dinge hören, die Ihre jungen Klienten von sich aus als problematisch bezeichnen. Erinnern Sie sich, wie aufwühlend die Jugendzeit war, als ein einziger Pickel eine mittlere gesellschaftliche Katastrophe war. Spielen Sie die Sorgen der Jugendlichen nicht herunter.

Wenn die Beratung verabredet wurde, weil die Eltern bewusst oder unbewusst erwarten, dass Sie den Sohn oder die Tochter auf den rechten Weg bringen, dann werden Sie scheitern. Jugendliche rebellieren gegen die Autorität Erwachsener – das ist, wie gesagt, ihr Job. Je mehr die Eltern kontrollieren wollen, desto rebellischer werden die Kinder. Ein potentiell starker Trotz zeigt sich im Horoskop

als starker Uranus-Einfluss, der im Radix angelegt sein oder durch Transite ausgelöst werden kann. Sie müssen ohne Zweifel mit einem gewissen Mass an Trotz
auch dann rechnen, wenn Sie sich mustergültig auf die Sitzung vorbereitet haben.
Wenn Sie als Autoritätsperson gesehen werden, die auf der Seite der Eltern steht,
wird ein verschreckter Jugendlicher von dem Besuch bei Ihnen so erbaut sein, als
hätten die Eltern ihn zu einem Psychiater geschickt. In diesen Fällen ist es ganz besonders wichtig und noch schwieriger als sonst, einen Rapport herzustellen und die
Deutung auf die Belange zu konzentrieren, die dem jungen Menschen Sorgen bereiten.

Sexualität in der Jugend

Sex ist ein ganz besonderes Thema, das in der Beratung möglicherweise zur Sprache kommt und das mit grosser Umsicht behandelt werden muss. Eine ausführliche Behandlung des Bereichs Sexualität geht über unsere Kompetenz als Astrologen hinaus, soweit wir nicht auch andere Qualifikationen mitbringen. Ich will damit sagen, dass wir dieses Thema nach Möglichkeit nicht von uns aus in einer Sitzung zur Sprache bringen sollten. Wenn wir es dennoch immer wieder tun, könnte
man uns sogar ein voyeuristisches Interesse unterstellen. Ich schreibe dennoch
über diesen Bereich, weil das Thema wahrscheinlich eine Rolle spielen wird, wenn
Jugendliche sich Ihnen anvertrauen. Wir sind eine Art Vorhut; wir müssen nicht
jede Bombe entschärfen können, aber wir sollten die Sprengsätze erkennen, ehe
wir drauftreten.

Eltern sind im allgemeinen entsetzt, wenn sie sich vorstellen, dass ihre Kinder
Sex haben. Sie wagen nicht einmal daran zu denken. Eine meiner Schülerinnen
brachte beispielsweise das Horoskop ihrer 16jährigen Tochter mit, die den Aszendenten in Skorpion und zusätzlich einen Pluto-Transit hatte. Die Frau flippte angesichts dieses Transits beinahe aus, denn sie war überzeugt, dass ihre Tochter
sterben würde, nachdem ihre eigene Mutter gestorben war, als Pluto über ihren
Aszendenten ging. Diese Frau war eine strenggläubige, damenhafte Katholikin.
Sie wusste nicht, ob sie erleichtert oder sogar noch entsetzter sein sollte, als ich ihr
sanft erklärte, dass es bei einem 16jährigen Mädchen mit viel grösserer Wahrscheinlichkeit um die ersten sexuellen Erfahrungen gehen würde.

Jugendliche denken oft an Sex, auch wenn sie vorübergehend keinen Partner
haben. Wie sollen wir mit Eltern oder den Jugendlichen reden, wenn dieses Thema zur Sprache kommt? Wie fühlen Sie sich selbst, wenn Sie über Sex reden? Wie
fühlen Sie sich, wenn über Empfängnisverhütung gesprochen wird?

Wenn es Ihnen schwerfällt, über diese Dinge zu reden, dann hilft es möglicherweise, laut zu üben und mit einem Freund zu reden oder auf Band zu sprechen. Es könnte ausserdem auch sinnvoll sein, ein paar Bücher für Eltern über Sexualerziehung zu lesen.

Wie bei jedem sehr persönlichen Thema können Ihre eigenen Gefühle, Ihre
Werturteile und Ihre blinden Flecken die Deutung stören, wenn Sie sich Ihrer ei-

genen Anteile nicht bewusst sind und keine Selbstdisziplin üben. Das gilt auch, wenn Sie in sexueller Hinsicht gehemmt sind oder wenn Sex umgekehrt Ihr Lieblingssport ist. Schieben Sie Ihre eigenen Gefühle und Urteile, ob positiv oder negativ, zur Seite, und bemühen Sie sich um empathisches Verständnis für den Jugendlichen. Wenn Ihnen die Sache zu peinlich ist, könnten Sie dem Jugendlichen vorschlagen, mit den Eltern zu reden oder – wenn das nicht möglich ist – einen erfahrenen Berater aufzusuchen.

Jugendliche könnten es zugleich als peinlich und aufdringlich empfinden, wenn ein Fremder dieses Thema zur Sprache bringt. Lassen Sie zu, dass die Frage von den Klienten selbst kommt, auch wenn Sie sanft andeuten können, dass die Tür für ein Gespräch über dieses Thema offen steht. Wäre die junge Frau mit dem Pluto-Transit über ihren Aszendenten zur Beratung zu mir gekommen, dann hätte ich sie möglicherweise gefragt, ob ihre Beziehungen zu Jungen intensiver geworden seien und ob sie jetzt grössere Schwierigkeiten im Umgang mit ihnen habe.

Berücksichtigen Sie, dass die Sexualerziehung oft ein umstrittenes Thema ist. Es gab Demonstrationen von Eltern wegen dieses Themas. Wir reden hier nicht über ein Thema, das rational abgehandelt werden kann, selbst wenn die Eltern ansonsten vernünftige und tolerante Menschen sind. Seien Sie also bei allem, was Sie sagen, äusserst vorsichtig, denn es wird höchstwahrscheinlich auch die Ohren der Eltern erreichen. In der Hitze des Streits könnte ein Jugendlicher sagen: «Der Astrologe meint, es ist in meinem Alter ganz normal, mit Sex zu experimentieren.»

Junge Menschen stehen heute vor ganz neuen und manchmal schmerzlichen Fragen – sind Sie für diese Fragen bereit? Es brach mir fast das Herz, als eine reizende junge Studentin aus meiner Astrologiegruppe zur Deutung kam und mich fragte, ob ihr Freund, mit dem sie schlief, vielleicht Aids haben könnte, weil sie gewisse Symptome an ihm bemerkt hatte. Das war sicher eine Möglichkeit, weil sie im Radix einen Skorpion-Aszendenten und einen starken Pluto hatte und zusätzlich einen Pluto-Transit über den Aszendenten. Die meisten Menschen, die an Aids sterben, sind Anfang bis Mitte zwanzig, und die Krankheit breitet sich auch unter heterosexuellen Jugendlichen rasch aus. Da es mehrere Jahre dauert, bis ein kritisches Stadium erreicht ist, haben sich viele Opfer infiziert, als sie Jugendliche waren. Wie gut wissen Sie über Aids Bescheid? Können Sie in einer solchen Situation ohne Schwierigkeiten und kundig über Kondome sprechen? Wenn nicht, sollten Sie vielleicht etwas darüber lesen und die Diskussion über solche Themen mit einem Freund einüben.

Die Jugend – das Alter der Identitätsfindung

Selbst wenn Sie die oben erwähnten möglichen Stolpersteine überwunden haben, dürfte sich das Beratungsgespräch mit einem Jugendlichen deutlich von dem mit einem Erwachsenen unterscheiden. Jugendliche sind – das muss auch so sein – sehr stark auf die Gegenwart und auf sich selbst konzentriert, weil dies das Alter ist, in dem sie sich selbst entdecken und in dem sich ihre Identität herausbildet. Sie sind auf sich selbst und ihre Möglichkeiten unendlich neugierig und fragen sich beinahe besessen: «Wer bin ich?» Da das Radixhoroskop eine Landkarte des Selbst und seiner Möglichkeiten ist, kann die Deutung des Geburtshoroskops für Sie beide eine aufregende Sache sein.

Diese Altersstufe ist für die Herausbildung der eigenen Identität äusserst wichtig. Die Dinge, die Sie jungen Menschen über sie selbst sagen, können leicht zu Fixpunkten in deren Selbstbild werden. Sie sollten sich vor allem auf die Stärken und Fähigkeiten konzentrieren, die im Horoskop angedeutet sind, und versuchen, konstruktive Ausdrucksmöglichkeiten für schwierige Stellungen aufzuzeigen. Konzentrieren Sie sich auf Begabungen, Fähigkeiten und Anlagen – und vergessen Sie nicht, nach Quintilen Ausschau zu halten. Spielen Sie Beschränkungen eher herunter – sie werden mit zunehmendem Alter ohnehin an Bedeutung verlieren –, und sagen Sie immer dazu, dass Sie nur über Möglichkeiten reden. Ihre Deutungen könnten den jungen Menschen lange im Gedächtnis bleiben und zu einem Teil ihrer Identität werden. Dreissig Jahre später könnten sie immer noch sagen: «Ich bin als Jugendlicher zu einem Astrologen gegangen, und der hat mir erklärt, dass ich nie ein guter Geschäftsmann würde.»

Sollten Sie einem Jugendlichen die Zukunft voraussagen?

Von Aussagen über die ferne Zukunft ist selbst dann abzuraten, wenn der Jugendliche darum bittet. Auch hier sollten Sie mit der Gefahr rechnen, zum Wahrsager eines Ödipus zu werden und eine sich selbst erfüllende Prophezeiung zu erschaffen. Wenn man weiss, wie sehr Jugendliche mitunter zum Drama neigen, muss man fürchten, dass sie früher oder später versuchen werden, die schlimmsten Ihrer Prophezeiungen auszuleben.

Jugendliche kümmern sich, ausser in sehr romantischen und unrealistischen Begriffen, kaum um die Zukunft – sie glauben vielleicht, dass sie ein Filmstar werden oder einen reichen, wundervollen Partner heiraten. Es kann vernichtend sein, den Schwierigkeiten auf dem Weg zur Verwirklichung dieser Jugendträume zuviel Aufmerksamkeit zu schenken. Wir alle wachsen über sie hinaus, aber jeder zu seiner Zeit, und solange wir diese Träume haben, dienen sie einem Zweck. Prinzipiell sollten Sie keine zu grosse Betonung auf die schwierigen Bereiche des Horoskops legen, denn diese haben in vielen Fällen eher mit dem zukünftigen Erwachsenen als mit dem Jugendlichen von heute zu tun. Seien Sie sanft. Stellen Sie sich vor, wie Sie sich mit 15 gefühlt hätten, wenn ein Astrologe Ihnen etwas Negatives, Unausweichliches vorausgesagt hätte.

Sie sollten einem hoffnungslos romantischen Mädchen mit übersprudelnden Hormonen und Pluto im 7. Haus sicherlich nicht sagen, dass sie möglicherweise einen Mistkerl heiraten wird, der sie nicht mehr aus dem Haus lässt. Reden Sie statt dessen lieber darüber, wie das Mädchen leidenschaftliche und besitzergreifende Freunde anziehen könnte, und dass sie sich nach der anfänglichen Romantik rasch eingeengt fühlen könnte. Sie könnten eine Diskussion über die Freunde beginnen, die sie bisher schon hatte, und klären, was in diesen Beziehungen schiefgegangen ist. Sie pflanzen an dieser Stelle einen Samen, der Wurzeln schlägt und das Mädchen zweimal nachdenken lässt, bevor sie eine Entscheidung trifft. Sie sollten aber keinesfalls ihren Untergang voraussagen. Auch hier gilt das gleiche wie beim armen Ödipus – wenn Sie zu negativ sind, dreht sich das Leben des Mädchens womöglich nur noch darum, die Prophezeiung zu vermeiden. Sie beschliesst vielleicht, nie zu heiraten, weil sie Männern nicht trauen kann – und hätte damit ebenfalls ihren Pluto im 7. Haus zum Ausdruck gebracht!

Einem mütterlichen kleinen Krebs-Mädchen mit Saturn im 5. Haus sollten Sie nicht erzählen, dass es möglicherweise niemals Kinder bekommen wird. Sie sollten der Jugendlichen vielmehr erklären, dass ihre Familie möglicherweise klein bleiben oder erst spät in ihrem Leben gegründet werden wird, dass sie aber einen Beruf, in dem es um Kinder geht, als erfüllend empfinden könnte. Betonen Sie, dass sie dank ihres starken Verantwortungsgefühls auf diesem Gebiet wichtige Beiträge leisten kann.

Indem Sie sich auf aktuelle Situationen konzentrieren, die Vorläufer der Probleme des Erwachsenen sind, helfen Sie dem Jugendlichen, die schwierigen Potentiale des Horoskops bewusster einzusetzen. Auf diese Weise können die negativsten Auswirkungen der Stellungen vermieden werden. Fast jede Situation, die in der Jugend wichtig ist, hat ihr Gegenstück im Leben des Erwachsenen. Probleme mit Freunden wiederholen sich in Eheproblemen, und die Probleme mit Eltern spiegeln sich später in den Problemen mit Vorgesetzten. Mangelnde Anerkennung durch Gefährten entspricht der mangelnden gesellschaftlichen Anerkennung eines Erwachsenen. Wenn Jugendliche aus der Sitzung Anregungen mitnehmen, die ihnen helfen, intelligent mit den heutigen Problemen umzugehen, dann haben sie die Werkzeuge in der Hand, um später mit den Problemen des Erwachsenenlebens intelligent umzugehen. Dieses Ergebnis ist bei jeder Altersgruppe alles, was Sie erhoffen können, und es ist ein Beweis dafür, dass Sie dem Klienten gute Dienste geleistet haben.

Ein letztes Wort

Angesichts aller Warnungen, die ich in diesem Kapitel ausgesprochen habe, und angesichts der Probleme, die bei der Horoskopdeutung für junge Klienten aufgeworfen werden, fragen Sie sich inzwischen möglicherweise, ob Sie sich überhaupt darauf einlassen sollen. Als Astrologe können Sie sich sehr nützlich machen, wenn Sie gut arbeiten, und Sie können grossen Schaden anrichten, wenn Sie Ödipus' Wahrsager werden. Die Aufmerksamkeit für uns selbst, die wir bei jeder Horoskopdeutung brauchen, sollte verdoppelt und verdreifacht werden, wenn wir es mit dem Horoskop eines jungen Menschen zu tun haben, dessen Persönlichkeit sich erst noch herausbilden soll. Doch wenn sie kompetent betrieben wird, hat eine spezialisierte pädiatrische Astrologie sicherlich ihren Wert.

ACHTES KAPITEL

Der Aufbau Ihrer astrologischen Praxis

W*enn Sie als Astrologe Erfolg haben wollen, müssen Sie sich mit dem Gedanken vertraut machen, dass Sie Ihre Leistungen verkaufen müssen.* Wie fühlen Sie sich, wenn Sie Kekse für einen wohltätigen Zweck oder Waffeln für die Pfarrgemeinde verkaufen? Haben Sie Hemmungen, für Ihre Praxis zu werben? Vielleicht fühlen Sie sich komisch, wenn Sie für sich selbst die Werbetrommel rühren. Die Grundprinzipien des Verkaufens und der Werbung zu verstehen und zu *akzeptieren* kann den Unterschied zwischen einem erfolgreichen Berufsastrologen und einem ausmachen, der gerade eben überlebt.

Werbung ist gleichbedeutend mit Verkaufen. Wenn Sie diese emotionale Hürde nicht nehmen können, erreichen Sie möglicherweise niemals die Menschen, die von Ihren Diensten profitieren könnten – also genau die Menschen, denen Sie helfen wollen und für die Sie so lange gelernt haben. Es könnte eine notwendige Voraussetzung für den Aufbau einer Praxis sein, Ihre Widerstände gegen den Gedanken, für Ihre Dienste zu werben, zu untersuchen und zu bearbeiten. Darum soll es in diesem Kapitel gehen. Wir werden uns ansehen, ob Sie Hemmungen haben, für sich selbst zu werben und ein Honorar für Ihre Dienste zu verlangen. Und wir werden einige Ideen zur Frage des Marketings betrachten und uns unter anderem überlegen, wie man erfolgreiche Lebensläufe und Anzeigen schreibt.

«Wieviel verlangen Sie?» Hat Sie diese Frage schon öfter aus dem Gleichgewicht gebracht? Das schwierigste Gesprächsthema für den frischgebackenen – oder sogar den erfahrenen – Astrologen ist das Gespräch mit Klienten über das zu zahlende Honorar. Auch wenn wir einen so «erleuchteten und spirituellen Beruf» wie den des Astrologen ausüben, sind wir nicht dagegen gefeit, peinlich berührt zu sein, wenn es ums Geld geht. Ihr Unbehagen, einen Preis für Ihre Dienste festzulegen, macht es Ihnen unnötig schwer, ein Berufsastrologe zu werden. Solche Hemmungen erzeugen zusätzliche unnötige Belastungen. Die Frage, welches Honorar Sie verlangen können, hat nichts mit der Frage zu tun, ob Sie ein guter Astrologe sind oder nicht. Doch Ihre Einstellung zur Bezahlung Ihrer Dienstleistung ist massgeblich für Ihren Erfolg. Wenn Sie das Gefühl haben, kein angemessenes Honorar verdient zu haben, dann wird es Ihnen schwerfallen, eine Praxis aufzubauen. Aus diesem Grund wollen wir das Kapitel mit einer grundlegenden Diskussion über die Gefühle und Einstellungen zum Geld beginnen.

Es gibt viele Gründe, sich auf diesem Gebiet unwohl zu fühlen. Die Frage, was man für eine astrologische Beratung verlangen kann, stellt sich nicht im Vakuum. Sie werden mit ihr konfrontiert vor dem Hintergrund Ihrer eigenen Erfahrungen mit Geld, Ihrer emotional gefärbten familiären Programmierung und der widersprüchlichen Botschaften, die wir aus der Gesellschaft bekommen. Einerseits ist Geld die Wurzel allen Übels, andererseits sind Sie aber ein Niemand, wenn Sie kein Geld haben. Es gibt zudem einige Faktoren, die typisch für die Welt der Astrologen sind und die uns ebenfalls beeinflussen – etwa unser Armutsbewusstsein.

Je besser wir mit unseren eigenen Finanzen umgehen können, desto eher werden wir Klienten bei deren finanziellen Problemen helfen können. Viele Klienten wollen etwas über ihre finanzielle Situation erfahren. Oft zielen ihre Fragen auf die Zukunft und klingen etwa so: «Wann wird sich meine finanzielle Situation verbessern?» Viele kommen zu uns, weil aufgrund von Schwierigkeiten im 2. und 8. Haus ihr Finanzhaushalt chronisch zerrüttet ist. Wir müssen so weit kommen, dass wir uns damit wohl fühlen, über finanzielle Dinge und über den Umgang mit Geld zu reden. Die Statistiken zeigen, dass Geldsorgen bei weitem die häufigste Ursache für Eheprobleme sind. Da viele Klienten sich aufgrund von Beziehungsproblemen an uns wenden, müssen wir darauf gefasst sein, sie zu fragen, ob zu ihren Problemen auch finanzielle Schwierigkeiten beigetragen haben.

Wenn Sie Ihre eigene Angst vor Wohlstand heilen, haben Sie all den Klienten etwas zu bieten, die wegen ähnlicher Probleme zu Ihnen kommen. Sie können Ihre Empfehlungen mit dem Selbstbewusstsein eines Menschen geben, der praktische Erfahrungen hat. Ansonsten wären Sie ein blinder Heiler, der einem blinden Klienten sagt: «Machen Sie das mal so und so, und Sie werden sehen können.»

Die Psychologie des Geldes in unserer Kultur

Das Thema des Geldes ist ein schwieriges und emotional belastetes Thema. Geld hat grosse Macht über uns. Wir haben dem Geld gegenüber gemischte Gefühle, und wir bekommen widersprüchliche Botschaften. Sie müssen es besitzen, um gesellschaftlich anerkannt zu sein, aber es ist gesellschaftlich inakzeptabel, sich ausschliesslich aufs Geldverdienen zu verlegen – wenn Sie das tun, gelten Sie als geldgierig. Geld ist als Gesprächsthema tabu. Das Thema ruft sofort starke Emotionen auf den Plan. Was halten Sie von jemand, der so kühn ist, Ihnen persönliche Fragen zu Ihrem Einkommen zu stellen, zu Ihrem Bankguthaben, zu Ihren Schulden oder zum Preis Ihres Autos? Auch Sie könnten zögern, ein so heikles Thema zur Sprache zu bringen.

Wenn jemand Sie fragt, was Sie verlangen, ist das ebenfalls keine angenehme Frage. Es ist, als sollten Sie öffentlich erklären, was Sie wert sind. Dieser Frage müssen wir uns nicht nur ab und zu stellen, sondern immer dann, wenn wir mit einem angehenden Klienten reden. Wir müssen uns in diesem Punkt desensibilisieren, denn sonst wird diese Frage immer wieder zum Stolperstein. Arbeiten Sie daran, sich mit dieser Frage und der Antwort wohl zu fühlen. Üben Sie die Situation als Rollenspiel mit Freunden oder Kollegen ein.

Sie haben es mit Klienten und deren Wertvorstellungen zu tun, die im Grunde nicht Ihr Problem sind. Eine meiner Klientinnen kam im Pelzmantel, mit Designer-Stiefeln und einem Gucci-Beutelchen zur Therapiesitzung und erklärte, sie könne nur das absolute Minimum zahlen. In gewissen kalifornischen Orten leben Leute mit Diamanten auf falschen Fingernägeln und glänzenden grossen Autos, die erklären, sie könnten für einen Vortrag über Astrologie nicht mehr als fünf Dollar bezahlen. Es gibt New Yorker, die 100 Dollar für ein Abendessen und 500 Dollar im Monat für ihren Therapeuten ausgeben, die andererseits aber glauben, wir dürften für eine Beratung nicht mehr als 50 Dollar verlangen. Ein Teil der Antwort könnte sein, dass wir uns auch durch unser eigenes Verhalten bemühen müssen, den Leuten den Wert der Astrologie wirklich begreiflich zu machen.

Geld und helfende Berufe

Es ist eine heikle Situation, wenn zu Ihnen ein Hilfesuchender kommt, mit dem Sie zuerst darüber reden müssen, was es ihn kosten wird. Wir sind nicht die einzigen, die sich dabei unwohl fühlen. Auch Therapeuten sind nicht immun, nicht einmal jene, die ihre Arbeit als spirituelle Hilfe verstehen. Ein Teil ihrer Ausbildung dreht sich um den Umgang mit Geld. Ganze Therapiesitzungen drehen sich ums Geld – besonders wenn der Therapeut die Nerven hat, nach ein paar Jahren den Stundensatz um fünf Dollar zu erhöhen. Möglicherweise bezahlen die Klienten dann 75 Dollar, um darüber zu reden, wie sie sich damit fühlen, 75 Dollar zu bezahlen. Sie sind mit Ihrem Unbehagen also nicht allein – Sie befinden sich in bester Gesellschaft!

Niemand will dafür bezahlen, dass er Hilfe bekommt. Es ist ein Gefühlsrest des Mondes – Mami soll auf uns aufpassen und nichts dafür verlangen. Auf irgendeiner Ebene hat jeder Mensch diese Sehnsucht und diese Erwartung, aber vor allem Astrologen springen darauf an und sagen: «Natürlich, er hat recht. Wir sollten kein Geld verlangen.» Es ist eine unglückliche Tatsache des Lebens, dass wir als Erwachsene Mami bezahlen müssen, aber wir dürfen wenigstens Einwände pflegen. Als Astrologe können Sie die Bedürftigkeit und die Abneigung zwar spüren, und Sie können sie sogar persönlich nehmen, aber Sie haben wie jeder Profi, der Mami spielt, das Recht, dafür bezahlt zu werden.

Therapeuten bekommen wegen solcher Probleme Magengeschwüre. Aber sie haben starke Berufsverbände und einen gesetzlichen Status, der besagt, dass sie das Recht auf angemessene Bezahlung haben. Bei uns sieht das anders aus. Psychologen haben Supervisionen und Kollegen, die ihnen sagen: «Oh, die Klienten sind eben so. Sie jammern immer über die Honorare. Aber wir sind es wert.»

Hinderliche Überzeugungen und Einstellungen

Am häufigsten nennen astrologische Berufsanfänger als Grund dafür, dass sie nicht mehr als ein minimales Honorar verlangen, folgendes: «Ich bin nicht gut genug. Ich weiss nicht genug. Ich liege mit meinen Voraussagen nicht immer hundertprozentig richtig.» Ärzte, Anwälte, Wirtschaftswissenschaftler und andere, die Vorhersagen machen, erreichen ebenfalls niemals die hundert Prozent, aber sie verlangen viel Geld für ihre wohlklingenden Vermutungen.

Wenn die Leute Sie fragen: «Was verlangen Sie?» stellt sich Ihnen innerlich sofort die Frage: «Was bin ich wert?» Wenn Sie den Leuten eine Zahl nennen, und die Leute lehnen ab, dann verstehen Sie die Ablehnung als: «Nein, soviel sind Sie nicht wert.» Auf irgendeiner Ebene, so rational wir auch sonst zu sein versuchen, fühlen wir uns abgelehnt. Wenn Sie ein Produkt verkaufen – auch wenn Sie es nicht selbst hergestellt haben –, ist es schon schwer genug, ein *Nein* wegzustecken und zum nächsten Kunden zu gehen. Wenn Sie aber sich selbst verkaufen – Ihr Wissen, Ihre Weisheit, Ihre Intuition, Ihr Herz –, dann sind Ablehnungen noch viel schwerer zu verkraften.

Einen Teil dieses Unbehagens können wir auflösen, wenn wir an unserem Selbstwertgefühl arbeiten. Auch wenn Sie Ihre eigenen Fähigkeiten nicht gering achten, wir sind der Einstellung der anderen Menschen zur Astrologie und zum Gefühl, um Hilfe bitten zu müssen, ausgesetzt. Wir werden auch heute noch oft als Wahrsager betrachtet. Die Astrologie geniesst nicht das gleiche Ansehen wie andere Berufe. Für einen Arzt oder einen Anwalt ist es in Ordnung, einen Haufen Geld zu verlangen, auch wenn man es nicht gern zahlt, aber die Leute glauben, dass wir es nicht verlangen dürften!

Sie sabotieren sich selbst, wenn Sie nicht auf einer angemessenen Bezahlung bestehen. So untergraben Sie selbst Ihr Selbstbewusstsein, und das bekommen angehende Klienten mit. Sie könnten sogar glauben: «Also, die hält sich anscheinend selbst nicht für besonders gut, und dann kann sie auch nicht gut sein. Ich gehe lieber zu jemand anders.» Selbst wenn diese Klienten dann zu Ihnen kommen, bringt Ihr Mangel an Selbstvertrauen, der sich in Ihrem Umgang mit Geld zeigt, die Klienten dazu, Ihrer Arbeit weniger Vertrauen zu schenken.

Letzten Endes wird sogar Ihr Gefühl zu Ihren Deutungen beeinflusst. Wenn Sie es hassen, für so wenig Geld zu arbeiten, dann wird auch dieses Gefühl in die Beratung einfliessen. Die Klienten glauben, alles, was Sie tun, hätte mit dem Horoskop zu tun; sie könnten glauben, Ihre Wut bedeute, sie seien verachtenswerte Menschen. Nehmen wir an, ein wohlhabender Aktionär erkundigt sich bei Ihnen nach seinem Aktienvermögen, während Sie nur mit Mühe die Miete bezahlen können. Sie werden kaum verhindern können, dass Ihr Neid auf die Deutung durchschlägt.

Es gibt eine ganze Reihe spiritueller Traditionen, die den Glauben vermitteln, Dienstleistungen und besonders Leistungen wie die unseren, die eine göttliche Dimension berühren, dürften nur schlecht oder überhaupt nicht bezahlt werden. Viele Astrologen haben ausgedehnte, unscharf einnerte Inkarnationen in Klöstern, Konventen und Aschrams hinter sich, in denen im Austausch für schwere Arbeit körperliche Bedürfnisse befriedigt wurden, wo es aber niemals Geld gab. Menschen mit Neptun im 2., 6. oder 10. Haus sind mitunter durch eine Vergangenheit wie diese stark beeinflusst. Viele von uns haben in diesen Leben möglicherweise Armutsgelübde abgelegt, von denen wir uns bewusst befreien müssen. (Eine einfache schriftliche Erklärung reicht aus.)

Selbst wenn wir von solchen Einflüssen frei sind, erinnert uns die Kultur immer wieder daran, dass sie von uns erwartet, ohne Lohn zu dienen. Wir müssen uns in Diskussionen über Honorare solche Untertöne bewusst machen, damit wir nicht in Versuchung geraten, weniger zu verlangen, als wir wert sind. Auch hier fallen das New Age und alte Überlieferungen wieder zusammen, denn viele Heiler des New Age leiden unter Schuldgefühlen und Ambivalenz, sobald es darum geht, für ihre Arbeit Geld zu verlangen – auch wenn die bewusst formulierten Gründe oft andere sind. Die Blumenkinder unter uns werden feststellen, dass die sechziger Jahre einen Eindruck hinterliessen, den es zu bewältigen gilt.

Ich will damit nicht sagen, dass eine astrologische Praxis ein sicherer Weg zum Reichtum ist. Aber wir sollten für unsere manchmal schwierige Arbeit wie jeder andere das bekommen, was wir verdient haben. Wenn jemand eine Beratung dringend braucht, sich aber mein Honorar nicht leisten kann, dann sehe ich mehrere Möglichkeiten, die Situation aufzulösen. Manchmal, wenn der Betreffende über bestimmte Fertigkeiten verfügt, lasse ich mich auf einen bargeldlosen Austausch ein. Manchmal verweise ich den Betreffenden an einen guten, aber weniger erfahrenen Astrologen, der weniger verlangt als ich. Was die Menschen umsonst bekommen, wissen sie meist nicht zu schätzen.

Wie kulturelle Programmierungen Astrologinnen beeinflussen

Wir Astrologinnen leiden ausserdem unter der Programmierung, dass Frauen für andere Menschen zu sorgen haben, und wir fühlen uns schuldig, wenn wir Geld dafür verlangen. Wir werden für die Rolle der Mami erzogen, ob wir Kinder haben oder nicht, und wir sollen ihr gerecht werden, wenn jemand uns braucht. Das gilt ganz besonders für Hausfrauen. Denken wir an eine Frau, die möglicherweise eine ausgezeichnete Astrologin ist und eine jahrelange Lehrzeit hinter sich hat. Sie begegnet ihren Klienten mit einer Weisheit, die sie aus der Fülle ihrer Lebenserfahrung schöpfen kann, nachdem sie ihre Kinder grossgezogen hat. Aber sie hat auch viel Übung darin, die Mami zu spielen und selbstlos und ohne etwas dafür zu verlangen die Bedürfnisse anderer Menschen zu befriedigen. Ihre Klienten sind eine Zumutung, sie rufen zu jeder Tages- und Nachtzeit wieder an und bitten um Rat, ohne auch nur einen Pfennig herauszurücken.

Ihre Preise sind, gelinde gesagt, sehr niedrig, und leider drückt sie damit die Honorare ihrer hauptberuflich tätigen Kollegen. Sie mag sich einreden, dass ihr Mann ohnehin den grössten Teil des Einkommens erwirtschaftet. Sie könnte das Gefühl haben, es sei «ja kein richtiger Beruf», sondern nur eine Beschäftigung, mit der sie sich ein kleines Taschengeld verdient. Sie hat es vielleicht nicht nötig, die gleichen Honorare zu verlangen wie jemand, der von der Astrologie leben muss. Wenn Sie eine Hausfrau sind, die als Astrologin arbeitet, dann lernen Sie bitte,

Ihren Wert vernünftig einzuschätzen. Trotz aller Fortschritte in beruflicher Hinsicht werden Frauen im Vergleich zu Männern in allen möglichen Bereichen schlechter bezahlt. Ganz egal, für wie erleuchtet wir uns halten, das gilt sogar für die Astrologie. In jeder beliebigen astrologischen Organisation kommen auf vier oder fünf Männer etwa hundert Frauen, aber es sind die Männer, die die Posten besetzen. Die Männer, die als hauptberufliche Astrologen arbeiten, verdienen mehr und geniessen grösseres Ansehen als die Frauen. Die Mehrheit der Klienten sind Frauen. Sie tragen in sich den alten und alles andere als ausgestorbenen kulturellen Glauben, dass Männer mehr wissen und fähiger sind als sie selbst. Viele dieser Klientinnen zögern auch, eine Ärztin aufzusuchen. Genau wie die Frauen in allen anderen Berufen müssen auch die Astrologinnen ein wenig härter arbeiten, um ihre Kompetenz zu beweisen, und sie müssen härter an sich selbst arbeiten, um die alten Programmierungen zu überwinden.

Ironischerweise hat uns die Frauenbewegung in bezug auf die Honorare, die Astrologinnen verlangen wollen, möglicherweise noch eine zusätzliche ambivalente Ebene beschert. Die Frauen, die mit Sympathie zur Frauenbewegung blicken, entwickeln Schuldgefühle, wenn sie den «Schwestern», die finanziell ohnehin nicht gut gestellt sind, Geld abnehmen sollen. Wenn wir verlangen, was wir wert sind, dann sind wir möglicherweise dem Druck und der Ächtung der anderen Frauen ausgesetzt, und wir gelten möglicherweise gar als politisch verdächtig.

Verdienen alleinerziehende Mütter und andere benachteiligte Frauen nicht ein wenig Entgegenkommen? Natürlich, aber es muss im Rahmen bleiben. Wenn zu einer Astrologin lauter benachteiligte Frauen kommen, dann wird die Astrologin schliesslich selbst eine benachteiligte Frau sein. In solchen Situationen tausche ich meine Arbeit gegen eine andere Arbeit von gleichem Wert ein, denn dies erlaubt es dem anderen Menschen, seine Selbstachtung zu wahren. Die Klientin wird dadurch in die Lage versetzt, mit ihrer Arbeit etwas Wertvolles zu gewinnen.

Mangelndes Selbstwertgefühl ist ein ewiges Thema in Beratungen mit Klientinnen. Frauen entwickeln kein Selbstwertgefühl, wenn man sie als Empfängerinnen von milden Gaben sieht. Wenn wir Astrologinnen den Wert unserer Arbeit unterschätzen, dann senden wir an unsere Klientinnen damit die Aufforderung, nicht nur unsere, sondern auch ihre eigene Arbeit zu unterschätzen. Wir reden möglicherweise über Selbstwertgefühl, aber wir demonstrieren das Gegenteil. Ich kann Ihnen versichern, dass Ihr Verhalten einen grösseren Eindruck macht als Ihre Worte. Wenn Sie Selbstwertgefühl vermitteln wollen, dann leben Sie es vor!

Geld und gestörte Familienverhältnisse

Wie ich schon andeutete, fühlen sich vor allem Kinder aus Alkoholikerfamilien oder aus gestörten Familienverhältnissen zur Astrologie hingezogen, weil es ihren Erfahrungen entspricht, anderen Menschen zu helfen und sie zu retten. So sehr wir uns bemüht haben, wir konnten unsere Familie nicht in Ordnung bringen. Es ist unmöglich, einen anderen Menschen in Ordnung zu bringen, aber wir übertragen diese unrealistische Erwartung möglicherweise auf unsere Arbeit mit unseren Klienten. Wir haben das Gefühl, wir hätten versagt, wenn es uns nicht gelingt, das Leben der Klienten in Ordnung zu bringen.

Viele Astrologie-Studenten, die aus solchen Familien kommen, haben besondere Probleme mit ihrem Selbstwertgefühl. Gerade ihnen fällt es besonders schwer, sich klarzumachen, dass sie für ihre Arbeit auch eine anständige Bezahlung verdient haben. John Bradshaw hat chronische Scham als eine der wichtigsten Folgen dieser Art von Herkunft identifiziert. Möglicherweise müssen Sie erst Ihre Scham bearbeiten, ehe Sie Ihr mangelndes Selbstwertgefühl überwinden und das Gefühl entwickeln können, für gute Arbeit auch gutes Geld verlangen zu dürfen.

Menschen, die in der Umgebung von Suchtkranken leben mussten – Alkohol, Spielsucht und so weiter –, haben oft ebenfalls ein gestörtes Verhältnis zum Geld. Sie haben diese Haltung von ihren Eltern übernommen. Süchtige hegen grossartige Vorstellungen, die meist jeder Grundlage entbehren. Ihre Kinder verfallen diesen Vorstellungen, auch wenn sie selbst nicht süchtig sind, oder sie werden übervorsichtig und ungeheuer strebsam, um ein Gefühl der Sicherheit zu erzeugen.

Was sollten Sie verlangen?

Nachdem wir einige Hemmschwellen untersucht haben, wollen wir zur Frage des Honorars zurückkehren. Wenn Sie beginnen, sollten Sie sich eine Lehrzeit abstecken, in der Sie nur geringe Gebühren nehmen oder für Freunde, um Übung zu bekommen, kostenlose Beratungen durchführen. Sie können aus Büchern einfach nicht genug lernen. Erst wenn Sie für lebendige Menschen Horoskope oder Teile aus Horoskopen deuten, werden Sie erfassen, wie die Astrologie wirklich funktioniert. Medizinstudenten müssen sich jahrelang ohne oder fast ohne Lohn einarbeiten, ehe sie als Ärzte zugelassen werden. Sie würden einem Medizinstudenten ja auch nicht das gleiche Honorar überweisen wie einem Gehirnchirurgen. Eine Möglichkeit zu üben ist, im Wechsel mit anderen Astrologiestudenten Trainingsberatungen zu machen. Dadurch erfahren Sie auch einiges über Ihr eigenes Horoskop.

Wenn Sie aber zu lange kostenlose Beratungen durchführen, sollte es Ihnen irgendwann dämmern, dass der wahre Grund ein Problem im Umgang mit Geld oder ein mangelndes Selbstwertgefühl sein könnte.

Irgendwann werden Sie aber sicher glauben, dass Sie nun weit genug sind, um Geld zu verlangen. Es ist denkbar, dass Ihre bezahlten Sitzungen mit Menschen beginnen, die Sie bereits kennen – etwa mit Freunden oder Kollegen. Aufgrund der Bekanntschaft entsteht möglicherweise neues Unbehagen, wenn Sie einen Preis festsetzen.

Man könnte sagen, dass Sie einen Preis verlangen müssen, mit dem Sie sich wohl fühlen, selbst wenn es einen Standardpreis gibt. Niemand kann Ihnen sagen, wie hoch Ihr Honorar sein sollte und ob es über oder unter dem Durchschnitt liegt. Die Welt der Astrologen wird durch unser allgegenwärtiges Armutsbewusstsein stark überschattet, und viele Astrologen und Studenten halten nicht viel von Kollegen, die hohe Honorare verlangen.

Es gibt auch einen Punkt, an dem es sinnvoll wird, Ihre Preise zu erhöhen. In so gut wie jedem Beruf können Sie erwarten, nach etwa einem Jahr eine Gehaltserhöhung zu bekommen. Wenn Sie allein arbeiten, müssen Sie ebenfalls regelmässig Ihre Preise erhöhen. Nicht nur die Klienten werden Sie deshalb ernst nehmen, sondern Sie tun auch etwas für Ihr Selbstwertgefühl. Wie die meisten Menschen beurteilen auch wir unseren Wert teilweise anhand unseres Einkommens. Wenn wir höhere Preise verlangen, steckt dahinter der Gedanke, dass wir mehr wert sind. Eigenartigerweise arbeiten wir nach einer Erhöhung der Honorare oft besser und erwarten mehr von uns selbst. Genau wie Gehaltsempfänger, die nach einer Weile einen Zuschlag bekommen, geben auch wir uns mehr Mühe, um dem neuen Preis gerecht zu werden. Als ich mein Honorar von 125 auf 150 Dollar anhob, hatte ich das Gefühl, ich müsse auch um eben diesen Betrag besser arbeiten. Ich bemerkte, dass ich eine Zeitlang während der Sitzungen etwas ängstlich war, aber man höre und staune, meine Deutungen wurden tatsächlich besser. Auch Ihre Arbeit könnte besser werden, wenn Sie etwas mehr verlangen.

Mit Klienten über Honorare sprechen

Es ist schwierig, über das Honorar zu sprechen, das Sie verlangen, da gibt es nichts zu deuten. Selbst mir fällt es noch schwer, obwohl ich seit vierundzwanzig Jahren im Beruf bin. Gehaltsempfänger müssen nur bei der Einstellung oder wenn sie um eine Erhöhung bitten, über ihr Gehalt sprechen. Wir Astrologen müssen immer, wenn ein potentieller Klient anruft, die Honorarfrage als Rahmenbedingung behandeln. Ärzte und Anwälte bekommen ihre Honorare ebenfalls von individuellen Klienten. Wie gehen sie mit der Preisfrage um? Sie haben Empfangsdamen oder Rechnungsabteilungen, die sich um diese schwierigen Dinge kümmern.

Sie müssen fähig sein, ohne Hemmungen zu sagen, was Sie verlangen. Üben Sie, indem Sie Ihr Honorar laut aussprechen. Sagen Sie es unter der Dusche. Lassen Sie Freunde anrufen und so tun, als wären sie mögliche Klienten. Als ich einmal mein Honorar auf einen Satz anhob, mit dem ich mich nicht sofort wohl fühlte, schrieb ich mir die Zahl auf einen Block neben dem Telefon. Wenn ich die Worte nicht anders herausbekommen konnte, nahm ich den Block in die Hand und las vor, was dort stand: «Ich bekomme ...»

Hatten Sie schon einmal das Gefühl, Sie müssten rechtfertigen, was Sie verlangen? Wenn Sie es sich selbst gegenüber rechtfertigen, ist das in Ordnung – das gehört zu Ihrer inneren Auseinandersetzung. Sie könnten sich selbst entgegnen, wieviel Zeit Sie aufwenden mussten, wie lange Sie studieren mussten. Sie können sogar mit Freunden und Kollegen darüber sprechen, bis Sie sich wohl fühlen. Meine Rechtfertigung ist, dass der Klient aus einer einzigen Sitzung bei mir viel mehr mitnehmen kann als aus mehreren Sitzungen beim Psychiater. Ich erkundige mich also, wie die gängigen Sätze bei Psychiatern aussehen, und verdopple den Betrag.

Sie sind allerdings besser dran, wenn Sie sich dem Klienten gegenüber nicht rechtfertigen. Dadurch würden Sie Vertrauen und Achtung zerstören – sich selbst gegenüber und vom Klienten aus gegenüber Ihnen. Sie würden damit zeigen, dass Sie sich Ihres Wertes nicht sicher sind, und dem Klienten einen Hebel für Manipulationen in die Hand geben. Es ist etwas ganz anderes, den Klienten zu *erklären*, warum Sie einen bestimmten Betrag verlangen. Angenommen, der Klient bittet um eine Rektifizierung, und Sie sagen: «Das kostet 100 Dollar.» Der Klient fragt: «Warum ist das so teuer?» Nun können Sie genau erklären, was Sie oder Ihre Kollegen tun, wenn Sie ein Horoskop rektifizieren. Oder nehmen wir an, es handelt sich um ein Beziehungshoroskop. Sie erklären, dass Sie dazu beide Horoskope berechnen und deuten müssen. Dann müssen Sie überlegen, wie die Horoskope zusammenpassen, und dann das Composit berechnen. Sie könnten genau die gleichen Worte benutzen, doch wenn das Gefühl dahinter ein defensives ist, dann würden Sie sich rechtfertigen und nicht erklären.

Wie gehen Sie damit um, wenn der Anrufer als erstes fragt: «Was verlangen Sie?» Das hört sich an, als wollte der Klient Sie auf der Grundlage Ihrer Antwort akzeptieren oder ablehnen. Stellen Sie die Antwort auf diese Frage etwas zurück, weil Ihre Gespräche sonst sehr kurz sein könnten. Sagen Sie lieber: «Das hängt davon ab, was Sie wollen.» Erkundigen Sie sich dann, was der Klient von Ihnen erwartet, wie wir es im ersten Kapitel beschrieben haben. Aus diesem Gespräch gewinnt der Klient einen Eindruck, dass Sie etwas zu bieten haben, das ihm nützt. Nachdem Sie also Ihren Wert vorgewiesen haben, bekommt die Frage nach dem Honorar eine ganz andere Qualität. Viele Astrologen bieten ausserdem eine ganze Palette von Dienstleistungen an, die je nach Aufwand natürlich auch unterschiedlich honoriert werden.

Die zweite Frage, die manche Klienten stellen, lautet: «Was schliesst das ein?» (Übersetzung: «Was bekomme ich für mein Geld?») Manche Astrologen haben Dinge zur Hand, die sie ihren Klienten wie Werbegeschenke mitgeben. Manche schreiben den Klienten ein paar Dinge auf oder machen wundervolle Zeichnungen, so dass das Horoskop gerahmt und aufgehängt werden kann. Manche kaufen sich ein Computerprogramm und machen für den Klienten einen Ausdruck. Ich benutze als Verkaufsargument in erster Linie das Band, und ausserdem bekommen alle Klienten eine Kopie des Horoskops.

Viele Anrufer wollen handeln. Das ist für sie beinahe ein Ritual – sie haben das Gefühl, sie wären keine klugen Kunden, wenn sie es nicht wenigstens versucht haben. Es gibt Kulturen, in denen das Handeln zum Geschäft gehört. Manche Klienten fragen, ob Sie etwas nachlassen, wenn sie ein bereits vom Computer berechnetes Horoskop mitbringen. Tun Sie das, wenn Sie es wollen, aber tun Sie es nicht bei von Hand erstellten Horoskopen, weil Sie nicht sicher sein können, wie genau sie sind. (Ausserdem kann es sein, dass die Klienten im Laufe der Jahre verschiedenen Astrologen verschiedene Geburtszeiten genannt haben.) Es ist wichtig, etwas Distanz zu wahren und zu erkennen, dass diese Verhandlungen nichts mit Ihrem Wert zu tun haben.

Manche Anrufer wollen kostenlose Proben sehen. Solche Demonstrationen astrologischer Fähigkeiten sind nicht unbedingt ein Fehler, aber diese Kostproben sind nur selten ein Anlass für Klienten, zu Ihnen zu kommen. Dies sind normalerweise die Leute, die Sie bitten, ihr Sonnenzeichen zu raten, und die wissen wollen, ob ihr Zeichen zum Zeichen ihrer neuen Flamme passt.

Gruppenübung

Die Gruppe bildet einen Kreis, die Teilnehmer sitzen einander paarweise gegenüber. Einer der beiden Partner spielt den Astrologen, der andere den potentiellen Klienten. Die Partner reden über Honorare. Der Klient setzt dem Astrologen etwas zu. Danach geht der Klient zum nächsten Paar und wiederholt das Rollenspiel. Nach ein paar Platzwechseln werden die Rollen vertauscht. Auf diese Weise können Sie üben, auszusprechen, was Sie verlangen, und Sie bekommen eine Vorstellung, was andere verlangen und wie sie sich in der Diskussion um Preise verhalten.

Noch ein schwieriges Wort: Verkaufsstrategie

Nachdem Sie sich für ein Honorar entschieden haben, sollten wir einige Ideen in Zusammenhang mit Ihrem Marketing betrachten. Um sich ein wenig zu beruhigen, sollten Sie sich sagen, dass Sie nicht sich selbst, sondern eine Dienstleistung verkaufen. Vergessen Sie für einen Augenblick ihre eigene Person und konzentrieren Sie sich auf den angehenden Klienten, wie Sie es auch in der Beratung selbst tun würden. Denken Sie daran, dass die Leute als allererstes wissen wollen, was sie bekommen. «Was ist da für mich drin?», lautet die Frage. Ob sie es aussprechen oder nicht, sie werden diese Frage im Hinterkopf haben. Wenn Sie nicht rasch darauf eingehen, werden Sie den Klienten verlieren. Ich habe einmal gehört, dass die Kunden bei Produkten ihre Entscheidung in den ersten zwanzig Sekunden treffen, auch wenn das Verkaufsgespräch selbst viel länger dauert. Die meisten Werbefilme sind nicht viel länger als diese Spanne. Auch wenn wir hoffen mögen, dass die Entscheidung für unsere Dienstleistung reiflich überlegt wird, sollten wir darauf gefasst sein, unseren Wert innerhalb einer sehr kurzen Zeitspanne unter Beweis zu stellen.

Fragen Sie potentielle Klienten sofort als erstes, was sie brauchen. Im ersten Kapitel schlug ich vor, mit der Frage zu beginnen: «Was versprechen Sie sich von einer Beratung?» Auf diese Weise vermitteln Sie dem Klienten den Eindruck, dass Sie seine Bedürfnisse an die erste Stelle setzen. Wenn Sie die Antwort haben, wissen Sie, in welche Richtung die Anfrage zielt. Sie sagen dem Klienten dann, was Sie tun können, um seine Bedürfnisse zu befriedigen. Das ist viel wirkungsvoller als ein langer Vortrag über die erhebende Wirkung der spirituellen Astrologie und die tiefe Bedeutung der Sonnenzeichen.

Bringen Sie sich selbst erst ein, wenn die Nachfrage nach Ihren Diensten geklärt ist. Als Faustregel sollten Sie weniger als ein Drittel des Gesprächs oder der Werbefläche für sich selbst benutzen, und die restlichen zwei Drittel für den Klienten. Die meiste Zeit sollten Sie darüber reden, inwieweit ihm die Astrologie in seiner augenblicklichen Situation helfen kann. Erst wenn die Klienten überzeugt sind, dass dies zutrifft, können Sie fortfahren und begründen, warum Sie der richtige Astrologe für gerade diesen Klienten sind. Haben Sie nur keine Hemmungen dabei, und erwähnen Sie auf jeden Fall auch Ihre Referenzen. Wir werden später noch zeigen, wie man einen Lebenslauf oder eine Anzeige aufsetzt. Lassen Sie dies aber nicht zum Egotrip ausarten. Der potentielle Klient wird sehr schnell das Interesse verlieren, wenn Sie nur über sich selbst reden.

Ein weiterer nützlicher Gesichtspunkt ist die Tatsache, dass ein Verkaufsgespräch eine Kommunikationsform ist. Merkur war schliesslich auch der Gott des Handels. Um zu bestimmen, wie die Astrologie angehenden Klienten helfen kann, müssen Sie die Klienten fragen. Wenn Sie bereit sind, zuzuhören und den Klienten zu erklären, wie die Astrologie funktioniert, dann werden die Klienten erkennen, dass Sie eine gute Quelle für brauchbare Informationen sind. Sie werden andererseits weniger aufgeschlossen auf unverständliche und geheimnisvolle Fachausdrücke und Bemerkungen über Aspekte und Halbsummen und Sonnenbogendirektionen reagieren.

Verkaufsstrategie oder Aufklärung?

Eine hilfreiche Art, die Begegnungen mit potentiellen Klienten zu betrachten, ist, dass Sie in vielen Fällen nicht so sehr etwas verkaufen, sondern die Klienten vielmehr über das aufklären, was die Astrologie für sie tun kann. Würde die Begegnung nicht ganz anders ausfallen, wenn Sie ein Lehrer wären – wenn Sie Ihr Wissen weitergeben würden –, statt sich als jemand zu sehen, der etwas verkaufen will? Es würde sich auch für die Klienten ganz anders anfühlen – menschlicher und hilfreicher.

Fragen Sie die Klienten deshalb, ob sie schon einmal eine Beratung erlebt haben oder ob sie sich in der Astrologie auskennen. Auf diese Weise können Sie astrologisch unerfahrene Klienten erkennen und sich bei deren Aufklärung besondere Mühe geben. Möglicherweise betreiben Sie selbst die Astrologie ja schon so lange, dass Sie Ihre ersten Erfahrungen vergessen haben. Versetzen Sie sich einen Moment lang in die Situation eines Menschen, der sich noch nie ein Horoskop hat erstellen lassen. Es wäre gut, wenn Sie sich an Ihre eigenen ersten Erfahrungen erinnern würden, wann immer Sie mit unerfahrenen Klienten sprechen – vielleicht denken Sie an Ihre erste Beratung zurück und erinnern sich, wie verblüffend sie war, wenn sie gut verlief.

Erinnern Sie sich noch, wie aufregend die Astrologie im ersten Jahr für Sie war? Erinnern Sie sich noch an das berauschende Gefühl, auf etwas ganz Besonderes gestossen zu sein? Versuchen Sie, sich an die Freude zu erinnern, mit der Sie sich selbst entdeckt haben, als Sie Ihr Horoskop kennenlernten. Rufen Sie sich diese Erregung zurück und vermitteln Sie sie dem Menschen, mit dem Sie gerade reden. Vielleicht könnten Sie diese Erinnerungen mit Hilfe einer Rückführung wie-

derbeleben, indem Sie Jahr um Jahr bis zu Ihrer eigenen Einweihung zurück-
schreiten. Fangen Sie diese Erregung ein, und bewahren Sie sie in sich. Wenn Sie
sie im richtigen Augenblick auf den Plan rufen, können Sie potentiellen Klienten
den Wert der Astrologie und die Freude an ihr vermitteln. Sie können natürlich
nicht jederzeit vor Begeisterung sprühen, vor allem nicht, wenn die Klienten mit
schweren Problemen zu Ihnen kommen, aber es hilft, Ihren Standpunkt darzule-
gen.

Die Anrufer, die schon einmal eine Deutung machen liessen, entsprechen
dem, was Vertreter als «qualifizierte Nachfrager» bezeichnen. Anders ausgedrückt, machen sie es uns relativ leicht, sie für uns zu gewinnen, weil sie bereits offen für die Astrologie und ernsthaft an unseren Leistungen interessiert sind. Diese
Klienten müssen nur noch für sich selbst begründen, warum es in ihrer augenblicklichen Situation sinnvoll ist, um eine neue Beratung zu bitten. Sie wissen bereits etwas über die Astrologie und über das, was die Astrologie für sie tun kann.
Aber sie haben möglicherweise noch keine Vorstellung von weiterführenden Möglichkeiten. Dies ist davon abhängig, wie gut sie der betreffende Astrologe informiert hat.

Die Klienten haben beispielsweise eine Deutung des Geburtshoroskops unter Berücksichtigung der Transite hinter sich. Wissen sie, warum es sinnvoll sein
kann, regelmässige Aktualisierungen zu machen? Erkundigen Sie sich, wieviel
Zeit seit der letzten Beratung vergangen ist. Geben Sie den Klienten eine Vorstellung, wie sich das Bild der Planeten mittlerweile verändert hat. Sagen Sie beispielsweise, in welchen Zeichen Saturn und Jupiter heute stehen und wo sie damals
standen. Wenn Sie das Geburtsdatum wissen, können Sie ungefähr sagen, wo sich
die Sonne des Klienten befindet, und so wissen Sie sofort, ob ein äusserer Planet in
diesem Jahr über die Sonne transitieren wird oder ob im letzten Jahr ein solcher
Transit stattgefunden hat. Sie führen natürlich keine umfassenden Telefonbera-
tungen durch, aber Sie können den Anrufern genug an die Hand geben, damit diese entscheiden können, ob eine Beratung notwendig ist oder nicht.

Sie könnten ausserdem wichtige Konfigurationen äusserer Planeten benennen, die im Augenblick das Leben der Klienten beeinflussen. Wenn die Menschen
über ihr Leben sprechen, werden Sie Uranus oder Neptun oder Pluto aus ihren
Worten heraushören. Nehmen wir an, Sie sind auf einer Party, und jemand sagt:
«Ich will ja den Job wechseln, aber ich weiss im Grunde nicht, was ich sonst tun
soll. Ich weiss nur, dass es mehr gibt als das, was ich jetzt mache.» Worte wie diese
lassen vermuten, dass Neptun durch eins der Berufshäuser läuft oder die Himmelsmitte aspektiert. Sagen Sie, dass die Bemerkung nach Neptun klingt, dass Sie
aber nicht völlig sicher sein können und auch nicht wissen, wann und ob sich etwas
verändern wird, solange Sie nicht das komplette Horoskop gesehen haben.

Angenommen, die Klienten haben vor längerer Zeit eine Deutung ihres Geburtshoroskop bekommen und denken heute darüber nach, nach Seattle umzuzie-
hen. Dorthin ziehen inzwischen so viele Leute um, dass ich mir überlege, ob ich
nicht Gruppenrabatte geben soll. Erwähnen Sie die Möglichkeiten eines Reloka-

tionshoroskops oder einer Astro∗Carto∗Graphy, die Sie anfordern oder selbst berechnen können. Mit Hilfe dieser Werkzeuge können Sie den Klienten zeigen, welchen Einflüssen sie am neuen Wohnort ausgesetzt sind und wann die günstigsten Umstände für den Umzug vorherrschen. Besonders wenn Klienten unter einem Neptun-Transit über den Mond oder die MC/IC-Achse umziehen, ziehen sie nicht nur irgendwo*hin*, sondern sie wollen sich auch *von* etwas entfernen. Diese Menschen haben oft die Vorstellung, der Umzug könnte alle Probleme lösen. Es kann ihnen aber passieren, dass sie umziehen und dann sechs Monate arbeitslos bleiben. Reden Sie mit den Klienten darüber, wie wichtig das richtige Timing ist und wie ihnen die Beratung Zeit, Geld und Sorgen ersparen kann. Ich habe übrigens festgestellt, dass es ziemlich schwierig ist, meine Adresslisten auf dem neuesten Stand zu halten. Unter starken Uranus-Transiten kommen und gehen die Klienten sehr schnell, und Uranus ist der Herrscher der Astrologie. Was tun die Menschen unter Uranus, wenn nicht umziehen?

Angenommen, der Klient hat jemanden kennengelernt – erklären Sie, dass Composit und Synastrien helfen können, den Partner und die Beziehung zu verstehen. Es könnte auch an der Zeit sein, das eigene Horoskop auf alte Beziehungsmuster zu untersuchen, die verändert werden müssen, damit die neue Beziehung funktioniert. Steht ein Geburtstag bevor? Man kann doch nicht Geburtstag feiern, ohne einen Blick ins Solar zu werfen! Vorausgesetzt natürlich, Sie bieten Solare an – wenn Sie sie nicht mögen, sollten Sie sie auch nicht verkaufen. Viele Menschen wollen zu ihrem Geburtstag eine Bestandsaufnahme ihres Lebens machen und sind deshalb bereit für eine Beratung über ihre Transite. (Manche Astrologen verschicken zur Erinnerung Geburtstagsgrüsse an ihre Klienten.)

Angenommen, der Klient denkt über eine Firmengründung nach. Man sollte doch auf gar keinen Fall eine Firma gründen, ohne den astrologisch richtigen Augenblick zu finden. Die Astrologie ist ein einziges Werkzeug, das für unendlich viele verschiedene Dinge benutzt werden kann. Sie hat uns in praktisch jeder Lebenssituation etwas zu bieten. Es gibt immer noch etwas, das die Astrologie für den Klienten tun kann – deshalb vermag sie auch unser eigenes Interesse so lange zu fesseln. Der Trick ist, herauszufinden, was genau der Klient will, und ihm dann die Technik anzubieten, die seinen Bedürfnissen gerecht wird.

Der feine Unterschied zwischen Werbung und Angeberei

Wenn Sie die Anzeigen von New-Age-Geschäftsleuten sehen, dürften Ihnen viele vorkommen wie die von Wunderdoktoren. «Nehmen Sie einfach sechsmal am Tag unsere grünen Algen für nur 200 Dollar im Monat, und Sie werden eine perfekte Gesundheit haben, mehr Geld verdienen, eine schönere Sexualität geniessen, und sterben werden Sie auch nicht.» Wenn Sie die Worte *Liebe, Sex* und *Geld* in einer Anzeige zusammen sehen, können Sie sicher sein, dass es Bauernfängerei ist. Besorgen Sie sich New-Age-Zeitungen und -Zeitschriften, und lesen Sie die Anzeigen. Überlegen Sie, welche nicht überzeugend wirken oder Sie sogar abschrecken und bei welchen Sie das Gefühl haben, Sie könnten darauf eingehen. Wenn Sie einige Anzeigen gelesen haben, wissen Sie schliesslich, was echt klingt und wirkungsvoll ist, so dass Sie Ihre eigenen Anzeigen und Werbeschriften entsprechend zu gestalten wissen.

Wir können zwar einiges aus der Werbewirtschaft lernen, aber Anzeigen in New-Age-Medien erfordern besondere Überlegungen. Wir wollen ein klares, zutreffendes und ehrliches Bild unseres Angebots zeichnen. Das ist eine schwierige Aufgabe. Sie wollen sich selbst und Ihre Dienste anpreisen, aber dennoch die Grenze zur Übertreibung nicht überschreiten. Spirituelle Angeberei ist abstossend. Ihre Freunde und Bekannten werden es nicht schätzen, wenn einer von ihnen so auftritt. Sie können mitteilen, was Sie jetzt tun – das tun Freunde untereinander. Drängen Sie Ihre Freunde nicht, Beratungen zu verabreden oder Sie zu empfehlen, denn sonst haben Sie nicht nur einen Klienten, sondern auch einen Freund verloren.

Vor allem müssen Sie verstehen, dass angehende Klienten jede Angeberei spüren und sich von Ihnen abwenden. Wenn Sie sicher sind, dass die augenblickliche Anordnung der Planeten eine Bedeutung hat und dass das Wissen darum den Freunden helfen kann, dann wird Ihre Überzeugung bei ihnen ankommen. Wenn Sie nicht glauben, dass Sie helfen können, dann werden andere Menschen auch das spüren. Sie sollten sich klarmachen, dass Sie nicht fähig sein müssen, die Probleme zu *lösen*. Es reicht, wenn Sie etwas Licht darauf werfen. Manchmal ist es schon eine grosse Erleichterung, wenn Ihre Klienten erfahren, dass etwas geschehen wird, dass sie nicht verrückt werden und dass es vorübergehen wird. So sind sie fähig, die Schmerzen in die richtige Perspektive zu rücken.

Wo genau liegt nun der feine Unterschied zwischen Geschäftssinn und Angeberei? Wie können Sie es vermeiden, diese Grenze zu überschreiten? Zuerst einmal sollten Sie keine Dinge versprechen, die Sie nicht halten können. Nehmen wir an, ein Klient stellt Ihnen Fragen über den Aktienmarkt, aber Sie wissen nicht einmal, wo die nächste Börse ist. Sagen Sie das, und verweisen Sie den Klienten an jemand, der es kann. Die Klienten werden Ihre Aufrichtigkeit zu schätzen wissen. Es war eine grosse Erleichterung für mich, als ich erkannte, dass auch ich Grenzen habe und dass ich nicht in allen Zweigen der Astrologie gleich gut bin – und das ist ganz in Ordnung so. Es zahlt sich aus, wenn Sie Ihre Stärken und Schwächen kennen und an Ihren Schwächen arbeiten. Seien Sie in bezug auf Ihre Schwächen ehrlich, denn die Klienten werden es spüren, wenn es Ihnen irgendwo an Wissen mangelt.

Zweitens vermeiden Sie Angeberei, indem Sie auf die Klienten hören und sich auf das konzentrieren, was sie brauchen, statt ihnen bei jeder passenden und unpassenden Gelegenheit zu erklären, was für ein toller Hecht Sie sind. Beziehen Sie sich auf das, was die Klienten sagen, indem Sie erklären, wie Ihre Angebote bei dem erwähnten spezifischen Problem oder Bedürfnis helfen könnten.

Letzten Endes läuft alles auf das Herzchakra hinaus – auf das Mitgefühl – und nicht auf den Solar Plexus, der für das Ego steht.

Der Mythos von Mangel und Konkurrenz

Die Vorstellung, Konkurrenz sei eine Gefahr, basiert auf dem Mythos des Mangels. Es gibt keinen Mangel an potentiellen Klienten, nur einen Mangel an Astrologen, die genug Phantasie, Mut und Wissen haben, um auszuziehen und sie zu finden. Jeden Tag werden neue Klienten für uns Astrologen geboren. Nach Angaben des National Center for Health Statistics kamen 1989 mehr als 4 Millionen Kinder zur Welt. (Das Jahr 1989 ist das Jahr, für das mir die ausführlichsten Statistiken vorlagen, als ich dieses Buch schrieb. Man kann aber annehmen, dass sich die Werte nicht wesentlich verändern, egal wann Sie das Buch lesen.)

Wussten Sie, dass es 1989 in den USA fast zweieinhalb Millionen Eheschliessungen gab? Eine erstaunlich grosse Zahl dieser Paare heiratete an den letzten beiden Sonnabenden im Juni. Jeder Astrologe, der die Horoskope für diese beiden Tage betrachtet hat, hätte ihnen sagen können, dass sie einen grossen Fehler machen! Sie hätten vor der Heirat entweder einen Horoskopvergleich oder ein Elektionshoroskop berechnen lassen sollen, um einen besseren Tag zu finden. Unter diesen Paaren gibt es sicherlich eine grosse Zahl von Menschen, die wahrscheinlich vorher bereits einmal ein Geburtshoroskop anfertigen liessen. Sie gingen 1989 eine Partnerschaft ein, auf welche die Astrologie etwas Licht hätte werfen können.

Wussten Sie, dass 1988 in den USA 682 000 neue Firmen gegründet wurden? Acht von zehn Neugründungen scheitern schon im ersten Jahr. Elektionshoroskope und Ratschläge zum Timing der Werbung und anderer Aktivitäten hätten einigen von ihnen sicher helfen können. Wussten Sie, dass in den zwei Jahren 1987 und 1988 17 Prozent der amerikanischen Bürger umzogen, 2,7 Prozent sogar in einen anderen Staat? Das sind vier Millionen Menschen, die umgezogen sind, und 650 000, die jetzt in einem anderen Staat leben. Das wären eine Menge Relokationshoroskope und Astro*Carto*Graphy-Interpretationen.

Natürlich glauben diese Menschen nicht alle an die Nützlichkeit der Astrologie – allerdings könnten wir einiges tun, um Skeptiker zu erreichen und besser mit ihnen umzugehen. 65 Prozent der Menschen halten immerhin genug von der Astrologie, um die Tageshoroskope zu lesen. Deshalb gibt es viele potentielle Klienten. Wir müssen nur das Selbstvertrauen finden, sie anzusprechen, und die verbalen Fähigkeiten entwickeln, um unsere Dienste überzeugend anzubieten. Wir dürfen uns nicht zurücklehnen und darauf warten, dass die Klienten zu uns kommen, und uns – wenn niemand kommt – darüber beklagen, wie schlecht die Geschäfte gehen und dass niemand die Astrologie zu schätzen wisse. Die meisten wissen nicht einmal, wo sie uns finden oder inwieweit wir ihnen helfen können. Der grösste Fehler, den Astrologen machen, besteht im Versäumnis, sich die erwähnten neuen Märkte nicht zu erschliessen. Statt dessen konkurrieren sie auf den immer gleichen alten Märkten – um die Menschen, die ohnehin schon für das New Age aufgeschlossen sind und die bereits mehrere Horoskopberatungen machen liessen.

In ihren Workshops und Büchern tat die Schauspielerin Shirley MacLaine uns den Gefallen, die Lehren des New Age vielen Millionen Menschen nahezubringen, die sich vorher nie dafür interessiert hatten. Viele dieser Menschen sind heute offen für Horoskopdeutungen.

Der Erfolg kann schliesslich auch dazu führen, dass Sie sich völlig neue Gebiete erschliessen. Tun Sie den Schritt, und informieren Sie Menschen, die mit Hilfe der Astrologie etwas über sich selbst erfahren wollen. Sie könnten – vielleicht sogar kostenlose – Vorträge für Unternehmen, in Bibliotheken, bei Elternabenden oder in Clubs oder Vereinen anbieten. Erklären Sie, warum die Menschen nicht nur ihr Sonnenzeichen verkörpern, sondern auch ihr Mondzeichen und ihren Aszendenten und die vielen anderen Planeten. Vielleicht können Sie informelle Gesprächskreise einrichten, bei denen Sie Vorträge über Astrologie halten und anhand von Beispielen erklären, wie Beratungen ablaufen. Wenn Sie die Begabung dafür haben, können Sie Artikel für Ihre Lokalzeitung schreiben oder bei Radiosendungen mitwirken. Es gibt viele Möglichkeiten, an die Öffentlichkeit zu gehen, ganz egal wo Sie leben und wie Ihr Wissensstand ist.

Ihre Nische finden

Astrologen, die vor Konkurrenz Angst haben, sind nicht gut informiert, weil jeder seine eigene Nische finden und sich seinen eigenen Markt erschliessen kann. Wir kennen verschiedene Menschen, die uns an verschiedene andere weiterempfehlen können. Ihre ersten Klienten rekrutieren sich vielleicht aus Ihrem Kollegen- oder Freundeskreis, es sind möglicherweise Nachbarn, Verwandte, Vereinsmitglieder oder die Mitarbeiter einer Bürgerinitiative oder Umweltschutzgruppe. Ausser in einer Kleinstadt haben zwei Astrologen praktisch nie genau den gleichen Bekanntenkreis. Wir bauen uns unseren Klientenstamm durch die Mundpropaganda unserer Freunde, Verwandten und Mitarbeiter auf. Es geht von Freund zu Freund, Verwandte und Kollegen werden angesprochen, und so geht es weiter.

Zahnpasta ist Zahnpasta, aber die Werbung schafft einen Markt für ein Dutzend verschiedene Sorten, die alle besser und gesünder sind als die anderen. Die Astrologie ist praktisch überall die gleiche – abgesehen von den vielen Asteroiden und Techniken –, aber die Astrologen unterscheiden sich. Wenn Sie eine grosse Konferenz besuchen, werden Sie möglicherweise fünfundzwanzig Redner mit fünfundzwanzig verschiedenen Ansätzen und fünfundzwanzig Spezialgebieten kennenlernen. Uranus, der Herrscher der Astrologie, hat mit dem Entdecken und Ausdrücken unserer Einzigartigkeit zu tun. Jeder Astrologe bringt seine einzigartige Geschichte, seine Herkunft und seine besonderen Fertigkeiten in den Beruf mit ein. Jeder hat einen ganz eigenen Lebenslauf, der nichts mit Schulnoten zu tun hat. Denken Sie einmal über Ihren Lebensweg nach, und überlegen Sie, was Sie einzigartig macht. Untersuchen Sie die Lebensumstände, die Sie zu etwas Besonderem machen.

Welche Jobs hatten Sie bisher? Nehmen wir an, Sie sind gelernter Verkäufer. Sie wollen diesen Beruf eigentlich nicht mehr ausüben, aber Sie sind dem Astrologen, der diese Ausbildung nicht hat, um ein paar Nasenlängen voraus. Diese wichtige Fähigkeit können Sie benutzen, um sich selbst zu vermarkten, und Sie haben zugleich auch das Fachwissen, um Geschäftsleute astrologisch zu beraten. Wenn Sie in der Wirtschaft tätig waren, können Sie diesen Hintergrund benutzen, um Klienten zu helfen, die ein Geschäft eröffnen wollen, oder um junge Menschen zu beraten, die in der Wirtschaft Karriere machen wollen. Wenn Sie Lehrer waren, dann haben Sie wertvolle Informationen über Kinder und Bildung. Ihre Marktnische könnte dann die Arbeit mit den Eltern von Kindern sein, die schulische Probleme haben.

Sie sagen, Sie hätten keine besonderen Erfahrungen? Falls Sie nicht seit Ihrer Geburt in einer Nährlösung herumgeschwommen sind, kann das nicht sein. Ihre ganze Lebensgeschichte hat einen potentiellen Wert. Nichts, was wir vor der Astrologie getan haben, war Zeitverschwendung. Weisheit, die wir aus unserer Erfahrung gewonnen haben, ist für jeden Astrologen ein Pluspunkt.

Denken Sie darüber nach, welche besonderen Lebensumstände Ihre Entwicklung prägten und was Sie daraus gelernt haben, das Sie an andere weitergeben könnten. Nehmen wir an, Sie sind eine Frau und haben sich in den letzten fünfzehn Jahren auf die Erziehung der Kinder konzentriert. Dank Ihrer Erfahrung haben Sie jüngeren Frauen und Müttern viel zu bieten. Nehmen wir an, Sie haben einen älteren Angehörigen gepflegt. Daher haben Sie vielen Menschen in mittleren Jahren, die Schwierigkeiten im Umgang mit ihren alten Eltern haben, einige wichtige Dinge zu sagen.

Auch wenn Sie schwierige Situationen erlebt haben, ist in Ihnen etwas geblieben, das Sie anderen, die ähnliche Probleme haben, vermitteln können. Nicht wenige genesende Alkoholiker werden Astrologen, die anderen bei der Genesung helfen. Sie vermitteln die höhere Ebene Neptuns auf eine Art und Weise, die einem Menschen, der ihre Probleme nicht hatte, nicht zugänglich ist. Mit diesem Hintergrund können Sie einem Alkoholiker sagen, dass Meditation und spirituelles Wachstum besser sind als Schnaps, und der Alkoholiker wird Ihnen glauben. Andere Astrologen dagegen, die kaum einmal ein Glas Wein anrühren – ganz zu schweigen davon, sich jeden Tag zu besaufen –, könnten Alkoholikern vorkommen wie Prediger, die nicht wissen, worüber sie eigentlich reden. Der Alkoholiker oder der Süchtige hört eher auf jemanden, der sagen kann: «Ich habe das selbst erlebt.»

Wenn Sie einen Angehörigen verloren haben, können Sie Hinterbliebene besonders gut verstehen und haben ein offenes Ohr für die Trauer der Klienten. Sie können ihnen etwas über das Wesen und die möglichen Ursachen der Trauer sagen – falls Sie Ihre eigene Trauer bearbeitet haben, statt die Gefühle zu begraben. Auch misshandelte Frauen oder die Opfer von Inzest oder Kindsmisshandlung können ihre eigenen Erfahrungen nutzen, um den vielen Menschen zu helfen, die sich bemühen, ähnliche Erlebnisse zu überwinden. Sie können anderen helfen, wenn Sie die Erfahrungen selbst verarbeitet und sich ein Stück weit geheilt haben und wenn Sie zumindest teilweise von den Folgen genesen sind.

Was meine ich mit Genesung? Ich meine damit nicht, «darüber hinwegzukommen» und so zu tun, als hätten wir den Tätern alles verziehen. Ich meine damit, die Gefühle in einer Therapie, in Selbsthilfegruppen, mit Körperarbeit und durch Lesen entsprechender Literatur wirklich zu bearbeiten. Wenn Sie noch nicht genesen sind und sich noch in der Phase des Leugnens befinden, können Sie Ihren Klienten nur vorführen, wie sie die Erlebnisse unterdrücken und verleugnen. Es gibt eine grosse Zahl von EKA-Astrologen, die noch nie an diesen Themen gearbeitet haben. Wie wir bereits im fünften Kapitel sahen, können das Verleugnen und das Ausagieren ungeklärter Gefühle, die aus der eigenen Geschichte herrühren, den Umgang mit Klienten allgemein und den Umgang mit EKA-Klienten im besonderen nachhaltig stören.

Jedes Problem, das Sie ernsthaft bearbeitet und grösstenteils überwunden haben, schenkt Ihnen etwas, das Sie weitergeben können. Sie sollen natürlich nicht die schmutzigen Details Ihrer Vergangenheit ausbreiten – schliesslich ist es nicht Ihre Sitzung. Aber es hat grosse Kraft, wenn Sie ein vielsagendes Detail benennen können, um dem Klienten zu zeigen, dass Sie Bescheid wissen. Von diesem Augenblick an sind Sie nicht mehr der Experte, der von der Kanzel predigt, sondern Sie sprechen aus eigener Erfahrung. Wenn ich mit Trauernden zu tun habe, biete ich ein Stück meiner eigenen Erfahrungen an: «Nach einer Weile verblasst die Erinnerung, aber bei jedem Feiertag ist alles wieder da.» Die Lösung, die Ihnen geholfen hat, muss aber nicht die richtige Lösung für Ihre Klienten sein, also drängen Sie die Klienten nicht, Ihre Sichtweise zu übernehmen.

Gemeinsame Erfahrungen schaffen ein Band, das in sich schon heilend ist. Der Erfolg der verschiedenen Selbsthilfegruppen beruht auf genau dieser Erkenntnis. Ich las einmal eine der zahlreichen Untersuchungen über die Wirksamkeit von Therapien. Es stellte sich heraus, dass das, was letztlich hilft, das *exakte, mitfühlende Verständnis* ist. Dank der Astrologie können wir erschreckend exakt sein, aber wenn Sie nicht mitfühlend sind, wirken Sie eher zerstörerisch. Die Klienten fühlen sich entblösst und eher als Fall denn als Person behandelt. Gemeinsame Erfahrungen – und das Gefühl, gehört und verstanden zu werden – können auf eine Art und Weise heilen, die durch das blosse Deuten von Aspekten oder Progressionen nie erreicht werden kann.

Durchdenken Sie Ihre Erfahrungen, und finden Sie heraus, wer Sie sind, was Sie getan haben und was Sie anderen zu bieten haben. Sobald Sie Ihre Nische oder Ihre Neigungen oder Ihren Gesichtspunkt gefunden haben, können Sie sich den Markt dafür suchen – falls es das ist, was Sie wollen. Sie könnten allerdings auch feststellen, dass Sie ein bestimmtes Talent haben, das aber noch nicht zum Tragen kommen kann. Um auf diesem besonderen Gebiet gute Arbeit zu leisten, könnte es nötig sein, zunächst noch etwas zu lesen oder zu forschen, einschlägige Kurse oder Workshops zu besuchen und sich mit dem Material vertraut zu machen oder zusätzliches Material zu finden. Machen Sie sich klar, was Sie wissen, und arbeiten Sie Ihr Wissen gründlich durch, bis Sie es formulieren können. Setzen Sie dann Ihre Anzeige oder Broschüre auf, und bieten Sie anderen Ihr Wissen an.

Wenn Sie Ihre astrologische Marktlücke finden wollen, sollten Sie also herausfinden, was Sie besonders gut können oder was Sie besonders gern tun, und sich auf dieses Gebiet spezialisieren. Die Chancen stehen gut, dass Sie das, was Sie dadurch finden, auch ohne Gewissensbisse verkaufen können, weil Sie von Selbstbewusstsein und Begeisterung getragen werden. Wenn Sie besonders gut mit Synastrien zurechtkommen, machen Sie sie zu Ihrem Spezialgebiet. Vielleicht lieben Sie die Liebe und lieben es, Menschen zuzuhören, die verliebt sind. Vielleicht lieben Sie es, ihnen zu helfen und dafür zu sorgen, dass sie ihre Beziehungsprobleme lösen können.

Wenn Sie eine Vorliebe für die Interpretation von Radixhoroskopen haben, sollten Sie Kapital aus Ihrer Neigung schlagen – manche Astrologen machen nichts anderes als Geburtshoroskope. Manche sind besonders begabt für die Stundenastrologie oder die Mundanastrologie. Es gibt noch weit ausgefallenere Spezialgebiete – wie die vedische Astrologie –, aber in diesem Fall müssen Sie die Anrufer noch gründlicher darüber aufklären, inwieweit ihnen Ihre Technik helfen kann. Erfahrene Astrologieklienten, die schon viele Beratungen hinter sich haben, könnten durch die Aussicht, ihr Horoskop aus einem völlig neuen Blickwinkel gedeutet zu bekommen, zu Ihnen gezogen werden.

Tun Sie das, was Sie gerne tun und was Sie gut können, und bemühen Sie sich, noch besser zu werden. Mit der Zeit werden Ihre Fähigkeiten ganz von selbst wachsen, aber es lohnt sich bestimmt, wenn Sie bewusst daran arbeiten. Schnappen Sie sich jedes Beispiel, das Sie nur finden können, und gehen Sie es durch. Lesen Sie alles, was Sie in die Finger bekommen. Arbeiten Sie mit den Horoskopen berühmter Menschen, die Sie zum Beispiel den vier Büchern von Lois Rodden entnehmen können, und spüren Sie den Transiten und Progressionen in den Biographien nach. Wenn Sie sich für Relokationen interessieren, sammeln Sie entsprechende Horoskope. Machen Sie ein kleines Forschungsprojekt zu diesem Thema. Wenn Sie sich für Composit-Horoskope interessieren, sammeln Sie die Daten aller Paare, die Sie bekommen können, und verfolgen Sie die Entwicklung der Beziehung anhand der Transite. Reden Sie mit den Partnern, um herauszufinden, wie die Aspekte von den beiden Partnern dargestellt werden.

Es reicht nicht aus, mechanisch die Astrologie zu erlernen. Sie können ein enzyklopädisches Wissen über die Astrologie besitzen, doch wenn Sie die Menschen nicht verstehen und sie nicht erreichen können, werden Sie nie ein guter Astrologe. Wenn Sie sich beispielsweise entschliessen, die Astrologie der Berufe zu Ihrem Fachgebiet zu machen, dann untersuchen Sie nicht nur Horoskope, sondern Karrieren. Was Ihr astrologisches Spezialgebiet auch ist, es gibt Experten im richtigen Leben, die diesen Bereich beobachten und erforschen, von denen Sie eine Menge darüber lernen können. Sie müssen die Bedingungen kennen, um zu wissen, wo die Schwierigkeiten liegen könnten, und um zu sehen, welche Lösungen machbar sind. Nur so können Sie den Klienten Hinweise geben, an wen sie sich um Hilfe wenden können. Ich will damit nicht sagen, dass Sie noch einmal die Schulbank drücken und einen weiteren Abschluss machen sollten. Sie können sich auch weiterbilden, indem Sie eine Bibliothek aufsuchen und sich vier oder fünf Bücher zu Ihrem Gebiet aussuchen. Selbst wenn Sie auf Ihrem Spezialgebiet schon einen Abschluss haben, sollten Sie von Zeit zu Zeit die Literatur durchsehen. Wenn Sie ein guter Astrologe sein wollen, müssen Sie mehr kennen als nur die Astrologie. Sie müssen das Leben kennen.

Auf das Gesetz von Angebot und Nachfrage achten

Nachdem ich Ihnen empfohlen habe, herauszufinden, was an Ihnen einzigartig ist, und vor diesem Hintergrund Ihre Praxis aufzubauen, werde ich mir selbst widersprechen und Ihnen empfehlen, auf das Gesetz von Angebot und Nachfrage zu achten. Was bedeuten Angebot und Nachfrage, wenn wir über die Berufsastrologie sprechen? Es bedeutet, dass Sie Klienten bekommen, wenn Sie Dienstleistungen anbieten, die von den Leuten gewünscht werden.

Jeder hat seine eigene Marktnische, aber Sie müssen zumindest in Grundzügen auch das anbieten können, was die Mehrheit der Klienten von Ihnen erwartet. Sie müssen bis zu einem gewissen Grad alle wichtigen Techniken beherrschen. Besuchen Sie einen Workshop in Astro∗Carto∗Graphy, nehmen Sie Unterricht im Horoskopvergleich und so weiter. Wenn Sie angehende Klienten fragen, was sie wollen, erkennen Sie, was die Klienten wünschen. Wenigstens 75% der Anfragen zielen – wenigstens in grösseren Städten – auf Beruf und Beziehungen. (In Kalifornien geht es um Beziehungen und spirituelle Entwicklung.)

Ihr Selbstbewusstsein beruht auch auf Ihrem Wissen. Machen Sie eine Bestandsaufnahme der Dinge, die Sie wissen und die Sie nicht wissen. Werben Sie mit den Dingen, die Sie beherrschen, und bemühen Sie sich, auf dieser Grundlage Ihre Praxis aufzubauen. Gleichen Sie währenddessen Ihre Defizite aus: Nehmen Sie Unterricht, oder lesen Sie Bücher über die entsprechenden Themen. Auf diese Weise beheben Sie auch Ihre Ängste, womöglich nicht genug zu leisten.

Wenn die äusseren Planeten die Zeichen wechseln und neue Konfigurationen bilden, verändern sich auch die Bedürfnisse der Klienten. Bevor Pluto ins Skorpion-Zeichen eintrat, hat mich niemand nach Inzest gefragt. Heute fragen die Menschen fast täglich danach. Pluto in Skorpion brachte viele Geheimnisse ans Licht. Bleiben Sie auf dem laufenden, wenn sich die astrologischen Konfigurationen verändern und neue Einflüsse erkennbar werden. Konferenzen, auf denen Kollegen sich treffen und ihre Ansichten austauschen, sind der beste Weg, einen astrologischen Tunnelblick zu verhindern – das soll heissen zu vermeiden, dass Ihre Ansichten ausschliesslich auf Ihren eigenen Erfahrungen beruhen.

Einwänden der Klienten begegnen

Einer der wichtigsten Faktoren in jedem Verkaufsgespräch ist das Verständnis für die Einwände der möglichen Klienten und der Umgang mit ihnen. Unerfahrene und unsichere Menschen versuchen oft, Einwänden auszuweichen und sie zu übergehen. Hören Sie genau auf die Vorbehalte des Anrufers. Greifen Sie die Einwände auf, sprechen Sie sie aus und beziehen Sie Stellung, statt sie einfach beiseite zu schieben. Wenn der potentielle Klient mit dem Gefühl auflegt, seine Einwände seien nicht berücksichtigt worden, dann haben Sie einen Klienten verloren.

Hören Sie genau zu, was die Klienten sagen, wenn Sie eine Beratung erwähnen. («Ich habe das mal versucht, aber ...» oder «Ich konnte das nicht machen, weil ...») Gehen Sie nicht darauf ein, denken die Klienten, Sie wären auf Ihre vorgestanzten Antworten fixiert und hielten es nicht für nötig, auf die Worte Ihrer Kundschaft zu reagieren. Erfolgreiche Verkäufer betrachten Einwände als Signal für die Kaufbereitschaft des Kunden – das heisst, wenn ein angehender Klient Einwände erhebt, statt einfach aufzulegen, können Sie sicher sein, dass er ein gewisses Interesse hat. Sie könnten auch direkt nach möglichen Vorbehalten fragen, weil manche Klienten nicht von sich aus darauf zu sprechen kommen. «Ich kann hören, dass Sie zögern. Was beunruhigt Sie jetzt gerade?» Nehmen Sie die Einwände Ihrer Klienten ernst. Seien Sie für die Klienten da, und hören Sie zu, und Sie werden etwas aus dem Leben der Klienten erfahren.

«Also, ich war mal bei einer Astrologin, aber die Frau war so negativ, ich war danach sechs Wochen deprimiert.» Leider haben viele Leute schlechte Erfahrungen mit Astrologen gemacht – oder negative Interpretationen in Büchern gelesen. Selbst wenn sich der Klient ernsthaft für eine Sitzung interessiert, sollten Sie sich erkundigen, welche astrologischen Erfahrungen er vorher gemacht hat. Auf diese Weise können Sie den Schaden wiedergutmachen und neue Fehler vermeiden. Wenn Sie sich anhören, welche schlechten Erfahrungen die Klienten vorher gemacht haben, und auf irgendeine Weise darauf eingehen, können Sie eine Menge lernen. Überlegen Sie sich auch ruhig, wie die Klagen mancher Klienten in Ihren Ohren klingen würden, wenn über Sie geklagt würde. Diese Überlegungen sind ein wichtiger Teil des Auswahlprozesses, bevor eine Beratung verabredet wird.

Ein typischer Einwand ist beispielsweise der Hinweis auf sich selbst erfüllende Prognosen. «Ich fürchte, wenn ich mir ein Horoskop erstellen lasse und Sie sagen, dieses oder jenes wird geschehen, dann werde ich dafür sorgen, dass genau das auch passiert.» Nehmen Sie solche Aussagen sehr ernst. Sie sprechen mit einem intelligenten Menschen, der eine intelligente Antwort verdient.

Sie könnten beispielsweise antworten: «Richtig, das hört man oft, und es ist nicht ganz falsch. Sie müssen natürlich berücksichtigen, dass Sie immer, wenn Sie eine Voraussage hören, zum Beispiel auch eine Prognose von Ihrem Arzt, beeinflusst werden. Aber das trifft für meine Arbeit nicht ganz zu. Ich glaube nicht, dass irgend etwas unwiderruflich festgeschrieben ist. Wenn Sie die kommenden Entwicklungen erkennen, können Sie die schlimmsten Wendungen verhindern und Ihre Energien auf die bestmögliche Weise einsetzen. Es liegt immer bei Ihnen, wie Sie Ihre Energien zur Geltung bringen.»

Andere angehende Klienten sagen, dass sie nichts über die Zukunft erfahren wollen. An diesem Punkt sollten Sie den Irrtum richtigstellen, die Astrologie sei mit Wahrsagerei gleichzusetzen. Sie könnten den Anrufern erklären: «Wir brauchen überhaupt nicht über die Zukunft zu sprechen. Wir können uns einen Überblick über das verschaffen, was heute da ist, und herausarbeiten, in welchen Bereichen Verbesserungen nötig sind oder wo Sie sich selbst Knüppel zwischen die Beine werfen. Wenn wir dabei auf neue Ideen oder Anregungen stossen, die Ihnen helfen, Ihr Leben zu verändern, dann wird sich ganz von selbst auch die Zukunft zum Besseren wenden.»

Auch wenn die Einwände finanzieller Natur sind, sollten Sie sie nicht sofort abtun. Manche Menschen haben einfach nicht genug Geld für eine Beratung, und an dieser Realität können Sie mit Ihren Antworten nichts ändern. Hören Sie auf das, was die Klienten sagen. Anderen geht es darum, die richtigen Prioritäten zu setzen. Überzeugen Sie sie davon, dass ein Horoskop eine kluge Investition ist. Zeigen Sie ihnen, welchen Wert eine Beratung hat und wie sie dadurch möglicherweise sogar Geld sparen können. Wenn sich der Anrufer in einer Therapie befindet, erklären Sie ihm, wie er durch seine neuen Einsichten in der Therapie Zeit und Geld sparen kann. Wenn er entdeckt, welche Themen in den kommenden Jahren vordringlich behandelt werden sollten, kann er wirkungsvoller mit dem Therapeuten arbeiten. Angenommen, der Anrufer denkt über einen Umzug in einen anderen Staat nach und möchte den Umzug möglichst preiswert durchführen. Erklären Sie ihm, was Relokationshoroskope sind und was man mit Hilfe der Astro∗Carto∗Graphy erreichen kann. Vergleichen Sie die Kosten einer Beratung mit den Kosten eines Umzuges, der möglicherweise an einen ungeeigneten Ort führt.

Wie erkennen Sie nun den Unterschied zwischen potentiellen Klienten und den «Ja, aber …»-Typen, die nur Spielchen spielen und Ihre Zeit verschwenden? Wer Spielchen spielt, hat Hintergedanken und hört nicht zu. Wenn Sie den Einwänden begegnen, hören die Klienten Sie nicht einmal bis zum Ende an, ehe sie den nächsten Einwand abfeuern. Und sie sagen es auf eine Weise, als würden sie denken: «Hab ich dich erwischt.» Ein Anrufer, der es ehrlich meint, wird sich anhören, was Sie zu sagen haben, und einen Dialog mit Ihnen aufnehmen.

Wenn Sie zuhören, könnten Sie manchmal erkennen, dass die Einwände des Klienten berechtigt sind und dass es nichts bringen würde, die Angelegenheit weiter zu verfolgen. Oder Sie haben eine vernünftige Antwort und können den Einwänden begegnen. Der Schlüssel ist, den Menschen zuzuhören und keine dumpfe Verkaufsschau abzuziehen. Wenn Sie ein vorproduziertes Märchen abspulen, werden die Klienten das Interesse verlieren. Das gilt überall, wo etwas verkauft werden soll. Wenn Sie aber in erster Linie Ihr Verständnis für den Klienten verkaufen, dann zeigen Sie dem Klienten, indem Sie auf seine Einwände hören, dass Sie auch während der Beratung zuhören werden.

Ansprechende Anzeigen aufsetzen – Was Sie beachten sollten

Die Frage, ob Astrologen für sich werben sollten oder nicht, ist umstritten. Bei Anwälten, Ärzten und anderen helfenden Berufen gibt es sogar gesetzliche Einschränkungen. In den USA ändert sich das nach und nach, und inzwischen sieht man sogar Fernsehspots von Ärzten. Viele etablierte Astrologen sagen, dass sie nicht zu werben brauchen, weil sie mit Klienten, die mehrmals kommen, sowie aufgrund von Empfehlungen und Mundpropaganda genug zu tun haben. Das ist schön für sie, aber andere Astrologen, die gerade erst ihre Praxis aufbauen oder die umgezogen sind, müssen den Leuten erst einmal erklären, dass sie jetzt da sind. Geschickt plazierte Anzeigen oder Flugblätter können die Klienten anziehen, die Ihre Praxis in Gang bringen.

Was ist eine geschickt plazierte Anzeige? Ich habe die Erfahrung gemacht, dass nach einem Umzug von einer Küste an die andere Anzeigen in New-Age-Zeitschriften spirituell offene Klienten anzogen, die mir viel Freude machten. Jährliche Berufsverzeichnisse mit ihren teuren Anzeigen brachten überhaupt nichts. Anzeigen in der Tagespresse führten zu einigen unfreundlichen Anrufen und brachten keine neuen Klienten. Ich habe keine Anzeige und keinen Eintrag in den Gelben Seiten, aber Kollegen, die dort vertreten sind, berichteten mir, dass sie dadurch Anrufe bekamen. Sie müssen vermutlich selbst experimentieren, denn die Medien werden in verschiedenen Bereichen unterschiedlich aufgenommen.

Wie setzen Sie eine wirkungsvolle Anzeige auf? Zuerst einmal sollten Sie ein Buch über Verkaufstechniken lesen oder sich ein Werk über Werbung oder Public Relations aus der Bibliothek besorgen. Sie brauchen nicht das Rad neu zu erfinden – Sie können etwas von den Profis lernen. Und Sie können etwas lernen, wenn Sie auf die Werbung in verschiedenen Medien achten, denn die Prinzipien sind praktisch überall die gleichen. Überlegen Sie, welche Werbung Sie in welchen Medien anspricht, und analysieren Sie, was die Werbung erfolgreich macht. Ihre eigene Anzeige sollte ein interessanter, gut aufgemachter Blickfang sein.

Ich möchte Sie noch einmal an einige wichtige Punkte erinnern, über die wir bereits sprachen. Denken Sie daran, dass Sie nicht sich selbst, sondern eine Dienstleistung verkaufen. Lassen Sie sich selbst und Ihre Verlegenheit aus dem Spiel, und konzentrieren Sie sich auf den Leser. Setzen Sie den potentiellen Klienten in der Anzeige an die erste Stelle. Bringen Sie sich selbst erst ein, wenn Sie dargestellt haben, warum Ihre Dienste gebraucht werden. Als Faustregel sollten Sie weniger als ein Drittel der Fläche für sich selbst, zwei Drittel für den Klienten verwenden.

Je spezifischer die Anzeige, desto besser fallen die Reaktionen aus. Wenn Sie eine Marktnische für sich gefunden haben, kommen Sie in der Anzeige darauf zu sprechen. Suchen Sie sich eine Zielgruppe aus – wen haben Sie im Auge? Mit welchen Klienten können Sie besonders gut umgehen, für welche Klientengruppe interessieren Sie sich besonders? Schreiben Sie, als sprächen Sie bereits mit diesen Menschen. Wie sehen deren Sorgen, Probleme und Bedürfnisse aus? Was können Sie tun, um diesen Bedürfnissen entgegenzukommen? Inwieweit unterscheidet sich Ihre Arbeit von der anderer Astrologen, die ähnliche Methoden benutzen oder auf dem gleichen Gebiet arbeiten?

Auch hier stossen wir wieder auf den bereits erwähnten kleinen, feinen Unterschied. Sie sollten nicht auf Strömungen wie EKA, Co-Abhängigkeit oder Essstörungen anspringen, wenn Sie nicht wirklich etwas zu bieten haben. Sie können und sollen sich über diese aktuellen Themen informieren, weil die Klienten Sie danach fragen werden. Aber tun Sie nicht so, als wüssten Sie mehr, als Sie tatsächlich wissen. Die Klienten werden es spüren und sich abwenden.

Ein Teil einer Anzeige könnte ein kurzer Lebenslauf sein. Wir werden im nächsten Abschnitt über Lebensläufe sprechen. Was Sie dabei lernen, kann Ihnen auch helfen, eine Anzeige aufzusetzen. Mit einem Lebenslauf ist hier nicht mehr gemeint als ein ganz kurzer Abriss, denn der Klient interessiert sich nicht für die Workshops, die Sie besucht haben, oder für die Namen Ihrer Lehrer. Die Leser der Anzeige wollen nur wissen, ob Sie Referenzen und Erfahrung haben. Wenn Sie keine Referenzen nennen, wird der Käufer vorsichtig.

Als ich dieses Kapitel vorbereitete, sah ich die Anzeigen in *Free Spirit* durch, der führenden New-Age-Zeitung in New York. Viele waren erschreckend langweilig, andere machten phantastische Versprechungen. Ein Mann, von dem ich noch nie gehört hatte, bezeichnete sich als der grösste lebende Astrologe. (Ich muss allerdings zugeben, dass die Anzeige sehr verlockend war. Was, wenn es die Wahrheit ist?) Eine ansprechende Anzeige zeigte ein kleines Mädchen aus den vierziger Jahren und die Unterschrift: «Vermisst: Haben Sie das kleine Kind in Ihrem Innern verloren? Aus Angst tragen wir das Kind in uns in tragisch jungen Jahren zu Grabe, verlieren unser wahres Selbst und schlagen uns schmerzliche Wunden. Ich kann Ihnen helfen, sich selbst zu heilen, indem Sie Ihr kleines Kind wiederfinden und Ihr Leben bereichern.» Das ist eine gute Anzeige – verblüffend, spezifisch und einfühlsam. Eine witzige Anzeige eines Massagetherapeuten, der Hausbesuche anbot, lautete: *Suche händeringend Arbeit.*

Wir wissen zwar nicht, wie diese Anzeigen aufgenommen wurden, aber ich kann etwas über zwei Anzeigen sagen, die für mich gut funktioniert haben, so dass Sie eine Vorstellung bekommen, wonach Klienten Ausschau halten könnten. Auf die erste Anzeige bekam ich Hunderte von Anfragen.

> **Warum sollten Sie noch einmal Ihr Horoskop berechnen lassen?**
> *Vor einer wichtigen Operation holen Sie eine zweite Meinung ein, und das ist auch für Ihr ganzes Leben keine schlechte Idee. Astrologen haben wie Ärzte unterschiedliche Ansätze, Qualifikationen und Erfahrungen. Regelmässige Aktualisierungen Ihres Horoskops, vergleichbar mit alljährlichen Routineuntersuchungen, können klären, was gerade in Ihrem Leben passiert. Sitzungen zu bestimmten Themen können bestimmte Problembereiche und Ihren eigenen Anteil an ihnen beleuchten.*

Hier eine Anzeige, die ich im August, dem schlimmsten Monat in New York, aufgegeben habe:

> **Wenn Ihr Therapeut nicht da ist …**
> *Statt die Unterbrechung Ihrer gemeinsamen Arbeit einfach nur zu bedauern, können Sie diese Zeit nutzen, um eine Bestandsaufnahme Ihrer Fortschritte zu machen und um sich neue Ziele zu setzen. Regelmässige astrologische Beratungen beleuchten nicht nur die Themen, denen Sie sich im kommenden Jahr in Ihrer Therapie auf produktive Weise zuwenden können, sondern werfen ausserdem auch etwas Licht in emotionale Abgründe.*

In beiden Fällen folgte auf die Anzeigen eine kurze Zusammenfassung meiner Qualifikationen.

Seien Sie kreativ, wenn Sie Ihre Anzeige schreiben. Achten Sie darauf, die Aufmerksamkeit der Leser zu fangen. Denken Sie gründlich und lange über Ihre Anzeige nach. Würden Sie sich selbst von ihr angesprochen fühlen? Lassen Sie sich nicht entmutigen, wenn nicht sofort Reaktionen kommen. Die Leute müssen neue Namen oft mehrmals sehen, ehe sie anrufen. Wenn aber mehrere Monate vergehen, ohne dass sich etwas tut, dann sollten Sie Ihre Anzeige noch einmal durchsehen und vielleicht die Meinung eines Profis einholen, der sich mit Promotion und Werbung auskennt.

Schicken Sie uns einen Lebenslauf ...

Sie sind seit ein paar Jahren im Geschäft, Sie fühlen sich wohl mit Ihrer Arbeit, und Sie haben einige Besonderheiten entwickelt, die Sie andern anbieten möchten. Sie beschliessen, dass es an der Zeit ist, einen Workshop abzuhalten. Sie rufen einen Veranstalter an, und den Leuten gefällt Ihre Idee. «Wundervoll», sagt der Leiter der Bildungseinrichtung, «schicken Sie uns einfach einen Lebenslauf.» Mit einem glücklichen Gefühl setzen Sie sich hin und beginnen zu schreiben. Drei Monate später ist der Lebenslauf immer noch nicht fertig, der Workshop findet nicht statt, und immer wenn Sie daran denken, dreht sich Ihnen der Magen um.

Hier ist eine etwas andere Version der gleichen Geschichte. Freunde, Kollegen und begeisterte Klienten drängen Sie, eine Broschüre herauszugeben, damit Sie einen grösseren Kreis von Interessenten ansprechen können. Sie haben etwas ganz Besonderes anzubieten, eine einzigartige Kombination von Dienstleistungen, für die es einen echten Bedarf gibt. Sie setzen sich hin und schreiben den Lebenslauf ... und zwei Jahre später gibt es immer noch keine Broschüre. Eine Anzeige von Ihnen gibt es auch nicht, denn für die Anzeige müssten Sie – was wohl – einen Lebenslauf schreiben.

Es hilft sicherlich, wenn Sie ein gewisses Geschick im schriftlichen Ausdruck haben, und ein wenig Geschäftssinn kann auch nicht schaden. Aber es sind nicht diese Dinge, die uns hemmen. Die meisten Astrologen sind durchaus in der Lage, sich vernünftig auszudrücken, denn sonst könnten wir nicht mit unseren Klienten reden. Wir haben genug Werbung gesehen und genug Anzeigen gelesen, um ein Gefühl zu haben, was uns anspricht.

Die wirklichen Gründe sind emotionaler Natur – und mangelndes Selbstwertgefühl ist oft ein Haupthindernis. Wenn wir uns hinsetzen, um einen Lebenslauf oder eine Anzeige zu schreiben, droht die Angst, nicht gut genug zu sein. «Bin ich wirklich so gut? Vielleicht mache ich mir da nur etwas vor. Vielleicht weiss ich überhaupt nicht soviel.» Unseren Selbstzweifeln zu begegnen ist der erste Schritt. Neben mangelndem Selbstwertgefühl trifft andererseits oft auch eine New-Age-Version des Grössenwahns auf. «Meine Arbeit ist etwas so Besonderes und Einzigartiges, ganz zu schweigen von meiner göttlichen Inspiration, dass ich es nicht nötig habe, jemandem meinen Wert zu beweisen. Die Leute sollten doch spüren, wie gut ich bin, und von selbst zu mir kommen.»

Die Arbeit, die wir tun, wirkt sich auf unsere Selbstzweifel aus. In der Öffentlichkeit wird die Astrologie oft lächerlich gemacht, und viele Astrologen sehen sich der Skepsis und der Verachtung ihrer Freunde, ihrer Angehörigen und ihrer Bekannten ausgesetzt. Die Angst, als Dummkopf dazustehen und heruntergemacht zu werden, kann eine grosse Rolle spielen, wenn wir daran denken, an die Öffentlichkeit zu gehen. Wenn Sie die Verbindung zu anderen Astrologen und zu Leuten halten, die in der New-Age-Bewegung aktiv sind, können Sie auf Unterstützung zurückgreifen, die Sie dringend brauchen, sobald Sie sich an die Öffentlichkeit wenden.

Abgesehen vom Nutzen für unsere Karriere kann das Schreiben eines Lebenslaufs auch eine heilsame Erfahrung sein – eine Bestätigung Ihres Wertes. Sie gewinnen daraus ein neues Verständnis für das, was Sie sind und was Sie geleistet haben. Wenn Sie Ihr Lebenswerk zusammenfassen, entdecken Sie in der Vielzahl Ihrer Erfahrungen womöglich sogar ganz neue Aspekte – Sie gewinnen einen neuen Eindruck, in welche Richtung Ihre Anstrengungen führen. Sie verleihen damit Ihren Fähigkeiten und Ihren Leistungen einen neuen Wert. Das Ergebnis ist oft ein freudiges Gefühl: «Ja, genau das bin ich!» Sie könnten auch aus der sehr menschlichen Neigung Nutzen ziehen, Ihren eigenen Worten mehr Glauben zu schenken, sobald sie aufgeschrieben sind. Ein Lebenslauf wirkt mitunter wie eine Rechtfertigung Ihres ganzen Lebensplans. Ich habe vielen Kollegen und Klienten beim Schreiben von Lebensläufen geholfen, und am Ende sagten nicht wenige: «Wissen Sie was? Ich bin von mir selbst beeindruckt!»

Ein weiteres grosses Hindernis ist die Tatsache, dass viele von uns in früheren Leben verfolgt wurden, weil wir aussprachen, was wir glaubten. Es wäre überraschend, wenn dieses das erste Leben wäre, in dem Sie ketzerische Ansichten vertreten! Wenn diese Idee etwas in Ihnen anspricht, könnte es Ihnen helfen, in einer Therapie an früheren Leben zu arbeiten oder wenigstens eine entsprechende Beratung zu machen. Frühere Leben müssen nicht unbedingt traumatisch gewesen sein, um heute noch nachzuwirken. Einige bescheidene, friedliche Leben in einem Kloster oder einem Aschram könnten ein spirituelles Widerstreben erzeugt haben, mitten auf die Bühne zu treten.

Wir können an dieser Stelle nicht alle denkbaren Hemmnisse untersuchen, aber Sie sollten einige Zeit darauf verwenden, genau herauszufinden, wo Ihre Hemmungen liegen. Seien Sie eine Weile selbst Ihr liebster Klient, bis Sie weiterschreiten und Ihre besonderen Fähigkeiten und Ihr Wissen einem breiteren Publikum anbieten können.

Hinweise zum Schreiben eines Lebenslaufs

Ein Lebenslauf ist hier eine kompakte Zusammenfassung Ihres Lebens, soweit es mit Ihrer Arbeit zu tun hat. Da der Platz begrenzt ist, müssen wir genau überlegen, was in unseren Lebenslauf Eingang finden soll und was nicht. Auch wenn letzten Endes nicht alle Antworten in Ihrer Liste auftauchen werden, sollten Sie sich selbst die folgenden Fragen stellen:

1. *Was genau tun Sie? Wie lange tun Sie es schon?*

2. *Wie haben Sie es gelernt? (Welche Lehrer, Ausbildungsgänge, Akademien?)*

3. *Mit welchen Klienten können Sie besonders gut umgehen, oder welche Gruppe wollen Sie vor allem ansprechen?*

4. *Wie unterscheidet sich Ihre Arbeitsweise von derjenigen Ihrer Kollegen, die auf dem gleichen Gebiet arbeiten?*

5. *Haben Sie besondere Leistungen auf Ihrem Gebiet vorzuweisen? Haben Sie Kurse und Workshops gehalten? Haben Sie Bücher geschrieben? Wurden Sie im Fernsehen interviewt? Haben Sie Auszeichnungen bekommen?*

6. *Welche Lebenserfahrungen und welche Ausbildungsgänge haben zu Ihrer besonderen Arbeitsweise und Ihrer Einstellung zu Ihrer Arbeit beigetragen?*

7. *Wird Ihre Arbeit durch eine bestimmte Philosophie oder spirituelle Lehre beeinflusst?*

Aufgrund dieser und anderer Fragen, die Ihnen vielleicht selbst noch einfallen, können Sie eine Liste jener Fähigkeiten und Erfahrungen anlegen, die Sie zu dem machen, was Sie sind. Bewahren Sie diese Liste gut auf, denn Sie können sie sicher noch an anderer Stelle gebrauchen.

Weniger ist oft mehr. Wer schon eine Weile auf dem Weg ist und an sich gearbeitet hat, erwirbt im Laufe der Zeit eine ganze Reihe von Fähigkeiten, die nicht alle im Lebenslauf erwähnt werden müssen. Lange Listen wirken auf die Leser meist nicht besonders überzeugend. Möglicherweise entsteht sogar der gegenteilige Eindruck, und Sie wirken wie ein Dilettant oder ein sprunghafter Mensch, der sich nicht die Zeit nimmt, eins seiner Fachgebiete wirklich zu beherrschen.

Wählen Sie nur die Dinge aus, die für den Lebenslauf wirklich von Belang sind. Wenn ein Detail mit den Bedürfnissen der Leser nichts zu tun hat, werden Sie die Leser verlieren. Wenn Sie irrelevante Einzelheiten erwähnen, werden die Leser sich fragen, ob Sie fähig sind, auf ihre Bedürfnisse einzugehen. Ein Lebenslauf ist kein Aufhänger für einen Egotrip. Wen kümmert es, dass Sie mal in einer Theatergruppe waren, solange Sie in Ihrer Praxis nicht Astrodrama anbieten? Der Leser interessiert sich nicht dafür, dass Sie ehrenamtlich in einer Anlaufstelle für drogenabhängige Jugendliche gearbeitet haben, solange Sie sich nicht auf Menschen konzentrieren, die von einer Suchtkrankheit genesen. Wenn Sie aber menschliche Kooperationsformen zum Thema eines Vortragsabends machen, könnte es für das Publikum wichtig sein zu erfahren, dass Sie ein Jahr in einem Kibbuz in Israel gelebt haben.

Wir wollen annehmen, dass Sie nach dem Durcharbeiten der obengenannten Fragen auf acht Punkte kamen. Ordnen Sie sie als nächstes nach ihrer Wichtigkeit und in gewisser Weise auch danach, welchen Eindruck sie auf die Leser machen könnten. Setzen Sie den wichtigsten oder beeindruckendsten Punkt weit oben ein. Sie müssen sich dabei nicht an die chronologische Reihenfolge halten. Ihre jüngsten Fortschritte sind wahrscheinlich wichtiger und haben eher mit dem zu tun, was Sie jetzt vorhaben. Als erstes sollten Sie immer erklären, was Sie tun und welche Qualifikationen Sie haben.

Fassen Sie dann die Liste zusammen, und formulieren Sie die verschiedenen Punkte zu ganzen Sätzen aus. Polieren Sie die Sätze, und streichen Sie Wiederholungen oder unnötige Wendungen. Tun Sie so, als wollten Sie ein Telegramm schicken und müssten pro Wort bezahlen (was ja bei Anzeigen auch stimmt). Denken Sie daran, dass Ihr Publikum eine begrenzte Aufmerksamkeitsspanne hat – ein Lebenslauf wird nach fünfundzwanzig Worten langweilig. Tun Sie so, als würden Sie die Anzeige eines völlig fremden Menschen lesen. Was würden Sie über ihn denken? Geben Sie den Text Ihren Freunden und Kollegen, und fragen Sie nach deren aufrichtiger Meinung. Achten Sie darauf, dass Grammatik und Rechtschreibung perfekt sind, bevor Sie die Anzeige in Druck geben.

Wenn Sie diese Schritte befolgt haben und immer noch festhängen, können Sie jemand beauftragen, Ihnen zu helfen. Sie müssen nicht unbedingt Ihre Schreibblockade überwinden, wenn Sie Ihren Klienten helfen wollen. Sie müssen nicht alle Ihre Probleme mit Ihrem Selbstwertgefühl auflösen, ehe Sie etwas Wertvolles anbieten dürfen. Ein PR-Fachmann kann Ihnen über diese Barrieren helfen. Diese Leute haben eine besondere Ausbildung und wissen aus Erfahrung, wie man Sie ins bestmögliche Licht rücken kann. Eine einmalige Beratung sollte nicht das Hindernis sein – vielleicht ist der PR-Fachmann sogar bereit, seine Dienste gegen eine Horoskopberatung einzutauschen.

Ein Aussenstehender könnte Sie in einem besseren Licht sehen, als Sie es selber tun. Der Experte kann dank seiner Distanz ausserdem viel leichter wahrnehmen, was an Ihnen beeindruckend ist, was besondere Qualität hat und was nicht. Vergessen Sie aber nicht, dass PR-Leute nicht unbedingt etwas von Astrologie verstehen. Sie müssen dem Fachmann deutlich machen, dass Sie auf zutreffende Weise dargestellt werden wollen. Und ausserdem kann es für Sie ein wichtiger Lernprozess sein, wenn Sie einem Aussenstehenden Ihre Arbeit verständlich machen.

Den Lebenslauf auf verschiedene Situationen zuschneiden

Auch wenn Ihr Lebenslauf irgendwann fertig ist, er muss nicht für alle Zeiten unverändert bleiben. Die Punkte auf Ihrer Liste, die für Ihre jetzigen Pläne nicht von Bedeutung sind, können in der Zukunft dennoch nützlich werden. Ich habe verschiedene Lebensläufe für die Astrologie, für Blütenessenzen, für das Schreiben und für die Sozialarbeit. Die wichtigsten Faktoren, etwa Qualifikationen und Bildung, tauchen in allen Lebensläufen auf, aber die Betonungen und die Anordnungen sind unterschiedlich. Es ist ausserdem nützlich, lange und kurze Versionen aufzusetzen. Jemand, der eine Konferenz plant, will beispielsweise in einer kurzen Zusammenfassung erkennen können, ob Sie als Redner in Frage kommen. Die Angaben, die im Programm veröffentlicht werden, sind aber vielleicht nicht länger als vier oder fünf Zeilen. Es kommt häufig vor, dass angehende Redner gebeten werden, Bänder mit ihren Vorträgen einzureichen. Schneiden Sie also Ihre Vorträge oder Lehrgänge mit.

Der Lebenslauf, den Sie einreichen, wenn Sie vor Berufskollegen sprechen wollen, sieht anders aus als der auf einem Flugblatt, das für einen öffentlichen Vortrag wirbt. Ihren Kollegen werden Sie genau erklären wollen, bei wem Sie gelernt und wo Sie gearbeitet oder Vorträge gehalten haben und welche Techniken oder theoretischen Ansätze Sie bevorzugen. Die breite Öffentlichkeit dürfte solche technischen Einzelheiten aber nicht verstehen und wird sich nicht dafür interessieren. Die Leute wollen in erster Linie wissen, ob sie etwas von Ihrem Vortrag oder Ihrer Dienstleistung haben werden. Sie wollen nicht Ihre ganze Lebensgeschichte hören, sondern nur erkennen können, dass Sie qualifiziert sind und etwas haben, das sie brauchen.

Finanzielle Aspekte im Umgang mit Ihren Klienten

Wenn Sie Werbung treiben oder öffentliche Vorträge halten, werden Sie alle möglichen Arten von Klienten anziehen. Ich will noch einmal kurz auf das Thema Geld zurückkommen. Es wird Leute geben, mit denen Sie sehr gern arbeiten würden, die sich aber Ihre Dienste einfach nicht leisten können. Einige Astrologen arbeiten mit variablen Honoraren, aber das sind nicht sehr viele. Therapeuten tun es, weil sie glauben, dass es aus finanziellen Gründen allein niemand verwehrt sein sollte, Hilfe zu bekommen. Wenn Ihre variablen Sätze auf dem echten Bedürfnis beruhen, auch den weniger Glücklichen zu helfen – und nicht auf einem versteckten Schuldgefühl, weil Sie es wagen, überhaupt Geld zu verlangen –, dann sollten Sie es unbedingt tun. Vergessen Sie aber nicht, dass das unterste Niveau Ihres Preisgefüges ein bequemer Ort ist, an dem sich viele Klienten versammeln werden. Wenn der Satz zu niedrig liegt, werden Sie unglücklich, und dieses Gefühl wird sich auf die Deutungen selbst auswirken.

Manche Astrologen gewähren verschiedenen Gruppen Nachlässe, etwa Klienten, die zum zweitenmal kommen oder Studenten. Menschen, die an Genesungsprogrammen teilnehmen, geben manchmal anderen im gleichen Programm Rabatte. Viele kommen ihren astrologischen Kollegen oder den Angehörigen anderer helfender Berufe etwas entgegen. Sie müssen sich selbst überlegen, welchen Standpunkt Sie einnehmen wollen. Mitunter müssen Sie auch von Fall zu Fall entscheiden und sich prüfen, ob Sie dem Helfersyndrom zum Opfer fallen. Falls Sie sich irgendwann einmal unwohl fühlen, sollten Sie das als Anregung verstehen, Ihr Verhalten zu ändern.

In meinen Augen ist, wenn Sie erst einmal eine gewisse Ebene der Professionalität erreicht haben, ein Austausch besser, als Beratungen kostenlos durchzuführen, weil letzteres zu sehr nach milden Gaben aussieht. Es ist keine gute Idee, für jemand nur deshalb eine Beratung zu machen, weil er Ihnen leidtut. Auch wenn die Menschen Ihnen an der Oberfläche dankbar sind, könnten sie Sie insgeheim für herablassend halten. Die Leute könnten sich in der Lage des Geretteten nicht wohl fühlen, weil dabei ihre Fähigkeit, sich selbst zu helfen, nicht zum Tragen kommt. Wenn Sie diese Menschen etwas für Sie tun lassen, erlauben Sie ihnen, ihre Würde zu wahren.

Selbst wenn Sie gerade erst beginnen und Beratungen für Freunde machen, sollten Sie zulassen, dass Ihre Freunde umgekehrt auch etwas für Sie tun. Die Klienten nehmen aus Sitzungen oft weniger mit, wenn sie nicht bezahlen müssen, weil Sie dann Ihren Rat weniger zu schätzen wissen. Wahrscheinlich werden Sie sich bei Beratungen, für die Sie bezahlt werden, auch mehr Mühe geben als bei denen, die Sie umsonst durchführen. Vielleicht haben die Klienten deshalb tatsächlich recht damit, dass eine kostenlose Beratung weniger wert ist als eine, für die sie bezahlen müssen.

Ein Austausch von Dienstleistungen kann etwas sehr Schönes sein, aber nur, wenn Sie das, was Sie sich eintauschen, auch wirklich gebrauchen können. Der beste Handel ist der, bei dem beide Seiten glauben, sie kämen etwas besser weg. Wenn die Klienten wegen einer beruflichen Veränderung um Rat fragen, weil sie ihren jetzigen Beruf hassen, dann sollten Sie sich auf so einen Handel allerdings nicht einlassen, denn die Klienten wollen ja etwas anderes tun! Ich habe im Laufe der Zeit viele wundervolle Tauschgeschäfte gemacht. Ich habe Rolfing-Sitzungen und Akupressurbehandlungen bekommen, ich liess mir meine Wohnung streichen, ich habe einen wunderschönen, einzigartigen Flickenteppich bekommen, ich habe Briefpapier und Broschüren gedruckt bekommen. Ich bekomme viele Dienstleistungen, die ich mir sonst nicht leisten könnte oder wollte.

Wenn Sie Klienten das Honorar in Raten zahlen lassen, kommen Sie in eine ähnliche Situation wie mit einem Freund, der Ihnen Geld schuldet. Das schafft Probleme – besonders bei Menschen, die Sie bereits aus anderen Zusammenhängen kennen. Sie sollten dies besonders bei Klienten vermeiden, deren 8. Haus von schwierigen Konstellationen äusserer Planeten berührt wird. Diese Klienten würden mit Ihnen einfach die Spielchen ums Geld spielen, die sie ihr Leben lang gespielt haben. Wenn die Klienten sagen, dass sie in Raten zahlen wollen, dann sind sie oft auch in der Lage, den ganzen Betrag am Ende der Sitzung zu bezahlen. Mit vordatierten Schecks hatte ich allerdings noch nie Probleme.

Sollten Sie Ihre feste Anstellung aufgeben?

Schliesslich erhebt sich noch die Frage, mit welchem Einkommen Sie als Astrologe rechnen können. Wie kommen die Leute nur auf die Idee, Astrologen würden einen Haufen Geld verdienen? Warum denken sie nur, wir würden die ganze Zeit

Filmstars darüber beraten, wie sie sich die Haare legen lassen sollen? (Oder Präsidenten zu der Frage, ob heute ein guter Tag für Atombombenabwürfe sei.) Ich möchte Ihnen raten, Ihren festen Job nicht sofort aufzugeben. Warten Sie ab, wie sich Ihre Praxis entwickelt. Es nimmt auch einen gewissen Druck von Ihren Schultern, wenn Sie sich Zeit lassen, um zu lernen und in die neue Tätigkeit hineinzuwachsen. In den ersten Jahren ist die Astrologie vielleicht nur ein schönes Nebeneinkommen.

Je mehr Ihr Lebensunterhalt von der Astrologie abhängt, desto schwieriger kann es für Sie sein, finanzielle Probleme mit Ihren Klienten gelassen zu erörtern. Es hilft Ihnen über schwere Zeiten hinweg, wenn Sie ein zweites oder drittes Standbein haben, das etwas Geld abwirft. Für viele Astrologen sind die Monate August und von November bis Anfang Januar besonders schwierig. Die Leute geben ihr Geld für den Urlaub und für Weihnachtsgeschenke aus. Im Dezember haben die meisten nicht mehr sehr viel Geld zur freien Verfügung. Deshalb schalte ich um Weihnachten eine Anzeige, in der ich Preisnachlässe anbiete. Wenn Sie als hauptberuflicher Astrologe arbeiten, sollten Sie im Oktober oder im Februar beginnen und nicht in einem Monat, in dem alle Klienten in Urlaub sind.

Selbständig zu arbeiten ist etwas anderes, als Gehalt zu bekommen. Das Monatsgehalt schafft Sicherheit und Schutz, ganz egal, welche Nachteile sonst mit Ihrem Beruf verbunden sind. Selbständig sein heisst im Grunde, sich täglich neu um einen Job zu bewerben. Das ist nicht immer leicht. Etwa 80 Prozent der Geschäftsneugründungen scheitern im ersten Jahr – und auch eine astrologische Praxis ist ein Geschäft. Manchen Astrologen geht es recht gut, aber sie sind entweder sehr gute Astrologen oder sehr gute Geschäftsleute oder wahrscheinlich sogar beides. Sie können ein hervorragender Astrologe sein und trotzdem pleite gehen, wenn Sie nicht für sich werben. Wenn Sie Ihre geschäftlichen Fähigkeiten entwickeln und geschickt für sich werben und wenn Sie einen Blick für Dinge haben, die Sie vermarkten können, dann werden Sie nicht nur gerade eben überleben, sondern hoffentlich eine erfolgreiche Praxis aufbauen können. Ich würde mir wünschen, dass die Anregungen in diesem Kapitel für Sie nützlich waren. Sie sollten aber zusätzlich Ihre örtliche Bibliothek aufsuchen oder sich entsprechende Literatur im Buchladen besorgen.

Ein letzter Wunsch

Liebe Leserinnen und Leser

Im Laufe der Jahre habe ich von Ihnen so viele wundervolle und anrührende Briefe bekommen, dass es mir passend erscheint, dieses Buch mit einem Brief abzuschliessen. Ich hoffe, Sie fanden die Kapitel und Themen dieses Buches hilfreich. Wenn Sie noch am Anfang stehen, können Ihnen die erörterten Prinzipien hoffentlich helfen, einige der Fehler zu vermeiden, die viele angehende Astrologen gemacht haben. Selbst nach jahrelanger Praxis ist es für mich noch heute manchmal aufregend, eine Beratung durchzuführen. Aber besonders die ersten Jahre sind oft von schmerzlichen Selbstzweifeln überschattet. Bei einem Kollegen zu hospitieren oder einen Mentor zu finden wäre eine ideale Lösung, aber solange die Ausbildung in unserem Beruf nicht einheitlich geregelt ist, biete ich dieses Buch als meinen Versuch an, etwas Weisheit und einige Ratschläge zu übermitteln, die sich aus meiner eigenen Erfahrung ergaben.

Wenn Sie bereits praktizieren, haben Ihnen meine Hinweise zur Beratung selbst vielleicht geholfen, Ihre Angebote zu verfeinern und zu verbessern. Wenn Sie ganz andere Dinge anbieten als ich, fühlen Sie sich vielleicht angeregt, Lehrmaterial aus Ihrer eigenen Perspektive zu schreiben. Wir brauchen alle Anregungen von erfahrenen Berufskollegen, die wir nur bekommen können, um den Anfängern in unserem Beruf zu helfen und um jedem von uns zu erlauben, unsere eigene Praxis zu verbessern.

Da ich mehr und mehr mit Blütenessenzen arbeite, vermute ich, dass dies mein letztes astrologisches Buch ist, und zweifellos ist es mein wertvollstes Vermächtnis auf diesem Gebiet. (Falls es doch nicht mein letztes ist, dürfen Sie alle auf meine Kosten kichern!)

Meine Bücher haben mir im Laufe der Jahre vieles geschenkt, zum Beispiel Reisen um die ganze Welt und Begegnungen mit Freunden der Astrologie aus vielen Kulturen. Das Wertvollste aber waren die Rückmeldungen von Lesern wie Ihnen, denen ich entnehmen konnte, wie meine Worte Sie berührt und Ihr Leben und Ihr Studium der Astrologie beeinflusst haben. Wenn Sie durch meine früheren Bücher angeregt wurden, die Astrologie intensiv zu studieren und schliesslich sogar eine Praxis zu eröffnen, dann hoffe ich, dass Ihnen dieses Buch hilft, die Kluft zwischen dem Schüler und dem Profi ohne Straucheln zu überschreiten. Jede neue Generation von Astrologen greift auf die Erfahrungen früherer Generationen zurück, um noch besser zu werden als die Vorgänger, und ich bin sicher, dass die Generationen nach uns die besten von allen sein werden! Ich wünsche Ihnen von Herzen alles Gute.

Donna Cunningham
Port Townsend, Washington

Liste der Horoskope und Abkürzungen

Abkürzungen in den Aspekttabellen

Planeten und sensitive Punkte:

SO	= Sonne	UR	= Uranus	DC	= Deszendent
MO	= Mond	NE	= Neptun	MC	= Medium coeli
ME	= Merkur	PL	= Pluto	IC	= Immum coeli
VE	= Venus	MK	= Mondknoten		
MA	= Mars	CHI	= Chiron		
JU	= Jupiter	LI	= Lilith		
SA	= Saturn	AC	= Aszendent		

Aspekte:

Kon	= Konjunktion	*Tri*	= Trigon	*Hsx*	= Halbsextil
Opp	= Opposition	*Sxt*	= Sextil	*Hsq*	= Halbquadrat
Qua	= Quadrat	*Qcx*	= Quincunx	*Ahq*	= Anderthalbquadrat

Fussnoten

[1] Michel Lutin hat diese Frage in zahlreichen Vorträgen behandelt, etwa in «Counseling with Astrology» oder in «The Real Live Practice of Astrology».

[2] Für die vielen Anregungen zu diesem Kapitel möchte ich Coyote danken, ohne deren Hilfe es nie geschrieben worden wäre.

[3] Wie können Sie herausfinden, wie die Klienten einzuordnen sind? Unter anderem anhand einer Betonung eines bestimmten Planeten oder des Zeichens, das dieser Planet beherrscht, oder mit Hilfe des Hauses, das mit dem Zeichen in Verbindung steht. Sonne, Mond, Aszendent oder Himmelsmitte – vielleicht sogar mehrere aus dieser Gruppe – könnten etwa einen bestimmten Planeten aspektieren oder in einem Zeichen stehen, das dieser Planet beherrscht. Eine weitere Betonung entsteht durch ein Stellium in diesem Zeichen oder Haus oder durch zahlreiche Aspekte zum betreffenden Planeten. Ein Planet rückt sich selbst in den Vordergrund, wenn er in einem Gauquelin-Sektor steht, also weniger als zehn Grad vor oder hinter einer Achse. Die meisten Menschen sind durch mindestens zwei Planeten charakterisiert.

[4] *Erkennen und Heilen von Pluto-Problemen,* Urania-Verlag, Neuhausen 1992.

[5] Das *Dell Horoscope Magazine* veröffentlichte diesen Abschnitt in der Ausgabe 10/92 unter dem Titel «What in Heaven's Name is a *Normal* Crisis?».

[6] Desert Alchemy ist eine Firma, die Blütenessenzen herstellt und die sich auf Kakteen und andere Wüstenpflanzen spezialisiert hat. Den Katalog erhalten Sie bei: Desert Alchemy, P. O. Box 44189, Tucson, Arizona 85733, USA.

[7] Aus: Gail Sheehy, *In der Mitte des Lebens. Die Bewältigung vorhersehbarar Krisen,* Knaur TB, München 1992.

[8] Einen ausführlichen Bericht über diese sorgfältig durchgeführte Studie finden Sie im sechsten Kapitel von *New Insights into Astrology* (Nona Press). Es erschien 1991 bei ACS, San Diego. Rory Mercatos Erkenntnisse wurden im Oktober 1990 in *Urania* abgedruckt.

[9] Veröffentlicht in *Clues to Suicide* von E. S. Schneidman und N. I. Faberow, McGraw-Hill, New York 1957.

[10] Richard D. Wetzl, Ph. D., Thomas Margulies, MD, Roger Davis, MD, und Elie Karam, MD: «Hopelessness, Depression and Suicidal Intent», *Journal of Clinical Psychiatry,* Bd. 41:5, 5/80, S. 159–160.

[11] Ellen Bass und Laura Davis: *Trotz allem. Wege zur Selbstheilung für sexuell missbrauchte Frauen.,* Orlanda Frauenverlag, Berlin 1992.

[12] Stanislav und Christina Grof (Hrsg.), *Spirituelle Krisen,* Kösel, München 1993.

[13] Raymond Moody, *Leben nach dem Tod,* Rowohlt, Reinbek b. Hamburg 1977.

[14] *Spirituelle Krisen,* op. cit.

[15] Brief an die Autorin vom 4. Oktober 1991. Die Hervorhebung stammt von P. M. H. Atwater.

[16] P. M. H. Atwater, *Coming Back to Life: The After-Effects of the Near-Death Experience,* Ballantine Books, New York 1988.

[17] Atwater, a. a. O. Zitiert mit freundlicher Genehmigung.

[18] Brief an die Autorin vom 4. Oktober 1991.

[19] Keith Thompson: «The UFO Encounter Experience as a Crisis of Transformation»; in: *Spirituelle Krisen,* op. cit.

[20] Dieser Abschnitt ist ein Auszug aus meinem Vorwort zu Gail Fairfields hervorragendem Buch *Choice-Centered Astrology,* Ramp Creek Publishing Company (Box 8, Smithville, IN 47458), 1990.

[21] Sondra Ray stellt ihre hervorragende Technik ausführlich in zwei Büchern dar: *Schlank durch positives Denken. Die spirituelle Diät* (Kösel, München 1989) und *Auch lieben will gelernt sein* (Peter Erd Verlag, München 1991).

[22] John Bradshaw, *Wenn Scham krank macht. Ein Ratgeber zur Überwindung von Schamgefühlen,* Knaur TB, München 1993.

[23] Dieses Kapitel erschien ursprünglich als Beitrag in *Astrological Counseling,* Hrsg. Joan McEvers, bei Llewellyn New World Astrology Series, 1990. Der Abdruck erfolgt mit freundlicher Genehmigung des Verlages. – Ich kann das Buch wegen seiner ausgezeichneten Beiträge von verschiedenen astrologischen Beratern sehr empfehlen.

[24] Melody Beattie, *Die Sucht gebraucht zu werden,* Heyne 17/38, München 1990.

[25] Alice Miller, *Das Drama des begabten Kindes und die Suche nach dem wahren Selbst,* Suhrkamp, Frankfurt 1979.

[26] Lois Roddens *Data News,* #5 (8/87), S. 2, nennt nach Angaben seines Zwillingsbruders als Geburtsstunde die Mittagszeit, EST, 11. August 1933, Lynchburg, VA, 37N25, 79W09. Die Familiengeschichte wird in Falwells Autobiographie *Strength for the Journey,* Simon & Schuster, New York 1987, dargestellt. Das Horoskop wurde hier nicht abgedruckt, weil die Zeit nicht exakt zu stimmen scheint.

[27] Timmen L. Cermak, MD, *A Primer for Adult Children of Alcoholics,* Health Publications, Deerfield Beach, FL, 1989. Abdruck mit freundlicher Genehmigung.

[28] Cermak, a. a. O.

[29] Lawrence LeShan, *The Medium, the Mystic and the Physicist,* Ballantine, New York 1982.

[30] Die Familiengeschichte können Sie in «Falling Down and Getting Back Up Again» von Jenny Park und Robin Micheli nachlesen; *People Magazine,* 1/29/90.

[31] Suzanne Somers, *Keeping Secrets,* Warner, New York 1988.

[32] Familiengeschichte nach Alan W. Petrucelli, *Liza! Liza! An Unauthorized Biography of Liza Minnelli,* Karz-Cohl Publishing, Walled Lake, MI, 1983.

[33] Cermak, op. cit. Abdruck mit freundlicher Genehmigung.

[34] *Das Drama des begabten Kindes,* op. cit.

[35] Eine astrologische Randbemerkung: Bei Menschen, die ihre Sucht mit Kreditkarten finanzieren und sich mit Schulden ruinieren, scheint eher Pluto als Neptun eine Rolle zu spielen. Pluto könnte bei ihnen im 2. Haus oder im 8. Haus stehen oder wichtige Aspekte

zu Planeten in diesen Häusern bilden, oder das Skorpion-Zeichen steht in Kontakt zu diesen Positionen. Auch hier scheinen Trotz und Rache das Hauptthema zu sein. Übrigens machen viele Inzestopfer zwanghaft immer wieder Schulden.

[36] Dieses Kapitel wurde ursprünglich in *How to Use Vocational Astrology for Success in the Workplace* abgedruckt. Nachdruck mit freundlicher Genehmigung von Noel Tyl, Hrsg., *How to Use Vocational Astrology for Success in the Workplace,* Llewellyn Publications, St. Paul, MN, 1992.

[37] Diese Statistik stammt vom amerikanischen «Bureau of the Census», nach Arlene F. Saulter: «Marital Status and Living Arrangements».

[38] Donna Cunningham: *Flower Remedies Handbook,* Sterling Publishing, New York 1992.

Literatur

ADLER GRAL, Jessie: *Die verzauberte Seele. Sucht und Spiritualität im Horoskop,* Edition Astrodata, Wettswil 1993.

BASS, Ellen, und DAVIS, Laura: *Trotz allem. Wege zur Selbstheilung für sexuell missbrauchte Frauen.,* Orlanda Frauenverlag, Berlin 1992.

BEATTIE, Melody: *Die Sucht gebraucht zu werden,* Heyne 17/38, München, 1990.

BRADSHAW, John: *Wenn Scham krank macht. Ein Ratgeber zur Überwindung von Schamgefühlen,* Knaur TB, München 1993.

CUNNINGHAM, Donna: *Flower Remedies Handbook,* Sterling Publishing, New York 1992.

CUNNINGHAM, Donna: *Erkennen und Heilen von Pluto-Problemen,* Urania-Verlag, Neuhausen 1992.

GROF, Stanislav und Christina (Hrsg.): *Spirituelle Krisen,* Kösel, München 1993.

MILLER, Alice: *Das Drama des begabten Kindes und die Suche nach dem wahren Selbst,* Suhrkamp, Frankfurt 1979.

MOODY, Raymond: *Leben nach dem Tod,* Rowohlt, Reinbek b. Hamburg 1977.

RAY, Sondra: *Schlank durch positives Denken. Die spirituelle Diät,* Kösel, München 1989.

RAY, Sondra: *Auch lieben will gelernt sein,* Peter Erd Verlag, München 1991.

SHEEHY, Gail: *In der Mitte des Lebens. Die Bewältigung vorhersehbarar Krisen,* Knaur TB, München 1992.

STRIEBER, Whitley: *Die Besucher,* Heyne-Verlag, München.

Index

226

ASTRODATA
Die professionelle Qualität in der Astrologie

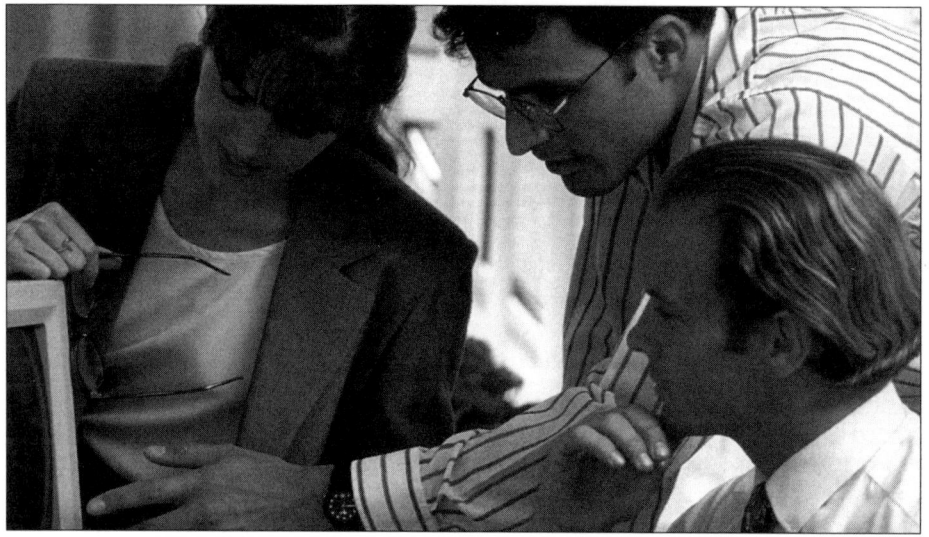

Die Berufsanalyse

Die Berufs- und Talentanalyse beschreibt das Potential Ihrer Konstellationen in den Bereichen Beruf, Unternehmen und Karriere. Mit Hilfe der astrologischen Prinzipien werden Ihre Art der Durchsetzung, Ihre Auffassungsgabe, Teamgeist, Organisationstalent, Motivationsfähigkeit und Führungsqualitäten aufgezeigt. Es werden aber auch jene Kräfte beleuchtet, welche Sie dazu antreiben, noch schlummernde individuelle Talente und kreative Aspekte Ihrer Persönlichkeit zum Ausdruck zu bringen – eine wertvolle Hilfe für alle, die einen Beruf zu wählen haben, einen Wiedereinstieg planen oder einen Berufswechsel beabsichtigen.

Gerade die Astrologie kann sehr hilfreich sein, um sich Rechenschaft darüber abzulegen, welche Neuorientierungen zu einer Harmonisierung von Beruf und Persönlichkeit beitragen, was zu einem erfüllteren Leben führt. Auch wenn zur Zeit keine konkreten Schritte geplant sind, eignet sich diese Analyse für eine längerfristige Planung von Veränderungen oder für das Aufgreifen von Nebenbeschäftigungen und Hobbies, welche parallel zum ausgeübten Beruf angezeigt erscheinen. *25–35 Seiten Deutungstext*

Fr. 70.–/ DM 79.– (ohne Horoskopzeichnung)
Fr. 82.–/ DM 93.– (mit Horoskopzeichnung)

Benützen Sie die beiliegende Karte oder bestellen Sie (mit genauen Geburtsdaten: Name, Geschlecht, Datum, Zeit, Ort) bei:
ASTRODATA AG, Albisriederstrasse 232, Postfach, CH-8047 Zürich
Telefon: (0041) (0) 1 492 15 15, Telefax: (0041) (0) 1 492 15 16

Weitere Bücher der Edition Astrodata

Erhältlich in jeder Buchhandlung

A. T. Mann & Jane Lyle

Mystische Sexualität

Format 19.6 x 27.5 cm, geb., 188 farbige Abb., 192 Seiten, ISBN 3-907029-53-4

In manchen alten Kulturen symbolisierte die Sexualität den höchsten heiligen Akt und hatte den Charakter eines heiligen Sakraments, welches den Menschen mit seinem göttlichen Ursprung in Verbindung bringt. Mystische Sexualität geht dem Ursprung und den Praktiken religiöser Sexualität in verschiedenen Kulturen nach und untersucht die sich wandelnden Verhaltensweisen wie auch die Konflikte der modernen Gesellschaft mit der Sexualität. Dieses aktuelle, vollständig farbig illustrierte Buch unterstützt Kräfte der Veränderung und der Rückbesinnung auf intensive Lebensfreude. Sexualität wird dargestellt als tiefgreifend verwandelnde Lebenserfahrung und als ein Initiationsweg.

Aus dem Inhalt: *Anfänge der Sexualität, Die Schlangengöttin, Mesopotamiens heilige Prostituierte, Sexuelle Mythologie Ägyptens, Kundalini – Götter und Göttinnen, Yin-Yang als sexuelle Alchemie, Griechische Sexgöttinnen, Sexgöttinnen im römischen Reich, Die Jungfrau und die Hure, Mittelalter: Idealisierungen des Weiblichen, Die alchemistische Hochzeit, Esoterische Sexualität.*

A. T. Mann

Mystische Architektur

Format 19.6 x 27.5 cm, geb., 288 farbige Abb., 192 Seiten, ISBN 3-907029-54-2

Architektur war früher immer ein materieller Ausdruck heiliger, esoterischer Zusammenhänge. Dieses vollständig vierfarbig illustrierte Buch erforscht verschiedene Stile und schöpferische architektonische Leistungen, angefangen beim Tempel von Luxor in Ägypten, dem Parthenon in Griechenland bis zum Taj Mahal von Indien sowie den grossen Kathedralen Europas. Hinter diesen sichtbaren Werken wird bei näherem Hinschauen immer die Signatur des Heiligen und Esoterischen sichtbar. *Mystische Architektur* hilft uns, eine kollektive Erbschaft wieder zu entdecken, und zeigt uns, wie die sich wandelnden Lebensanschauungen in Gebäuden und Monumenten unserer Vorfahren sichtbar werden. Ausgehend von den astrologischen und mythologischen Einflüssen, welche Standort, Form und Funktion früher Gebäude und Monumente bestimmten, führt uns der Autor auf eine Reise bis in die moderne Zeit, die im Gegensatz zu früher kaum mehr vom Esoterischen, sondern vom Profanen bestimmt wird.

Aus dem Inhalt: *Das Esoterische und das Symbolische, Frühe Kosmologien und der kosmische Würfel, Tempel in der Welt, Der Bereich des Sakralen, Feng Shui, Die Magie der Erde, Architektonische Mandalas, Geheime ägyptische Architektur, Islamische Architektur, Die grossen Kathedralen, Humanismus und die Ablösung durch den Modernismus.*

Weitere Bücher der Edition Astrodata
Erhältlich in jeder Buchhandlung

Jessie Adler Gral: **Unser innerer Geliebter,** Anima, Animus, der Schatten und das innere Kind in Liebesbeziehungen, Format 14 x 21 cm, brosch., 336 S., 12 Hskpe., 27 Tabellen, ISBN 3-907029-47-X

Jessie Adler Gral: **Die verzauberte Seele,** Sucht und Spiritualität im Horoskop, Format 14 x 21 cm, brosch., 306 S., 14 Hskpe., 27 Tabellen, ISBN 3-907029-31-3

Baigent/Campion/Harvey: **Mundan-Astrologie,** Handbuch der Astrologie des Weltgeschehens, Format 17 x 24 cm, geb., 456 S., 98 Abb., ISBN 3-907029-12-7

Nicholas Campion: **Das Buch der Welthoroskope,** Alle wichtigen Daten und Quellen zu Ländern, Nationen und weltpolitischen Ereignissen, Format 17 x 24 cm, geb., 660 S., 364 Hskpe., ISBN 3-907029-19-4

Brigitte Eichenberger: **Astrologie-Fibel,** Ein Wegweiser für Laien, Format 14 x 21 cm, brosch., 38 farbige Illustrationen und Fotos, 96 S., ISBN 3-907029-44-5

Dennis Elwell: **Das kosmische Netzwerk,** Astrologie – eine neue Wissenschaft, Format 17 x 24 cm, geb., 224 S., ISBN 3-907029-08-9

Martin Freeman: **Astrologische Prognosemethoden,** Format 17 x 24 cm, geb., 152 S., 10 Abb., ISBN 3-907029-02-X

Joëlle de Gravelaine: **Lilith – Der Schwarze Mond,** Die Grosse Göttin im Horoskop, Format 17 x 24 cm, geb., 224 S., 40 Abb., ISBN 3-907029-13-5

Judy Hall: **Die karmische Reise,** Geburtshoroskop, Karma und Reinkarnation, Format 17 x 24 cm, geb., 320 S., zahlr. Hskpe. und Abb., ISBN 3-907029-22-4

Brigitte Hamann: **Lebensmuster,** Elternbilder im Horoskop, Format 17 x 24 cm, geb., 280 S., ISBN 3-907029-41-0

Michael Harding/Charles Harvey: **Die Feinanalyse des Horoskops,** Das Arbeiten mit Harmonics, Schnittpunkten und Astro∗Carto∗Graphy, Format 17 x 24 cm, geb., 406 S., zahlr. Abb., ISBN 3-907029-21-6

Nancy Anne Hastings: **Progressionen und Transite,** Ein praxisorientiertes Deutungsbuch, Format 17 x 24 cm, geb., 295 S., 35 Abb., ISBN 3-907029-15-1

Johan Hjelmborg/Louise Kirsebom: **Augenblicksastrologie,** Partituren und Spiele der Planeten, Format 17 x 24 cm, geb., 204 S., 75 Abb., ISBN 3-907029-04-6

Johan Hjelmborg/Louise Kirsebom: **Zeichen und Planeten in der Hand,** Format 17 x 24 cm, geb., 308 S., 180 Abb., ISBN 3-907029-18-6

Eve Jackson: **Jupiter – Der alte Wohltäter in einem neuen Licht,** Format 17 x 24 cm, geb., 184 S., 31 Abb., ISBN 3-907029-07-0

Marc Edmund Jones: **Die sabischen Symbole in der Astrologie,** Format 17 x 24 cm, geb., 416 S., 7 Ill., 1000 Horoskopstellungen, ISBN 3-907029-40-2

Jim Lewis/Ariel Guttman: **Astro∗Carto∗Graphy-Atlas,** Mit Horoskopen und Biographien, Format 21 x 28 cm, brosch., 328 S., 270 Abb., ISBN 3-907029-14-3

Bernd A. Mertz: **Also sprachen für die Astrologie ...,** Zitate berühmter Persönlichkeiten, Format 14 x 21 cm, brosch., 33 Abb., 136 S., ISBN 3-907029-45-3

Bernd A. Mertz: **Liebe – Opfer – Magie,** Der Mensch als Geheimnis des Kosmos, Format 17 x 24 cm, geb., 219 S., 42 Hskpe., 10 Abb., ISBN 3-907029-25-9

Bernd A. Mertz: **Paracelsus und seine Astrologie,** «Im Menschen nämlich sind Sonne und Mond und alle Planeten», Format 14 x 21 cm, brosch., 96 S., 2 Hskpe., 52 Abb., ISBN 3-907029-32-1

Bernd A. Mertz: **Schicksalspunkte im Horoskop,** Die Schnelldiagnose in der Astrologie, Format 17 x 24 cm, geb., 232 S., 40 Abb., ISBN 3-907029-20-8

Hermann Meyer: **Befreiung vom Schicksalszwang,** Astropsychotherapie, Format 17 x 24 cm, geb., 208 S., ISBN 3-907029-01-1

Michael Newton: **Die Reisen der Seele,** Karmische Fallstudien, Format 17 x 24 cm, geb., 240 S., ISBN 3-907029-50-X

Rainer Öhlschleger: **Stichworte zur Horoskopdeutung,** Planeten, Zeichen, Häuser und Aspekte, Format 17 x 24 cm, geb., 352 S., ISBN 3-907029-52-6

Melanie Reinhart: **Chiron – Heiler und Botschafter des Kosmos,** Format 17 x 24 cm, geb., 346 S., 22 Hskpe., Ephemeriden 1900–2000, ISBN 3-907029-26-7

Jane Ridder Patrick: **Praktische Astro-Medizin,** Entsprechungen zwischen Kosmos, Körper und Seele, Vorwort von Charles Harvey, Format 17 x 24 cm, geb., 189 S., 15 Abb., ISBN 3-907029-24-0

Dane Rudhyar/Leyla Rael-Rudhyar: **Der Sonne/Mond-Zyklus,** Ein Schlüssel zum Verständnis der Persönlichkeit, Format 17 x 24 cm, geb., 192 S., 25 Abb., ISBN 3-907029-06-2

Thomas Schäfer: **Astrologie und Traumdeutung,** Die innere Welt des Horoskops in Träumen und Märchen, Format 17 x 24 cm, geb., 192 S., 19 Abb., 4 Hskpe., ISBN 3-907029-42-9

Thomas Schäfer: **Bildersprache Astrologie,** Format 17 x 24 cm, geb., 172 S., 5 Abb., ISBN 3-907029-17-8

H. H. Schöffler: **Gœthes Leben aus den Sternen,** Kleines Lesebuch der Transitastrologie, Format 15 x 21 cm, kart., 208 S., 100 Hskpe., ISBN 3-907029-10-0

H. H. Schöffler: **Mozart und die Musik der Sterne,** Ein astrologischer Lebenslauf, Format 15 x 21 cm, kart., 170 S., 80 Hskpe., ISBN 3-907029-16-X

Pauline Stone: **Partnerschaft, Astrologie und Karma,** Wie man Beziehungen verstehen, transformieren und heilen kann, Format 17 x 24 cm, geb., 192 S., 3 Abb., ISBN 3-907029-23-2

Erin Sullivan: **Rückläufige Planeten,** Aufbruch in die innere Landschaft, Format 17 x 24 cm, geb., 360 S., 16 Hskpe., 28 Abb., ISBN 3-907029-29-1

Hannelore Traugott: **Lilith – Eros des Schwarzen Mondes,** Format 17 x 24 cm, geb., 232 S., 3 Hskpe., 29 s/w und 8 fg. Abb., ISBN 3-907029-48-8

Noel Tyl (Hg.): **Sexualität im Horoskop,** Format 17 x 24 cm, geb., 49 Hskpe. und 11 Abb., 328 S., ISBN 3-907029-46-1

Noel Tyl (Hg.): **Uranus, Neptun und Pluto im persönlichen Erleben,** Format 17 x 24 cm, geb., 256 S., 12 Hskpe., 7 Abb., ISBN 3-907029-38-0

Eric J. Weil: **Das kombinierte Fragehoroskop,** Die verfeinerte Methode der Fragehoroskope, Format 14 x 21 cm, brosch., 82 S., 49 Hskpe., ISBN 3-907029-33-X

J. Claude Weiss/Verena Bachmann: **Pluto – Das Erotische und Dämonische,** Format 17 x 24 cm, geb., 256 S., 43 Abb., ISBN 3-907029-05-4

J. Claude Weiss: **Karmische Horoskopanalyse Band I,** Unbewusste Lebenspläne erkennen und verändern – Mondknoten-, Saturn- und Plutothemen im Horoskop, Format 17 x 24 cm, geb., 296 S., ISBN 3-907029-39-9

J. Claude Weiss: **Karmische Horoskopanalyse Band II,** Das Skriptmodell – Uranus und Neptun als Wege geistiger Entfaltung – Lilith und Chiron als Botschafter kommender Zeiten – Das karmische Neumondhoroskop, Format 17 x 24 cm, geb., ca. 248 S., ISBN 3-907029-49-6

J. Claude Weiss: **Astrologie – Eine Wissenschaft von Raum und Zeit,** Format 17 x 24 cm, geb., 200 S., 24 Abb., ISBN 3-907029-03-8

Jürgen Wiering: **Astrologie und Beruf,** Berufs- und Unternehmensberatung mit Hilfe der Astrologie, Format 17 x 24 cm, geb., 192 S., 1 Horoskop, 31 Tab., 1 Abb., ISBN 3-907029-37-2

100 zeitgenössische Filmschauspieler und Filmschauspielerinnen, Lebensläufe und Horoskope, Format 21 x 29,7 cm, kart., 208 S., 100 Hskpe., ISBN 3-907029-09-7

100 Regisseure und klassische Filmschauspieler und Filmschauspielerinnen, Lebensläufe und Horoskope, Format 21 x 29,7 cm, kart., 208 S., 100 Hskpe., ISBN 3-907029-11-9

ASTROLOGIE HEUTE

Zeitschrift für Astrologie, Psychologie und Esoterik

Die Zeitschrift ASTROLOGIE HEUTE erscheint seit 1986 alle zwei Monate und berichtet über alle wesentlichen Strömungen der deutschsprachigen und internationalen Astrologieszene.

Das Heft enthält im Mittelteil jeweils ein *farbiges Magazin,* in dem auf spielerische, verständliche Weise die Grundlagen der Astrologie vermittelt werden. In der Rubrik *Astrologie im Weltgeschehen* werden anhand der mundanen Konstellationen (in bezug auf das aktuelle Weltgeschehen) die politischen und gesellschaftlichen Ereignisse astrologisch analysiert und interpretiert. In jeder Nummer sind jeweils die Horoskope von sechs *berühmten Persönlichkeiten,* die im entsprechenden Zeitraum Geburtstag haben, farbig abgedruckt und mit einer Kurzbiographie versehen. Weitere Rubriken: *Kalender* (astrologische Vorschau über die folgenden zwei Monate), *Praxis* (astrologische Deutungs- und Arbeitsmethodik), *Baukasten* (astrologisches Grundwissen), *Psychologie, Bücherschau, Esoterik/New Age, Reflexe/Reflexionen* (Meldungen, Kongressberichte). Regelmässig werden *Interviews* mit bekannten Persönlichkeiten zu astrologischen und philosophischen Themen veröffentlicht. Herausgeber: *Claude Weiss*

Eine Gratis-Probenummer oder ein Abonnement erhalten Sie bei: **ASTROLOGIE HEUTE**, **Postfach, CH-8047 Zürich,** Tel. (0041) (0) 1 493 51 30, Fax (0041) (0) 1 493 51 35. Auch erhältlich an allen grösseren Kiosken in Deutschland und in der Schweiz.